Florian Hofer

Management der Filiallogistik im Lebensmitteleinzelhandel

GABLER EDITION WISSENSCHAFT

Supply Chain Management
Beiträge zu Beschaffung und Logistik
Herausgegeben von
Prof. Dr. Michael Eßig,
Universität der Bundeswehr München
Prof. Dr. Wolfgang Stölzle,
Universität St. Gallen

Industrielle Wertschöpfung wird immer komplexer. Der steigende Wettbewerbsdruck zwingt zu differenzierten Angeboten, gleichzeitig nimmt der Kostendruck zu. Unternehmen können diesen gestiegenen Anforderungen nur gerecht werden, wenn sie neben der Optimierung eigener Produktion besonderen Wert auf die Gestaltung effektiver und effizienter Netzwerke legen. Supply Chain Management befasst sich mit unternehmensübergreifenden Wertschöpfungsaktivitäten von der Rohstoffgewinnung bis zur Endkundendistribution. Die Schriftenreihe sieht sich dabei besonders den lange vernachlässigten betriebswirtschaftlichen Teildisziplinen Beschaffung und Logistik verpflichtet, die als Treiber des Supply Chain Management gelten.

Florian Hofer

Management der Filiallogistik im Lebensmitteleinzelhandel

Gestaltungsempfehlungen
zur Vermeidung von Out-of-Stocks

Mit einem Geleitwort von Prof. Dr. Wolfgang Stölzle

GABLER EDITION WISSENSCHAFT

Bibliografische Information der Deutschen Nationalbibliothek
Die Deutsche Nationalbibliothek verzeichnet diese Publikation in der
Deutschen Nationalbibliografie; detaillierte bibliografische Daten sind im Internet über
<http://dnb.d-nb.de> abrufbar.

Dissertation Universität St.Gallen 2009

1. Auflage 2009

Alle Rechte vorbehalten
© Gabler | GWV Fachverlage GmbH, Wiesbaden 2009

Lektorat: Frauke Schindler / Sabine Schöller

Gabler ist Teil der Fachverlagsgruppe Springer Science+Business Media.
www.gabler.de

Das Werk einschließlich aller seiner Teile ist urheberrechtlich geschützt. Jede Verwertung außerhalb der engen Grenzen des Urheberrechtsgesetzes ist ohne Zustimmung des Verlags unzulässig und strafbar. Das gilt insbesondere für Vervielfältigungen, Übersetzungen, Mikroverfilmungen und die Einspeicherung und Verarbeitung in elektronischen Systemen.

Die Wiedergabe von Gebrauchsnamen, Handelsnamen, Warenbezeichnungen usw. in diesem Werk berechtigt auch ohne besondere Kennzeichnung nicht zu der Annahme, dass solche Namen im Sinne der Warenzeichen- und Markenschutz-Gesetzgebung als frei zu betrachten wären und daher von jedermann benutzt werden dürften.

Umschlaggestaltung: Regine Zimmer, Dipl.-Designerin, Frankfurt/Main
Gedruckt auf säurefreiem und chlorfrei gebleichtem Papier
Printed in Germany

ISBN 978-3-8349-1523-8

Geleitwort

Die Regalverfügbarkeit am Point of Sale prägt die aktuelle praktische und theoriegeleitete Diskussion im konsumgüterspezifischen Supply Chain Management sowie im Handelsmanagement. Regallücken, auch als Out-of-Stocks bezeichnet, betreffen aufgrund der damit einhergehenden negativen Kundenreaktionen Hersteller- ebenso wie Handelsunternehmen. Deshalb fokussieren bestehende Forschungsbemühungen auf kooperative Initiativen, um über integrative Maßnahmen eine effiziente und lückenlose Warenbereitstellung am Point of Sale zu ermöglichen. Empirische Untersuchungen deuten darauf hin, dass insbesondere Verbesserungen der filiallogistischen Waren- und Informationsflüsse in den Einkaufsstätten zu einer deutlichen Steigerung der Regalverfügbarkeit beitragen können.

Die wissenschaftliche Auseinandersetzung mit dem Management der Filiallogistik zur Vermeidung von Out-of-Stocks stand bislang noch weitgehend aus. Dies verwundert nicht nur hinsichtlich der zentralen Absatzbedeutung aufgrund der Nähe zum Endkunden, sondern auch hinsichtlich der damit verbundenen Wettbewerbsrelevanz. Es kann mit Blick auf die facettenreiche Handelslandschaft davon ausgegangen werden, dass die Gestaltung filialspezifischer Logistikprozesse heterogen ausfällt und entsprechend differenzierte Gestaltungsmaßnahmen notwendig sind. Beispielhaft seien die Sortiments- sowie die Distributionsstruktur aufgeführt, die mit ihren Ausprägungen jeweils unterschiedliche Rahmenbedingungen für das Management der Filiallogistik liefern.

Florian Hofer greift in seiner Dissertation diese Forschungslücke auf. Er analysiert auf der Basis bekannter Modelle des Logistikmanagements, wie filialspezifische Logistikprozesse zur Vermeidung von Out-of-Stocks gestaltet werden können. Der wissenschaftliche Beitrag zeigt sich in der theoriegeleiteten Beschreibung und Erklärung der Wettbewerbsrelevanz des Managements der Filiallogistik im Rahmen einer ressourcenorientierten Betrachtungsweise. Der praktische Mehrwert besteht in der Entwicklung anwendungsorientierter, situationsabhängiger Handlungsempfehlungen für das Management der Filiallogistik für drei verschiedene Idealtypen von Unternehmen des Lebensmitteleinzelhandels. Eine begleitende empirische Untersuchung stützt die erarbeiteten Ergebnisse.

Die vorliegende Arbeit schliesst die o.g. Forschungslücke, indem sie inhaltlich an die bestehende Argumentation des konsumgüterspezifischen Supply Chain Management anknüpft und den Blick auf den Point of Sale schärft. Insofern wünsche ich der Arbeit von Herzen eine hohe Aufmerksamkeit in Praxis und Wissenschaft.

St.Gallen, im November 2008 *Prof. Dr. Wolfgang Stölzle*

Vorwort

Arbeiten sind angenehm, wenn sie getan sind.
Cicero

Die vorliegende Arbeit entstand während meiner Tätigkeit am Lehrstuhl für Logistikmanagement der Universität St.Gallen. Die Motivation, sich Gestaltungsempfehlungen für das Management der Filiallogistik zu widmen, erwuchs aus der mehrjährigen Zusammenarbeit mit Konsumgüterherstellern und Handelsunternehmen zum Thema Optimal Shelf Availability.

Dieses Vorwort soll dazu dienen, all jenen Menschen zu danken, die den Entstehungsprozess dieser Arbeit begleitet haben.

An erster Stelle gilt der Dank meinem akademischen Lehrer Professor Dr. Wolfgang Stölzle, der mich in den vergangenen dreieinhalb Jahren in fachlicher sowie persönlicher Hinsicht gefördert und motiviert hat. Ihm bin ich für seine stete Gesprächsbereitschaft und seine wertvollen Anregungen zu Dank verpflichtet. Herrn Professor Dr. Thomas Rudolph danke ich herzlich für die Übernahme des Korreferats.

Großen Dank richte ich an meinen Freund Dr. Erik Hofmann, der mir trotz seines knappen Zeitbudgets mit immer neuen Ideen sowie Diskussionsbeiträgen zur Seite stand und so die Entwicklung der Arbeit beeinflusst hat. Ein besonderer Dank gebührt ebenso meiner thematischen Mitstreiterin Dr. Tina S. Placzek, die durch ihre inhaltlichen Anmerkungen einen Beitrag zur abgabereifen Version lieferte.

Weiterhin danke ich meinen Kolleginnen und Kollegen am Lehrstuhl für Logistikmanagement. Sie haben mich während meiner Zeit in St.Gallen beruflich sowie privat begleitet und mich während der Erstellung der Arbeit von anderweitigen Aufgaben am Lehrstuhl entlastet. Ich drücke Euch für die Erstellung Eurer Dissertationen die Daumen!

Praxisorientierte Forschung gelingt nur in Zusammenarbeit mit engagierten Projektpartnern. Besonderer Dank gilt daher den auf eigenen Wunsch anonym bleibenden Vertretern aus der Handelspraxis, die relevante Informationen zur Erstellung der Fallbeispiele beitrugen.

An dieser Stelle möchte ich meinen Eltern für die Unterstützung während meiner akademischen Ausbildung aus tiefem Herzen danken. Sie gaben mir die nötigen Entscheidungsfreiräume, die mich heute auf eine lehrreiche Zeit zurückblicken lassen und die das Rüstzeug für neue berufliche Herausforderungen liefern.

Der größte Dank gebührt jedoch meiner Frau Daniela. Ohne Dich wäre die Erstellung dieser Arbeit nicht denkbar gewesen. Deiner Liebe, Unterstützung und Deinem Rückhalt in allen Höhen und Tiefen verdanke ich den erfolgreichen Abschluss meiner Promotionszeit. Mit Dir und unserer Tochter Magdalena freue ich mich auf neue Wege und gemeinsame Ziele. Euch sei deshalb diese Arbeit gewidmet!

Bensheim, im November 2008
Florian G. Hofer

Inhaltsverzeichnis

Geleitwort V
Vorwort VII
Inhaltsverzeichnis IX
Abbildungsverzeichnis XIII
Tabellenverzeichnis XV
Abkürzungsverzeichnis XVII
Zusammenfassung XIX
Abstract XXI

1 Einleitung 1
   1.1 Problemstellung und Forschungsbedarf 2
   1.2 Methodisches Vorgehen, empirisches Forschungsdesign und Aufbau der Arbeit 9

2 Konzeptionelle Grundlagen des Managements der Filiallogistik 19
   2.1 Merkmale des Managements der Filiallogistik 19
       2.1.1 Logistikkonzeption als Ausgangspunkt für das Management der Filiallogistik 19
       2.1.2 Management der Filiallogistik als Teilbereich der Handelslogistik 23
       2.1.3 Zielgrößen und Implikationen für das Management der Filiallogistik 27
   2.2 Gestaltungsgrößen des Managements der Filiallogistik 38
       2.2.1 Logistikprozesse als Gestaltungsgrößen in Handelsfilialen 39
       2.2.2 Gestaltungsgröße Prozessorganisation 56
       2.2.3 Gestaltungsgröße Mitarbeiter 63
       2.2.4 Gestaltungsgröße Technik 69
       2.2.5 Zusammenführung der Gestaltungsgrößen des Managements der Filiallogistik 77
   2.3 Gestaltungsgrößen der Filiallogistik anhand von Fallbeispielen 78
       2.3.1 Handelsunternehmen 1 79
       2.3.2 Handelsunternehmen 2 82
       2.3.3 Handelsunternehmen 3 85
   2.4 Resource-based View als Erklärungsansatz für das Management der Filiallogistik 88
       2.4.1 Intentionale und terminologische Grundlagen ressourcenorientierter Ansätze 90
       2.4.2 Ressourcenorientierte Anforderungen an das Management der Filiallogistik 93
       2.4.3 Kausalstruktur des Resource-based View zur Analyse des Managements der Filiallogistik 97

2.4.4 Nachhaltigkeit des Managements der Filiallogistik 99
2.4.5 Aneigungsfähigkeit der Regalverfügbarkeit 103
2.4.6 Erklärungsangebot des Resource-based View für das Management der Filiallogistik 104
2.5 Zwischenfazit: Überblick der Gestaltungsgrößen des Managements der Filiallogistik im Rahmen einer ressourcenorientierten Betrachtung 106

3 Kontext des Managements der Filiallogistik im stationären Lebensmitteleinzelhandel 109

3.1 Stationärer Lebensmitteleinzelhandel als Betrachtungsgegenstand 110
    3.1.1 Betriebstypen des Einzelhandels 110
    3.1.2 Charakterisierung des Lebensmitteleinzelhandels 114
3.2 Handelsunternehmens-Kontext der Filiallogistik 118
    3.2.1 Leistungsprogrammpolitik als Differenzierungsmerkmal der Positionierung von Handelsfilialen 119
    3.2.2 Sortimentspolitik 121
    3.2.3 Ladengestaltungspolitik und Warenpräsentation 128
    3.2.4 Preispolitik 134
    3.2.5 Zusammenfassende Darstellung des Handelsunternehmens-Kontextes des Managements der Filiallogistik 139
3.3 Supply Chain-Kontext der Filiallogistik 141
    3.3.1 Optimal Shelf Availability zur Einordnung des Supply Chain-Kontextes 142
    3.3.2 Belieferungskonzepte als Bezugspunkt für die Filiallogistik 144
    3.3.3 Struktur- und prozessbezogene Kontextgrößen der Belieferungskonzepte 151
    3.3.4 Integrationsoptionen der Belieferungskonzepte 157
    3.3.5 Zusammenfassende Darstellung des Supply Chain-Kontextes des Managements der Filiallogistik 163
3.4 Handelsunternehmens- und Supply Chain-Kontext für die Filial-logistik anhand von Fallbeispielen 164
    3.4.1 Handelsunternehmen 1 165
    3.4.2 Handelsunternehmen 2 167
    3.4.3 Handelsunternehmen 3 169
3.5 Zwischenfazit: Einordnung des Handelsunternehmens- und Supply Chain-Kontextes in den Bezugsrahmen des Managements der Filiallogistik 172

4 Formen des Managements der Filiallogistik im stationären Lebensmitteleinzelhandel 175

4.1 Vorgehensweise zur Ableitung von Gestalten des Managements der Filiallogistik 176
    4.1.1 Entwicklungspfad der situativen Betrachtungsweise 176

4.1.2 Typologien und Taxonomien zur kontextspezifischen Ausgestaltung 180
 4.1.3 Gestalten von Handelsunternehmen als Ansatzpunkt für das Management der Filiallogistik 183
4.2 „Channel Retailer" – Verbrauchermärkte mit hoher Integration von Logistikprozessen 186
 4.2.1 Handelsunternehmens-Kontext der Filiallogistik des Channel Retailers 186
 4.2.2 Supply Chain-Kontext der Filiallogistik bei Channel Retailern 189
 4.2.3 Filialspezifische Logistikprozesse von Channel Retailern 192
 4.2.4 Mitarbeiter und Technikeinsatz in der Filiallogistik bei Channel Retailern 195
 4.2.5 Prozessorientierte Ressourcenbündel im Management der Filiallogistik von Channel Retailern 198
4.3 „Content Retailer" – Supermärkte mit hoher Integration von Logistikprozessen 200
 4.3.1 Handelsunternehmens-Kontext der Filiallogistik des Content Retailers 201
 4.3.2 Supply Chain-Kontext der Filiallogistik bei Content Retailern 204
 4.3.3 Filialspezifische Logistikprozesse von Content Retailern 207
 4.3.4 Mitarbeiter und Technikeinsatz in der Filiallogistik bei Content Retailern 209
 4.3.5 Prozessorientierte Ressourcenbündel im Management der Filiallogistik von Content Retailern 211
4.4 „Lean Discounter" – Discounter mit geringer Integration von Logistikprozessen 215
 4.4.1 Handelsunternehmens-Kontext der Filiallogistik des Lean Discounters 215
 4.4.2 Supply Chain-Kontext der Filiallogistik bei Lean Discountern 218
 4.4.3 Filialspezifische Logistikprozesse von Lean Discountern 220
 4.4.4 Mitarbeiter und Technikeinsatz in der Filiallogistik bei Lean Discountern 222
 4.4.5 Prozessorientierte Ressourcenbündel im Management der Filiallogistik von Lean Discountern 224
4.5 Handlungsempfehlungen für das Management der Filiallogistik in den beschriebenen Fallbeispielen 226
 4.5.1 Handelsunternehmen 1 227
 4.5.2 Handelsunternehmen 2 229
 4.5.3 Handelsunternehmen 3 231

5 Zusammenfassung und Ausblick auf weitere Forschungsfelder 233

Literaturverzeichnis 239

Abbildungsverzeichnis

Abbildung 1:	Filialbedingte und vorgelagerte Root Causes für Out-of-Stocks in drei vergleichbaren Handelsunternehmen	5
Abbildung 2:	Aufbau der Arbeit	18
Abbildung 3:	Zielsystem und Zielgrößen des Managements der Filiallogistik	28
Abbildung 4:	Strukturelemente eines Teilprozesses	42
Abbildung 5:	Idealtypisches Prozessmodell der Filiallogistik	45
Abbildung 6:	Gestaltungsoptionen filialspezifischer Logistikprozesse	62
Abbildung 7:	Allgemeiner Aufbau von Warenwirtschaftssystemen	73
Abbildung 8:	Formen von Warenwirtschaftssystemen in Handelsunternehmen	76
Abbildung 9:	Gestaltungsgrößen des Managements der Filiallogistik	78
Abbildung 10:	Ursachen und Arten von Wettbewerbsvorteilen durch das Management der Filiallogistik	92
Abbildung 11:	Originäre Ressourcen als Ressourcenbündel des Managements der Filiallogistik	95
Abbildung 12:	Kausalstruktur des Ressourcenansatzes für das Management der Filiallogistik	98
Abbildung 13:	Managements der Filiallogistik zur Sicherung der Wettbewerbsfähigkeit durch Steigerung des Endkundennutzens	108
Abbildung 14:	Betriebstypen des Einzelhandels	112
Abbildung 15:	Marktanteil der Betriebstypen im Lebensmitteleinzelhandel 2006	117
Abbildung 16:	Sortimentspyramide im Einzelhandel	123
Abbildung 17:	Grundprinzipien der Regalanordnung	131
Abbildung 18:	Betriebstypen als Kombination leistungsprogrammrelevanter Kontextfaktoren	140
Abbildung 19:	Grundformen relevanter Belieferungskonzepte in Konsumgüter-Supply Chains	144
Abbildung 20:	Integrationsoptionen von Belieferungskonzepten	163
Abbildung 21:	Theoretisch-konzeptioneller Bezugsrahmen des Managements der Filiallogistik	173
Abbildung 22:	Prozessmodell der Filiallogistik bei Channel Retailern	195
Abbildung 23:	Prozessorientiertes Ressourcenbündel des Managements der Filiallogistik bei Channel Retailern	200
Abbildung 24:	Prozessmodell der Filiallogistik bei Content Retailern	209
Abbildung 25:	Prozessorientiertes Ressourcenbündel des Managements der Filiallogistik bei Content Retailern	214
Abbildung 26:	Prozessmodell der Filiallogistik bei Lean Discountern	222
Abbildung 27:	Prozessorientiertes Ressourcenbündel des Managements der Filiallogistik bei Lean Discountern	226

Tabellenverzeichnis

Tabelle 1:	Definitionen der Handelslogistik	23
Tabelle 2:	Ausgewählte Ansätze zur Systematisierung von Kernprozessen der Filiallogistik	44
Tabelle 3:	Filialspezifische Logistikprozesse in Filialen von Handelsunternehmen 1	81
Tabelle 4:	Filialspezifische Logistikprozesse in Filialen von Handelsunternehmen 2	84
Tabelle 5:	Filialspezifische Logistikprozesse in Filialen von Handelsunternehmen 3	87
Tabelle 6:	Merkmale zur Charakterisierung von Sortimenten	128
Tabelle 7:	Merkmale zur Charakterisierung der Filialflächen	134
Tabelle 8:	Merkmale zur Charakterisierung der Preispolitik	138
Tabelle 9:	Struktur- und prozessbezogene Kontextgrößen des Managements der Filiallogistik	157
Tabelle 10:	Kontextspezifische Merkmale des absatzpolitischen Instrumentariums von Channel Retailern	189
Tabelle 11:	Kontextspezifische Merkmale der Belieferungskonzepte bei Channel Retailern	191
Tabelle 12:	Kontextspezifische Merkmale des absatzpolitischen Instrumentariums von Content Retailern	203
Tabelle 13:	Kontextspezifische Merkmale der Belieferungskonzepte bei Content Retailern	206
Tabelle 14:	Kontextspezifische Merkmale des absatzpolitischen Instrumentariums von Lean Discountern	217
Tabelle 15:	Kontextspezifische Merkmale der Belieferungskonzepte bei Lean Discountern	219

Abkürzungsverzeichnis

AdOSA	Advanced Optimal Shelf Availaibility
ASO	Automated Store Ordering
Auto-ID	Autoidentifikation
CAO	Computer Assisted Ordering
CCG	Centrale für Coorganisation GmbH
CSCMP	Council of Supply Chain Management Professionals
CPFR	Collaborative Planning, Forecasting and Replenishment
CWWS	computergestütztes Warenwirtschaftssystem
DBW	Die Betriebswirtschaft
DC	Distributionscenter
DFÜ	Datenfernübertragung
DNP	Dauerniedrigpreis
DSD	Direct Store Delivery
EAN	European Article Number (auch International Article Number)
EANCOM	EAN-Communication
ECR	Efficient Consumer Response
EDI	Electronic Data Interchange
EDIFACT	Electronic Data Interchange For Administration, Commerce and Transport
EDV	elektronische Datenverarbeitung
EPOS	Electronic Point of Sale
ER	Efficient Replenishment
ERP	Enterprise Resource Planning
IT	Informationstechnologie
JIT	Just-in-Time
KPI	Key Performance Indicator
LEH	Lebensmitteleinzelhandel
MDE	Mobile Datenerfassung
MHD	Mindesthaltbarkeitsdatum
Mrd.	Milliarden
NVE	Nummer der Versandeinheit
OoS	Out-of-Stock
OTC	over the counter
PAngV	Preisangabenverordnung
POS	Point of Sale
RBV	Resource-based View
RFID	Radio Frequency Identification, Radiofrequenz-Identifikation
RRP	Retail Ready Packaging

SB	Selbstbedienung
SCOR	Supply Chain Operations Reference
SCM	Supply Chain Management
SKU	Stock Keeping Unit
SRP	Shelf Ready Packaging
VMI	Vendor Managed Inventory
WiSt	Wirtschaftliches Studium
WISU	Das Wirtschaftsstudium
WWS	Warenwirtschaftssystem
WWW	Word Wide Web
ZfB	Zeitschrift für Betriebswirtschaft
ZfbF	Zeitschrift für betriebswirtschaftliche Forschung

Zusammenfassung

Die Regalverfügbarkeit des angebotenen Sortiments ist im Lebensmitteleinzelhandel aufgrund sinkender Konsumbereitschaft, abnehmender Markttreue sowie geringen Margen als wettbewerbsrelevant zu sehen. So bestätigen aktuelle Studien zur Regalverfügbarkeit, dass in Handelsunternehmen Umsatzeinbußen durch Out-of-Stocks (OoS) zu erwarten sind. Der Handlungsbedarf wird mit durchschnittlichen OoS-Quoten von 8-9% gestützt, die in einzelnen Sortimentsbereichen oder bei Promotions sogar 20% übersteigen können. Damit entgehen dem deutschen Lebensmitteleinzelhandel Schätzungen zufolge jährlich etwa vier Milliarden EURO Umsatz. Auf Endkundenseite führen Out-of-Stocks zu Unzufriedenheit und sinkender Loyalität gegenüber Handelsfilialen.

Die häufigsten Ursachen für Out-of-Stocks im Lebensmitteleinzelhandel stellen Falschbestellungen in Menge und Art, zu spät oder nicht erfolgte Bestellungen, Fehlprognosen der Abverkäufe sowie Verzögerungen bei der Regalbefüllung und ineffiziente Verräumprozesse auf den Verkaufsflächen dar. Die Erkenntnisse deuten darauf hin, dass Out-of-Stocks überwiegend dem Einflussbereich der Handelsfilialen zuzuschreiben sind und eine vertiefte Auseinandersetzung mit den Waren- und Informationsflüssen der Filiallogistik erfordern.

Die vorliegende Arbeit nimmt diese Problematik auf und entwickelt situative Handlungsempfehlungen für das Management der Filiallogistik, welche zu einer Steigerung der Regalverfügbarkeit im Lebensmitteleinzelhandel beitragen. Basierend auf einem Zielsystem des Managements der Filiallogistik werden in einem ersten Schritt ein idealtypisches Prozessmodell der filialspezifischen Logistikprozesse erarbeitet sowie die relevanten Gestaltungsgrößen vorgestellt und deren Einsatz diskutiert. Um die eingangs formulierte Wettbewerbsrelevanz der Regalverfügbarkeit durch das Management der Filiallogistik zu prüfen, findet der Resource-based View eine Anwendung als Erklärungsansatz. Da die Entwicklung situativer Handlungsempfehlungen die Berücksichtigung des relevanten Kontextes erfordert, werden Ausprägungen der absatzpolitischen Instrumentarien sowie unternehmensübergreifender Belieferungskonzepte und deren Auswirkungen auf das Management der Filiallogistik vorgestellt. Die Erkenntnisse fließen in deduktiv gewonnene und praxisrelevante Idealtypen von Handelsunternehmen ein, die sich hinsichtlich der Warenbereitstellung in Handelsfilialen voneinander unterscheiden. Dabei handelt es sich um Channel Retailer, Content Retailer und Lean Discounter, die sich hinsichtlich der Sortiments-, Ladengestaltungs- und Preispolitik sowie eingesetzter Belieferungskonzepte unterscheiden. Die Handlungsempfehlungen für das Management der Filiallogistik sowie die Gestaltung der Waren- und Informationsflüsse werden abschließend in den unterschiedlichen filial-spezifischen Ressourcenbündeln zusammengefasst.

Abstract

Decreasing consumption and customer loyalty as well as shrinking margins within grocery retailing have a significant impact on shelf availability as a relevant issue for retail competitiveness. Average out-of-stock-rates range from 8 to 9 % and can be as high as 20% in cases of promotions or seasonal articles emphasizing the imperative for action to avoid out-of-stocks on the local storelevel. Negative side effects on customer satisfaction and customer loyalty amplify the situation. Current studies regarding shelf availability estimate out-of-stocks resulting in four billion EURO loss of sales at grocery retailers in Germany.

Root causes for out-of-stocks in grocery markets mostly refer to order problems regarding order sizes and specification, delayed orderings, wrong forecasts as well as inefficient shelf replenishment and instore-logistics processes. Recent studies found that out-of-stocks mainly occur on the last mile, e.g. the way from the incoming docks to the shelves. Consequently, instore-logistics as part of retail logistics has become an important topic for researchers in the field of shelf availability calling for a detailed and widespread analysis of instore-logistics processes.

Referring to this problem the doctoral thesis develops theoretical and practical recommendations for an instore-logistics management to increase shelf-availability in grocery markets.

In a first step, a generic instore-logistics model for grocery retail stores is developed consisting of specific product flow and information processes that can be applied in any retail store. The model covers all logistics processes in retail stores, ranging from the incoming dock to the check out. In addition, relevant variables such as staff and technical support are discussed. The resource-based view is applied to explain the relevance of instore-logistics for retail competitiveness. To develop specific recommendations, several impacting factors on instore-logistics such as different contexts regarding assortment, store formats, pricing as well as different distribution concepts are discussed. To investigate the most efficient combination of relevant impacting factors in specific situations in terms of shelf availability, different ideal types of grocery retailers are adopted that have been proven to be appropriate business models in grocery retailing – namely channel retailers, content retailers and lean discounters. Finally, recommendations for the management of instore-logistics as well as all product and information flow processes are combined in specific resource bundles to increase long-term instore-logistics performance and shelf availability.

1 Einleitung

Der mit sinkender Zahlungs- und Konsumbereitschaft, abnehmender Markttreue und Kundenloyalität sowie geringen Margen gekennzeichnete Lebensmitteleinzelhandel birgt kaum noch Differenzierungspotenziale über Preise und Sortimente.[1] Vielmehr fordert der Wandel vom Verkäufer- zum Käufermarkt von Handelsunternehmen höhere Anstrengungen, um dem zunehmenden Wettbewerbs- und Kostendruck entgegenwirken zu können. Aus Sicht der Handelsunternehmen gilt es, die eigene Marktposition gegenüber Herstellerunternehmen und Endkunden zu stärken, indem die Erzielung von Kostenvorteilen, die Erhaltung der Flächenrentabilität sowie die Verbesserung des Bereitstellungsservice angestrebt werden.[2] Neben marketingorientierten Aspekten, wie eine flexible und preislich attraktive Sortimentsgestaltung, kommt logistischen Fragestellungen eine steigende Bedeutung zu. Kunden fordern von Einkaufsstätten des Lebensmitteleinzelhandels neben kürzeren Wartezeiten im Kassenbereich eine dauerhaft hohe Regalverfügbarkeit.[3] In diesem Zusammenhang gewinnt die Warenverfügbarkeit am Point of Sale (POS)[4] an Relevanz und trägt zur Sicherung der Endkundenbedürfnisse sowie zur Umsatzgenerierung bei.

Vor allem in der praxisorientierten Diskussion wird die Versorgung von Handelsfilialen mit Ware zur Erhöhung der Regalverfügbarkeit regelmäßig aufgenommen.[5] Auch wissenschaftliche Forschungsbemühungen nehmen die mit der Warenbereitstellung einhergehenden Herausforderungen auf und setzen an der integrativen Ausgestaltung von Hersteller-Handels-Beziehungen an. Den Erkenntnissen aus dem Supply Chain Management, den Initiativen des Efficient Consumer Response (ECR) und dem Category Management sowie dem Collaborative Planning, Forecasting and Replenishment (CPFR) können nur in begrenztem Umfang Steigerungen der Regalverfügbarkeit zugeschrieben werden.[6] Praxisnahe Studien lassen die Interpretation zu, dass eine verbesserte Filiallogistik in einem höheren Ausmaß zur Steigerung der Umsatzrendite beitragen kann als intensive Kooperationen mit Herstellern, wie sie im Rahmen der ECR Initiativen gefordert werden.[7] Dabei überrascht, dass die logistikrelevante Gestaltung am POS nur am Rande als Untersuchungsobjekt aufgenommen wird und die mit den weiterentwickelten Belieferungskonzepten verbundenen Verbesserungen nicht

---

[1] Vgl. Rudolph/Loos (2003), S. 12; Cachon (2001), S. 212.
[2] Vgl. bspw. Rock (2004), S. 457; Kubik (2003), S. 27; Küntzle (1999), S. 11.
[3] Vgl. Roland Berger & Partner (2003), S. 10.
[4] Die Warenverfügbarkeit am Point of Sale (POS) findet mit dem Begriff Regalverfügbarkeit sowie Warenpräsenz ihren Ausdruck. Als Komplementär ist eine Out-of-Stock-Situation zu nennen.
[5] Insbesondere praxisnahe Veröffentlichungen und Studien wie EHI Retail Institute (2006), ECR Italia (2004), Roland Berger & Partner (2003), aber auch wissenschaftlich geprägte Veröffentlichungen wie Gruen/Corsten/Bharadwaj (2002) und konzeptualisierende Beiträge wie bspw. Placzek (2007) nehmen die Out-of-Stock (OoS)-Thematik im Rahmen des Optimal Shelf Availability (OSA) auf.
[6] Vgl. dazu auch Pramatari/Miliotis (2008), S. 49.
[7] Vgl. Thonemann u.a. (2005), S. 101.

durchgängig bis in die Regale der Handelsfilialen überführt werden.[8] Das Management der Filiallogistik als letztes Glied von Konsumgüter-Supply Chains bleibt weitgehend unberücksichtigt, obwohl es durch die zentrale Absatzbedeutung[9] sowie eine vergleichsweise hohe Kostenverursachung[10] gekennzeichnet ist.[11] Zu den Herausforderungen der Filiallogistik zählt neben der Disposition einer Vielzahl von Produkten und Lagerbestandsungenauigkeiten vor allem das Phänomen der Warenverfügbarkeit in den Verkaufsregalen von Handelsfilialen. So rücken zunehmend Fragestellungen in den Vordergrund, die sich mit den nicht umfänglich gelösten Problemstellungen des Warennachschubs innerhalb von Handelsfilialen auseinander setzen.

Vor diesem Hintergrund verfolgt die Arbeit das Ziel, theoriegeleitete und praktisch relevante Gestaltungsempfehlungen für das Management der Filiallogistik im stationären Lebensmitteleinzelhandel zu erarbeiten. Im Zentrum der Untersuchung liegt die Realisierung einer hohen Regalverfügbarkeit unter Berücksichtigung effizienter Logistikprozesse in Handelsfilialen. Die Problemstellung wird im Hinblick auf den wissenschaftlichen Forschungsprozess im Kapitel 1.1 offen gelegt und mündet in der Formulierung der Forschungsfragen. Darüber hinaus werden das methodische Vorgehen, das Forschungsdesign der empirischen Untersuchungen und der Aufbau der Arbeit in Kapitel 1.2 vorgestellt.

1.1 Problemstellung und Forschungsbedarf

Neben der kundenspezifischen Sortimentsgestaltung und der Schaffung eines positiven Einkaufsumfeldes im stationären Lebensmitteleinzelhandel stellt die Leistungsfähigkeit der Logistik, welche sich in Form der Regalverfügbarkeit am POS niederschlägt, die Voraussetzung für das Zustandekommen von Kaufentscheidungen und somit der Realisierung von Umsätzen dar.[12] Wie bspw. Untersuchungen von Helm/Stölzle (2006) zeigen, weisen Out-of-Stock (OoS)-Situationen einen direkten Zusammenhang mit Umsatzeinbußen bei Handels- als auch Herstellerunternehmen auf.[13] Auf der Endkundenseite führen Out-of-Stocks

---

[8] Vgl. Kotzab/Reiner/Teller (2007), S. 1136; McKinnon/Mendes/Nababteh (2007), S. 251ff.; Raman/ DeHoratius /Ton (2001b), S. 137f.; Haard (1993), S. 81. Erst mit der produktgruppenspezifischen Bearbeitung im Rahmen des Optimal Shelf Availability (OSA) werden erste Gestaltungsempfehlungen für die Filiale konzeptionell erarbeitet, vgl. Placzek (2007).
[9] Vgl. Liebmann/Zentes (2001), S. 663.
[10] Vgl. Saghir/Jönson (2001), S. 21ff.
[11] Vgl. Rock (2004), S. 462.
[12] Vgl. Stölzle/Placzek (2006), S. 26; Müller-Hagedorn (1998), S. 15.
[13] Vgl. Helm/Stölzle (2006). Zu weiteren Untersuchungen mit ähnlichen Aussagen vgl. Coca-Cola Research Gruen/Corsten/Bharadwaj (2002); Council/Andersen Consulting (1996); Emmelhainz/Emmelhainz/Stock (1991).

1.1 Problemstellung und Forschungsbedarf

zu Unzufriedenheit und sinkender Loyalität gegenüber der Handelsfiliale,[14] wobei Kunden unterschiedlich auf Regallücken reagieren. So lassen sich aus konzeptionellen Arbeiten zu Kundenreaktionen in OoS-Situationen allgemeingültige Reaktionsmuster identifizieren, die zu Umsatzverlusten in unterschiedlichem Ausmaß für die beteiligten Akteure führen.[15] Während Hersteller vor allem von Markenwechseln sowie Kaufabbrüchen betroffen sind, entstehen für den Handel beim Kaufabbruch, besonders jedoch beim Geschäftswechsel, Einbußen.[16] Bei häufig auftretenden oder langfristigen OoS-Situationen kann der Umsatz des gesamten Warenkorbs an Wettbewerber oder im Wiederholungsfall für immer an konkurrierende Handelsunternehmen verloren gehen,[17] weil der Kunde die Handelsfiliale dauerhaft wechselt.[18] In abgeschwächter Form zeigen sich für den Handel geringere Umsätze bei der Wahl kleinerer Varianten oder niedrigpreisiger Artikel. Gruen/Corsten/Bharadwaj (2002) beziffern die weltweiten Umsatzeinbußen im Lebensmitteleinzelhandel aufgrund von Out-of-Stocks auf 3% und damit verbundene Gewinnrückgänge auf etwa 10%.[19] Schätzungen zufolge entgehen dem deutschen Einzelhandel somit jährlich etwa vier Milliarden Euro Umsatz.[20] Demgegenüber werden einer nachfragegerechten Regalverfügbarkeit am POS Umsatzsteigerungen und Ertragsverbesserungen zugesprochen, die sich in positiven Betriebsergebnissen der Handelsunternehmen und der Unternehmensentwicklung niederschlagen.[21] Der damit einhergehende Erfolg des Handelsunternehmens ist über das Kaufverhalten sowie die Kundenzufriedenheit und -loyalität determiniert. Vor diesem Hintergrund lässt sich die Gewährleistung der Regalverfügbarkeit zur Vermeidung von Umsatzverlusten in Handelsfilialen als Wettbewerbsvorteil bezeichnen. Damit stellt sich die Frage, wie die Regalverfügbarkeit gesteigert und an welcher Stelle im Bereitstellungsprozess Verbesserungsmöglichkeiten gehoben werden können.

OoS-Situationen stellen Nullbestände in den Regalen auf Filialebene dar. Aktuelle europäische Untersuchungen zur Regalverfügbarkeit in Handelsfilialen zeigen ebenso wie die

---

[14] Vgl. Helm/Stölzle (2005), S. 5ff. Bestehende Veröffentlichungen wie Campo/Gijsbrecht/Nisol (2000, 2003, 2004); Fitzsimons (2000); Bell/Fitzsimons (1999); Verbeke/Farris/Thurik (1998); Corstjens/Corstjens (1995) und Straughn (1991) beziehen sich regelmäßig auf das Prozessmodell von Schary/Christopher (1979), die sich erstmals mit der Thematik "Nachfrageverhalten bei OoS" auseinandersetzten. Dabei werden neben den Auswirkungen von Out-of-Stocks auf den Umsatz ebenso verschiedene Kundenreaktionen aus Marketing- und Handelsmanagementperspektive untersucht. Vgl. auch Emmelhainz/Emmelhainz/Stock (1991); Emmelhainz/Stock/Emmelhainz (1991). Zur Kundenreaktion auf Stock-Outs in Online-Supply Chains, vgl. Dadzie/Winston (2006).
[15] Vgl. Helm u.a. (2007), S. 3f.; Gruen/Corsten/Bharadwaj (2002), S. 20.
[16] Diese Umsatzeinbußen stehen im direkten Zusammenhang mit der Kundenzufriedenheit, die zwar nicht als hinreichendes, jedoch als notwendiges Argument der Kundenloyalität verstanden werden kann und somit neben anderen Anforderungen die Voraussetzung für Wiederholungskäufe schafft.
[17] Vgl. Hofmann/Hofer (2006), S. 59; Anderson/Fitzsimons/Simester (2002).
[18] Vgl. Helm/Günter (2003), S. 7ff., die auch die Bedeutung und die Ermittlung des Kundenwertes eingehen.
[19] Vgl. Gruen/Corsten/Bharadwaj (2002), S. 15.
[20] Vgl. Helm u.a. (2007), S. 2; Thunig (2003), S. 27.
[21] Vgl. Thonemann u.a. (2005), S. 26f.

Analysen im Rahmen der Projektplattform AdOSA (Advanced Optimal Shelf Availability)[22] auf, dass die durchschnittliche OoS-Quote bei 8 bis 9%,[23] in einzelnen Sortimentsbereichen bei bis zu 20% liegt.[24] In einem noch stärkeren Ausmaß sind Aktionsartikel von OoS-Situationen betroffen. Darüber hinaus variieren die OoS-Quoten je nach Betriebstypen der Handelsfilialen, Warengruppen, Wochentagen, Produktlebenszyklus und in Abhängigkeit der Abverkaufshäufigkeit der Waren.[25] So konnten erhöhte OoS-Quoten bei flächenmäßig kleineren Handelsfilialen ermittelt werden. Vor allem zu hochfrequentierten Geschäftszeiten und an Wochenrandtagen steigen die Regallücken auf ein hohes Niveau an. Bei Neueinführungen oder Relaunches von Artikeln lassen sich unabhängig vom Betriebstyp erhöhte OoS-Quoten identifizieren. Ebenfalls wurden bei langsamdrehenden Artikeln höhere OoS-Quoten als im kühlpflichtigen oder schnelldrehenden Sortiment festgestellt.

Dabei fallen die Ursachen von OoS-Situationen sehr unterschiedlich aus. Mit der Analyse von so genannten Root Causes werden entlang der Lieferketten Schwachstellen identifiziert. Root Causes stellen auf Filialebene häufig Fehlbestellungen in Menge und Art, verspätete oder unterlassene Bestellungen, Fehlprognosen des Abverkaufs bis hin zu mangelnden Verräumaktivitäten in Handelsfilialen dar. Weitere Ursachen sind in herstellerseitigen Lieferengpässen oder Transportschäden begründet. Die angesprochene empirische Analyse verschiedener Warengruppen in unterschiedlichen Handelsfilialen zeigt auf, dass eingesetzte direkte und indirekte Logistikkonzepte mit hoher Zuverlässigkeit und geringer Störanfälligkeit die Waren bis an die Eingangsrampe der Handelsfilialen bereitstellen. Lieferschwierigkeiten der Hersteller, Transportverzögerungen oder unvollständige Liefereinheiten sowie sonstige Ursachen stellten lediglich 8.2% aller Root Causes dar. Demgegenüber lassen sich über 90% der Root Causes dem Einflussbereich der Handelsfiliale zuschreiben (vgl. Abbildung 1).

Diese Ergebnisse werden durch vorangegangene Untersuchungen bestätigt.[26] Gruen/ Corsten/Bharadwaj (2002) haben für das Auftreten von Out-of-Stocks drei primär verantwortliche Kategorien identifiziert: Bestellabwicklungen (34%), Regalverräumung (25%) sowie Abverkaufsprognosen auf Filialebene (13%).[27]

- Probleme bei der *Bestellabwicklung* lassen sich einer verspäteten Disposition oder zu geringen Bestellmengen zuschreiben, so dass vorgeschaltete Distributionscenter (DC)

---

[22] Im Rahmen einer Untersuchung am Lehrstuhl für Logistikmanagement, Universität St.Gallen wurden 40 Handelsfilialen des stationären Lebensmitteleinzelhandels unterschiedlicher Größe und Sortimentsumfänge von drei verschiedenen Handelsunternehmen mit Hilfe eines einheitlichen Untersuchungsdesigns auf ihre Regalverfügbarkeit untersucht. Das Untersuchungsdesign wird in Kapitel 1.2 vorgestellt.
[23] Vgl. Stölzle/Placzek (2004), S. 68; Roland Berger & Partner (2003), S. 8.
[24] Vgl. Helm u.a. (2007), S. 2ff.; Taylor/Fawcett (2001), S. 74ff. ermitteln für beworbene (Promotion-)Artikel ähnlich hohe OoS-Quoten.
[25] Vgl. Roland Berger & Partner (2003), S. 20ff.; Gruen/Corsten/Bharadwaj (2002), S. 14ff.
[26] Vgl. Roland Berger & Partner (2003); Gruen/Corsten/Bharadwaj (2002); Emmelhainz/Emmelhainz/Stock (1991).
[27] Vgl. Gruen/Corsten/Bharadwaj (2002), S. 31f. Siehe auch Vuyk (2003), S. 55f.

1.1 Problemstellung und Forschungsbedarf

oder Hersteller nicht in der Lage sind, die Einkaufsstätten fristgerecht zu beliefern.

- Die mit der *Regalverräumung* im Zusammenhang stehende mangelnde Pflege von Regalplätzen mit neuer Ware stellt die zweithäufigste Ursache für Out-of-Stocks dar. 25% der OoS-Situationen entstehen durch verbesserungswürdige Verräumprozesse, da sich die Ware zwar in der Handelsfiliale, aber nicht am angestammten Regalplatz befindet.[28] Mögliche Ursachen beziehen sich auf Personalunterbesetzungen, unübersichtliche Lagerprozesse in der Handelsfiliale oder fehlendes Bewusstsein über die Folgen von Out-of-Stocks. Raman/DeHoratius/Ton (2001a) führen logistische Fehlleistungen auf mangelnde Kenntnis von Beständen im Frontstore von Handelsfilialen und der Anzahl tatsächlicher Regallücken zurück.[29]

- *Fehlprognosen* des Abverkaufs entstehen aufgrund hoher Nachfrageschwankungen im Betrachtungszeitraum. Die daraus resultierenden Unter- oder Überbestände lassen sich für das Gesamtsortiment nennen und finden sich bei Promotionsartikeln in stärkerem Ausmaß wieder.

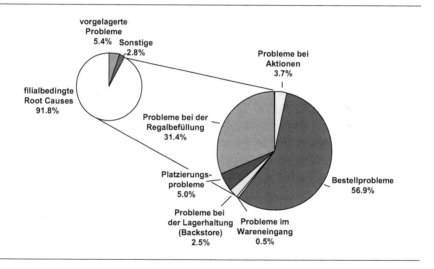

Abbildung 1: Filialbedingte und vorgelagerte Root Causes für Out-of-Stocks in drei vergleichbaren Handelsunternehmen
Quelle: Unveröffentlichte empirische Ergebnisse der Projektplattform AdOSA

---

[28] Vgl. Grünblatt (2004), S. 224.
[29] Vgl. Raman/DeHoratius/Ton (2001a), S. 136.

Trotz dieser Erkenntnisse setzen sich bislang nur wenige Autoren mit den dargestellten Defiziten und dem Management der Logistik in Handelsfilialen auseinander.[30] Bspw. betrachten Cachon (2001), Fisher/Raman/McClelland (2000) sowie Toporowski (1996) die logistischen Aktivitäten des Handels an der Schnittstelle von Zentrallagerebene zur Filialebene, ohne auf filialspezifische Logistikprozesse einzugehen. Kotzab/Reiner/Teller (2007) analysieren und bewerten Instore-Logistikprozesse, fokussieren ihre quantitativen Effizienz- und Prozessanalysen jedoch auf die Nachverräumung von Molkereiprodukten.[31] Wenige nordamerikanischen Forscher fokussieren ihre Forschungsbemühungen auf die Untersuchung von Bestandsdatenungenauigkeiten und Nachverräumprozessen in Filialen des Lebensmitteleinzelhandels.[32] Entgegen vorangegangener Arbeiten wird deutlich, dass sich zwar Ursachen für OoS-Situationen tatsächlich entlang der gesamten Wertschöpfungskette ergeben, zum überwiegenden Anteil jedoch in der Handelsfiliale verursacht werden. Die Leistungsfähigkeit der Filiallogistik determiniert somit maßgeblich die Kaufentscheidungen der Kunden und die Realisierung von Umsatzpotenzialen.[33]

Mit der logistischen Leistungsfähigkeit sind ebenfalls die damit verbundenen Kosten zu berücksichtigen. Dies ist schon deshalb von großer Bedeutung, weil im Handel allgemein, besonders jedoch im Lebensmitteleinzelhandel vergleichsweise geringe Deckungsbeiträge erwirtschaftet werden,[34] die zu einer hohen Kostensensitivität führen. Untersuchungen zufolge sind 15 bis 28% der Gesamtlogistikkosten den logistischen Aktivitäten in den Einkaufsstätten des Einzelhandels zuzurechnen.[35] Laut einer Prozesskostenstudie entfallen je Artikel 60 bis 80% der gesamten Prozesskosten auf die Prozessschritte innerhalb Handelsfilialen.[36] Die Filiallogistik ist somit ein bedeutender Kostenfaktor im Bereitstellungsprozess des Einzelhandels[37] und von besonderer Relevanz im stationären Lebensmitteleinzelhandel. Das Management der Filiallogistik nimmt eine bedeutende Stellung in Konsumgüter-Supply Chains ein[38] und weist eine ähnlich hohe Relevanz wie die Sortimentsauswahl und die marketingorientier-

---

[30] Vgl. Curseu u.a. (2006); Rock (2006); Kotzab/Reiner/Teller (2005); Zelst u.a. (2005); Broekmeulen u.a. (2004); Salmon (1989). Das Phänomen der Filiallogistik wird auch als Instore-Logistik bezeichnet, vgl. Liebmann/Zentes (2001), S. 635.
[31] Vgl. Kotzab/Reiner/Teller (2007), S. 1143ff.
[32] Vgl. DeHoratius/Raman (2008); Fisher/Krishnan/Netessine (2006); Donselaar u.a. (2006a, 2006b); Ton/ Raman (2004a, 2004b); DeHoratius/Raman (2003), S. 62f.; Raman/DeHoratius/Ton (2001a, 2001b).
[33] Vgl. Krycha (1986), S. 40.
[34] Der durchschnittliche Deckungsbeitrag im deutschen Lebensmitteleinzelhandel lag in den Jahren 2001 bis 2003 bei rund 6%, vgl. Dresdner Bank (2004), S. 6.
[35] Vgl. Wildemann (2001), S 1f.; Baumgarten/Benz (1997), S. 3. Die Abschätzung von Gesamtlogistikkosten ist aufgrund unterschiedlicher Zurechnungsansätze in Unternehmen durch Verzerrungen geprägt, dennoch weisen die ermittelten Bereitstellungskosten auf die Kostenintensität logistischer Prozesse in Einkaufsstätten hin.
[36] Vgl. EHI Retail Institute (2006), S. 21.
[37] Vgl. Tietz (1993), S. 792.
[38] Vgl. Kotzab/Reiner/Teller (2005), S. 281; Raman/DeHoratius/Ton (2001a), S. 151; Salmon (1989), S. 368.

1.1 Problemstellung und Forschungsbedarf

te Absatzförderung auf.[39] Damit ist die filialspezifische Logistik durch eine hohe Wettbewerbsrelevanz gekennzeichnet. Neben der Prozessgestaltung filialspezifischer Waren- und Informationsflüsse umfasst das Management der Filiallogistik ebenso Entscheidungen hinsichtlich des Mitarbeiter- sowie den Technikeinsatzes zur Bereitstellung des Sortiments in den Warenträgern.

Angesichts der hohen praktischen Bedeutung des skizzierten Problemaufrisses greift die vorliegende Arbeit die wissenschaftliche Lücke auf und verfolgt das Ziel, Gestaltungsempfehlungen für das Management der Filiallogistik zur Steigerung der Regalverfügbarkeit zu erarbeiten.[40] Zunächst besteht der Bedarf einer Konzeptualisierung des Managements der Filiallogistik sowie der dort auftretenden Herausforderungen zur Steigerung der Effizienz filialspezifischer Logistikprozesse, deren Eignung als Wettbewerbsvorteil durch einen theoretischen Erklärungsansatz gestützt wird. Aufgrund der Heterogenität unterschiedlicher Unternehmen des Lebensmitteleinzelhandels im Hinblick auf die strategische Marktpositionierung, des angebotenen Leistungsprogramms sowie der Integration von Logistikprozessen zwischen den Handelsfilialen und den vorgelagerten Stufen lassen sich keine allgemeingültigen Aussagen treffen. Vielmehr wird das Ziel verfolgt, unter Berücksichtigung situativ unterschiedlich ausgeprägter Handelsunternehmens- und Supply Chain-Strukturen und Rahmenbedingungen Gestaltungsempfehlungen für das Management der Filiallogistik zu erarbeiten, die in diesem jeweiligen Kontext zur Vermeidung von OoS-Situationen unter Beachtung der Kosten in der Filiallogistik (Effizienzstreben) beitragen. Dabei führt die aufgezeigte Zielsetzung zu folgender zentralen Forschungsfrage:

Wie lässt sich das Management der Filiallogistik im Lebensmitteleinzelhandel definieren und wie ist es situationsspezifisch auszugestalten, um einen Wettbewerbsvorteil in Form möglichst geringer Out-of-Stock-Situationen zu realisieren?

Die Beantwortung der zentralen Forschungsfrage eröffnet die Diskussion konzeptioneller Grundlagen im Hinblick auf Komponenten des Managements der Filiallogistik und dient der Unterstützung von Entscheidungsträgern in Handelsunternehmen bei der Planung, Steuerung und Kontrolle filialspezifischer Logistikprozesse in Handelsfilialen. Die zentrale Forschungsfrage wird durch die Bearbeitung untergeordneter, hinführender Forschungsfragen hergeleitet und die daraus gewonnenen Erkenntnisse final zusammengeführt. Zunächst erfolgen die Identifikation und Untersuchung relevanter Gestaltungsgrößen der Filiallogistik, bevor sich die Erarbeitung eines Modells des Managements der Filiallogistik anschließt:

1. Welche Gestaltungsgrößen der Filiallogistik lassen sich aus ressourcenorientierter Sicht zur Vermeidung von Out-of-Stocks identifizieren?

---

[39] Vgl. Levy/Weitz (2004), S. 588.
[40] Im weiteren Verlauf der Arbeit werden die beiden Ausdrücke "Steigerung der Regalverfügbarkeit" und "Vermeidung bzw. Reduzierung von Out-of-Stocks (OoS)" synonym verwendet.

Aufgrund der hohen Dynamik im Einzelhandel mit einer steigenden Anzahl verschiedener Betriebstypen gehen unterschiedliche Anforderungen an das Management der Filiallogistik einher. Auch auf der unternehmensübergreifenden Ebene ergeben sich aufgrund unterschiedlicher Integrationsoptionen von Logistikprozessen verschiedene Randbedingungen, mit denen das Management der Filiallogistik konfrontiert ist. Die zweite Forschungsteilfrage nimmt die Problemstellung des relevanten Kontextes des Managements der Filiallogistik auf:

2. Durch welche Einflussfaktoren ist der Handelsunternehmens- und Supply Chain-Kontext des Managements der Filiallogistik geprägt und wie lässt sich dieser in situativer Betrachtungsweise darstellen?

In Bezug auf die Beantwortung sind für den Gang der Argumentation verschiedene Vorleistungen zu erbringen. Neben der Positionierung von Handelsunternehmen auf dem Markt ist die Berücksichtigung von Umfang und Reichweite der Implementierung verschiedener unternehmensübergreifender Logistikprozesse zwischen Handelsfiliale und vorgelagerten Stufen notwendig. Als Beispiele ist neben kooperativen Belieferungs- und Bestandskonzepten mit Herstellern ebenso der Einsatz von lieferantenseitigen Außendienstmitarbeitern zu nennen.[41] Auch die Bereitstellung und die Anbindung an handelsunternehmenseigene Informationssysteme stellen Ausprägungen im Rahmen des Supply Chain Management und seiner für die vorliegende Arbeit relevanten Ausgestaltung des Optimal Shelf Availability dar. Darüber hinaus sind in unterschiedlichen Betriebstypen Rahmenbedingungen für die Gestaltung des Managements der Filiallogistik zu sehen. Bspw. weisen differenzierte und diversifizierte Sortimente andere Anforderungen an das Management der Filiallogistik auf als eine flache und schmale Sortimentsstruktur. Um filialspezifische Logistikprozesse in Handelsfilialen an den gegebenen Kontext anzupassen und dadurch die Gestaltung des Managements der Filiallogistik mit dem Ziel der Regalverfügbarkeit in Einklang zu bringen, soll die Bearbeitung der dritten Forschungsteilfrage dienen:

3. Wie lässt sich ein „Fit" zwischen dem Handelsunternehmens- und Supply Chain-Kontext sowie dem Management der Filiallogistik erzielen, um die angestrebte Regalverfügbarkeit zu erreichen?

Mit der Beantwortung der Forschungsfragen werden entscheidungslogische Gestaltungsempfehlungen im Sinne normativer Aussagen für abgeleitete Typen der Handelsfiliale erarbeitet. Dabei besteht die Herausforderung, verallgemeinerungsfähige Empfehlungen für unterschiedliche Handelsfilialen zu nennen und weiterhin Empfehlungen zur Gestaltung der filialspezifischen Logistikprozesse abzuleiten, die in einer Reduzierung von Out-of-Stocks münden.

---

[41] Vgl. bspw. Kotzab (1997), S. 142.

1.2 Methodisches Vorgehen, empirisches Forschungsdesign und Aufbau der Arbeit

Nachfolgend werden das zur Beantwortung der Forschungsfragen gewählte methodische Vorgehen sowie das empirische Forschungsdesign vorgestellt und um die Darstellung des Aufbaus der Arbeit ergänzt.

Methodisches Vorgehen

Die Ableitung von Gestaltungsempfehlungen für das Management der Filiallogistik folgt dem Anspruch anwendungsorientierter Forschungsergebnisse in der Betriebswirtschaftslehre,[42] die eine theoretische mit einer pragmatischen Herangehensweise an ein konkretes Forschungsobjekt verbindet.[43] In diesem Sinne wird die Betriebswirtschaftslehre als Führungs- und Managementlehre aufgefasst, die sich mit der Gestaltung, Steuerung und Entwicklung zweckgerichteter sozialer Systeme auseinandersetzt[44] Die formulierten Forschungsfragen weisen darauf hin, dass das bestehende Grundverständnis der Logistik und des Managements in Handelsunternehmen um weitere Komponenten eines theoretischen Wissenschaftsverständnisses zu ergänzen ist. Ausgangspunkt für einen Forschungsprozess im Allgemeinen sind problembezogene wissenschaftliche Erkenntnisse, die in der Formulierung wissenschaftlicher Forschungsfragen münden. Dem anwendungsorientierten Grundverständnis entsprechend greift die Arbeit die vorab beschriebene Forschungslücke des Managements filialspezifischer Logistikprozesse als wissenschaftlich noch weitgehend unausgearbeitete Problemstellung auf und untersucht die Wettbewerbsrelevanz im Rahmen einer ressourcenorientierten Betrachtung. Der anstehende Forschungsbedarf ist innerhalb der Betriebswirtschaftslehre nicht eindeutig einem spezifischen Feld zuzuordnen, so dass ein disziplinenübergreifender Forschungsansatz angestrebt wird. Hinsichtlich der Wissensgenerierung erscheint aufgrund der nicht umfassenden Berücksichtigung von Kontextfaktoren auf die Filiallogistik in der betrieblichen Praxis ein rein induktives Vorgehen nicht zielführend, umgekehrt liegt für eine ausschließlich deduktive Wissensgenerierung keine hinreichend tragfähige theoretische Grundlage zum Management der Filiallogistik vor. In der Arbeit kommt deshalb eine Kombination beider Verfahren zur Anwendung. Aussagen aus ausgewählten Theorieansätzen werden deduziert und anschließend im Rahmen eines induktiv-explorativen Forschungsdesigns um Erfahrungswissen angereichert.[45] Durch das kombinierte deduktiv-induktive Vorgehen wird einerseits die Erfüllung eines theoretischen und andererseits eines pragmatischen Forschungsziels angestrebt. Für das theoretische Forschungsziel bedeutet dies, relevante Zusammenhän-

---

[42] Vgl. Hill/Ulrich (1979), S. 163f.; Schanz (1977), S. 75.
[43] Vgl. Raffée (1995), S. 15 sowie 64.
[44] Vgl. Ulrich (1984), S. 169. In diesem Zusammenhang bezeichnet Ulrich die Betriebswirtschaftslehre als "systemorientierte Managementlehre".
[45] Zum Induktionsschluss in qualitativen Forschungsprozessen, vgl. Bortz/Döring (2002), S. 299ff.

ge des Managements der Filiallogistik zur Erzielung von Wettbewerbsvorteilen durch die Vermeidung von OoS-Situationen im Kontext des Handelsmanagements und des Supply Chain Managements zu beschreiben, zu erklären und zu Gestaltungsaussagen zu verdichten. Das Erklärungsziel stellt mit dem Einsatz des ressourcenorientierten Ansatzes auf die Erarbeitung von kausalen Zusammenhängen zwischen der Ausstattung der Filiallogistik und dem Regalverfügbarkeitsniveau sowie der Wettbewerbsrelevanz des Managements der Filiallogistik ab. Diese Kenntnisse fließen im Rahmen von Gestaltungsempfehlungen ein, die durch eine differenzierte, situative Betrachtungsweise des relevanten Kontextes ergänzt werden. Das pragmatische Erkenntnisziel ist es, Ansätze zur Gestaltung und Veränderung des Managements der Filiallogistik im Sinne von Handlungsempfehlungen zur Steigerung der Regalverfügbarkeit für Praxisvertreter zu erarbeiten. Die vorliegende Arbeit folgt somit der von Ulrich (1984) postulierten Aufgabe der Wissenschaft, erarbeitete Gestaltungsmodelle zur Veränderung der sozialen Wissenschaft heranzuziehen.[46] Einen zentralen Bestandteil des Forschungsprozesses bildet dabei die Entwicklung eines theoretisch-konzeptionellen Bezugsrahmens. Er dient zur Schaffung eines strukturierten Vorverständnisses des Forschungsobjekts, indem die als relevant erachteten, theoriegeleiteten Erkenntnisse innerhalb eines Objektbereichs zusammengefasst und zueinander in Beziehung gesetzt werden.[47] Das gewählte Vorgehen kann als iterativer Lernprozess zwischen Theorie und Praxis verstanden werden. Es kommt somit zu einer Synthese zwischen der systematischen Gewinnung von Erfahrungswissen und deren Umsetzung in theoretische Aussagen.[48]

Empirisches Forschungsdesign

Im Sinne des anwendungsorientierten Wissenschaftsziels erfolgt in der vorliegenden Arbeit eine Rückkopplung des theoriegeleiteten Bezugsrahmens zum Management der Filiallogistik mit der betrieblichen Praxis.[49] Um Anhaltspunkte für die Praxisrelevanz der zu erarbeitenden Gestaltungsempfehlungen für das Management der Filiallogistik zu gewinnen,[50] werden die theoriegeleiteten Erkenntnisse durch empirische Untersuchungen der filiallogistischen Prozesse und Ressourcenausstattungen in Handelsunternehmen ergänzt und deren Wettbewerbsrelevanz zur Vermeidung von OoS-Situationen überprüft. Dabei determiniert das gewählte Forschungsvorgehen die Methoden und Verfahrensweisen zur Informationsgewinnung über komplexe ökonomische Zusammenhänge,[51] wie sie beim Management der Filiallogistik erwartet werden.

---

[46] Vgl. Ulrich (1984), S. 169.
[47] Vgl. Rößl (1990), S. 99f.
[48] Vgl. Tomczak (1992), S. 84; Kubicek (1977), S. 14.
[49] Vgl. Green/Tull (1982), S. 61; Kubicek (1975), S. 35.
[50] Vgl. hierzu die Forschungsfragen in Kapitel 1.1.
[51] Vgl. Atteslander (2006), S. 44ff.

1.2 Methodisches Vorgehen, empirisches Forschungsdesign und Aufbau der Arbeit 11

Die betriebswirtschaftliche Forschung bedient sich zur Abgrenzung des Untersuchungsdesigns regelmäßig Ansätzen der empirischen Sozialforschung, deren Zielsetzung in der systematischen Erfassung und Deutung sozialer Erscheinungen besteht.[52] Dabei ist grundsätzlich zwischen quantitativen und qualitativen Forschungsdesigns zu differenzieren.[53] Während bei *quantitativen* Forschungsdesigns ein deduktiv-falsifikatorisches Vorgehen im Vordergrund steht,[54] das der Überprüfung einer zuvor aufgestellten Hypothese dient,[55] zielt ein *qualitatives* Forschungsdesign darauf ab, relevante Zusammenhänge des Untersuchungsobjektes und des Kontextes zu erkennen, zu beschreiben, zu verstehen und abschließend zu interpretieren.[56] Aufgrund des relativ breit angelegten Aufgabenspektrums der qualitativen Forschung finden verschiedene Analysemethoden eine parallele Anwendung,[57] die sich für die Untersuchung unzureichend abgegrenzter Objekte eignen.[58] Gekennzeichnet ist das induktiv-explorative[59] Vorgehen durch kleine Stichproben bis hin zu Einzelfallbetrachtungen, die eine relativ große Analysetiefe aufweisen und sich auf das Erforschen und Beschreiben relevanter Zusammenhänge fokussieren. Für das bislang erst ansatzweise untersuchte und von großer Komplexität gekennzeichnete Feld des Managements der Filiallogistik scheint eine rein hypothesengetriebene Untersuchung quantitativer Prägung verfrüht. Vielmehr zeigt sich der qualitative Ansatz aufgrund der relativ großen Offenheit bei der Analyse unzureichend abgegrenzter Forschungsgegenstände als geeignet. Die Forderung einer gesamtheitlichen Aufarbeitung des Phänomens steht einer bislang nur in Teilbereichen vorliegenden Analyse gegenüber. Insbesondere die Identifikation der Gestaltungsgrößen des Managements der Filiallogistik und deren Anpassung an Kontextfaktoren sowie die Ableitung von situativen Gestaltungsempfehlungen zielen auf Erkenntnisse über grundsätzliche Wirkungsbeziehungen und eine strukturierte Problemlösung ab. Aus diesem Grund wird die Anwendung einer primär qualitativen Vorgehensweise als zweckmäßig angesehen, die durch quantitative Zugänge ergänzt wird.

Hinsichtlich der Datengewinnung bieten sich allgemein neben der Querschnittserhebung und singulären wie multiplen Längsschnittanalysen auch Fallstudien als passive Vorgehensweise der empirischen Forschung an.[60] *Fallstudien* beziehen sich auf einzelne Untersuchungsobjekte und -zeitpunkte, die häufig multivariat ausgerichtet und durch einen hohen Komplexitätsgrad

---

[52] Vgl. Lamnek (2005), S. 32; Meyer/Kittel-Wegner (2002), S. 9; Kubicek (1975), S. 35.
[53] Eine trennscharfe Abgrenzung zwischen qualitativem und quantitativem Forschungsdesign ist nicht immer möglich, da beide Ansätze in der betriebswirtschaftlichen Forschung nicht zwangsläufig als Substitute anzusehen sind, vgl. Golicic/Davis/McCarthy (2005), S. 19; Bortz/Döring (2002), S. 298; Kepper (1996), S. 13.
[54] Vgl. bspw. Kepper (1996), S. 8f.
[55] Vgl. Bortz/Döring (2002), S. 269.
[56] Vgl. Gimenez (2005), S. 327; Lamnek (2005), S. 32ff.
[57] Vgl. Yin (2004), S. 9.
[58] Vgl. Atteslander (2006), S. 67; Gillham (2000), S 11.
[59] Vgl. Wittenberg (2001), S. 3; Kepper (1996), S. 21.
[60] Vgl. Büschges/Lütke-Bornefeld (1977), S. 205ff.; Kubicek (1975), S. 58ff. Eine aktive Vorgehensweise erlaubt den direkten Eingriff des Forschers in den Gegenstandsbereich der Untersuchung.

gekennzeichnet sind.[61] Durch den Einsatz qualitativer als auch quantitativer Methoden soll das zu untersuchende Phänomen möglichst ganzheitlich und individuell wiedergegeben werden, um Kausalzusammenhänge aufzudecken.[62] Auch die betriebswirtschaftlich orientierte Logistikforschung bedient sich häufig der Fallstudienmethode und unterstreicht damit die hohe Bedeutung anwendungsorientierter Forschungsmethoden.[63] Dabei stellt die Fallstudie weniger eine konkrete Erhebungstechnik dar,[64] sondern „[…] vielmehr eine bestimmte Art, das Forschungsmaterial so zu ordnen, dass der einheitliche Charakter des untersuchten sozialen Gegenstands erhalten bleibt"[65]. Übertragen auf die vorliegende Arbeit gibt die Fallstudie den individuellen Kontext der Filiallogistik wieder, auch wenn nicht jedes Detail abgedeckt werden kann. Stattdessen werden spezifische filiallogistische Aspekte herausgearbeitet. Damit eignet sie sich zur Darstellung der untersuchten Situation des Managements der Filiallogistik.[66] Die Konzentration auf eine kleine Zahl konkreter Fallbeispiele ermöglicht die Bewältigung der Komplexität und des Kontextes des Untersuchungsobjektes sowie die Ableitung von Hinweisen auf die Praxisrelevanz der Forschungsergebnisse.[67] Diese Ausrichtung scheint für die vorliegende Untersuchung vor dem Hintergrund der Gestaltforschung geeignet zu sein. Fallstudienbasierte Forschungsdesigns sind jedoch durch bestimmte Nachteile gekennzeichnet. Die Begrenztheit des Untersuchungssamples kann keine grundsätzliche Generalisierbarkeit für Gestaltungsempfehlungen des Managements der Filiallogistik sicherstellen.[68] Die abgeleiteten Aussagen sind durch den hohen Anteil qualitativer Informationen vor einer subjektiven Interpretation nicht geschützt, so dass die Reproduzierbarkeit der erarbeiteten Resultate eingeschränkt sein kann. Demgegenüber ist der Vorteil von Fallstudien in der Berücksichtigung eines breiten Variablenspektrums zu sehen, welches für die vorliegende Untersuchung die Gestaltungsgrößen der Filiallogistik, die Berücksichtigung der Distributionsstruktur zwischen Handelsfiliale und vorgelagerten Stufen sowie die Positionierung von Handelsunternehmen gleichermaßen aufnimmt und als ein ganzheitliches Bezugssystem aufgefasst werden kann. Der Charakter dieser Studien ermöglicht es, die für eine

---

[61] Vgl. z.B. Green/Tull (1982), S. 63f. Die Fallstudie wird als Methode im Sinne der qualitativen Forschung verstanden, die Anwendung quantitativer Verfahren ist im Rahmen der Fallstudie jedoch nicht ausgeschlossen, vgl. Brown/Eisenhardt (1997), S. 1ff.

[62] Vgl. Wolf (2000), S. 35, der multivariate, nicht quantitative Studien im Rahmen einer kleinen Untersuchungsmenge von Unternehmen mit einer taxonomischen Vorgehensweise beschreibt.

[63] Zur Anwendung der Fallstudienmethodik in der Logistikforschung vgl. Large/Stölzle (1999), S. 26ff. und Stölzle (2001), S. 511ff. sowie für die Untersuchung von Beziehungen in Supply Chains vgl. Olsen/Ellram (1997), S. 221ff.

[64] Vgl. Meyer/Kittel-Wegner (2002), S. 10.

[65] Goode/Hatt (1972), S. 300.

[66] Auf die Bearbeitungsphasen von Fallstudien (Konzeptionsphase, Vorbereitungsphase, Datensammlungsphase, Nachbereitungsphase und der abschließende Fallstudienbericht) soll an dieser Stelle nicht vertieft eingegangen werden. Einen Überblick liefert bspw. Trumpfheller (2004), S. 179ff.

[67] Vgl. Yin (2003), S. 3; Punch (1998), S. 2ff.; Eisenhardt (1989), S. 541.

[68] Fehlende Repräsentativität von Untersuchungen wird häufig als grundsätzlicher Kritikpunkt des Fallstudienansatzes genannt, vgl. Meyer/Kittel-Wegner (2002), S. 24ff.; Boos (1993), S. 39; Schoenherr/Fritz (1967), S. 156.

Vielzahl von Handelsfilialen typischen Zusammenhänge in hoher inhaltlicher Tiefe aufzuzeigen.[69]

Die empirischen Untersuchungen in Handelsfilialen ermöglichen neben der Identifikation, Überprüfung und Anpassung von Kontext und Gestaltungsgrößen des Managements der Filiallogistik eine erste Validierung des theoretischen Bezugsrahmens.[70] Um Anhaltspunkte für die Praxisrelevanz der theoriegeleiteten Erkenntnisse zu gewinnen und Hinweise auf die praktische Problemlösung der entwickelten Gestaltungsempfehlungen zu erarbeiten, bietet sich der Einsatz des *explikativen Fallstudientyps* ab.[71] Ziel dieses Fallstudientyps ist die Analyse von Ursache-Wirkungsbeziehungen, mit der die Möglichkeit zur Überprüfung und Verbesserung bestehender theoretischer Aussagen im Sinne eines deduktiven Vorgehens einhergeht.[72] Daraus lassen sich Handlungsfelder für das Management der Filiallogistik unter Berücksichtigung des vorherrschenden Kontextes ableiten, so dass die Fallstudien darüber hinaus explorative Elemente enthalten.[73]

Im Vordergrund der Fallstudienuntersuchung steht die Validierung bzw. Überprüfung der vorab aufgestellten *Forschungsfragen*, die zur Identifikation und Beschreibung der Gestaltungsgrößen des Managements der Filiallogistik, des Kontextes sowie der Kausalzusammenhänge und der Ableitung von Gestaltungsempfehlungen dienen. Dabei strebt die Fallstudienuntersuchung die Beantwortung der hinführenden untergeordneten Forschungsfragen aus empirischer Sicht an.[74] Ihre theoretisch-deduktive Beantwortung leitet auf die Entwicklung des *Fallstudienrasters* über, welches die einzelnen Elemente der Untersuchung beschreibt und die Beantwortung der Fragen erleichtert. Gestaltungsoptionen des zu entwickelnden theoretisch-konzeptionellen Bezugsrahmens zum Management der Filiallogistik werden durch empirische Untersuchungen aus der Handelspraxis kapitelweise ergänzt und die in ihnen enthaltenen Aussagen vor dem Hintergrund realer Phänomene überprüft. Dies betrifft zunächst die Identifikation und Darstellung logistikrelevanter Gestaltungsgrößen in Handelsfilialen sowie in einem zweiten Schritt die Beschreibung der kontextspezifischen Ausgestaltung für das Management der Filiallogistik. Auch für die zu erarbeitenden Typen, welche durch eine relativ offene Auslegung anstelle einer Interpretation als direkt testbare Hypothesen gekennzeichnet sind, kommt durch die empirische Untersuchung real existierender Ursache-Wirkungsbeziehungen ein Nutzen zu. Dabei sind die Untersuchungsobjekte so ausgewählt, dass sie hinsichtlich einer ähnlichen strukturierten größeren Menge als typische

---

[69] Zu Vor- und Nachteilen von Fallstudien allgemein vgl. Goode/Hatt (1972), S. 305ff., in der Logistik vgl. bspw. Freichel (1992), S. 207 sowie im Hinblick auf den Gestaltansatz, vgl. Wolf (2000), S. 36.
[70] Vgl. Yin (2004), S. 18. Zu Rahmenbedingungen und -anforderungen für den Einsatz der Fallstudie in der betriebswirtschaftlichen Forschung, vgl. Meyer/Kittel-Wegner (2002), S. 38f.
[71] Einen Überblick verschiedener Fallstudientypen liefern bspw. Trumpfheller (2004), S. 178f. sowie Meyer/Kittel-Wegner (2002), S. 17.
[72] Vgl. Yin (2003), S. 5.
[73] Vgl. Trumpfheller (2004), S. 178; Kubicek (1977), S. 11.
[74] Vgl. hierzu die Forschungsfragen in Kapitel 1.1.

Fälle oder besonders aussagekräftige Beispiele aus der Handelspraxis dienen.[75] Die empirischen Erkenntnisse tragen dazu bei, realtypische Beziehungsmuster zwischen den Beschreibungsparametern aufzuzeigen und mit den entwickelten Typen zusammen zu führen. So können Gemeinsamkeiten sowie Unterschiede festgehalten und interpretiert werden, die in Anpassungsmaßnahmen des Managements der Filiallogistik resultieren.[76]

Die den Fallstudien zugrunde liegenden Daten entstammen den Untersuchungen zur Regalverfügbarkeit in Handelsunternehmen, die im Rahmen der Projektplattform AdOSA vom Lehrstuhl für Logistikmanagement der Universität St.Gallen und dem Unilever-Stiftungslehrstuhl der Friedrich-Schiller Universität Jena zwischen Herbst 2005 und Sommer 2007 durchgeführt wurden. Zu den Zielen der Projektplattform zählten die Ermittlung von OoS-Quoten, Ursachen und deren Einflussfaktoren (Root Causes) für gängige Sortimentsbereiche von Konsumgütern in verschiedenen Konsumgüter-Supply Chains. Um die dem Forschungsdesign gerecht werdende Vielfalt zu erzeugen, wurde für eine der drei Fallstudien eine begleitende Untersuchung durchgeführt. Da hier die Ermittlung von OoS-Quoten, Ursachen und deren Einflussfaktoren nicht möglich war, wurde die Datenerhebung in hoher Analogie zu den vorangegangenen Untersuchungen vorgenommen.

Im Rahmen der Erhebung sind verschiedene Informationsquellen und Instrumente zur Beantwortung der Analyseziele zum Einsatz gekommen, um ein gewisses Maß an Objektivität sicherstellen zu können.[77] Mit dem Einsatz mehrerer Erhebungsmethoden („Methodentriangulation")[78] lässt sich ein Gesamtbild des Managements der Filiallogistik zeichnen. So finden neben primär für die Untersuchung erhobene Daten ebenso Sekundärdaten Berücksichtigung in den Fallstudien.[79] Zur Identifikation der Gestaltungsgrößen des Managements der Filiallogistik sowie des für die Typen relevanten Kontextes und deren Wirkungsbeziehungen werden die *Datenerhebungsmethoden* der teilnehmenden Beobachtung, die Analyse bestehender Dokumente, halb-standardisierte Interviews sowie empirische Erhebungen für die Erstellung der Fallstudien genutzt.[80] So ermöglicht die *teilnehmende Beobachtung*[81] eine systematisch geplante und dokumentierte Erfassung realer Phänomene,[82] wie sie das Management der Filiallogistik darstellt. Dabei ist zu berücksichtigen, dass der teilnehmende Beobachter durch

---

[75] Vgl. Hartfiel (1982), S. 160.
[76] Zur Bedeutung empirischen Vorgehens für Typologien, die als offenes Denkmuster aufgefasst werden sollen vgl. Scherer/Beyer (1998), S. 344; Osterloh/Grand (1994), S. 277ff.
[77] Vgl. Yin (2003), S. 4. Schritte zur Erhöhung der Objektivität im Rahmen der Fallstudie stellen bspw. Thomae/Petermann (1983), S. 382 dar. Zu Gütekriterien in der Fallstudienforschung zählen neben der Objektivität ebenfalls die Repräsentativität, Reliabilität sowie Validität, vgl. Meyer/Kittel-Wegner (2002), S. 24ff.
[78] Vgl. Meyer/Kittel-Wegener (2002), S. 38.
[79] Vgl. Eisenhardt (1989), S. 538.
[80] Das vorliegende Fallstudiendesign ist dadurch gekennzeichnet, dass Erkenntnisse aus verschiedenen Informationsquellen gezogen werden. Dieses Vorgehen wird als Multi Source Methode bezeichnet.
[81] Vg. Girtler (2001), S. 42; Lüders (2001), S. 151ff.
[82] Vgl. Lamnek (2005), S. 547ff.

1.2 Methodisches Vorgehen, empirisches Forschungsdesign und Aufbau der Arbeit 15

unbewusste Selektion und Interpretation der Daten eine subjektive Bewertung vornehmen kann. Dieser wurde durch regelmäßige Rückkopplungen der erarbeiteten Ergebnisse an die Projektpartner und Aufnahme von Anpassungsvorschlägen entgegengewirkt. Als weitere Erhebungsmethoden dienen die *Analyse von Sekundärdaten* wie Arbeitsanweisungen oder Prozessbeschreibungen sowie Bestell- und Abverkaufsdaten zur Identifikation der Prozesskonfigurationen. Die Dokumentenanalyse ermöglicht Aussagen über die Bestandsqualität des gesamten Filialsortiments und über die Prozessqualität der Filiallogistik. Weiterhin werden Umschlagshäufigkeiten sowie Belieferungskonzepte und -rhythmen verschiedener Sortimente in die Untersuchung aufgenommen. Aufgrund der ausstehenden Möglichkeit, Kosteninformationen in einem ausreichenden Detaillierungsgrads durch die Probanden zu erfassen, liegt der Fokus überwiegend auf Leistungsgrößen des Managements der Filiallogistik.[83] Ergänzend finden neutrale, *halbstandardisierte Interviews*[84] mit Experten statt. Die für diese Frageform typische Kombination von offenen und standardisierten Fragen dient der Generierung qualitativer Daten und ermöglicht eine Orientierung an speziellen Fragestellungen.[85] Bei den Gesprächspartnern handelt es sich sowohl um Logistikverantwortliche in Einkaufsstätten als auch um Mitarbeiter in Handelszentralen. Um eine möglichst vollständige Offenheit der einzelnen Projekt- und Interviewpartner zu erzielen, wurde die individuelle und unternehmensbezogene Anonymisierung bei der Auswertung der Fallstudien zugesichert.[86] Der Bedeutung des Managements der Filiallogistik zur Vermeidung von OoS-Situationen wird durch Fragen hinsichtlich Mitarbeitern, Technik und Prozessorganisation der Filiallogistik nachgegangen. Diese Bezugnahme ermöglicht die Konkretisierung der Problemfelder. Letztlich kommen quantitative Daten aus den *empirischen Erhebungen* der OoS-Untersuchungen in den Handelsfilialen zum Einsatz. Sie dienen zum einen der Ableitung des Handlungsbedarfs durch die Erhebung von OoS-Quoten in verschiedenen Handelsfilialen, zum anderen geben sie erste Hinweise auf die Ursachen von Regallücken und somit auf Problemfelder des Managements der Filiallogistik.

Zusammenfassend kann festgehalten werden, dass das Phänomen des Managements der Filiallogistik zur Vermeidung von OoS-Situationen anhand empirischer Untersuchungen analysiert wurde. Vor diesem Hintergrund wurden repräsentativ drei Typen von Handelsfilialen unterschiedlichen Charakters für die Fallstudienanalyse ausgewählt, die durch verschiede-

---

[83] Beim dritten Unternehmen war eine Einsicht in diese Dokumente nicht möglich. Allerdings wurden Einblicke in einzelne Dokumente gewährt, die die relevanten Informationen zur validen Generierung der Fallstudieninhalte sichergestellt haben.
[84] Zu methodologischen Grundlagen und Besonderheiten der qualitativen Befragung vgl. Bähring u.a. (2008), S. 89ff. sowie zur methodologischen Einordnung und Vorgehensweise bei Experteninterviews in die qualitative Sozialforschung vgl. Gläser/Laudel (2004), S. 21ff.
[85] Vgl. zu den Formen von Fragebögen Alemann (1979), S. 207ff.
[86] Zur Anonymität von Studienteilnehmern als Form der Veröffentlichung von Untersuchungsergebnissen vgl. Ogbonna/Wilkinson (1996), S. 397.

ne situative Kontexte gekennzeichnet sind und sich in den folgenden drei Kapiteln der Beantwortung der Forschungsfragen aus empirischer Sicht nähern.

Aufbau der Arbeit

Auf Basis der vorangestellten Forschungsfragen und der Darstellung des methodischen Vorgehens sowie des empirischen Forschungsdesigns wird nachfolgend der Aufbau der Arbeit aus ablauforientierter Sicht vorgestellt. Die Beantwortung der zentralen Forschungsfrage erfolgt durch die sequentielle Bearbeitung der hinführenden Forschungsfragen in drei Kapiteln sowie der abschließenden Zusammenführung. Das theoretische Erkenntnisziel besteht im Rahmen des qualitativ ausgelegten Forschungsprogramms in der theoretischen Erklärung von Ursache-Wirkungsbeziehungen zwischen den Gestaltungsgrößen des Managements der Filiallogistik, dem spezifischen Kontext und der zu definierenden Zielgröße der nachfragegerechten Regalverfügbarkeit. Aufgrund bislang ausstehender umfassender Theorieerkenntnisse wird dabei auf thematisch angrenzende Forschungsfelder des Handelsmanagements und des konsumgüterorientierten Supply Chain Management zurückgegriffen. Diese finden zur konkreten Beschreibung des Problemausschnittes Eingang in den Bezugsrahmen.[87]

An die vorliegende Einleitung schließt sich in Kapitel 2 die Auseinandersetzung mit den Grundlagen des Managements der Filiallogistik an. Neben der Erarbeitung eines Zielsystems und der Darstellung von Zielgrößen, die mit dem Management der Filiallogistik verbunden sind (Kapitel 2.1), erfolgt eine Übersicht über die zu gestaltenden Bestandteile des Managements der Filiallogistik. Die zielbezogene Auseinandersetzung zur Identifikation von Ansatzpunkten wird auf Basis der bestehenden Literatur zum Logistikmanagement und zur Handelslogistik vorgenommen. Unter Bezugnahme auf bestehende Modelle des Logistikmanagements werden die relevanten Gestaltungsgrößen filialspezifischer Logistikprozesse, die Prozessorganisation sowie Mitarbeiter und Technik auf ihre Gestaltungsoptionen überprüft (Kapitel 2.2). Erste empirische Untersuchungen der Gestaltungsgrößen des Managements der Filiallogistik bei verschiedenen Handelsunternehmen erfolgen in Kapitel 2.3. In der vorliegenden Arbeit werden eine Inside-Out-Perspektive der filialspezifischen Logistikfaktoren eingenommen und die Ressourcenausstattung des Managements der Filiallogistik berücksichtigt. Zur Schärfung des vorliegenden ressourcenorientierten Verständnisses und der Hervorhebung der Regalverfügbarkeit als Wettbewerbsvorteil findet anschließend der Resource-based View als zugrunde liegender theoriegeleiteter Erklärungsansatz Eingang in den Forschungsprozess (Kapitel 2.4). Im Rahmen eines Zwischenfazits münden die identifizierten Gestaltungsgrößen und die Zielsetzung für das Management der Filiallogistik schließlich in den Kern des Bezugsrahmens (Kapitel 2.5), den es im darauf folgenden Kapitel 3 mit der Ergänzung des filiallogistikrelevanten Kontextes zu vervollständigen gilt. Dieser lässt sich in einen Handelsunternehmens- und Supply Chain-Kontext einordnen. Die Ausprägungen des

---

[87] Vgl. Stölzle (1999), S. 13.

1.2 Methodisches Vorgehen, empirisches Forschungsdesign und Aufbau der Arbeit

Kontextes stellen die Grundlage zur Ableitung von verschiedenen Formen des Managements der Filiallogistik dar. Mit Hilfe der diskutierten Kontextgrößen erfolgt die nach der Leistungsprogrammpolitik mögliche Einteilung von Handelsfilialen anhand realtypischer Ausprägungen, die einen Einfluss auf das Management der Filiallogistik aufweisen. Hierbei handelt es sich um die Sortiments-, Ladengestaltungs- und Preispolitik. Der Supply Chain-Kontext lehnt sich an die konzeptionellen Bestandteile des Supply Chain Managements und dem Konzept des ECR an. Das aus diesen Konzepten entsprungene Optimal Shelf Availability zur Gestaltung von integrativen Logistikkonzepten dient dabei zur Einordnung des Kontextes anhand von Belieferungskonzepten zwischen Handelsfilialen und vorgelagerten Stufen im Distributionskanal.

Die Ableitung charakteristischer Handelsunternehmen stellt die Basis für die Gestaltung des Managements der Filiallogistik in Kapitel 4 dar. Nach einer Einführung zur situativen Betrachtungsweise und der Typologisierung von Handelsunternehmen steht die Identifikation von Wirkungsbeziehungen zwischen den abgeleiteten Typen und der Ausgestaltung des Managements der Filiallogistik auf Basis des Logistikmanagementmodells im Vordergrund. Die Auseinandersetzung mit den für die Filiallogistik relevanten Gestaltungsgrößen in Abhängigkeit des situativen Kontextes mündet in drei verschiedenen Idealtypen des Managements der Filiallogistik. Kapitel 4 endet mit der Darstellung der unterschiedlichen filiallogistischen Ressourcenausstattungen zur Vermeidung von OoS-Situationen. Auch hier erfolgt in einem weiteren Schritt die empirische Gegenüberstellung der Forschungsergebnisse in Form von Fallstudien anhand der anfangs ausgewählten Kontexte. Gemeinsam mit den identifizierten Wirkungsbeziehungen im theoretischen Teil finden die empirischen Ergebnisse Eingang in die abschließenden Handlungsempfehlungen und unterliegen einer kritischen Würdigung.

Kapitel 5 schließt die Arbeit mit einer Zusammenfassung theoriegeleiteter und empirischer Erkenntnisse. Mit der Darstellung des noch offenen Forschungsbedarfs werden Ansätze für zukünftige Forschungsarbeiten gegeben.

Die nachfolgende Abbildung 2 gibt das beschriebene Vorgehen wieder.

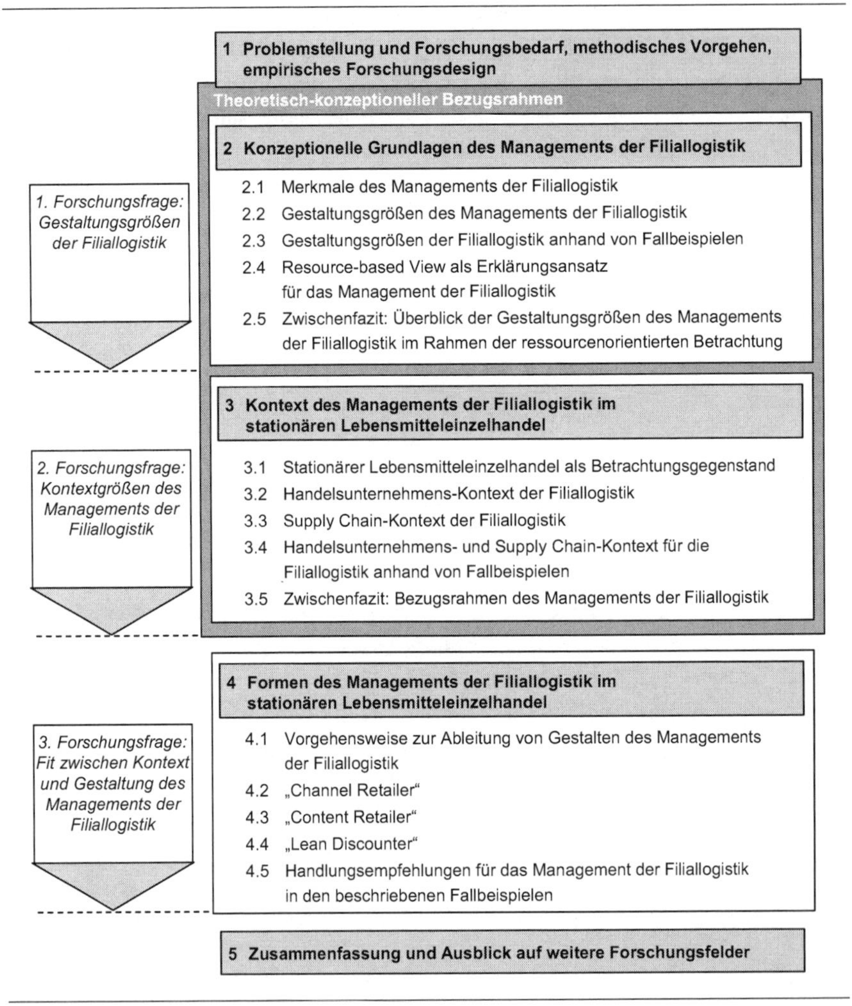

	1 Problemstellung und Forschungsbedarf, methodisches Vorgehen, empirisches Forschungsdesign
	Theoretisch-konzeptioneller Bezugsrahmen

	2 Konzeptionelle Grundlagen des Managements der Filiallogistik
1. Forschungsfrage: Gestaltungsgrößen der Filiallogistik	2.1 Merkmale des Managements der Filiallogistik 2.2 Gestaltungsgrößen des Managements der Filiallogistik 2.3 Gestaltungsgrößen der Filiallogistik anhand von Fallbeispielen 2.4 Resource-based View als Erklärungsansatz für das Management der Filiallogistik 2.5 Zwischenfazit: Überblick der Gestaltungsgrößen des Managements der Filiallogistik im Rahmen der ressourcenorientierten Betrachtung

	3 Kontext des Managements der Filiallogistik im stationären Lebensmitteleinzelhandel
2. Forschungsfrage: Kontextgrößen des Managements der Filiallogistik	3.1 Stationärer Lebensmitteleinzelhandel als Betrachtungsgegenstand 3.2 Handelsunternehmens-Kontext der Filiallogistik 3.3 Supply Chain-Kontext der Filiallogistik 3.4 Handelsunternehmens- und Supply Chain-Kontext für die Filiallogistik anhand von Fallbeispielen 3.5 Zwischenfazit: Bezugsrahmen des Managements der Filiallogistik

	4 Formen des Managements der Filiallogistik im stationären Lebensmitteleinzelhandel
3. Forschungsfrage: Fit zwischen Kontext und Gestaltung des Managements der Filiallogistik	4.1 Vorgehensweise zur Ableitung von Gestalten des Managements der Filiallogistik 4.2 „Channel Retailer" 4.3 „Content Retailer" 4.4 „Lean Discounter" 4.5 Handlungsempfehlungen für das Management der Filiallogistik in den beschriebenen Fallbeispielen

5 Zusammenfassung und Ausblick auf weitere Forschungsfelder

Abbildung 2: Aufbau der Arbeit

2 Konzeptionelle Grundlagen des Managements der Filiallogistik

Im Folgenden werden die spezifischen Merkmale des Managements der Filiallogistik herausgearbeitet (Kapitel 2.1). Daran schließt sich in Kapitel 2.2 die Darstellung und Diskussion managementrelevanter Gestaltungsgrößen der Filiallogistik an. Zu den Handlungsfeldern zählen die Erarbeitung eines Beschreibungsmodells von idealtypischen Logistikprozessen der Handelsfiliale sowie die Vorstellung relevanter Gestaltungsgrößen. In Kapitel 2.3 findet zur Unterstützung der theoretischen Überlegungen eine erste Gegenüberstellung der deduktiv abgeleiteten Erkenntnisse mit empirischen Ergebnissen aus der Praxis statt. Im darauf folgenden Unterkapitel 2.4 erfolgen eine Reflektion und Zusammenführung der theoriegeleiteten Gestaltungsgrößen, indem der Resource-based View vorgestellt und im Hinblick auf seinen Erklärungsbeitrag als ausgewählter Theorieansatz durchleuchtet wird. Das Kapitel schließt mit der Zusammenführung der untersuchten Gestaltungsgrößen in den ersten Teil des konzeptionell-theoretischen Bezugsrahmens in Kapitel 2.5.

2.1 Merkmale des Managements der Filiallogistik

Gestaltungsempfehlungen zum Bereitstellungsprozess von Waren in Handelsfilialen sowie zum Management der Filiallogistik werden in der betriebswirtschaftlichen Literatur nur spärlich behandelt.[88] Forschungsarbeiten zur Regalverfügbarkeit nehmen die grundlegende Sichtweise von Konsumgüter-Supply Chains ein und leiten Konzepte für Hersteller-Handels-Beziehungen ab, ohne explizite Handlungsempfehlungen für die Logistik am POS auszusprechen. Die betriebswirtschaftliche Logistik beschränkt sich häufig auf Industrieunternehmen. Anknüpfungspunkte für die Gestaltung des Managements der Filiallogistik für Handelsunternehmen müssen daher aus unterschiedlichen wissenschaftlichen Disziplinen zusammengetragen werden. Zu diesen zählen die allgemeine Logistikkonzeption (Kapitel 2.1.1) sowie die Handels- und Distributionslogistik als Element der Logistik (Kapitel 2.1.2). Neben den wesentlichen Anforderungen werden die Zielgrößen an das Management der Filiallogistik in Kapitel 2.1.3 vorgestellt.

2.1.1 Logistikkonzeption als Ausgangspunkt für das Management der Filiallogistik

Um sich dem Untersuchungsobjekt des Managements der Filiallogistik anhand der bestehenden betriebswirtschaftlichen Literatur zu nähern, bietet sich zunächst eine Auseinandersetzung mit dem *Logistikbegriff*[89] an. Die Vielzahl unterschiedlicher Definitionsansätze in der

---

[88] Vgl. bspw. Kotzab/Reiner/Teller (2007), S. 1139; Rock (2006), S. 68f.
[89] Auf die etymologische Herleitung und der Entwicklung des Logistikbegriffs im nicht-betriebswirtschaftlichen Gebrauch soll an dieser Stelle verzichtet werden. Siehe hierzu bspw. Weber/Kummer (1998), S. 1ff.; Bloech (1997), S. 577ff.

betriebswirtschaftlichen Theorie und Praxis dokumentiert ein ausstehendes allgemeingültiges Verständnis des Logistikbegriffs.[90] Die bestehenden Erklärungsansätze reichen vom einfachen Management der Material- und Güterflüsse über flussorientierte Definitionsansätze[91] bis hin zur managementorientierten Logistikkonzeption.[92] Der Council of Supply Chain Management Professionals (CSCMP) definiert: „Logistics management is that part of supply chain management that plans, implements, and controls the efficient, effective forward and reverse flow and storage of goods, services and related information between the point of origin and the point of consumption in order to meet customers' requirements"[93]. Ungeachtet der verschiedenen Literaturströmungen und Entwicklungsphasen steht die effiziente Raum- und Zeitüberbrückung, die sich aus den Erfordernissen der räumlichen und zeitlichen Diskrepanz zwischen dem Vorhalten der Waren und der Nachfrage ergibt, im Mittelpunkt der Logistik.[94] Eine weitere Konkretisierung erfährt der Logistikbegriff, indem eine problemorientierte Sichtweise auf Waren- und Informationsflüsse erfolgt. Die Logistik umfasst in dieser flussorientierten Auffassung demnach sowohl Tätigkeiten der zielgerichteten Planung und Steuerung sowie der Realisierung von Waren- und begleitenden Informationsflüssen zur nachfragegerechten Versorgung von Endkunden.[95] Auf Basis bestehender Definitionsansätze kann der Logistikbe-griff zusammenfassend anhand eines gemeinsamen Begriffskerns charakterisiert werden:[96]

- Zu den Objekten der Logistik zählen Materialien bzw. Waren sowie unterstützende Informationen.[97]

- Gegenstand des logistischen Grundgedanken stellen nicht nur die Objekte, sondern

---

[90] Vgl. zur Definitionsproblematik des Logistikbegriffs bspw. Pfohl (2004a), S. 12; Klaus (1999), S. 15ff.; Göpfert (1999), S. 19ff.; Wildemann (1997a), S. 4. Eine Übersicht verschiedener Logistikdefinitionen und den enthaltenen Bestandteilen vgl. Klee (1999), S. 78.

[91] Vgl. bspw. Schulte (1999), S. 1; Kirsch u.a. (1973), S. 69.

[92] Im Wesentlichen lassen sich drei Entwicklungsphasen der Logistik nennen. Auf die Darstellung der Phasen der funktionalen Spezialisierung auf Transferaktivitäten, dem Verständnis der Logistik als Koordinationsfunktion sowie die als jüngste Sichtweise verstandene Auffassung der Logistik der flussorientierten Ausgestaltung von Leistungssystemen soll an dieser Stelle verzichtet werden, vgl. bspw. Pfohl (2004a), S. 11; Mikus (2003), S. 13ff.; Delfmann (1999a), S. 37ff.; Göpfert (1999), S. 22; Klaus (1999), S. 15ff.; Weber (1999a), S. 4ff.; Lasch (1998), S. 9ff.; Weber/Kummer (1998), S. 1ff.; Bloech (1997), S. 577ff. Die historische Entwicklung der Logistik in den USA behandeln bspw. Shapiro/Heskett (1985), S. 8ff.; Stock/Lambert (2001), S. 11ff.

[93] Trotz der vielfältigen Begriffsdefinitionen wird in logistikspezifischen wissenschaftlichen Arbeiten regelmäßig auf diese Definition verwiesen, vgl. http://cscmp.org/aboutcscmp/definitions/definitions.asp, abgerufen am 29.02.2008.

[94] Aufgabe der Logistik ist somit die Versorgung eines Nachfragepunktes gemäß seinem Bedarf von einem Lieferpunkt mit dem richtigen Produkt im richtigen Zustand zur richtigen Zeit am richtigen Ort zu den geringst möglichen Kosten, vgl. Pfohl (2004a), S.12.

[95] Neben flussorientierten Definitionen finden sich in der Literatur auch lebenszyklus- und dienstleistungsorientierte Ansätze. Diese lassen sich gemäß Lasch auf die flussorientierten Ansätze zurückführen und stellen eine spezielle Form dar, vgl. Lasch (1998), S. 6.

[96] Vgl. hierzu auch Toporowski (1996), S. 11.

[97] Vgl. Pfohl (2004a), S. 8.

2.1 Merkmale des Managements der Filiallogistik

vielmehr auch der Fluss vom Liefer- zum Empfangspunkt dar.[98]

- Der Warenfluss beinhaltet Transformationen in Bezug auf Ort, Menge, Zeit und Handhabungseigenschaften der Waren. Er wird durch den Informationsfluss unterstützt.
- Aufgabe der Logistik ist die Planung, Steuerung, Realisierung und Kontrolle von Transformationsprozessen.

Die Elemente des Begriffkerns der Logistik stellen einen Orientierungsrahmen für die Charakterisierung der Logistikkonzeption dar, deren Ausprägungen als handlungsleitende Sichtweisen auf Gestaltungsprinzipien basieren. Diese spiegeln die Besonderheiten der logistischen Denkhaltung wieder und determinieren die Leitlinien für das Management der Filiallogistik.[99] Dabei stellen das System-, Gesamtkosten-, Service- und Effizienzdenken die Grundlagen der betriebswirtschaftlichen Logistikkonzeption dar. Bedeutend für die Logistikkonzeption ist das *Systemdenken*, das auf eine ganzheitliche Betrachtungsweise komplexer Zusammenhänge abzielt. In Bezug auf die Filiallogistik gilt es, filialinterne als auch filialübergreifende Interdependenzen der eingesetzten Elemente zu berücksichtigen, um suboptimale Insellösungen bspw. hinsichtlich der Bestandsführung oder Dispositionsentscheidungen zu vermeiden.[100] Eng damit verbunden ist das *Gesamtkostendenken*. Um eine Reduzierung von Logistikkosten zu realisieren, ist die Analyse der Logistikprozesse unter Berücksichtigung der Gesamtkosten vorzunehmen. Kostenbestandteile stellen allgemein Transport-, Bestands-, Lager-, Handling- sowie Steuerungs- und Systemkosten, aber auch Fehlmengenkosten, dar. Die Kostenbestandteile unterliegen einer parallelen Berücksichtigung.[101] Damit können Entscheidungen der Bestellmengen und den damit einhergehenden Belieferungsfrequenzen an die Filialen bzw. durchschnittliche Bestandshöhen in den Regalen der Filialen angesprochen sein. Über die kostenspezifischen Ausprägungen hinaus wird das *Kunden- und Servicedenken* als leistungsspezifische Ausprägung in der Logistikkonzeption aufgenommen. Logistikprozesse werden als wertschöpfend bezeichnet, wenn sie auf die Erstellung von Leistungen zur Befriedigung von Kundenbedürfnissen gerichtet sind.[102]

An die Filiallogistik wird die Forderung einer stetigen Lieferbereitschaft sowie kontinuierlichen und sicheren Warenversorgung der Verkaufsregale gestellt, die in der Erreichung einer nachfragegerechten Regalverfügbarkeit resultiert. Der Gestaltung des Lieferservices, der sich in Handelsfilialen in der Regalverfügbarkeit verkaufsfähiger Artikel ausdrückt, wird eine hohe Bedeutung im Hinblick auf die Wettbewerbsfähigkeit zugesprochen. Im Rahmen des

---

[98] Vgl. Slomka (1990), S. 47f.
[99] Vgl. Hadamitzky (1995), S. 38f.; Fey (1989), S. 32.
[100] Unter einem System versteht man eine Menge von miteinander in Beziehung stehenden Elementen, vgl. Bowersox/Closs/Helferich (1986), S. 7f. Zu einer differenzierten Sichtweise auf das Systemdenken vgl. Bretzke (1994), S. 3f.
[101] Vgl. Lambert/Stock/Ellram (1998), S. 16.
[102] Vgl. Delfmann (1995a), S. 506.

Effizienzdenkens werden schließlich Beziehungen zwischen Logistikkosten und Logistikleistungen bzw. dem Logistikservice hergestellt. Die Gestaltung von Logistikkonzepten verlangt einerseits die Sicherstellung eines marktorientierten Lieferservices, andererseits die Leistungserfüllung im Rahmen eines wirtschaftlich vertretbaren Aufwandes. Diese Forderungen lassen sich auf die Filiallogistik übertragen, die mit der Bereitstellung einer möglichst hohen Regalverfügbarkeit unter Berücksichtigung des damit verbundenen Aufwandes konfrontiert sind. Bei beiden Zielvorgaben handelt es sich um gegenläufige Zielgrößen, deren effiziente Lösung zwischen den beiden Extremzielen liegt.[103]

Dabei ist die gewählte Logistikkonzeption für das Verständnis des Logistikmanagements maßgeblich. Allgemein versteht man unter Management als Funktion „[...] alle zur Bestimmung der Ziele, der Struktur und der Handlungsweisen eines Unternehmens sowie zu deren Verwirklichung notwendige Aufgaben, die nicht ausführender Art sind"[104]. Bei den überwiegenden Logistikkonzepten erfolgt eine Einbeziehung von Führungsaufgaben und -handlungen in den Begriff Logistik. Die verschiedenen Interpretationsmöglichkeiten des *Logistikmanagements* unterscheiden sich hinsichtlich der Überlegungen, ob es sich um das spezielle Management der betriebswirtschaftlichen Funktion Logistik handelt[105] oder seine Aufgabe in der Verwirklichung der flussorientierten Sichtweise in allen Bereichen des übergeordneten Managements liegt.[106] Der ersten Auffassung folgend, stellt Logistikmanagement die Anwendung der Unternehmensführungslehre auf die Logistik dar. Demgegenüber begreift man die Logistik im zweiten Fall als spezielle Ausprägung der Unternehmensführung, die zur logistikorientierten Koordination aller Managementsubsysteme dient.[107] Hier zeigen sich Schwierigkeiten der Abgrenzung zu allgemeinen Managementaufgaben.[108] Zu den Aufgaben des Logistikmanagements sind die zur Bestimmung der Logistikziele, der Struktur von Logistiksystemen und der logistischen Handlungsweisen zu zählen.[109] So wird in der vorliegenden Arbeit Logistikmanagement entsprechend der funktionalen Spezialisierung als Prozess

---

[103] Zu Zielgrößen vgl. Kapitel 2.1.2.
[104] Ulrich/Fluri (1995), S. 14. Im Folgenden wird der Management- und Logistikmanagement-Begriff im funktionellen und nicht in einem institutionellen Sinn verwendet. Im institutionellen Sinn umfasst Management die Instanzen eines Unternehmens, die über Kompetenzen zur Festlegung, Steuerung und Koordination der Aktivitäten untergeordneter Stellen verfügen.
[105] Zu den Vertretern dieser Auffassung zählen Pfohl (2004a); Ballou (1998), S. 23ff.; Isermann (1998), S. 52ff.
[106] Vgl. bspw. Göpfert (2000), S. 18f.; Klaus (1998), S. 70ff.; Weber/Kummer (1998), S. 15ff.
[107] In dieser Interpretation stellt die Logistik einen speziellen Managementansatz dar, dem eine logistische Führung des Unternehmens zugeschrieben wird. Diese Sichtweise entspricht dem Flussansatz, beim die Logistik ausschließlich Managementaufgaben wahrnimmt. Eine Unterscheidung zwischen Logistik und Logistikmanagement ist in diesem Fall nicht gegeben. Diese Auffassung teilen bspw. Delfmann (1999a), S. 58; Klaus (1998), S. 70ff.
[108] Dies gilt bspw. für die Abgrenzung zwischen Distribution und Absatzförderung im Rahmen des Marketing.
[109] Vgl. Häusler (2002a), S. 71.

2.1 Merkmale des Managements der Filiallogistik 23

der Gestaltung und Steuerung der Waren- und Informationsflüsse vom Ursprung- zum Verbrauchsort aufgefasst.[110]

2.1.2 Management der Filiallogistik als Teilbereich der Handelslogistik

Auf Basis des Logistikbegriffs, der Logistikkonzeption und des Logistikmanagements wird im Weiteren der Versuch unternommen, die Betrachtungsebene und den Umfang der Handelslogistik und im Einzelhandel zu spezifizieren, die in die Darstellung des Managements der Filiallogistik münden. Die wissenschaftliche Diskussion bringt nur wenige Definitionsansätze der Handelslogistik im Allgemeinen hervor. Ebenso findet eine wissenschaftliche Auseinandersetzung mit spezifischen Herausforderungen einer unternehmensinternen Einzelhandelslogistik selten oder nur am Rande statt.[111] Die nachfolgende Tabelle 1 zeigt aktuell immer noch diskutierte Definitionen der Handelslogistik, die als Ausgangspunkt zur weiteren Differenzierung des Managements der Filiallogistik herangezogen werden.[112]

Autor	Definition der Handelslogistik
Henning (1981), S. 4	„Die Logistik im Handel umfasst alle Aktivitäten zur Planung, Steuerung und Kontrolle des Warenflusses vom Lieferanten zum Kunden, d.h. • die richtige Ware • im richtigen Zustand • richtig verpackt • zur richtigen Zeit • in der richtigen Menge • am richtigen Ort zu den niedrigsten Gesamtkosten des Unternehmens zu liefern."
Krämer (1981), S. 5	„Logistik bedeutet im Handel die Planung, Durchführung und Kontrolle aller Prozesse des Warenflusses in zeitlicher, räumlicher und damit kostenmäßiger Hinsicht als Servicefunktion für Beschaffung, Produktion und Vertrieb."
Krampe/Lucke (1993), S. 20	Handelslogistik „[...] umfasst alle Aktivitäten dieses (Handels-) Unternehmens zur Sicherstellung der Beschaffung und einer kundenorientierten Bereitstellung der gewünschten Waren in den Filialen des Einzelhandels bzw. direkt beim Endverbraucher."
Liebmann/Foscht (2003), S. 2.	„Handelslogistik ist ein Prozess, der die Planung, die Umsetzung und die Steuerung von Warenflüssen, Transporthilfsmitteln und Verpackungsmaterialien sowie die damit zusammenhängenden Informationen von einem (bzw. mehreren) Herkunfts- zu einem (bzw. mehreren) Zielort(en) umfasst."
Kotzab (2004), S. 180	„Die Handelslogistik umfasst die integrierte Planung, Abwicklung, Gestaltung und Kontrolle sämtlicher Waren- und dazugehöriger Informationsströme zwischen einem Handelsunternehmen und seinen Lieferanten, innerhalb des Handelsunternehmens und zwischen einem Handelunternehmen seiner Kunden."

Tabelle 1: Definitionen der Handelslogistik
Quelle: In der Reihenfolge ihrer Veröffentlichung, erweitert aus Schnedlitz/Teller (1999), S. 237

Die von Henning (1981) aufgeführten logistischen Aktivitäten sowie die aus der Logistikkonzeption entspringende Gesamtkostenorientierung stellen keine spezifischen Merkmale der Handelslogistik dar. Mit der gleichen Begriffsunschärfe sind die Definitionsansätze von

---

[110] Vgl. Ihde (2001), S. 185.
[111] Vgl. Rock (2006), S. 9ff.; Kotzab/Reiner/Teller (2005), S. 282ff.; Kerkom (1998), S. 48ff.
[112] Vgl. Liebmann/Foscht (2003), S. 1ff.; Schnedlitz/Teller (1999), S. 235ff.; Toporowski (1996), S. 12ff.; Henning (1981), S. 4; Krämer (1981), S. 5.

Krämer (1981) sowie Krampe/Lucke (1993) konfrontiert, die Waren als Objekte handelslogistischer Aktivitäten hervorheben. Darüber hinaus lassen sie warenbegleitende Informationsflüsse unberücksichtigt. Übereinstimmend messen die Autoren jedoch den Kostenaspekten eine hohe Bedeutung bei. Ebenso wird der Handelslogistik mit ihrer Servicefunktion zur Bereitstellung der Waren in den Filialen des Einzelhandels eine hohe Kundenorientierung zugesprochen. Die in den Definitionen aufgeführten logistischen Aktivitäten und Leistungen sowie die Gesamtkostenorientierung stellen jedoch keine spezifischen Eigenschaften der Handelslogistik heraus. Der Definitionsansatz von Liebmann/Foscht (2003) legt den inhaltlichen Schwerpunkt auf die Distribution von verschiedenen Herkunfts- zu mehreren Zielorten und setzt sich mit der Belieferungsstruktur im Handel auseinander, lässt jedoch Kosten- und Leistungsaspekte außer Acht. Gegenüber den vorangegangenen Definitionen findet sich bei diesem Ansatz eine Erweiterung um die eingesetzten Transporthilfsmittel und Verpackungsmaterialien. Kotzab (2004) berücksichtigt die Einschränkung des Objektbereichs auf Waren und Informationen, wobei die branchenübergreifenden Aktivitäten der Logistik auf Handelsunternehmen übertragen werden.[113] Eine Abgrenzung der Handelslogistik gegenüber der Industrielogistik oder dem Dienstleistungsbereich lässt auch dieser Ansatz aufgrund bestehender Abstraktionsgrade der Begriffserklärungen nicht zweckmäßig erscheinen. „Offensichtlich ist, dass in der wissenschaftlichen Literatur weder eine einheitliche Nominaldefinition noch eine generalisierbare Realdefinition von Handelslogistik existiert"[114], die zu einer Abgrenzung von der Logistik im Industrie- oder Dienstleistungsbereich beiträgt.[115]

Um jedoch die spezifischen Herausforderungen der Handelslogistik und des daraus abgeleiteten Managements der Filiallogistik erarbeiten zu können, wird im Folgenden auf grundsätzliche Differenzierungsmerkmale in Bezug auf Größe und Umfang von Logistiksystemen sowie originärer Handelsfunktionen abgestellt. Unter Logistiksystemen versteht man Systeme zur raum-zeitlichen Gütertransformation, die durch das Ineinandergreifen von Bewegungs- und Lagerungsprozessen gekennzeichnet sind sowie zueinander und zum Umfeld in Beziehung stehen.[116] Zur konkreten Abgrenzung des Untersuchungsobjekts lässt sich die Filiallogistik als Teilbereich der Handelslogistik hinsichtlich der Merkmale unter institutionellen als auch funktionellen Gesichtspunkten abgrenzen.

Unter der *institutionellen Abgrenzung* versteht man den denkbaren Umfang der Filiallogistik, der durch die Institutionen mit logistikrelevanten Funktionen gebildet wird. Vor dem Hintergrund der von Pfohl (2004a) charakterisierten Logistikkonzeption kann die Handelslogistik als ein der Mikrologistik zuzurechnendes Logistiksystem bezeichnet und in eine inner- und

---

[113] Vgl. Kotzab (2004), S. 180.
[114] Schnedlitz/Teller (1999), S. 238.
[115] Vgl. Kotzab (2004), S. 180; Toporowski (1996), S. 15.
[116] Die zugrunde liegende Systemtheorie wird als theoretisches Fundament der Logistik verstanden, vgl. Pfohl (2004a), S. 25ff.; Isermann (1998), S. 46ff.; Krulis-Randa (1977), S. 130ff.

2.1 Merkmale des Managements der Filiallogistik 25

zwischenbetriebliche Logistik eingeteilt werden.[117] Dies legt den Schluss nahe, dass die Filiallogistik ein von Handelsunternehmen eingesetztes innerbetriebliches Logistiksystem darstellt. Ohne vertieft auf die Filiallogistik einzugehen, charakterisiert Gudehus (2005) die Filiallogistik als ein handelsspezifisches Intralog-System, das auch als Verkaufsstellenlogistik bezeichnet werden kann.[118] Der Schwerpunkt der nachfolgenden Ausführungen liegt daran anknüpfend auf der Analyse und Gestaltung mikrologistischer Systeme. Aufgrund der zunehmenden kooperativ ausgestalteten Logistikprozesse zwischen Herstellern und Händlern wird der Analyserahmen im Verlauf der vorliegenden Arbeit um die Schnittstellen zu Handelsfilialen vorgelagerten Logistikstrukturen erweitert.[119]

Die *funktionelle Abgrenzung* orientiert sich einerseits an den unterschiedlichen Phasen des Güterstroms, andererseits an den auszuführenden Verrichtungen und befasst sich mit der Strukturierung und Differenzierung von Logistiksystemen im Rahmen der einzelwirtschaftlichen Darstellung. In einer *phasenspezifischen Betrachtung* des Güterflusses lassen sich die Beschaffungs-, Produktions-, Distributions- und Entsorgungslogistik unterscheiden.[120] Verglichen mit Industrieunternehmen erübrigt sich bei der Handelslogistik die Berücksichtigung produktionslogistischer Aspekte, die zu einer Entkopplung der Beschaffung und Distribution beitragen.[121] Demgegenüber ist die Grenzziehung zwischen Beschaffungs- und Distributionslogistik aufgrund ein- und mehrstufiger Belieferungen von Handelsfilialen kritisch zu beurteilen. So werden Direktlieferungen von Distributionszentren der Hersteller zu den Handelsfilialen ebenso eingesetzt wie Warenflüsse, die über handelseigene Zentral- oder Regionallager erfolgen.[122] Während aus Sicht der Handelslogistik der erste Fall eine Beschaffungsaufgabe bis zur Handelsfiliale darstellt, können bei mehrstufigen Warenflüssen handelseigene Lager als Schnittstellen zwischen Beschaffung und Distribution verstanden werden. Eine eindeutige Trennung der Beschaffungs- und Distributionslogistik ist aufgrund der unterschiedlichen Belieferungskonzepte somit nur schwer möglich. Dieser Aspekt kann als spezifische Eigenschaft der Handelslogistik gesehen werden, wobei es nicht von Bedeutung ist, ob ein- oder mehrstufige Logistikkonzepte zum Einsatz kommen, da die Objekte der Handelslogistik im Gegensatz zur Industrielogistik normalerweise keine Veränderung erfahren. Demgegenüber weisen die aufgeführten Belieferungsstrategien unterschiedliche Auswirkungen auf die Filiallogistik auf.[123]

---

[117] Vgl. Pfohl (2004a), S. 15.
[118] Vgl. Gudehus (2005), S. 562 bzw. 568.
[119] Zur allgemeinen institutionellen Abgrenzung von Logistiksystemen auf Makro-, Meta- und Mikroebene vgl. Pfohl (2004a), S. 14ff. Zu alternativen Abgrenzungen institutioneller Betrachtungsweisen von Logistiksystemen mit einer mesologistischen Ebene, die mehrere metalogistische Systeme in horizontaler Richtung umfassen, vgl. Drechsler (1988), S. 22.
[120] Ergänzend ist auf die Ersatzteillogistik hinzuweisen, vgl. Pfohl (2004a), S. 19.
[121] Vgl. Schnedlitz/Teller (1999), S. 239.
[122] Vgl. Hertel/Zentes/Schramm-Klein (2005), S. 103f.
[123] Vgl. Rock (2006), S. 122.

Es wird deutlich, dass abweichend von der Industrie im Handel eine größere Nähe zum Kunden vorherrscht, die die Anforderungen an die Handelslogistik beeinflusst. Daraus kann abgeleitet werden, dass die Handelsfiliale als letztes Glied im Waren- und Informationsfluss an der Schnittstelle zum Endkunden der Distributionslogistik zuzuordnen ist und die damit im Zusammenhang stehenden Problemstellungen zu berücksichtigen sind.[124] Zu diesen zählt die nachfrageorientierte Warenversorgung der Warenträger in Handelsfilialen, die durch den zunehmenden Einsatz von Informations- und Kommunikationssystemen in Form computergestützter Warenwirtschaftssysteme an Bedeutung gewonnen haben.[125]

Bei der *verrichtungsspezifischen Betrachtung* werden Logistiksysteme nach dem Inhalt ihrer Aufgaben in Auftragsabwicklung, Lagerhaltung, Lagerhaus, Verpackung und Transport differenziert,[126] wobei die Logistikaufgaben sowohl Bestandteil der Industrie- als auch der Handelslogistik sind und keine prinzipiellen Unterschiede bestehen. Neben diesen allgemeinen Differenzierungsmerkmalen der Handelslogistik scheint es zur weiteren Spezifizierung des Managements der Filiallogistik zielführend, Handelsfunktionen in die Begriffserklärung aufzunehmen. Von Relevanz für den Umfang logistischer Fragestellungen sind die Überbrückungs- und Warenfunktionen, welche die Überbrückung von Raum und Zeit zwischen Produktion und Konsum ermöglichen und im Kern eine Transfer- und keine Transformationsaufgabe darstellen.[127] Handelsfilialen kommt in quantitativer und qualitativer Hinsicht eine Ausgleichsfunktion zwischen Produktions- und Verwendungsbereich zu, die mit Hilfe der filialspezifischen Logistikprozesse realisiert wird.[128]

Die vorangegangene Diskussion zeigt, dass die Anwendung einer allgemeinen Logistikdefinition sowie die Präzisierung der Objekte, der Liefer- und Empfangspunkte sowie der Logistikaufgabe zweckmäßig erscheint, um die Gegebenheiten des Untersuchungsobjekts darzustellen. Übertragen auf die Filiallogistik ist Folgendes festzuhalten:

Die Filiallogistik stellt auf die Logistikprozesse in Handelsfilialen ab, welche zur Überbrückung raum-zeitlicher Diskrepanzen zwischen dem Vorhalten der Waren und der Nachfrage stattfinden. Als ein für Handelsunternehmen innerbetriebliches Logistiksystem umfasst sie die Waren- und Informationsflüsse innerhalb der Handelsfilialen, die zur Lagerung von Warenbeständen vor allem zur Warenpräsentation und Sortimentsbereitstellung mit dem Ziel des Abverkaufs Einsatz finden. Die Warenflüsse reichen vom Wareneingang der Filiale über die Einlagerung sowie die Verräumung in Warenträger, Regale, Displays und Platzierung auf Stellflächen bis hin zur Bezahlung am Check Out durch den Kunden. Die Informationsflüsse

---

[124] Vgl. Kotzab (1997), S. 27ff., der sich der Distributionslogistik von Handelsunternehmen über das Fachgebiet Marketing und der betriebswirtschaftlichen Logistik nähert und in Anlehnung an Specht (1998), S. 34 den Einzelhandel als Distributionsorgan auf der Absatzmittlerebene zuordnet.
[125] Vgl. Ellram/LaLonde/Weber (1989), S. 30.
[126] Vgl. Pfohl (2004a), S. 77ff.
[127] Vgl. Remmert (2001), S. 76.
[128] Vgl. Hansen (1990), S. 14.

2.1 Merkmale des Managements der Filiallogistik 27

schließen sämtliche warenflussbezogene Informationen innerhalb der Handelsfiliale sowie den Informationsaustausch zu vorgelagerten Logistiksystemen ein. Das Untersuchungsobjekt kann demnach als Schnittstelle zwischen den größtenteils deterministisch gekennzeichneten Logistiksystemen (Warennachschubsystemen) der Handelslogistik und den durch stochastische Nachfrageimpulse der Endkunden gekennzeichneten Absatz verstanden werden. Ein Einfluss auf die Gestaltung der Filiallogistik ergibt sich bereits auf den Vorstufen der Filialbelieferung, bspw. durch den Einsatz bestimmter Transportbehälter und der filialgerechten Kommissionierung. Das Management der Filiallogistik wird ferner als spezielles Management der Logistikprozesse sowie der zu deren Umsetzung vorgehaltenen Elementarfaktoren in Handelsfilialen interpretiert. Unter Berücksichtigung des logistischen Konzeptionsdenkens umfasst das Management der Filiallogistik die marktorientierte (nachfrageorientierte) Planung, Gestaltung, Organisation und Kontrolle aller Waren- und dazugehörigen Informationsflüsse zwischen der Handelsfiliale und den vorgelagerten Stufen im Warenbereitstellungsprozess, innerhalb der Handelsfiliale sowie zwischen der Handelsfiliale und den Endkunden. Zu den für das Management der Filiallogistik relevanten Herausfor-derungen zählen die Bestimmung der Logistikziele, der Struktur des Logistiksystems und der logistischen Handlungsweisen. Damit umfasst das Management der Filiallogistik den Bereitstellungsprozess des gelisteten Sortiments und den im Zusammenhang stehenden Waren- und Informationsflüssen innerhalb der Verkaufsräume des stationären Einzelhandels zur nachfragegerechten Versorgung von Endkunden.

2.1.3 Zielgrößen und Implikationen für das Management der Filiallogistik

Auf der Grundlage des vorliegenden Verständnisses des Managements der Filiallogistik wird im Folgenden ein Zielsystem erarbeitet, bei dem zwischen obersten Formalzielen sowie Sachzielen mit hierarchisch niedrigerem Stellenwert differenziert wird und diese unter Bezugnahme auf relevante Zielgrößen eine Konkretisierung erfahren.[129] Die Ziele auf den Hierarchiestufen des Zielsystems nehmen sowohl die Funktion eines Mittels als auch eines Zwecks (Mittel-Zweck-Relation) ein, so dass untergeordnete Ziele der Erreichung nächst übergeordneter Ziele dienen.[130] Die dabei relevanten Zielgrößen finden Eingang in die Beurteilung der Logistikprozesse in Handelsfilialen, wobei die Beziehungen komplementäre, konkurrierende oder indifferente Eigenschaften aufweisen können (vgl. Abbildung 3).[131] Diese Zielkonflikte sind bei der Gestaltung der Filiallogistik zu berücksichtigen.

---

[129] Vgl. Welge/Al-Laham (2001), S. 109ff.

[130] Die Strukturierung unter dem Gesichtspunkt einer Rangfolge erfordert die Abgrenzung der zur Disposition stehenden Ober- und Unterziele. Innerhalb des Zielsystems einer Handelsfiliale resultieren daraus Über- und Unterordnungsverhältnisse die in Formal- und Sachzielen ihren Ausdruck finden, vgl. Heinen (1976), S. 102ff.; Drexl (1981), S. 146f.

[131] Vgl. Pfohl/Stölzle (1997), S. 89.

Formalziele
Sicherung der Wettbewerbsfähigkeit durch Steigerung des Endkundennutzens

Sachziele
Effiziente Logistikprozesse zur Sicherung der Regalverfügbarkeit der von Kunden nachgefragten Waren

Zielgrößen von Logistikprozessen in Handelsfilialen	
Logistikkosten	**Logistikleistung**
Bereitstellungskosten • Warenbestandskosten (Sicht- bzw. Präsenz- und Lagerbestand) • Auftragsabwicklungskosten (Bestellung, Steuerung, Disposition, Bestandsführung) • Handlingkosten (Manipulation, innerbetrieblicher Transport)	**(Bereitstellungs-)Service** • Lieferzeit (Dauer der Nachverräumung) • Lieferzuverlässigkeit (Einhaltung von Nachverräumzeiten) • Lieferflexibilität (Reaktionsfähigkeit auf Absatzveränderungen) • Lieferungsbeschaffenheit (Zustand / Vollständigkeit der Waren)
Fehlmengenkosten • Kosten zur kurzfristigen Kompensation von Fehlmengen • Mindererlöse aufgrund alternativer Warenverkäufe • Kurzfristige Umsatzverluste/ entgehende Deckungsbeiträge bei einmaligem Kaufverzicht • Langfristige Umsatzverluste • bei anhaltendem Kaufverzicht • durch Streuwirkungen	**Fehlmengen – Out-of-Stocks** • Keine Bevorratung • im angestammten Warenträger • in Zweitplatzierungen • aufgrund von Listungsdifferenzen (Nichtlistung eines Pflichtartikels, Out of Assortment) • Mangelnde Verkaufsfähigkeit (Beschädigung) • Überschreitung Mindesthaltbarkeitsdatum (Verderb)

Abbildung 3: Zielsystem und Zielgrößen des Managements der Filiallogistik

Bei den übergeordneten *Formalzielen* des Managements der Filiallogistik handelt es sich um den aus der Logistikkonzeption abgeleiteten Erhalt der Wettbewerbsfähigkeit[132] von Handelsunternehmen.[133] Logistisches Handeln richtet sich nicht nur auf die Kostenminimierung eines vorgegebenen Serviceniveaus aus, sondern auch auf die Steigerung des Endkundennutzens durch eine kundengerechte logistische Serviceleistung.[134] Der Bedeutungszuwachs der Logistik findet sich in den Veränderungen der logistischen Zielbeschreibung wieder. Diese zunächst weichen Vorgaben lassen sich anhand der Ausrichtung der Aktivitäten an den Bedürfnissen der Endkunden konkretisieren, indem dem Bedeutungsanstieg der Regalverfüg-

---

[132] Nachfolgend wird bei der Sicherung des Fortbestands von Handelsunternehmen als Oberziel ausgegangen und die langfristige Wettbewerbsfähigkeit als konkrete Zielkategorie unterstellt. Weitere literaturbasierte Formalziele stellen soziale und ökologische Verantwortung, Wachstum, Image und Unabhängigkeit dar, die im Rahmen der Arbeit vernachlässigt werden, vgl. dazu Mikus (2003), S. 38f.

[133] Vgl. Göpfert (2005), S. 7ff., die einen Überblick über die Zielsetzungen der Logistikkonzeption in der deutschsprachigen sowie angelsächsischen Literatur bietet.

[134] Vgl. Kerkom (1998), S. 18; Lasch (1998), S. 45.

2.1 Merkmale des Managements der Filiallogistik

barkeit sowie der Logistikorientierung in Handelsfilialen Rechnung getragen wird.[135] Die Forderung der Endkundenorientierung durch die Reduzierung von Out-of-Stocks wird bereits in dem Konzept des Optimal Shelf Availability[136] als speziellen Teilaspekt des Supply Chain Managements aufgegriffen und stellt daraus abgeleitet auch für das Management der Filiallogistik eines der Formalziele dar. Damit wird der Wirkungskette implizit unterstellt, dass die Erhöhung des Endkundennutzens durch eine gesteigerte Regalverfügbarkeit zu wachsender Kundenzufriedenheit sowie über eine hohe Kundenbindung zur Sicherung der Wettbewerbsfähigkeit beiträgt.[137] Das Management der Filiallogistik bietet dabei verschiedene Ansatzpunkte, den Kundennutzen zu steigern. Bspw. trägt es dazu bei, dass über einen hervorragenden Lieferservice oder über geringe Logistikkosten eine Steigerung des Warenwertes für den Kunden geschaffen wird.[138]

Zur Erreichung der Formalziele sind geeignete Sachziele zu definieren, die zur Beurteilung einzelner Maßnahmen des Managements der Filiallogistik herangezogen werden. Das *Sachziel* des Managements der Filiallogistik liegt im Rahmen der Endkundenorientierung in der möglichst effizienten Gestaltung der Waren- und Informationsflüsse in Handelsfilialen, wobei die Zielerreichung durch eine konstant hohe Regalverfügbarkeit der von Kunden nachgefragten Waren bzw. die Vermeidung von Out-of-Stocks am POS determiniert ist.[139] Dabei bietet es sich an, die Zielkategorien und Gestaltungsoptionen an den grundlegenden Prinzipien der Betriebswirtschaftslehre der Effektivität und der Effizienz auszurichten.[140] Effektivität liegt dann vor, wenn eine Alternative eine Verbesserung mindestens einer Zielgröße gegenüber einer Referenzalternative aufweist („die richtigen Dinge tun"). Sie zielt auf die Wirksamkeit unternehmensbezogener Geschäftsprozesse ab.[141] Beispiele stellen Effektivitätskennzahlen wie die Prognosegenauigkeit oder bedarfsgerechte Bestellungen dar.[142] Demzufolge geht die Frage nach der geeigneten Ausgestaltung des Managements der Filiallogistik, des dazu notwendigen Ressourceneinsatzes und der damit bestmöglichen Wertschöpfung einher. Die gewählte Alternative ist darüber hinaus effizient, wenn die

---

[135] Die Kundenorientierung findet im Streben nach geeigneten Logistikleistungen, die sich vor allem im Lieferservice dokumentieren, ihren Ausdruck. Weitere Aspekte der Kundenorientierung umfassen bspw. die Sortimentsauswahl oder die Preispolitik.

[136] Die Formalziele der Logistikkonzeption finden Eingang in die weiterführende Literatur zum Supply Chain Management, vgl. bspw. Göpfert (2005), S. 65f.; Heusler (2004), S. 15ff. Placzek (2007), S. 23ff. bezieht sich bei ihren Ausführungen zum Optimal Shelf Availability auf die Supply Chain Management-Konzeption und adaptiert die Zielkategorien für die Gestaltung integrativer Logistikkonzepte in Konsumgüter-Supply Chains.

[137] Vgl. dazu Pfohl (2004a), S. 33f. Zur Kundenzufriedenheit als Bestimmungsfaktor der Kundenbindung, vgl. bspw. Herrmann/Johnson (1999), S. 579ff.

[138] Vgl. Wildemann (1997b), S. 28; Hadamitzky (1995), S. 48.

[139] Vgl. Kotzab/Teller (2005), S. 596; Kotzab (2004), S. 181; Schnedlitz/Teller (1999), S. 242; Helpup (1998), S. 111.

[140] Zu den Begriffen Effektivität und Effizienz vgl. bspw. Scholz (1992), Sp. 534ff.

[141] Vgl. Hertel/Zentes/Schramm-Klein (2005), S. 4.

[142] Vgl. Weber (2002a), S. 105.

angestrebten Ziele mit geringst möglichem Aufwand erreicht werden („die Dinge richtig tun").[143] Für das Management der Filiallogistik bedeutet dies, bei der Gestaltung von Logistikprozessen unter Berücksichtigung logistikrelevanter Zielgrößen sowohl den Kriterien der Effektivität als auch der Effizienz gerecht zu werden. In der logistikorientierten Literatur herrscht weitgehend Konsens, dass sich die Effizienz der Logistikprozesse aus der Gegenüberstellung der durch sie verursachten Kosten und dem erbrachten Servicelevel ableiten.[144] Effizienz stellt auf die bestmögliche Input/Output-Relation bei der operativen Abwicklung der Prozesse ab, so auf möglichst geringe Lagerbestände bei gleichzeitiger Erfüllung eines gegebenen Serviceniveaus bzw. der Einhaltung einer vorgegebenen OoS-Quote.[145] Damit einher geht die Forderung, die Sachziele mit einem möglichst geringen Aufwand zu erreichen und die Logistikkosten zur Leistungserstellung wettbewerbsfähig zu halten.[146] Als Zielgrößen sind demnach Logistikleistungen und logistikspezifische Kosten zu berücksichtigen. Diese logistikrelevanten *Zielgrößen* sind auf das Management der Filiallogistik zu übertragen, um die Konkretisierung von Out-of-Stocks am POS sowie die damit einhergehenden Risiken von Fehlmengenkosten zu ergänzen.

Logistikkosten

Die Berücksichtigung der *Logistikkosten* als Zielgröße nimmt auf die Wirtschaftlichkeit des Managements der Filiallogistik Bezug. Logistikkosten werden als der bewertete Einsatz von Produktionsfaktoren[147] oder in einem dienstleistungsorientierten Verständnis[148] der Logistik als bewerteter Einsatz von Ressourcen[149] dem Lieferservice gegenübergestellt. Dabei resultieren verschiedene Verrechnungsansätze einerseits aus einer fehlenden Eindeutigkeit der Kostenzurechnung zu den Logistikaufgaben in Handelsfilialen,[150] andererseits finden sich Ansätze mit unterschiedlichem Detaillierungsgrad und der Art der Zusammenfassung wieder.[151] In die vorliegende Betrachtung werden filialspezifische Kostenkategorien einbezogen, die mit der Warenbereitstellung im Zusammenhang stehen. Van Zelst u.a. (2005) ermitteln im Rahmen einer Kostenanalyse der Handelslogistik operationale Kosten mit fünf verschiedenen Kostenblöcken. Dabei nehmen neben Transportkosten (22%), Lagerbestandskosten (5%) und Kosten der Warenbewegungen auf zentraler Ebene (28%) vor allem die

---

[143] Vgl. Müller-Stewens/Lechner (2005), S. 415.
[144] Das Effizienzdenken stellt einen Teilbereich der Logistikkonzeption dar und berücksichtigt die Beziehung zwischen den logistischen Zielen Lieferservice und Logistikkosten.
[145] Vgl. Zentes/Hertel/Schramm-Klein (2005), S. 4.
[146] Vgl. Rock (2006), S. 95.
[147] Vgl. Pfohl (2004a), S. 51.
[148] Vgl. Bretzke (2004), S. 338, der eine Diskussion über die Dienstleistungseigenschaften der Logistik führt.
[149] Vgl. Böttcher (1993), S. 229.
[150] Vgl. Pfohl (2004a), S. 22; Ihde (2001), S. 17; Kerkom (1998), S. 88ff.
[151] Vgl. zu Schwierigkeiten der Abgrenzung von Logistikkosten Weber (2002a), S. 87ff.; Magee/Copacino/Rosenfield. (1985), S. 229ff. Logistikkosten als Komponente des Logistikerfolgs werden häufig in die Kostenblöcke Steuerungs- und Systemkosten, Bestandskosten, Lagerkosten, Transportkosten und Handlingkosten eingeteilt, vgl. Roell (1985), S. 33ff.

2.1 Merkmale des Managements der Filiallogistik 31

Kosten der Filiallogistik mit dem Präsenzbestand (7%) und dem Warenhandling (38%) insgesamt 45% der gesamten Logistikkosten ein.[152] Da sich die Transportkosten auf die Warenbewegungen vom Hersteller bis zur Warenannahme der Handelsfiliale beziehen, sind diese nicht in die Kosten der Filiallogistik aufzunehmen. Demgegenüber sind die durch Belieferungskonzepte und Belieferungsfrequenzen einhergehenden Warenbewegungen in der Handelsfiliale den Handlingkosten zuzuordnen. Mit der Fokussierung auf die Warenbewegungen im Rahmen der Filiallogistik stellen darüber hinaus auch die Lagerbestandskosten auf zentraler Ebene kein relevantes Entscheidungskriterium für das Management der Filiallogistik dar.

Zu den filialspezifischen Bereitstellungskosten lassen sich daraus folgende Kostenblöcke ableiten:

- *Warenbestandskosten* umfassen die Kosten der Sicht- bzw. Präsenzbestände sowie der filialspezifischen Lagerbestände. Sie sind durch Kosten der Kapitalbindung, Abwertungen durch Verderb bzw. abgelaufene Mindesthaltbarkeitsdaten und Schwund gekennzeichnet. Während es sich bei den Präsenzbeständen um Bestände in den Warenträgern des Frontstores handelt, beziehen sich Lagerkosten[153] auf die Bereitstellung von Lagerkapazitäten und Sicherheitsbeständen zur kurzfristigen Nachverräumung im Backstore. Aufgrund der kostenintensiven Verkaufs- und Lagerflächen von Handelsfilialen kommt der an die Absatzplanung angepassten Sichtbestandsführung eine bedeutende Rolle zu.

- *Auftragsabwicklungskosten*[154] entfallen auf alle dispositive Tätigkeiten wie Bestellung und Steuerung der Filiallogistik sowie administrative Aufgaben wie bspw. die Pflege von Bestandsdaten, Listungsabgleiche und Fakturierungen.

- Darüber hinaus stellen die *Handlingkosten*[155] einen Kostenbestandteil der Bereitstellung von Sichtbeständen dar. Aufgrund der geringen Automatisierung bei der Nachverräumung im Frontstore sind sie vor allem durch Personalkosten für die Verräumung der Warenträger gekennzeichnet.[156] Handlingkosten treten bei allen Teilprozessen des Warenflusses auf, bei denen die Waren „in die Hand genommen" bzw. bewegt werden, jedoch nicht der Lagerung zuzuordnen sind. Darunter fallen Kosten der Ein- und

---

[152] Vgl. Zelst u.a. (2005). Nach einer Studie der Miebach Logistik GmbH liegt der Kostenanteil der Filiallogistik bezogen auf die gesamten Logistikkosten eines Handelsunternehmens bei 60%, vgl. Miebach Logistik Gruppe (2006), S. 6.

[153] Bei den Lagerkosten kann zwischen Lagerhauskosten und Lagerhaltungs- bzw. Lagerbestandskosten differenziert werden. Allgemein setzen sich Lagerhauskosten aus den Kosten der Bereitstellung von Lagerkapazitäten und den Ein- und Auslagerungsvorgängen zusammen. Lagerbestandskosten umfassen Kapitalbindungskosten sowie Kosten für Versicherungen, Abwertungen und Verderb, vgl. Toporowski (1996), S. 38f.

[154] Vgl. Toporowski (1996), S. 39.

[155] Unter Handlingkosten werden alle Kosten für Tätigkeiten innerhalb der Handelsfiliale subsumiert, die zur Bereitstellung von Sichtbeständen in den Verkaufsregalen beitragen, vgl. Pfohl (2004a), S. 33f.; Lambert/Stock (1993), S. 47ff.

[156] Vgl. bspw. Oehme (1993), S. 42.

Auslagerungsvorgänge, des Auspackens, der Qualitätskontrolle, der Warenauszeichnung bzw. Ettiketierungen sowie der filialinternen warengruppenspezifischen Kommissionierung sowie der Verräumung in die Warenträger und deren Pflege. Auch die Entsorgung der Umverpackungen (sekundäre und tertiäre Verpackung) und die Abwicklung des Kassiervorgangs sind darunter zu subsumieren. Effizienzmessungen haben ergeben, dass 47% der gesamten Arbeitszeit für Warenbewegungen aufgewendet wird.[157] Die Höhe der Handlingkosten ist dabei abhängig vom Umfang der Leistung sowie dem Grad der Effizienz der Leistungserstellung.[158]

Die Differenzierung innerhalb der Kostenblöcke kann im Einzelfall verfeinert und Senkungspotenziale einzelner Kostenblöcke angestrebt werden. Mit Hilfe einer Kostenanalyse können dabei gegenläufige Kostenwirkungen von Entscheidungen, so genannte Kosten-Trade-Offs, untersucht und Reduzierungen der Gesamtkosten erzielt werden.[159] So analysieren bspw. Broekmeulen u.a. (2004) den Zielkonflikt zwischen Kapitalbindungskosten für den Präsenzbestand und stellt die Kosten der Regalverräumung im Frontstore gegenüber.[160]

Im Sinne der Gesamt- und Totalkosten sind die Kostenbestandteile um *Fehlmengenkosten* eines unzureichenden Logistikservice zu ergänzen.[161] Obwohl hier zum Teil der Kostencharakter nicht eindeutig ist und darüber hinaus diese Kosten nur schwer zu quantifizieren sind,[162] müssen sie in logistische Entscheidungen einbezogen werden, um Aussagen über die Effektivität ableiten zu können. Fehlmengenkosten umfassen einerseits die Kosten zur kurzfristigen Kompensation von Fehlmengen, die bspw. für Sonder- oder Eilbelieferungen sowie durch die Anpassung von Verräumprozessen entstehen. Im Konsumgütereinzelhandel weisen Eilfrachten einzelner Waren jedoch eine geringe Bedeutung auf.[163] *Mehrkosten* entstehen tendenziell durch eine häufigere Nachverräumung von Waren in die Verkaufsregale. Sie stehen im Zielkonflikt mit der Flächenrentabilität der Warenträger und üben einen Einfluss auf Regalflächenumsätze aus. Andererseits entstehen durch Fehlmengenkosten *verminderte oder entgangene Umsatzerlöse und Deckungsbeiträge*. Die Höhe der Umsatzverluste und der entgangenen Deckungsbeiträge hängt von der Anzahl und Dauer der aufgetretenen Fehlmengsituationen, der Wertigkeit der von Fehlmengen betroffenen Waren sowie den Reaktionen der Endkunden auf Fehlmengen ab.[164] *Mindererlöse* resultieren aus dem Absatz alternativer Waren oder dem Kauf kleinerer Verpackungsgrößen. Entgangene Deckungsbeiträge und

---

[157] Vgl. Falk/Wolf (1991), S. 69. Zu ähnlichen Aussagen führen Zeitstudien in Kaufhäusern, vgl. Gudehus (2005), S. 562.
[158] Vgl. Dyckerhoff (1993), S. 111ff.
[159] Vgl. Christopher (1992), S. 8.
[160] Vgl. Broekmeulen u.a. (2004), S. 1.
[161] Vgl. bspw. Schnedlitz/Teller (1999), S. 242. Der Kostencharakter von Serviceniveaukosten ist allerdings umstritten, vgl. Weber (2002a), S. 147ff.
[162] Vgl. Anderson/Fitzsimons/Simester (2006), S. 1751; Lasch (1998), S. 41.
[163] Vgl. Placzek (2007), S. 101.
[164] Vgl. Rock (2006), S. 85.

2.1 Merkmale des Managements der Filiallogistik 33

Erlöse stellen sich dann ein, wenn sich der Endkunde zur Kaufaufgabe entschließt und wachsen noch weiter an, wenn er zukünftig der Handelsfiliale dauerhaft fern bleibt[165] oder seine negativen Erfahrungen an andere Endkunden weitergibt und diese ebenfalls die Handelsfiliale nicht mehr aufsuchen (Streuwirkung).[166]

Ansätze zur Abschätzung oder Quantifizierung verminderter Umsatzerlöse und Deckungsbeiträge beziehen sich regelmäßig auf verschiedene Kundenreaktionen in OoS-Situationen.[167] Sie umfassen neben einem Varianten-, Marken- und Geschäftsstättenwechsel ebenso den Kaufabbruch oder Kaufaufschub. Modelle zur Quantifizierung der OoS-Kostensätze[168] orientierten sich am Verkaufspreis und schätzen die Kosten kurzfristiger und langfristiger OoS-Reaktionen der Kunden ab.[169] Pragmatische Ansätze zur Abschätzung von Umsatz- und Erlösverlusten setzen auf der Ebene der Artikel, der Handelsfiliale oder an den einzelnen Kunden an.[170]

Die diskutierten Kostenkategorien sehen sich mit Erfassungsproblemen konfrontiert, da die Definition geeigneter Leistungsmessgrößen, bspw. für Kommissionieraktivitäten oder die Verräumung in Warenträger ebenso mit Konkretisierungsproblemen verbunden sind wie die Fehlmengenkosten der beschriebenen Kundenreaktionen. Insbesondere in Bezug auf die Kostenerfassung ergeben sich Probleme mit der Verwendung von Gemeinkostenzuschlägen, um logistikspezifische Kosten den erbrachten Leistungen der Filiallogistik zuzuordnen.[171] Im Rahmen der vorliegenden Arbeit wird jedoch nicht das Ziel verfolgt, eine Detaillierung der einzelnen Kostenblöcke vorzunehmen, die zur Problemlösung der Logistikkostenrechnung in Handelsfilialen beitragen. Vielmehr dienen die genannten Kostenblöcke der entscheidungsproblemorientierten Analyse zur Ausgestaltung des Managements der Filiallogistik, die sich auf Zielkonflikte mit Logistikleistungen beziehen. Dies betrifft bspw. Entscheidungen hinsichtlich der Verräumung sowie der Bestellmengenermittlung.

---

[165] Vgl. Helm/Stölzle (2006), S. 307.
[166] Vgl. Placzek (2007), S. 101; Weber (2002b), S. 150.
[167] Vgl. Helm/Stölzle (2006), S. 309ff. Bestehende Veröffentlichungen wie Bell/Fitzsimons (2000); Campo/Gijsbrechts/Nisol (2000); Fitzsimons (2000), Verbeke/Farris/Thurik (1998); Corstjens/Corstjens (1995) und Straughn (1991) beziehen sich regelmäßig auf das Prozessmodell von Schary/Christopher (1979), die sich erstmals mit der Thematik "Nachfrageverhalten bei OoS" auseinandersetzten. Dabei werden neben den Auswirkungen von Out-of-Stocks auf den Umsatz ebenso verschiedene Kundenreaktionen aus Marketing- und Handelsmanagementperspektive untersucht. Vgl. auch Emmelhainz/Emmelhainz/Stock (1991). Zur Kundenreaktion auf Stock-Outs in Online-Supply Chains, vgl. Dadzie/Winston (2006).
[168] Vgl. Helnerus (2007), S. 121. In der Logistikliteratur wird der OoS-Kostensatz in quantitativen Optimierungsmodellen zum Bestandsmanagement auch als Fehlmengenkostensatz, Fehlmengenkostenbetrag oder shortage costs bezeichnet, vgl. Tempelmeier (2005), S. 25 sowie 90; Botta (1978), S. 773.
[169] Auf die Herleitung und Anwendung der Optimierungsmodelle soll an dieser Stelle verzichtet werden, vgl. Helnerus (2007), S. 123ff.
[170] Vgl. Campo/Gijsbrechts/Nisol (2000), S. 219ff.
[171] Vgl. Stölzle/Hofmann/Hofer (2005), S. 228; Pfohl (2004a), S. 31ff.

Logistikleistungen

Der Begriff der *Logistikleistung* findet in der Literatur eine uneinheitliche Verwendung und erfordert eine Spezifizierung für das Management der Filiallogistik. In einem allgemeinen Verständnis bezeichnet eine Leistung das Ergebnis wirtschaftlicher Tätigkeiten.[172] Weber (2002)[173] nimmt eine Präzisierung der Logistikleistung unter Berücksichtigung unterschiedlicher Begriffsebenen vor, die nicht der Erfassung verschiedener Leistungen dienen, sondern unterschiedliche Ansätze zur Bewertung gleicher Inhalte darstellen. Als Leistungskategorien der Logistik lassen sich die Bereitstellung logistischer Produktionsfaktoren bzw. Ressourcen (ressourcenbezogen), die Durchführung von Logistikprozessen (prozessbezogen), die Überwindung von Raum- und/oder Zeitdisparitäten (potenzialbezogen) sowie die Sicherstellung der Verfügbarkeit von Waren oder Gütern (wirkungsbezogen) nennen.[174]

Der Auswahl geeigneter Leistungskategorien für die Analyse der Filiallogistik hängt von den verfolgten Zielen ab. So stellen die qualitative und quantitative Auswahl sowie die Bereitstellung logistikspezifischer Produktionsfaktoren[175] in der Handelsfiliale auf eine ressourcenbezogene Begriffsebene ab. Für die Ausgestaltung der Filiallogistik bietet sich demnach ein Vergleich von faktorbezogenen Leistungskategorien an. Eine potenzialbezogene Betrachtungsweise empfiehlt sich dagegen, wenn das Ziel in der quantitativen Leistungserfassung durchgeführter Tätigkeiten liegt.

Da in der vorliegenden Arbeit die nachfragegerechte Regalverfügbarkeit als Leistungsziel des Managements der Filiallogistik definiert ist, liegt eine Ausrichtung auf wirkungsbezogene Leistungskategorien vor. Die Erarbeitung von Gestaltungsempfehlungen richtet sich demnach an der effizienten Versorgung der Warenträger unter Berücksichtigung der anfallenden Kosten aus. Während die vorgestellten Logistikkosten als Input aufgefasst werden können, stellt der Lieferservice den Output der Filiallogistik dar und bestimmt die Prozessleistung.[176] Dem Output kommt verstärkt die Bedeutung eines strategischen Instrumentes zu, mit dem langfristig am Markt Wettbewerbsvorteile aufgebaut werden können.[177] Aufgrund seiner Bedeutung für die aufgeführten Formal- und Sachziele eines Handelsunternehmens wird der Lieferservice als vom Endkunden geforderte Zusatzleistung zum angebotenen Sortiment nachfolgend im

---

[172] Vgl. Becker (1994a), S. 49ff.; Weber (1986), S. 1197.

[173] Vgl. Weber (2002b), S. 65f.

[174] Vgl. Weber (2002a), S. 116ff., der zwischen faktor- bzw. potenzial-, prozess-, ergebnis- und wirkungsbezogene Logistikleistungen unterscheidet. Im Hinblick auf die späteren Erläuterungen des Resource-based View wird hier nicht auf die faktorbezogene, sondern auf die ressourcenbezogene Leistungskategorie abgestellt, vgl. Kapitel 2.4.2

[175] Produktionsfaktoren lassen sich auf oberster Stufe in dispositive und Elementarfaktoren unterscheiden, vgl. Corsten (2007), S. 7.

[176] Vgl. Pfohl (2004a), S. 40. Dieses Verständnis entspricht der Sichtweise von Pfohl, der die Logistikleistungen mit der Sicherung der Verfügbarkeit von Waren und Gütern gleichsetzt.

[177] Vgl. bspw. Darr (1992), S. 32; Lambert/Sharma (1990), S. 17.

2.1 Merkmale des Managements der Filiallogistik

Sinne des Bereitstellungsservices des Managements der Filiallogistik spezifiziert.[178] Somit dient der Bereitstellungsservice zur Sicherstellung der Verfügbarkeit von Waren und findet in Handelsfilialen seinen Ausdruck in der Regalverfügbarkeit. Unter dem Bereitstellungsservice als Leistungsbegriff werden heterogene Indikatoren unterschiedlicher Dimension subsumiert. Nach Pfohl (2004a) lassen sich vier Einzelindikatoren unterscheiden, die als zentraler Maßstab der Logistikleistung aufgefasst, jedoch aufgrund ihrer Verschiedenartigkeit nicht in eine Maßzahl überführt werden können. Als Elemente des Bereitstellungsservice dienen sie zur Messung und Steuerung der Prozesse der Filiallogistik und weisen folgende Charakteristik auf:[179]

- Die *Lieferzeit* bzw. Dauer der Nachverräumung umfasst die Zeitspanne zwischen dem identifiziertem Bedarf bzw. der Notwendigkeit zur Verräumung in die Warenträger bis zur Bereitstellung der Ware am Bedarfsort, also der Verräumung der Ware in die Regale. Für Handelsfilialen ist die Einhaltung des Bereitstellungsplanes und der Nachverräumzeiten insbesondere dann von Bedeutung, wenn geringe Sicherheitsbestände vorgehalten werden und die Absatzprognosen mit hoher Unsicherheit behaftet sind.[180] Dabei kann zwischen der filialspezifischen Lieferzeit, d.h. der Zeit, die durch die Abläufe der Filiallogistik entsteht, und der distributionsabhängigen Lieferzeit bis zum Wareneingang der Handelsfiliale, die bspw. andere Unternehmensbereiche wie die Beschaffung oder die vorgelagerte Distributionsstufen verantworten, unterschieden werden.

- Die *Lieferzuverlässigkeit* zielt auf Liefer- sowie Termintreue ab und betrifft innerhalb der Handelsfiliale die bedarfsgerechte Nachverräumung vor und während der Öffnungszeiten. Ihre Höhe hängt zum einen von der Zuverlässigkeit der Einhaltung logistischer Teilprozesse, zum anderen von der Lieferbereitschaft ab, vom Backstore zu liefern. Für die Filiallogistik stellt sie die Einhaltung von Nachverräumzeiten dar und ist durch die Zuverlässigkeit der Arbeitsabläufe bzw. der Planmäßigkeit der Prozessschritte im Warenfluss der Filiallogistik gekennzeichnet.

- Die *Lieferflexibilität* umfasst die Fähigkeit der Filiallogistik, kurzfristig auf Nachfrageveränderungen zu reagieren und die nachgefragten Waren bereitzustellen. Dies betrifft besonders saisonale und Aktionsware, um besonderen Bedürfnissen der Kunden gerecht zu werden. Auch Absatzschwankungen bspw. an Wochenrandtagen oder vor Feiertagen stellen Anforderungen an die Liefer- sowie Dispositionsflexibilität.

- Letztlich zielt die *Lieferbeschaffenheit* auf die Liefergenauigkeit und den Zustand der angebotenen Waren ab. Die Lieferbeschaffenheit spiegelt die Übereinstimmung der Wa-

---

[178] Vgl. Weber (1995), S. 48ff.; Weber (1986), S. 1197ff.; Isermann (1994), S. 22ff.
[179] Nachfolgend werden die Einzelindikatoren in Anlehnung an Pfohl (2004a) vorgestellt und auf die Filiallogistik übertragen, vgl. hierzu auch Langenhorst (1998), S. 67.
[180] Vgl. Rock (2006), S. 82.

renbereitstellung mit den nachgefragten Mengen wieder. Eng damit verbunden ist der Zustand der Waren, der sich einerseits auf die Frische und Verkaufsfähigkeit der Waren, andererseits auf mögliche Beschädigungen der Verpackungen bezieht.

Die Leistungskomponenten der Filiallogistik zielen demnach auf die Warenverfügbarkeit in den Regalen des Frontstores ab. Diese ist nicht nur von der Lieferzeit, Lieferzuverlässigkeit und Lieferflexibilität vorgelagerter Stufen abhängig, sondern in besonderem Maße durch die das Management der Filiallogistik geprägt.

Da sich die vorliegende Arbeit auf die Vermeidung von Out-of-Stocks bzw. Regallücken fokussiert, wird der eingeführte Begriff im Weiteren über den in der Literatur verwendeten „Fehlmengen"-Begriff einer Konkretisierung unterworfen. Fehlmengen kennzeichnen in der Produktions- und Materialwirtschaft einen Mangel an Beständen zum Bedarfszeitpunkt,[181] der zu Störungen im Produktionsablauf führen und in verspäteten Auslieferungen münden kann. Zu den Schwerpunkten effizienzorientierter Konzepte zählen die Optimierung der Materialdisposition, der -beschaffung sowie der Lagerung und der innerbetrieblichen Materialbereitstellung. Mit der Übertragung der Fehlmengenthematik auf filialspezifische Logistikprozesse geht eine Ableitung des OoS-Begriffs einher. „Unter Out-of-Stocks werden Nullbestände eines Handelsunternehmens auf Filialebene verstanden, also Regalbestände von Null"[182]. Während frühere, in die Thematik einführende Veröffentlichungen Fehlmengen synonym für Out-of-Stocks verwenden,[183] findet der OoS-Begriff in einer konsumgüterorientierten Konkretisierung vereinzelt Eingang in wissenschaftliche Ausführungen zum Supply Chain Management[184], Efficient Replenishment, zur Absatzwirtschaft und zum Handel.[185] Dabei unterscheiden sich die Definitionsansätze hinsichtlich ihres Detaillierungsgrades und der zugrunde liegenden Perspektive. In einer logistischen Perspektive werden unter Out-of-Stocks sämtliche Fehlmengen verstanden, die auf den verschiedenen Wertschöpfungsstufen in Konsumgüter-Supply Chains entstehen.[186] Eine Einschränkung erfolgt durch die Betrachtung auf der Ebene des Handels[187] bzw. auf der Ebene der Handelsfilialen.[188] So definiert Berekoven (1995) OoS-Situationen, „[…] wenn Artikel, die normalerweise im Sortiment geführt

---

[181] Vgl. Stölzle/Heusler/Karrer (2004), S. 23. Siehe auch Günther/Tempelmeier (2005), S. 255ff.; Tempelmeier (2005), S. 67.
[182] Hertel/Zentes/Schramm-Klein (2005), S. 135.
[183] Vgl. Hoffmann (1990), S. 4.
[184] Hier insbesondere in der konsumgüterspezifischen Ausarbeitung des Optimal Shelf Availability, vgl. Placzek (2007).
[185] Vgl. Seifert (2006a), S. 110ff.; Angerer (2004), S. 2; Liebmann/Zentes (2001), S. 650.
[186] Vgl. Placzek (2007), S. 14; Weber (2002b), S. 147.
[187] Es erfolgt eine Unterscheidung von Fehlmengen auf Zentrallager-, Marktlager- und Regalebene, vgl. Anderson u.a. (2002), S. 4; Liebmann/Zentes (2001), S. 650.
[188] Vgl. Rock (2006), S. 85; eine synonyme Verwendung finden die Begriffe "Bestandslücke", "Präsenzlücke" und "Regallücke", vgl. Helnerus (2007), S. 5f. und die dort angegebene Literatur.

2.1 Merkmale des Managements der Filiallogistik 37

werden, infolge verspäteter Auftragserteilung, verspäteter Anlieferung oder verzögerter Eingangsbearbeitung zum Zeitpunkt der Nachfrage nicht vorhanden sind"[189].

Damit geht die Anforderung einer differenzierten Betrachtung von Fehlmengen im Frontstore (Warenbestände in den Regalen der Verkaufsfläche) sowie im Backstore (Warenbestände im Lager der Handelsfiliale) der Handelsfiliale einher. So werden Fehlmengen in Warenträgern selbst dann als OoS-Situationen aufgefasst, wenn Warenbestände im Backstore zur kurzfristigen Verräumung in die Regale verfügbar sind, der Regalplatz oder ausgewiesene Zweitplatzierungen jedoch leer sind.[190] Zur weiteren Konkretisierung dienen daher marketingspezifische Überlegungen, welche die Verfügbarkeit der Waren in den *angestammten Warenträgern* des Frontstores voraussetzen, da aus Endkundensicht nur am Verkaufsregal der Out-of-Stocks wahrgenommen wird.[191] Weiterhin sind *Listungsdifferenzen* zu berücksichtigen. Sie entstehen dann, wenn die pflichtmäßige Warenverfügbarkeit eines Artikels durch die Handelsfiliale nicht oder bei Neuprodukten nur verzögert umgesetzt wird.[192] Demnach stellen Listungsdifferenzen aus logistischer Sicht keine Fehlmengen dar, aus Endkundensicht werden nichtgelistete Artikel jedoch als fester Bestandteil des angebotenen Sortiments des Handelsunternehmens wahrgenommen. Als weiteres konstitutives Merkmal für OoS-Situationen ist letztlich die *Verkaufsfähigkeit* zu nennen. Sie umfasst einerseits beschädigte Umverpackungen, andererseits die Berücksichtigung des *Mindesthaltbarkeitsdatums* (MHD) der angebotenen Waren.

In Anlehnung an die Definitionen von Helm/Stölzle (2005) sowie Placzek (2007) liegt der Arbeit folgendes OoS-Verständnis zu Grunde:[193] Out-of-Stocks umfassen Fehlmengen von Waren an einem mit dem Label oder mit einer Preisauszeichnung gekennzeichneten Regalplatz sowie das Fehlen eines Artikels aus dem Pflichtsortiment einer Handelsfiliale aufgrund von Listungsdifferenzen. Vorrätige Artikel stellen darüber hinaus einen Out-of-Stock dar, wenn sie nicht in einem verkaufsfähigen Zustand oder für den Endkunden im Warenträger nicht erreichbar sind sowie keine Preisinformation aufweisen.

Das Management der Filiallogistik ist unter Berücksichtigung der Zielgrößen möglichst so auszugestalten, dass filialbedingte Bereitstellungskosten und der damit einhergehende Bereitstellungsservice unter Berücksichtigung konfliktärer Fehlmengenkosten und

---

[189] Berekoven (1995), S. 126f. Auf die Wiedergabe weiterer OoS-Definitionen soll an dieser Stelle verzichtet werden. Einen Überblick liefern bspw. Helnerus (2007), S. 5ff.; Placzek (2007), S. 15.
[190] Zweitplatzierungen stellen zusätzliche Verkaufsflächen dar, die zu Promotions- und Angebotszwecken für Waren mit erwartetem temporär gestiegenem Absatz vorgehalten werden.
[191] Vgl. Taylor/Fawcett (2001), S. 74.
[192] Vgl. Helpup (1998), S. 2f. OOS-Situationen sind von Situationen des "Out-of-Assortment" abzugrenzen. Situationen des Out-of-Assortment stellen eine "Marketing-Fehlleistung" dar, da vom Kunden nachgefragte Artikel nicht im Sortiment des Handelsunternehmens oder nicht in der Listung der Handelsfiliale geführt wird, vgl. Hertel/Zentes/Schramm-Klein (2005), S. 135; Berekoven (1995), S. 53 und 127.
[193] Vgl. Placzek (2007), S. 16; Helm/Stölzle (2005), S. 2.

Out-of-Stocks reduziert werden.[194] Im Zentrum der Bemühungen sollte die nachfragegerechte Warenversorgung des Frontstores stehen, um Filialbestände an den Abverkäufen auszurichten. Dabei fordert das Effizienzdenken weder eine einseitige Fokussierung auf die Kostenminimierung, noch eine einseitige Orientierung an der Servicemaximierung. Vielmehr ist ein adäquater Kompromiss zwischen den konfliktären Zielen zu verfolgen, nämlich eine nachfragegerechte Regalverfügbarkeit unter Berücksichtigung der Bereitstellungskosten anzustreben.[195] Einerseits tragen gefüllte Warenträger zur Realisierung einer hohen Regalverfügbarkeit bei und vermeiden dadurch die Gefahr von Umsatzverlusten aufgrund von OoS-Situationen. Umgekehrt führen überhöhte Bestände in den Regalen zu einer Verringerung der Flächenrentabilität der Warenträger und einer Steigerung der Kapitalbindungskosten, die in sinkenden Handelsmargen resultieren. Mit dem Effizienzziel eines äquivalenten Produktivitätsstrebens wird das Verhältnis zwischen Logistikkosten und Regalverfügbarkeit angesprochen.[196] Diese Sichtweise bezieht sich auf die Erschließung von Leistungsreserven sowie der Leistungsbereitstellung. Für Handelsfilialen, deren Absatz durch schwankende Abverkäufe bspw. aufgrund von Promotions (Sonderabverkäufen) oder saisonalen Sortimenten geprägt ist, lässt sich diese Sichtweise um die Anforderungen der Flexibilität im Sinne der Anpassungsfähigkeit an die Nachfrage erweitern. Die prozessorientierte Gestaltung der Filiallogistik erfordert eine konsequente Ausrichtung der Logistik auf die nachfragegerechte Warenbereitstellung. Die damit verbundenen Informations- und Warenflüsse der filialspezifischen Logistikprozesse sowie die zur deren Umsetzung eingesetzten Gestaltungsgrößen werden im anschließenden Kapitel vorgestellt.

2.2 Gestaltungsgrößen des Managements der Filiallogistik

Um sich Gestaltungsempfehlungen für das Management der Filiallogistik zu nähern, empfiehlt es sich, die filiallogistischen Gestaltungsgrößen zu konkretisieren und deren Ausprägungen aufzuzeigen. Im Mittelpunkt stehen dabei die Prozesse der Warenbereitstellung und die zu deren Umsetzung relevanten Gestaltungsgrößen im Rahmen einer prozessorientierten Sichtweise. Zur inhaltlichen Ausgestaltung des Managements der Filiallogistik im hier verwendeten Verständnis bietet sich die Adaption bewährter Logistikmanagement-Modelle an.[197] So findet im Folgenden das Modell von Pfohl (2004b) Anwendung.[198] Die durch das Management der Filiallogistik beeinflussbaren logistikrelevanten Gestaltungsgrößen Prozess-

---

[194] Vgl. Mentzer/Konrad (1991), S. 34.
[195] Vgl. Mentzer/Konrad (1991), S. 34. Zu Logistikkosten im Handel vgl. Baumgarten/Thoms (2002), S. 14; Baumgarten/Benz (1997), S. 9; Wildemann (1997a), S. 1ff.; Toporowski (1996), S. 2f.
[196] Vgl. Pfohl/Stölzle (1997), S. 84f.
[197] Das nachfolgende Logistikmanagementmodell findet bspw. Einsatz bei Häusler (2002a), die die Integration der Logistik in Unternehmensnetzwerke untersucht.
[198] Vgl. Pfohl (2004b), S. 26ff. Das Logistikmanagement-Modell basiert auf dem Organisationsmodell von Leavitt (1965).

2.2 Gestaltungsgrößen des Managements der Filiallogistik

organisation, Mitarbeiter und Technik werden in der vorliegenden Arbeit um die zur Aufgabenerfüllung der Handelsfiliale eingesetzten filialspezifischen Logistikprozesse ergänzt. Kapitel 2.2.1. zeigt ausgehend von einem idealtypischen Prozessmodell die Waren- und Informationsflüsse sowie deren Teilprozesse in Handelsfilialen. Die Gestaltungsgrößen, die für die Realisierung der Logistikprozesse zum Einsatz kommen, umfassen die Prozessorganisation als dispositiven Faktor (Kapitel 2.2.2) sowie die Elementarfaktoren Mitarbeiter (Kapitel 2.2.3) und Technik (Kapitel 2.2.4). Abschließend erfolgt eine Zusammenführung der vorgestellten Gestaltungsgrößen unter Berücksichtigung der Zielkategorien als gestaltenden Bestandteil des zu erarbeitenden konzeptionellen Bezugsrahmens (Kapitel 2.2.5). Darüber hinaus sind die Gestaltungsgrößen durch einen nicht beeinflussbaren Kontext gekennzeichnet, der sich aus internen sowie externen Kontextgrößen zusammensetzt, die im daran anschließenden Kapitel 3 vorgestellt werden.[199]

2.2.1 Logistikprozesse als Gestaltungsgrößen in Handelsfilialen

Den Ausgangspunkt der Prozessgestaltung stellt die von der Filiallogistik zu erfüllende Aufgabe dar. Eine *Aufgabe* entspricht der Verpflichtung zu Handlungen oder Handlungsergebnissen und umfasst im Wesentlichen die Objekte, an denen die Handlung vollzogen wird, die Handlung selbst, die verwendeten Hilfsmitteln sowie das Ergebnis.[200] Die Aufgabe der Filiallogistik kann in der Gewährleistung eines bestimmten Versorgungs- oder Bereitstellungsservice in Form der nachfragegerechten Regalverfügbarkeit gesehen werden und als Teilaufgabe in das Aufgabengefüge von Handelsfilialen eingeordnet werden, wobei die Gesamtaufgabe der Erreichung des Formalziels unterliegt.[201] Wie vorab erläutert, stellt das mit dem Management der Filiallogistik im Zusammenhang stehende Sachziel einen wesentlichen Teilaspekt zur Erfüllung des Formalziels dar. Das Sachziel besteht in der effizienten Warenbereitstellung in Handelsfilialen, woraus sich die Steuerung und die damit zusammenhängenden Aktivitäten der filialspezifischen Logistikprozesse zur Sicherung der Regalverfügbarkeit der von Kunden nachgefragten Waren als Handlungsziel (Teilaufgabe) ableiten lassen. Die Verfügbarkeit von Waren trägt neben der Sortimentsgestaltung zur Realisierung von Transaktionen bei. Als bedeutende Merkmale sind die logistikrelevanten Eigenschaften der bereitzustellenden Waren sowie die Gestaltung der Warenbereitstellung bis zur Handelsfiliale, welche Rahmenbedingungen der filiallogistischen Prozessgestaltung darstellen, zu nennen.[202] In einer flussorientierten Betrachtung werden bei der Umsetzung der Warenbereitstellung Einzelfunk-

---

[199] Die adaptierte Systematisierung der Logistikvariablen entspringt dem Modell von Leavitt (1965). Die Trennung der Gestaltungsvariablen Mitarbeiter, Technik und Organisation findet sich auch in anderen Modellen wieder, vgl. Pfeiffer/Weiß (1992), S. 44ff.; Marien (2000), S. 61.

[200] Vgl. Häusler (2002a), S. 177.

[201] Vgl. hierzu grundlegend Grochla (1972), S. 38ff.

[202] Diese finden sich in Ausprägungen der Leistungsprogrammpolitik wieder, auf die vertieft in Kapitel 3.2 eingegangen wird.

tionen zu einem Prozess miteinander verbunden, die einen Beitrag zur Wertschöpfung in Handelsunternehmen leisten. Als zentrale Erkenntnisobjekte der Logistik und daraus abgeleitet der vorliegenden Arbeit sind deshalb die aus den Funktionsverbindungen resultierenden Prozesse zu nennen.[203] Die zur Aufgabenerfüllung eingesetzten Prozesse sind als Abfolge von Aktivitäten[204] aufzufassen, die in einem logischen inneren Zusammenhang stehen und im Ergebnis zu einer Leistung führen, die durch Kunden nachgefragt wird.[205] Es erfolgt eine Transformation von messbarem Input in einen messbaren Output.[206] Prozesse sind durch einen hierarchischen Aufbau gekennzeichnet und lassen sich in Teilprozesse auf mehreren Aggregationsebenen untergliedern.[207] Zur Darstellung von Prozessen werden Prozessmodelle eingesetzt,[208] die Abläufe einzelner Aktivitäten innerhalb der Prozesse detailliert wiedergeben.[209]

Darstellung von Prozessabläufen

Für qualitative Beschreibungen von Logistikprozessen finden Strukturdiagramme, Ablaufdiagramme sowie Prozesskettenmodelle Anwendung.[210] Während sich *Strukturdiagramme* zur Darstellung räumlicher Anordnungen von zwischenbetrieblichen Logistiksystemen unter Bezugnahme auf Informations- und Warenflüsse zwischen den Quellen und Senken anbieten, jedoch auf eine detaillierte Übersicht von Teilprozessen verzichten und Informationen nicht ausreichend berücksichtigen,[211] kennzeichnen *Ablaufdiagramme* die logische Abfolge von Teilprozessen und Logistikaktivitäten.[212] Sie ermöglichen die Visualisierung von parallel ablaufenden Aktivitäten und die Abbildung von Prozessverantwortlichkeiten sowie den Einsatz von Werkzeugen und Medien. Komplexe Prozessabläufe werden in ihrer Darstellung jedoch schnell unübersichtlich.[213]

Zur Visualisierung und Beschreibung der filiallogistischen Abläufe wird nachfolgend ein *Prozesskettenmodell* eingesetzt, mit dessen Hilfe die Waren-, und Informationsflüsse der

---

[203] Die Verbindung von Einzelfunktionen in der Logistik lässt sich bereits auf die frühe Veröffentlichung von Eccles (1954), S. 9ff. zurückführen.

[204] Synonym werden auch die Begriffe Aufgaben, Verrichtungen und Tätigkeiten verwendet, vgl. Lasch (1998), S. 52.

[205] Vgl. Gaitanides (1996), Sp. 1685. Einen umfangreichen Überblick verschiedener Prozessdefinitionsansätze in der Literatur liefert Lasch (1998), S. 49f.

[206] Vgl. Kotzab (1997), S. 45.

[207] Vgl. Placzek (2007), S. 118.

[208] Zur Prozessmodellierung und Prozessgestaltung vgl. bspw. Lang (1997), S. 8ff. Zu den Grundlagen des Modellbegriffs vgl. bspw. Remmert (2001), S. 12ff.

[209] Vgl. Remmert (2001), S. 39; Zadek (1999), S. 127; Lasch (1998), S. 57. Eine umfassende Übersicht möglicher Prozessklassifikationen liefert bspw. Schuderer (1996), S. 64f.

[210] In der Supply Chain Management-Literatur wird der Einsatz des branchenneutralen SCOR-Modells zur Prozessdarstellung empfohlen, das zur Beschreibung, Messung und Evaluation von Supply Chain-Prozessen bzw. Prozessketten dient, vgl. Stölzle/Halsband (2005), S. 543.

[211] Strukturdiagramme werden häufig unter dem Begriff Entity-Relationship-Modelle in der Informatik zur Datenmodellierung eingesetzt, vgl. bspw. Krcmar (2005), S. 28ff.; Becker (1994b), S. 161ff.; Chen (1976), S. 9ff.

[212] Vgl. Helbig (2003), S. 77f.; Trienekens/Hvolby (2001), S. 255f.

[213] Vgl. Helbig (2003), S. 82f.

2.2 Gestaltungsgrößen des Managements der Filiallogistik

Filiallogistik in geeigneter Weise abgebildet werden können.[214] Die dabei vorliegende Betrachtungsperspektive, der ereignisorientierte Methoden zugrunde liegen, erleichtert das Verständnis filiallogistischer Prozesse.[215] Aus der Prozessketten-Darstellung können Zusammenhänge zwischen dispositionsbezogenen und warenflussbegleitenden Informationsflüssen und den Warenbewegungen in den Filialen dargestellt und die an den Zielkosten und -servicegraden ausgerichtete Gestaltung der Filiallogistik durchgeführt werden. Für die Betrachtung filiallogistischer Prozesse werden abgrenzbare Teilprozesse[216] definiert und die logische Reihenfolge der Durchläufe von Waren- sowie Informationsflüssen in der Handelsfiliale dokumentiert. Die Teilprozesse stellen wiederum inhaltlich geschlossene Aktivitäten dar, die definierte Inputs und Outputs aufweisen. Mit der Prozessdekomposition wird erreicht, dass man den filiallogistischen Prozess zur Warenbereitstellung nicht mehr in seiner Gesamtheit beschreiben muss, sondern ihn detailliert entsprechend der Kriterien des Objekts, der Verrichtung sowie der Prozessphase im Rahmen der Filiallogistik darstellen kann. So lassen sich einerseits Informations- und Warenflüsse, andererseits alle Teilprozessschritte innerhalb eines Kernprozesses wie der Disposition darstellen. Eine solche Dekomposition kann in weitere Untergliederungsebenen fortgesetzt werden, bis die Ebene der Aktivitäten erreicht oder eine weitere Zerlegung nicht mehr möglich oder sinnvoll erscheint.[217] Letztlich erhält man durch dieses Vorgehen eine hierarchische Prozessstruktur, die den zerlegten Prozess der Filiallogistik in horizontaler und vertikaler Auflösung zeigt.[218] Dabei werden nur diejenigen waren- und informationsflussbezogenen Teilprozesse in das Modell aufgenommen, die zur Beschreibung und Analyse der Logistikprozesse notwendig und zu denselben betrieblichen Abläufen zu zählen sind. Die Anwendung dient der bewussten Reduktion von Komplexität durch Isolation und Abstraktion. Filialspezifische Teilprozesse sind dabei nicht als „black box" aufzufassen, sondern umfassen die Strukturelemente Input, Output, Elementarfaktoren, Lenkung als dispositiven Faktor und Transformation (vgl. Abbildung 4).[219]

---

[214] Vgl. Lasch (1998), S. 56; Kotzab (1997), S. 45f.; Kuhn (1995), S. 38.
[215] Vgl. Lang (1997), S. 20.
[216] In der Literatur finden sich als Synonyme auch die Begriffe Prozesskettenelemente oder Subprozesse, vgl. Schäfer (2001), S. 154 sowie Lasch (1998), S. 58.
[217] Vgl. Haist/Fromm (1989), S. 96.
[218] Zur hierarchischen Prozessstruktur vgl. bspw. Fuhrmann (1998), S. 113ff.
[219] Vgl. Lasch (1998), S. 58, der im Rahmen der Prozessdekomposition nicht von Elementarfaktoren, sondern von Potenzialfaktoren spricht. In Anlehnung an die Terminologie der Produktionswirtschaft umfassen Elementarfaktoren jedoch neben internen (Potenzial-)Faktoren ebenfalls externe Faktoren. Diese können im Rahmen des Outsourcings als Dienstleistung empfangen werden und gehen in Prozesse ein, vgl. Corsten (2007), S. 6.

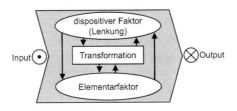

Abbildung 4: Strukturelemente eines Teilprozesses
Quelle: Weiterentwickelt aus Lasch (1998), S. 58

Unabhängig von der hierarchischen Prozessebene der filialspezifischen Informations- und Warenflüsse ist jeder (Teil-)Prozess über die beiden Schnittstellen Input und Output mit vor- bzw. nachgelagerten (Teil-)Prozessen verbunden. Der *Input* als Kombination aus Waren und Informationen erfährt innerhalb des Teilprozesses eine Transformation. Die *Transformation* beinhaltet wiederum einen Subprozess[220] mit höherem Auflösungsgrad und erfolgt mit Hilfe von Elementarfaktoren und einem dispositiven Faktor. Dabei kann sich die Transformation bspw. auf die Generierung, Verarbeitung und Bewertung von Bestands- und Bewegungsdaten oder auf die physische Warenbewegung beziehen. Bei den *Elementarfaktoren*, die zur Realisierung der Transformation eingesetzt werden, handelt es sich um die Mitarbeiter und die eingesetzte Technik, die in den Filialen zur Umsetzung der Logistikprozesse vorgehalten werden.[221] Das Verhältnis von filiallogistischem Technik- zu Personaleinsatz, bspw. bei der Bestandsdaten- und Bestellmengenermittlung, für Inventuren oder für Warenbewegungen auf Filialebene, gibt den Automatisierungsgrad wieder, wobei ein hoher Automatisierungsgrad nicht grundsätzlich eine hohe Transformationsleistung in den filiallogistischen Teilprozessen gewährleistet. Mit Hilfe des *dispositiven Faktors* werden die eingesetzten Elementarfaktoren geplant, gesteuert sowie kontrolliert, um die Transformation realisieren zu können. Die Lenkung unterliegt Filialverantwortlichen und dient der vertikalen Strukturierung des informations- und warenflussbezogenen Teilprozesses sowie deren Verbindung zu benachbarten Teilprozessen. Der *Output* beschreibt das Prozessresultat, das den Anforderungen nachfolgender Teilprozesse gerecht wird und wiederum deren Input darstellt. Dabei hat der Output nicht nur den Anforderungen des direkt nachfolgenden Teilprozesses, sondern den Anforderungen aller der zur Warenbereitstellung eingesetzten Teilprozesse gerecht zu werden. Somit

---

[220] Diese Subprozesse finden sich ebenfalls in der hierarchischen Prozessstruktur wieder, vgl. bspw. Zadek (1999), S. 128. Theoretisch lassen sich mit der Prozesszerlegung beliebige Detaillierungsgrade bei der Prozessdarstellung erreichen. Einige Quellen empfehlen zugunsten einer besseren Übersichtlichkeit die Prozesszerlegung auf drei Stufen zu beschränken, vgl. bspw. Hauser (1996), S. 33f.; Fuhrmann (1998), S. 112.

[221] Vgl. Lasch (1998), S. 59.

2.2 Gestaltungsgrößen des Managements der Filiallogistik 43

wirken sich Veränderungen einzelner Teilprozesse auf die Gestaltung der gesamten Prozesskonfiguration aus.[222]

Vor dem Hintergrund der ersten untergeordneten Forschungsfrage ist für die Modellierung der filialspezifischen Logistikprozesse zunächst die Identifikation allgemeingültiger filialspezifischer Logistikprozesse erforderlich. Grundsätzlich setzen sich Logistikprozesse aus waren- und informationsbezogenen Kernprozessen zusammen, die ihrerseits aus weiteren Teilprozessen und Aktivitäten bestehen.[223] So stellen *Kernprozesse* solche Prozesse dar, die bei einer Abweichung vom Soll-Zustand große Auswirkungen auf den Unternehmenserfolg haben.[224] Der Umfang einzelner Kernprozesse ist i.d.r. unternehmensindividuell, sie sollten sich jedoch an Standardabläufen orientieren. Den filialspezifischen Logistikprozessen kommt zur Gewährleistung des Warennachschubs und der Regalverfügbarkeit aufgrund ihres Funktionsumfangs[225] der Sachgütergruppierung, der Bedarfsanpassung und des Marktausgleichs der Charakter von Kernprozessen zu.[226]

Ableitung eines idealtypischen Prozessmodells der Filiallogistik

Das nachfolgende idealtypische Prozessmodell[227] stellt ein Prozessmuster dar und dient als Rahmen zur Analyse der Filiallogistik, die den innerbetrieblichen Warenfluss sowie den dazu komplementär verlaufenden Informationsfluss umfasst. Die Herleitung der Prozesse erfolgt auf Basis der in Kapitel 2.1.2 vorgestellten Merkmale des Managements der Filiallogistik. Der modellhaften Darstellung filiallogistischer Prozesse haben sich bereits einige Autoren angenommen, die unter Anwendung einer verrichtungsspezifischen Untergliederung logistische Aufgabenfelder ableiten konnten (vgl. Tabelle 2). Die zusammengetragenen Ansätze filialspezifischer Logistikprozesse fließen in die Erarbeitung des idealtypischen Prozessmodells ein.

---

[222] Zu den Gestaltungsoptionen im Rahmen der Prozessorganisation sei auf Kapitel 2.2.2 verwiesen.
[223] Vgl. Lasch (1998), S. 45.
[224] Vgl. Liebmann/Zentes (2001), S. 757.
[225] Vgl. Müller-Hagedorn/Toporowski (2006), S. 6; Hertel (1999), S. 181.
[226] Neben den Distributionsprozessen, zu denen filialspezifische Logistikprozesse zu zählen sind, stellen bspw. Beschaffungsprozesse oder Kundenserviceprozesse typische Kernprozesse dar. Eine umfangreiche Übersicht ausgewählter literaturbasierter Ansätze zur Typologisierung von Unternehmensprozessen liefert Schäfer (2001), S. 158. Zu logistischen Kernprozessen vgl. Lasch (1998), S. 45.
[227] Idealtypische Prozessmodelle werden häufig auch als Referenzmodelle bezeichnet. Referenzmodelle sind allgemeingültige und von individuellen Besonderheiten abstrahierte Modelle, die zu einer Standardisierung von Begriffen beitragen und damit eine Vergleichbarkeit ermöglichen, vgl. Becker/Schütte (2004), S. 76ff. Einen Überblick zu Arten und Zielen von Referenzmodellen liefern bspw. Remmert (2001), S. 15ff.; Lang (1997), S. 21.

2 Konzeptionelle Grundlagen des Managements der Filiallogistik

Stölzle/Placzek (2006)	Rock (2006)	Miebach (2006)	Teller u.a. (2004)
1. Datenerfassung 2. Datenanalyse 3. Bedarfsprognose 4. Bestellung 5. Wareneingang 6. Einlagerung 7. Verräumung	1. Bedarfsermittlung 2. Bedarfsübermittlung 3. Warenannahme 4. Warenkontrolle 5. Innerbetrieblicher Transport 6. Lagerung und Umlagerung 7. Kommissionierung 8. Preisauszeichnung 9. Innerbetrieblicher Transport 10. Regalbestückung 11. Präsentation 12. Kassiervorgang	1. Filialdisposition 2. Warenannahme 3. Einlagerung 4. Verfügbarkeit vorhalten 5. Interner Transport 6. Verräumen 7. Retouren 8. Management	1. Anlieferung und Warenübernahme 2. Transport zum Zwischenlager 3. Lager (im Filiallager) 4. Transport zum Regal 5. Manipulation und Lagerung (im Regal) 6. Transaktions- und Zahlungsabwicklung 7. Bestellung 8. Entsorgung
Mau (2000)	**Möhlenbruch (1994)**	**Dyckerhoff (1993)**	**Ebert (1986)**
1. Bestellungen der Märkte 2. Warenzwischenlagerung 3. Liefermenge prüfen 4. Einsortieren 5. Verkauf	1. Disposition 2. Warenannahme 3. Einlagerung 4. Transport zum Regal 5. Öffnen und Auspreisen 6. Platzieren 7. Wegräumen des Packmaterials 8. Kassieren 9. Leerguthandling und Pfandabwicklung	1. Disponieren 2. Waren annehmen und transportieren zum Regal 3. Öffnen der Versandeinheit und Abfall beseitigen 4. Waren präsentieren 5. Kassieren	1. Warenannahme 2. Warenkontrolle 3. Innerbetrieblicher Transport 4. Lagerung und Umlagerung 5. Kommissionierung 6. Kassiervorgang

Tabelle 2: Ausgewählte Ansätze zur Systematisierung von Kernprozessen der Filiallogistik
Quelle: Eigene Zusammenstellung der genannten Quellen in der Reihenfolge ihrer Veröffentlichung

Als bedeutendstes Differenzierungskriterium zwischen den vorgestellten Ansätzen ist die unterschiedliche Berücksichtigung von Waren- und Informationsflüssen zu nennen. Verschiedene Aggregationsebenen der Prozessmodelle resultieren aus den jeweiligen Perspektiven, aus der die Autoren filialspezifische Logistikprozesse betrachten. So erweisen sich die von Mau (2000) vorgeschlagenen Prozessschritte für die Darstellung filiallogistischer Prozesse als sehr generisch und zeigen mit dem Verkaufsprozess Überschneidungen mit anderen Funktionsbereichen der Handelsfiliale auf. Während die Kernprozesse von Teller u.a. (2004) ausschließlich auf die physische Warenflüsse der Handelsfiliale abzielen, stellen die Kernprozesse der Prozessmodelle von Ebert (1986) und Dyckerhoff (1993) überwiegend auf Warenflüsse der Handelsfiliale ab, die um die Stufe des Zentrallagers ergänzt werden. Möhlenbruch (1994), die Studie von Miebach (2006) sowie Rock (2006) nehmen in ihren Prozessmodellen sowohl Waren- als auch Informationsflüsse der Filiallogistik auf, berücksichtigen jedoch bei der Prozessdarstellung keine Abhängigkeiten zwischen den Teilprozessen. Diese Wechselbeziehungen finden sich bei der Prozessdarstellung von Stölzle/Placzek (2006) wieder. Allerdings umfasst das Prozessmodell alle an der Wertschöpfungskette beteiligte Akteure und bietet für die vorliegende Untersuchung eine zu geringe Granularität im Hinblick auf die Logistikpro-

2.2 Gestaltungsgrößen des Managements der Filiallogistik

zesse in Handelsfilialen, die es für die vorliegende Beschreibung filiallogistischer Prozesse zu verfeinern gilt.

Beim idealtypischen Prozessmodell wird nachfolgend eine getrennte Darstellung von waren- und informationsflussbezogenen Prozessen in Handelsfilialen favorisiert, die durch spezifische Zusammenhänge gekennzeichnet sind. Warenflüsse in Handelsfilialen schließen überwiegend die Lagerung und den Umschlag im Backstore, innerbetriebliche Transporte sowie Bewegungs- und Warenmanipulationsvorgänge im Frontstore ein.[228] Informationsflüsse umfassen den Warenfluss vorauseilende, begleitende und ihn erklärende sowie nachlaufende Teilprozesse und dienen neben der physischen Bestands- und zeitlichen Abverkaufserfassung als Grundlage für Bestellvorgänge. Darüber hinaus können die generierten Informationen den Warenfluss auslösen und kontrollieren.[229] Von Bedeutung sind somit vor allem Auftragsübermittlungs- und Auftragsbearbeitungsprozesse.

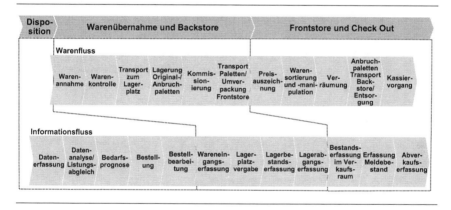

Abbildung 5:   Idealtypisches Prozessmodell der Filiallogistik

Die Erfassung der Waren- und Informationsflüsse erfolgt zunächst auf aggregierter Ebene im Rahmen von drei Kernprozessen, um auf detaillierterer Ebene einer differenzierten Ausgestaltung der Filiallogistik gerecht zu werden, die bspw. durch die Sortimentsgestaltung oder die Belieferungskonzepte beeinflusst wird.[230] Die Kernprozesse können schrittweise zerlegt werden (top-down-Ansatz) und vollumfänglich oder auch nur in Teilen in Handelsfilialen umgesetzt werden.[231] Ihre Gestaltung orientiert sich an den zeitlich aufeinander folgenden

---

[228] Vgl. Rock (2006), S. 66f.; Tietz (1993), S. 680ff.
[229] Vgl. Hilgenfeld (1995), S. 38.
[230] Vgl. Wagner/Schwarze (2000), S. 4.
[231] Alternativen zum top down-Ansatz bestehen in der Anknüpfung an Details und der anschließenden Verdichtung (bottom up-Ansatz) oder einem Gegenstromverfahren. In der Literatur wird überwiegend der genannte top down-Ansatz bevorzugt, der insbesondere bei strategischen Problemstellungen praktikabel sein dürfte, vgl. Gleich (2002), S. 315; Lamla (1995), S. 93ff.

Teilprozessen, die die Waren von der Bestellung bis zum Verlassen der Handelsfiliale am Check Out begleiten. Bei den Kernprozessen des idealtypischen Logistikprozesses in Handelsfilialen handelt es sich somit um die Disposition, die Warenannahme und dem Backstore sowie dem Frontstore samt Check Out-Bereich (vgl. Abbildung 5).

Teilprozesse der Disposition

Dem Warenfluss in Handelsfilialen geht zunächst die Disposition voraus. Sie umfasst i.d.R. neben der Ermittlung der Bedarfe auch die Steuerung des Warennachschubs von Lieferanten oder von Zentrallägern bis zur Warenannahme der Handelsfiliale und weist Einflüsse auf die Ausgestaltung des Warenflusses auf. Der Disposition als Kernprozess können alle Teilprozesse zugeordnet werden, die notwendig sind, um die Handelsfiliale mit den erforderlichen Handelswaren nach Art und Menge termingerecht zu versorgen.[232] Vor diesem Hintergrund kann die Aufgabe der Disposition in der Optimierung konkurrierender Zielsetzungen verstanden werden, die sich aus der Sicherstellung der nachfragegerechten Warenverfügbarkeit unter Berücksichtigung der Bestandskosten ergeben. Daher sind der Zeitpunkt der Bestellung, der zwischen den Dispositionen liegende Zeitraum und die daraus resultierende Reichweite der disponierten Waren sowie die Art der Bedarfsermittlung zu berücksichtigen.[233] Zu dispositionsbezogenen Teilprozessen lassen sich die Datenerfassung, die Datenanalyse und der Listungsabgleich, die Bedarfsprognose, die Bestellung und die Bestellbearbeitung zählen.

Die *Datenerfassung* ermöglicht die Aufnahme des aktuellen Warenbestands in der Handelsfiliale. Zu den relevanten Daten zählen Artikelstammdaten, Bewegungs- und Bestandsdaten in der Filiale sowie Daten für Aktionen und saisonale Effekte.[234] Artikelstammdaten umfassen Informationen über die Warengruppe, den Lieferanten sowie Gewicht, Abmessungen und Verpackungseinheiten und gehen vielfach als Grundlage in Bestellvorgänge ein.[235] Um eine brancheneinheitliche Anwendung sowie eine Verringerung des Abstimmungsaufwands zwischen Industrie und Handel zu ermöglichen, bietet sich der Rückgriff auf permanent aktualisierte Daten von zentralen Stammdatenpools an.[236] Weiterhin dient die Erfassung von Bewegungs- und Bestandsdaten anhand physischer Warenbestände durch Zählungen, Bestandslisten, MDE-Geräte oder Systembestände im Rahmen von Warenwirtschaftssystemen (WWS) als Basis zur Bestellmengenermittlung. Die meist durch das Category Management[237]

---

[232] Vgl. Hartmann (1986), S. 175.
[233] Vgl. Rock (2006), S. 196.
[234] Vgl. Becker/Schütte (2004), S. 317.
[235] Vgl. Hertel/Zentes/Schramm-Klein (2005), S. 215f.
[236] Vgl. Hagel/Treeck (2003), S. 5. SINFOS als bekanntester deutscher Stammdatenpool wurde von der Centrale für Coorganisation GmbH (CCG) gegründet und überwacht die Vergabe und Einhaltung der EAN-Codes zwischen Hersteller- und Handelsunternehmen. Als Mitglied bei EAN International trägt sie maßgeblich zur Pflege und Weiterentwicklung der Kommunikations- und Identifikationsstandards in der Konsumgüterwirtschaft bei.
[237] Vgl. Steiner (2007), S. 48; Schröder/Geister (2001), S. 78.

2.2 Gestaltungsgrößen des Managements der Filiallogistik

vorgegebenen Aktionsverkäufe, Produktneueinführungen und Relaunches[238] sowie die Berücksichtigung von saisonalen Artikeln können im Rahmen der Datenerfassung aufgenommen werden, um Bestandsmengenänderungen eines Artikels (Aktionsverkauf) oder des Sortimentsumfangs (saisonale Artikel, neue Produkte) zu identifizieren.

Die Datenanalyse sowie der Listungsabgleich als weitere Teilprozesse der Disposition dienen der Erfassung von Bewegungsdaten sowie Bestandsveränderungen. Während sich die *Datenanalyse* zur Identifikation von Abverkaufsmustern unter Berücksichtigung von Nachfrageschwankungen eignet und zur Ermittlung sowie Anpassung von Sicherheitsbeständen beitragen kann,[239] ermöglicht ein *Listungsabgleich* die Aufnahme neuer Produkte bzw. die Auslistung nicht mehr zu bestellender Produkte und die Anpassung veränderter Stammdaten (Artikelnummern, Verpackungseinheit).[240] Die Aktualisierung der Bestände erfolgt im Rahmen einer permanenten oder in regelmäßigen Abständen umgesetzten Inventur durch die Filialmitarbeiter, um Abweichungen von Systembeständen zu identifizieren. Die Dokumentation zeitnaher Vereinnahmung von Lieferungen sowie die Stornierung von Bruch, Schwund oder Verderb wird mittels eines Listungsabgleichs vorgenommen. Darüber hinaus kann die Datenanalyse Bezug auf voraussichtliche Wareneingangstermine nehmen, die Liefertermine und Anlieferzeitpunkten umfassen. Ein daraus resultierender Anlieferungsplan bietet sich als Grundlage für die Bedarfsprognose an und ermöglicht die Einsatzplanung des Filialpersonals sowie externer Dienstleister zur Warenannahme, Lagerung bzw. der Nachverräumung in die Warenträger des Frontstores.

Die ermittelten Daten gehen im nächsten Teilprozess der *Bedarfsprognose* ein. Sie dient der Ermittlung von Bedarfsmengen auf Basis festgelegter Marketingpläne und erwarteter Abverkäufe während eines definierten Zeitraums.[241] Dabei kann man zwischen einer heuristischen, stochastischen oder deterministischen Bedarfsermittlung unterscheiden. Bei der heuristischen Bedarfsermittlung handelt es sich um die qualifizierte, subjektive Schätzung von Abverkäufen für den Zeitraum zwischen zwei Anlieferterminen durch einen Disponenten. Die Qualität der manuellen Bedarfsprognose ist dabei von der Qualifikation und der Erfahrung der mit der Aufgabe vertrauten Mitarbeiter sowie dem Bedarfszeitraum und der Abverkaufsschwankungen abhängig.

---

[238] Unter einem Relaunch versteht man die Variation eines Produktes, die durch eine Veränderung von Produkteigenschaften unter Beibehaltung der bisherigen Produktbezeichnung gekennzeichnet ist. Dabei löst das veränderte das bisher gelistete Produkt ab. Zu den für filiallogistische Prozesse relevanten Änderungen zählen bspw. Packungsgröße sowie Umverpackungen. Weitere Veränderungen betreffen veränderte Zusammensetzungen des Produkts oder Markenlogos, vgl. Placzek (2007), S. 127.

[239] Vgl. Placzek (2007), S. 127f.

[240] Vgl. Thonemann u.a. (2005), S. 140.

[241] Vgl. Marbacher (2001), S. 231.

In der Praxis werden Bedarfsabschätzungen für spezifische Artikel häufig durch Außendienstmitarbeiter der Hersteller vorgenommen.[242] Mit der Nutzung von Abverkaufsdaten aus WWS erfolgt zunehmend eine halbautomatische oder automatische Bedarfsermittlung. Die Literatur verweist auf Systeme des „Computer Assisted Ordering" (CAO), des „Automated Store Ordering" (ASO) oder der computergestützten Disposition.[243] Diese Systeme ermöglichen die elektronische Erfassung des Warenabgangs auf der Grundlage des artikelgenauen Scannings innerhalb der Filiale.[244] Den Kern des Systems bildet ein Optimierungsalgorithmus, der auf Basis von Bedarfsprognosen, Kostenparametern, logistischer Restriktionen und Lieferzeiten einen kostenminimalen Bestellvorschlag generiert.[245] Darüber hinaus finden individuelle Ausgangssituationen der Handelsfiliale, bereits geplante Bestellungen, Sicherheitsbestände, effiziente Bestellmengen, Inventurdaten und Nachfragemuster Berücksichtigung in den Bestellvorschlägen.[246] Die automatisierte Disposition setzt eine hohe Qualität der zu Grunde liegenden Daten voraus. Mit den Qualitätsanforderungen gehen die Schwachstellen automatisierter Bestellsysteme einher. Die nicht korrekte Erfassung der Bestände, eine hohe Schwundquote oder Verderb der Waren führt zu Abweichungen in der Bestandsführung, die mit der Über- oder Fehlbestände auf Filialebene verbunden sein können. Dabei greifen stochastische Verfahren auf die Auswertung von vergangenheitsbasierten Abverkaufszahlen[247] zurück und extrapolieren zu erwartende Abverkäufe unter Berücksichtigung von Trends, saisonalen Effekten sowie Sicherheitsbeständen auf Filialebene für einen definierten Zeitraum.[248] Bei Systemen mit hoher Prognosegenauigkeit erfolgt eine Abverkaufsschätzung auf Tagesbasis. Deterministische Verfahren ermöglichen eine exakte Bedarfsermittlung nach Menge und Termin auf der Grundlage konkreter Aufträge oder Nachfragemuster bzw. erfasster Kundenaufträge.[249] Im Handel findet dieses Verfahren insbesondere dann Einsatz, wenn Bestellmengen für Aktionsverkäufe generiert werden, die von den Filialen oft mit zeitlichem Vorlauf bestellt werden.[250]

Die Berücksichtigung von Toleranzbereichen und angestrebten Servicelevels unterstützt vielfach die Bedarfsprognose, die den Dispositionsverantwortlichen als Bestellvorschlag zur

---

[242] Vgl. Moll (2000), S. 125. Dieses Vorgehen findet im deutschen Einzelhandel noch breiten Einsatz.
[243] Vgl. bspw. Seifert (2006a), S. 119; Hertel/Zentes/Schramm-Klein (2005), S. 190f.; Gleißner (2000), S. 175f.
[244] Vgl. Seifert (2006a), S. 121f.
[245] Vgl. Toporowski/Herrmann (2003), S. 123.
[246] Vgl. Arminger (2002), S. 100.
[247] Aus diesem Grund wird die stochastische Bedarfsrechnung auch als verbrauchsgesteuerte Rechnung bezeichnet, vgl. Becker (1998), S. 75.
[248] Vgl. Wildemann (2004), S. 132; Lasch (1998), S. 45. Bei der stochastischen Bedarfsermittlung kommen mathematisch-statistische Verfahren zum Einsatz. Zu den auf der Wahrscheinlichkeitstheorie basierenden Verfahren zählen bspw. der arithmetische oder gleitende Mittelwert, lineare und nicht-lineare Regressionsanalysen sowie exponentielle Glättungen 1., 2. und 3. Ordnung, vgl. bspw. Günther/Tempelmeier (2005), S. 187ff.; Busse von Colbe (1990), S. 607.
[249] Vgl. Tempelmeier (2003), S. 44ff.
[250] Vgl. Becker/Schütte (2004), S. 294.

2.2 Gestaltungsgrößen des Managements der Filiallogistik

Verfügung gestellt werden und Eingang in den Teilprozess Bestellung finden kann.[251] Nach einer Überprüfung offener Bestellungen und unvollständiger Lieferungen, Retouren sowie der Restriktionen bzgl. Mindestbestellmengen und -werten, kann ein Abgleich mit den Bestellterminen vorgenommen werden. Oftmals findet bei der Festlegung der Bestellmengen eine Berücksichtigung von Abmessungen der Verpackungen statt, damit die Waren in die zur Verfügung stehenden Warenträger vollständig verräumt werden können. Im Hinblick auf gewünschte Liefertermine kann systemunterstützt ein Bestellvorschlag generiert werden, der als Bestellung an vorgelagerte Stellen übermittelt wird. Bei der Bestellung lassen sich grundsätzlich in Abhängigkeit des IT-Unterstützungsgrades verschiedene Vorgehensweisen zur Ermittlung der Bestellmenge unterscheiden.[252] Manuellen Bestellvorschlägen und -freigaben liegen i.d.R. Daten wie Abverkäufe der Vergangenheit, Lagerbestände, Verpackungseinheiten und Mindestbestellmengen zu Grunde. Dabei wird die Bestellmenge durch den Disponenten festgelegt und freigegeben. Automatische Bestellvorschläge mit manueller Bestellfreigabe beziehen sich dagegen auf die durch WWS automatisch generierte Bestellvorschläge, die explizit durch den dispositionsverantwortlichen Mitarbeiter freigegeben werden müssen. Bei automatischen Bestellvorschlägen und -freigabe im Rahmen einer automatischen Disposition erfolgt eine direkte Übermittlung der Bestellungen an die Handelszentrale oder Lieferanten. Da in diesem Fall manuelle Eingriffsmöglichkeiten durch Mitarbeiter meist eingeschränkt sind, können unerwartete Ereignisse oder Abweichungen der Sollbestände durch ein Warnsystem gemeldet werden.[253] Voraussetzung für einen reibungsarmen Bestellvorgang stellen sauber erfasste Zugangs- und Abverkaufsdaten sowie eine durch permanente Inventuren gewährleistete Übereinstimmung von System- und physisch vorhandenen Beständen dar.[254] Darüber hinaus sollten aktuelle Stammdaten sowie eine zeitnahe Vereinnahmung von Wareneingängen und eine Stornierung von Warenabgängen wie Bruch oder Verderb vorgenommen werden.[255] Anschließend erfolgt im Rahmen der Disposition die *Bestellbearbeitung*, durch die der physische Warenfluss veranlasst wird.[256] Auf die Erfassung aller Bestellmengen folgt die Übermittlung der Bestellungen an das Zentrallager, eine zentrale Einkaufsorganisation oder direkt an den Lieferanten. Dies kann telefonisch, schriftlich per Fax oder Email sowie mit Hilfe von Electronic Data Interchange (EDI) vorgenommen werden. Häufig erhält die Filiale abschließend eine Auftragsbestätigung sowie die Avisierung des Liefertermins.

---

[251] Vgl. Placzek (2007), S. 128; Ellram/Siferd (1993), S. 176.
[252] Zu den folgenden Gestaltungsmöglichkeiten vgl. Becker/Schütte (2004), S. 300f.
[253] Dabei handelt es sich um "Exception Reportings", die im Rahmen von so genannten Auto Replenishment Systemen ihren Einsatz finden, vgl. Arminger (2005), S. 45; Becker/Schütte (2004), S. 301.
[254] Vgl. Fleisch/Tellkamp (2005), S. 373ff.; Tellkamp u.a. (2004), S. 21.
[255] Vgl. Rock (2006), S. 69.
[256] Vgl. Stölzle/Placzek (2006), S. 28.

Teilprozesse der Warenübernahme und im Backstore

Der Disposition folgt die Anlieferung und Vereinnahmung der Waren. Mit dem nachfolgenden Kernprozess Warenübernahme und Backstore finden neben Informations- vor allem Warenflüsse Berücksichtigung. Über verschiedene Belieferungskonzepte, via Streckenlieferung, Cross-Docking oder Zentrallagerabwicklung erreichen die Bestellungen den Wareneingang.[257] So werden Handelsfilialen sowohl von einem Zentrallager als auch von regionalen Dienstleistern oder direkt von Herstellern beliefert. Dabei erfolgt die Belieferung durch eine Vielzahl von LKW sowohl während der Öffnungszeiten als auch in der Nacht.

Der Warenfluss beginnt mit der *Warenannahme* an der Filialrampe. Es können in Abhängigkeit der Betriebstypen und der Distributionsstruktur Ganz- oder Teilladungen, Stückgut aber auch Pakete manuell durch Mitarbeiter entgegen genommen. Um einen reibungslosen Ablauf weiterer Anlieferungen gewährleisten zu können, bietet sich die Anpassung der Personalplanung an die Belieferungsrhythmen an. Die Wareneingangserfassung erfolgt dabei häufig anhand der begleitenden Versandpapiere, die zur Auftragsidentifikation durch eine einmalig vergebene Nummer der Versandeinheit (NVE) gekennzeichnet ist.[258] Sie wird als einen Strichcode dargestellt und ist durch Scanner maschinell lesbar.[259] Alternativ ist die Speicherung der Daten auf Transpondern möglich, welche mit Hilfe von RFID-Lesegates am Wareneingang eine automatisierte Erfassung der Empfangseinheit unterstützen, ohne einen weiteren manuellen Vorgang auszulösen. Häufig umfasst eine anschließende *Warenkontrolle* die Prüfung der Ordnungsmäßigkeit und Vollständigkeit der Lieferung durch Kontrolle der Frachtpapiere und Abgleich der Bestellung mit dem Lieferschein.[260] Zusätzlich kann eine Prüfung auf Haltbarkeitsdaten, Verderb und Transportschäden sowie auf Vollständigkeit durch Zählen, Wiegen oder Messen vorgenommen werden. In Ausnahmefällen kann die Quantitätsprüfung auch durch Schätzungen sowie auf Basis von Stichproben erfolgen. Die Schadens- und Fehlerprüfung ermöglicht die frühzeitige Rückkopplung von Beanstandungen an den Lieferanten, die in einer Retoure mündet, sofern der Warenwert die Kosten der Rücksendung oder Verschrottung nicht übersteigt.[261] Dieses Vorgehen stellt sicher, dass nur tatsächlich bestellte und mangelfreie Waren eingelagert werden und in den Frontstore gelangen.[262] Die angelieferten Waren können in das WWS der Handelsfiliale verbucht und aufgenommen werden, wobei die Filialbestände aktualisiert werden.

---

[257] Zu konsumgüterspezifischen Belieferungskonzepten, insbesondere für den Lebensmitteleinzelhandel vgl. Kapitel 3.3.2.

[258] Vgl. Holland (2001), S. 38. Die NVE wird auf ein Etikett gedruckt und auf der Versandeinheit angebracht. Damit lassen sich neben Artikeln mit der Artikelnummer (EAN) und Unternehmen anhand einer internationalen Lokalisationsnummer (ILN) auch Versandeinheiten mit Hilfe der Nummer der Versandeinheit (NVE) eindeutig identifizieren, vgl. bspw. Rudolph (2005), S. 95f.; Moll (2000), S. 195.

[259] Vgl. Lenertz (1998), S. 31.

[260] Vgl. Zillig (2001), S. 249.

[261] Vgl. Rudolph (2005), S. 95; Grochla (1992), S. 195ff.

[262] Vgl. Rock (2006), S. 70.

2.2 Gestaltungsgrößen des Managements der Filiallogistik 51

Der anschließende *Transport zum Lagerplatz* im Backstore setzt eine kurzfristige Verfügbarkeit von Mitarbeiter und Transportmitteln voraus, um die verzögerungsfreie Annahme weiterer Anlieferungen gewährleisten zu können. Ergänzend kann durch den informationsbezogenen Teilprozess der *Lagerplatzvergabe* durch Lagerverwaltungssysteme der Standort zur Zwischenlagerung festgelegt werden.[263] Unterstützung findet die Lagerplatzvergabe in einigen Fällen durch den Einsatz von Roll Cage Sequencing, bei dem die Waren bereits im Zentrallager in einer für die Handelsfiliale optimalen Reihenfolge in Rollcontainern sortiert wird. Dies ermöglicht nicht nur die schnellere Wareneingangskontrolle und eine effizientere Verräumung in die Warenträger, sondern trägt vielfach zur Verringerung der Warenmanipulationen im Backstore bei.[264]

Die *Lagerung* der empfangenen Waren kann frei, chaotisch oder sortimentsspezifisch erfolgen. Berücksichtigung finden lagerungsspezifische Anforderungen für kühlpflichtige Frischeprodukte, Tiefkühlwaren und Kolonialwaren sowie durch die Lebensmittelverordnung vorgegebene Lageranforderungen. Kommissionierte Mischlieferungen werden meist nach Bedarf ausgepackt, sortiert, vereinzelt oder umverpackt und nach Abteilungen des Frontstores aufgeteilt.[265] Sofern die Waren nicht direkt dem Verkauf zugeführt werden, dient die Lagerung zur Sicherstellung der innerbetrieblichen Lieferbereitschaft.[266] Während am Lagerort Warenbestände in Original- sowie Anbruchpaletten zur Entkopplung von Zeit, Raum und Warenmengen bis zur weiteren Verräumung im Frontstore bereitstehen, können durch eine Synchronisation von Warenannahme und Verräumung Lagerbestände reduziert werden (Transitprinzip).[267] Dabei werden die angelieferten Waren nach der Erfassung und Kontrolle ohne Zwischenlagerung in den Verkaufsraum zur Regalverräumung transportiert.[268] Trotz häufig vorzufindender Zentralisierungstendenzen in der Lagerhaltung finden sich in den Filialen aufgrund der Nutzung von Größendegressionseffekten bei der Beschaffung, der Abdeckung von Bedarfsspitzen, der Minderung lieferantenbedingter Unsicherheiten sowie der Wahrung einer angestrebten Lieferbereitschaft häufig umfangreiche Backstore-Bestände.[269]

Mit der Einlagerung der Waren in sekundären oder tertiären Umverpackungen bietet sich im Rahmen einer getrennten Bestandsführung nach Backstore und Frontstore eine systemunterstützte *Lagerbestandserfassung* an. Dabei werden Bestände nach Art und Umfang zwischen Puffer im Backstore und Warenträger auf der Verkaufsfläche getrennt.

---

[263] Vgl. Lasch (1998), S. 45.
[264] Zu Anforderungen und Vorgehen beim Roll Cage Sequencing vgl. bspw. Seifert (2006a), S. 143f.; Moll (2000), S. 251f.
[265] Vgl. Placzek (2007), S. 129.
[266] Vgl. Kopsidis (1997), S. 153.
[267] Vgl. Pfohl (2004a), S. 93f.
[268] Vgl. Kotzab/Teller (2004), S. 353.
[269] Vgl. Liebmann/Zentes (2001), S. 638; Specht (1998), S. 95.

Dieses Vorgehen ermöglicht die mengen- und zeitmäßige Erfassung und Dokumentation der Bestände sowie ihrer Zu- und Abgänge,[270] erleichtert die Bestandslokalisation und unterstützt die *Kommissionierung* der Waren zur Nachverräumung im Frontstore. Die angelieferten Gebindegrößen stimmen häufig nicht mit der zur Verfügung stehenden Fläche in den Warenträgern überein. Hierzu erfolgt zunächst eine abteilungsbezogene Bestandskontrolle in den Warenträgern des Frontstores. Unterschreitet der Sichtbestand eine bestimmte Höhe oder bestehen Out-of-Stocks, wird eine Nachverräumung angestoßen. Nach Überprüfung aller Sichtbestände werden im Backstore die betreffenden Artikel auf einem Transportmittel abteilungsbezogen und verbrauchsspezifisch kommissioniert, um unnötige Laufwege zwischen Backstore, Handlagern und Regalen zu vermeiden und die benötigte Mitarbeiterzeit zu reduzieren. Bei innerbetrieblichen Transportmitteln kann es sich um Hubwagen, Rollcontainer, Gitterboxen sowie der tertiären Umverpackung handeln.

Der anschließende innerbetriebliche Transport bezieht sich auf den Transport der tertiären bzw. sekundären Verpackungen zu den Warenträgern bzw. Lagerbereichen des Frontstores (*Transport Paletten/Umverpackung Frontstore*).[271] Bei einer getrennten Fortschreibung von Backstore- und Frontstore-Beständen wird der *Lagerabgang erfasst* und vorübergehend dem Frontstore zugeschrieben.[272]

Teilprozesse im Frontstore und Check Out

Der innerbetriebliche Transport vom Filiallager zum Verkaufsraum initiiert den Kernprozess Frontstore und Check Out. Mit dem Einsatz von getrennten Bestandsdaten von Backstore und Frontstore erfolgt zunächst die *Bestandserfassung im Verkaufsraum*, die mit der Menge des Lagerabgangs korrespondiert und dem Restbestand im Frontstore zugeschrieben wird. Die vorkommissionierten Warengebinde werden anschließend auf den Transportbehältern durch die Warenträgergänge transportiert. Dabei bietet es sich an, anhand des Filialgrundrisses eine „Verräumtour" festzulegen, um die Laufwege während der Verräumung zu reduzieren und eine effiziente Reihenfolge zur Nachverräumung zu identifizieren.[273] Roll Cage Sequencing kann zur effizienten Unterstützung der Verräumung eingesetzt werden, bei der die Beladung von Rollcontainern nach dem Filiallayout erfolgt. Allerdings ist die Umsetzung mit der Herausforderung konfrontiert, dass die von der Filiale bestellten Waren meist in der Reihenfolge kommissioniert werden, in der sie sich im Zentrallager befinden. Vor diesem Hintergrund ist das Filialpersonal häufig gezwungen, mit den Rollcontainern im Frontstore von einem Artikelstandort zum nächsten über die gesamte Verkaufsfläche zu fahren.[274]

---

[270] Vgl. Reinhold (2001), S. 116; Pfohl/Stölzle/Schneider (1993), S. 535.
[271] Vgl. Toporowski (1996), S. 22.
[272] Vgl. Thiesse/Fleisch (2007), S. 6ff.
[273] Vgl. Thonemann u.a. (2005), S. 48.
[274] Vgl. Liebmann/Zentes (2001), S. 664f.

2.2 Gestaltungsgrößen des Managements der Filiallogistik 53

Vor der eigentlichen Verräumung erfolgen ein Listungsabgleich sowie u.U. die *Preisauszeichnung*. Preise sind unter Hinweis auf Verkaufs- oder Leistungseinheit gegenüber dem Endkunden als Endpreis einer Ware anzugeben.[275] Dabei kann die Auszeichnung direkt am Produkt, am Warenträger, an Regalkanten sowie an Behältern oder mit Hilfe von Aufstellern erfolgen. Die Regal- oder Warenträgerauszeichnung ermöglicht hohe Rationalisierungspotenziale im Rahmen des Personaleinsatzes. Demgegenüber besteht bei einigen Waren wie Textilien, Schuhen oder dekorativen Gegenständen weiterhin die Notwendigkeit einer Einzelpreisauszeichnung.[276] In seltenen Fällen werden die Warenpreise direkt auf die Verpackung gedruckt oder die Waren mit entsprechenden Preisinformationen an die Handelsfiliale geliefert, wodurch keine Preisauszeichnung in der Filiale vorgenommen werden muss.[277]

Die Gebinde werden anschließend auf den innerbetrieblichen Transportmitteln im Rahmen der *Warensortierung und -manipulation* zur Verräumung in die Warenträger geordnet. Wenn nicht bereits im Rahmen des Teilprozesses Kommissionierung im Backstore erfolgt, bietet es sich an, eine Vorsortierung der Waren nach Abteilungen, Regalen oder Regalreihenfolgen bzw. nach dem Filiallayout auf dem Transportgerät vorzunehmen, um die Laufwege zu reduzieren und einen beschleunigten Auffüllprozess zu ermöglichen. Ziel der Nachverräumung ist in den meisten Handelsfilialen eine konstant hohe Warenverfügbarkeit bei geringen Filialbeständen.

Die *Verräumung* als zentraler Teilprozess im Frontstore kann auf der Grundlage definierter Maximal- und Minimalbestände unter Einbeziehung von Restmengen erfolgen, die durch detaillierte Regalbestückungs- oder Regalbelegungspläne bzw. so genannter Planogramme anhand der Anzahl von Facings[278] festgelegt sind. Die Pläne beinhalten vielfach feste Regalbelegungen der Artikel oder Warengruppen, Anzahl und Breite der Regalböden sowie Anzahl zu verräumender Artikel und stehen im engen Zusammenhang mit der der Ladengestaltung. Mit den Angaben der eindeutigen Platzierung von Waren im Rahmen eines Regalbelegungsplans kann einer Fehlplatzierung entgegengewirkt werden.[279] Es sollte angestrebt werden, die Regalplatzbelegung unter Berücksichtigung der Kosten der Verräumung, Steigerung der Abverkaufsmöglichkeiten und der Vermeidung von kurzfristigen OoS-Situationen zu gestalten.[280] Regalgerechte Verpackungen können die Nachbefüllung von Regalen deutlich

---

[275] Die Anforderungen der Preisauszeichnung sind in der Preisangabenverordnung (PAngV) festgelegt.
[276] Vgl. Rock (2006), S. 76.
[277] Erfolgt die Preisauszeichnung durch den Hersteller oder zentral in handelseigenen Zentrallägern, wird eine Verkaufspreisdifferenzierung für einen Artikel zwischen den Filialen eingeschränkt. Daraus resultiert ein Verzicht auf eine autonome Preispolitik.
[278] Bei Facings handelt es sich um die Anzahl der sichtbaren Stellflächen im Regal, vgl. Liebmann/Zentes (2001), S. 819.
[279] Vgl. Rekik u.a. (2007), S. 598; Ton/Raman (2004a), S. 1ff.; Raman/DeHoratius/Ton (2001a), S. 136, die in diesem Zusammenhang von Misplacements sprechen.
[280] Vgl. Cachon (2001), S. 211; Borin/Farris (1995), S. 153ff.; Drèze/Hoch/Purk (1994), S. 301ff.

vereinfachen und die Dauer der Nachverräumung reduzieren.²⁸¹ Als Vorteile des als Shelf Ready Packaging (SRP)²⁸² bezeichneten Konzepts sind die leichte Identifikation der Ware bei der Vorbereitung des Nachfüllens, das einfache und schnelle Öffnen der Verpackung für die Mitarbeiter in der Filiale (bspw. durch abreißbare Deckel), das Einräumen der Ware in der Verpackung mit wenigen Handgriffen sowie geringer Aufwand bei der Entsorgung zu nennen.²⁸³ Zur Verräumung kann ebenfalls die Regalpflege gezählt werden, die Tätigkeiten der Regalreinigung, des Überprüfens von Mindesthaltbarkeitsdaten und der bestehenden Beschilderung umfasst.²⁸⁴ Aufgrund der zeitlich befristeten Abverkäufe wird bei der Verräumung überwiegend dem „FIFO-Prinzip"²⁸⁵ gefolgt. Die Verräumung kann durch filialeigene Mitarbeiter, durch externe Dienstleister oder durch Außendienstmitarbeiter von Herstellerunternehmen durchgeführt werden.²⁸⁶ Wie und ob die Verräumung im Frontstore organisiert ist, hängt u.a. von den Abverkaufszahlen der Waren, der Mitarbeiteranzahl, der Zeitpunkte der Warenanlieferungen, aber auch von den Öffnungszeiten der Handelsfiliale ab. Während einerseits die Möglichkeit besteht, die Regalbefüllung außerhalb der Öffnungszeiten vorzunehmen, kann dieser Teilprozess andererseits einmal oder mehrfach untertägig während der Öffnungszeiten vorgenommen werden.²⁸⁷ Eine mehrfache Verräumung ist dann zu erwarten, wenn die Abverkäufe eines Artikels, bspw. bei schnelldrehenden oder Aktionsartikeln, über die Anzahl der zugewiesenen Regalplätze hinausgeht oder eine besonders hohe Frischequalität, etwa bei Backwaren, vorgehalten werden soll. Darüber hinaus ist die Häufigkeit der Verräumprozesse von der Gestaltung und der Größe der Handelsfiliale sowie der Lagerflächen im Backstore abhängig.²⁸⁸ Im Anschluss an die Verräumung werden leere Umverpackungen und Verpackungsmaterial sowie nicht verkaufsfähige Waren entsorgt.

Können die Waren nicht vollständig verräumt werden, müssen Restbestände in den Anbruchpaletten sowie die Leerpaletten wieder in das Filiallager transportiert und dort eingelagert werden (*Anbruchpaletten Transport Backstore/Entsorgung*). Der Rücktransport zum Backstore und ein erneutes Nachverräumen an die Warenträger sind mit einem erheblichen Mehraufwand verbunden. Damit einher geht im Rahmen der *Erfassung der Meldebestände* die Rückbuchung der Bestände vom Frontstore in den Backstore, sofern eine getrennte Bestands-

---

[281] Vgl. ECR UK (2007), S. 1ff.; ECR Europe (2006), S. 15ff. u. 37ff.
[282] Neben dem Begriff Shelf Ready Packaging hat sich auch der Begriff Retail Ready Packaging (RRP) etabliert.
[283] Vgl. Thonemann u.a. (2005), S.107.
[284] Vgl. Miebach Logistik Gruppe (2005), S. 3.
[285] Vgl. Zelst u.a. (2005), S. 4.
[286] Vgl. Emberson u.a. (2006), S. 468ff.
[287] Vgl. Bayle-Tourtoulou/Laurent/Macé (2006), S. 18.
[288] Vgl. Raman/DeHoratius/Ton (2001a), S. 137.

2.2 Gestaltungsgrößen des Managements der Filiallogistik 55

führung vorgenommen wird.[289] Eine alternative Vorgehensweise besteht in der Zwischenlagerung in Handlägern, die sich ober- oder unterhalb der Warenträger befinden und zur kurzfristigen Nachverräumung dienen.

Mit der Kaufentscheidung des Kunden steht als letzter Teilprozess die Transaktions- und Zahlungsabwicklung im Rahmen des *Kassiervorgangs* an. Um Kunden einen reibungslosen Einkauf zu ermöglichen, wird während der gesamten Öffnungszeit eine Mindestanzahl von Kassen belegt. Der Einsatz von Scannerkassen trägt häufig zur beschleunigten Abwicklung des Kassiervorgangs bei und ermöglicht die Erfassung von PoS-Daten (*Abverkaufserfassung*).[290] Die durch die Scannaktivitäten gesammelten und gespeicherten PoS-Bewegungsdaten geben Aufschluss darüber, welcher Artikel (EAN), wann (Datum und Uhrzeit), wie oft, zu welchem Preis verkauft wurde und mit welchem Zahlungsmittel der Kunde bezahlt hat.[291] Grundsätzlich unterscheidet man zwischen produktspezifischen (Preis, Anzahl verkaufter Artikel, Zeitpunkt der Abverkäufe) und konsumentenspezifischen Daten (Kunden- oder Kreditkarteninformationen). Auch weitere Informationen, die sich auf den jeweiligen Abverkauf beziehen, wie z.B. Sonderaktionen, können durch die Eingabe von zusätzlichen Kennzeichen in das Scannersystem automatisch festgehalten werden und in das WWS des Handelsunternehmens integriert werden.[292] Sie stellen Grunddaten dar, die zur Identifikation von Abverkaufsmustern und der Bedarfsmengenrechnung in die Disposition erneut Eingang finden.[293] Daraus kann man ableiten, dass Bestellungen entweder durch das Verräumen der letzten Warenbestände aus dem Backstore oder durch die PoS-Daten angestoßen werden. Es gilt, die idealtypischen Prozessschritte den spezifischen Anforderungen der Handelsfiliale so anzupassen, um neben der gewünschten Regalverfügbarkeit die vorgegebenen Kostenziele einzuhalten.

Zwischenfazit zum idealtypischen Prozessmodell der Filiallogistik

Die vorangegangene idealtypische Prozessdarstellung verdeutlicht, dass die scheinbar „trivialen Prozesse"[294] der Filiallogistik eine hohe Komplexität mit unterschiedlichen, miteinander verflochtenen Teilprozessen aufweisen. Es gilt zu berücksichtigen, dass Entscheidungen hinsichtlich der zu verräumenden Artikel, Verräumzeitpunkte und das Vorgehen

---

[289] Die Nutzenpotenziale des "Split Inventory" zur exakten Bestandslokalisation erfordern bei manueller Zählung einen hohen Personaleinsatz. Mit der Anwendung von RFID-lesefähigen Transpondern entsteht kein zusätzlicher Personalaufwand, da die Original- und Anbruchpaletten durch eine Schleuse (Lesegate) geschoben werden und die Bestandsänderungen automatisch erfasst werden.
[290] Vgl. Grünblatt (2006), S. 527; Kotzab/Schnedlitz (1999), S. 144; Fernie (1998), S. 3.
[291] Vgl. Grünblatt (2004), S. 37f.
[292] Durch die Integration der Scanningdaten können auch neue Informationen generiert werden. So können z.B. durch die Verknüpfung von Scanningdaten mit Einkaufs- und Lagerdaten u.a. Informationen über die Umschlaghäufigkeit von Artikeln gewonnen werden. Bei Verknüpfung mit weiteren Daten, wie bspw. Konjunktur- oder demographischen Daten, können u.a. Trendanalysen erstellt werden, vgl. Grünblatt (2004), S. 82.
[293] Zu den Nutzenpotenzialen von Scanningdaten vgl. bspw. Olbrich/Battenfeld/Grünblatt (2000), S. 263ff.; Olbrich/Grünblatt (2001), S. 170ff.
[294] Vgl. Kotzab/Reiner/Teller (2007), S. 1142.

bei der Regalbefüllung häufig durch die Mitarbeiterentscheidungen ohne Unterstützung technischer Hilfsmittel vorgenommen werden. Dabei sind sowohl die Regalverfügbarkeit als auch Filialbestände durch das Zusammenspiel von Bedarfsprognosen, Abverkäufen, Bestellzeitpunkten und -mengen, Lieferrhythmen und dem „Erkennen" von Out-of-Stocks sowie der Verräumung in der Handelsfiliale gekennzeichnet. Stellen Regallücken offensichtlich ein ausstehendes Zusammenspiel der einzelnen Bestandteile dar, werden Überbestände häufig nicht als Symptom eines ineffizienten Managements der Filiallogistik erkannt. Vielmehr verdecken überhöhte Bestände Fehler der Logistikprozesse in Handelsfilialen, die in steigenden Bestandskosten münden. An dieser Stelle sei nochmals darauf hingewiesen, dass die Höhe des optimalen Warenbestandes aufgrund des nicht eindeutig prognostizierbaren Kundenverhaltens schwer ermittelbar ist.

Als Faktoren der filialspezifischen Leistungserstellung sind die menschliche Arbeit und sachliche Betriebsmittel sowie die Ware im Rahmen des angebotenen Sortiments zu betrachten. Während die Ware bzw. das Sortiment als Regiefaktor[295] bezeichnet wird, da sie Gegenstand und nicht Ergebnis der filialspezifischen Leistungserstellung ist, stellen sachliche Betriebsmittel und menschliche Arbeit Elementarfaktoren dar, deren Kombination in handelsbetrieblichen Leistungen Eingang finden. Zur Umsetzung der Logistikprozesse in Handelsfilialen sowie der Transaktionen in den (Teil-)Prozessen sind die Prozessorganisation als dispositiver Faktor sowie die Elementarfaktoren Mitarbeiter (menschliche Arbeit) und Technik als sachliche Betriebsmittel von Relevanz, auf deren Ausprägungen und Anforderungen im Folgenden eingegangen wird.

2.2.2 Gestaltungsgröße Prozessorganisation

Zur möglichst effizienten Erfüllung der vorgestellten Aufgabe des Managements der Filiallogistik gilt es für Handelsunternehmen, die als Elementarfaktoren bezeichneten Gestaltungsgrößen Mitarbeiter und Technik in geeigneter Weise in filialspezifischen Logistikprozessen einzusetzen. Die damit verbundene Transformation erfolgt mit Hilfe des dispositiven Faktors. Während bereits in Kapitel 2.2.1 der Prozessbegriff vorgestellt wurde, erfolgt an dieser Stelle eine Konkretisierung des Organisationsbegriffs, der durch verschiedene Betrachtungsweisen und Begriffsdefinitionen gekennzeichnet ist.[296]

---

[295] Die in der Handelsliteratur verbreitete Auffassung der Ware als Regiefaktor geht auf die Ausführungen von Buddeberg (1959), S. 41ff. zurück. In Anlehnung an Gutenberg wird die Ware als Besonderheiten unter den Betriebsfaktoren des Handels aufgefasst, vgl. bspw. Müller-Hagedorn/Toporowski (2006), S. 23; Barth (1999), S. 52.

[296] Vgl. Hoffmann (1980), Sp. 1425.

2.2 Gestaltungsgrößen des Managements der Filiallogistik

Die unterschiedlichen Sachverhalte und Phänomene, die mit dem Organisationsbegriff erfasst werden, lassen sich in drei Kategorien einteilen.[297] Zum einen bezieht sich der Organisationsbegriff auf ein soziotechnisches Gebilde bzw. eine Institution, die dauerhaft bestimmte Ziele verfolgt und formale Regelungen aufweist, durch welche die Aktivitäten der Organisationsmitglieder auf die Erfüllung der Ziele ausgerichtet werden.[298] Demzufolge lassen sich Handelsunternehmen, ebenso wie Handelsfilialen als Organisationen bezeichnen. Zum anderen nimmt der Organisationsbegriff Bezug auf Instrumente, die zur Zielerreichung von Institutionen eingesetzt werden. Im betriebswirtschaftlichen Verständnis wird die Organisation als ein Mittel zur effizienten Führung von Unternehmen verstanden und umfasst im instrumentellen Verständnis die Gesamtheit aller expliziten Regelungen, die das Verhalten aller Mitarbeiter der Organisation durch die Verteilung von Aufgaben auf ein gemeinsames Unternehmensziel ausrichtet.[299] Übertragen auf das Management der Filiallogistik lassen sich bspw. Dispositionsvorgaben über Bestellmengen und -zeitpunkte oder definierte Verräumrhythmen nennen. Dabei gilt es zu beachten, dass Mitarbeiter eigenwillig Bestellmengenänderungen vornehmen können oder Verräumungen nicht durchgeführt werden. Die Beispiele verdeutlichen, dass Organisation und Führung eng zusammenhängen, um ein formales Organisationsvorhaben durch ein zielkonformes Handeln gewährleisten zu können. Zur Lösung organisatorischer Herausforderungen dienen daher ablauf- und aufbauorganisatorische Maßnahmen. In einem aufbauorganisatorischen Verständnis versteht man unter Organisation die Bildung sowie die Weisungs- und Informationsbeziehungen innerhalb von Organisationseinheiten. In diesem Zusammenhang wird die Organisation als ein Bestandsphänomen, das die Aufgabenverteilung beinhaltet, verstanden.[300] Darüber hinaus kann die Organisation als dynamisches Phänomen aufgefasst werden, in dem räumliche und zeitliche Aspekte der Aufgabenverteilung eine Rolle spielen.[301] In diesem Fall spricht man von der Organisation als Ablauforganisation.[302] Die gedankliche Trennung von Aufbau- und Ablauforganisation zeigt demnach nur zwei unterschiedliche Perspektiven des Organisationsproblems. Dabei stehen sie in einem Wechselverhältnis zueinander, das für Handelsunternehmen im Allgemeinen und für das Management der Filiallogistik im Speziellen konkrete Abgrenzungen erschwert.[303] In Bezug auf die Organisation der Logistik wird daher häufig zwischen Intraorganisation (Aufbau- und Ablauforganisation) und Interorganisation unterschieden.[304]

---

[297] Vgl. Schulte-Zurhausen (2005), S. 1ff.; Keuper (2001), S. 28. Die funktionale Sichtweise wird z.T. auch der instrumentellen Perspektive zugeordnet und einem strukturellen Verständnis gegenübergestellt, vgl. bspw. Grochla (1982), S. 1ff.; Hoffmann (1980), Sp. 1427ff.
[298] Vgl. bspw. Weidner (1992), S. 21f.
[299] Vgl. Schreyögg (2003), S. 5f.
[300] Vgl. Picot/Franck (1995), S. 16.
[301] Vgl. Gaitanides (2007), S. 5f.; Klaas (2002), S. 72f.; Schäfer (2001), S. 164.
[302] Vgl. Picot (1993), S. 105.
[303] Vgl. Bühner (1999), S. 11.
[304] Vgl. Pfohl (2004b), S. 307ff.

Für das Management der Filiallogistik steht die Intraorganisation im Vordergrund. Darüber hinaus bestehen vielfältige Wechselwirkungen mit der Interorganisation, da diese eine nicht zu vernachlässigende Rahmenbedingung der Gestaltung filiallogistischer Prozesse darstellt und der Definition von Prozessgrenzen dient. Die interorganisatorische Beziehung gilt es insbesondere dann zu berücksichtigen, wenn eine organisationsübergreifende Abstimmung filialspezifischer Logistikprozesse, bspw. bei den (Teil-)Prozessen des Informationsflusses, erfolgt.

In einer dritten Sichtweise bezieht sich der Kern der Diskussion zur Prozessorganisation auf die duale Betrachtung der Unternehmensorganisation, nämlich auf die Trennung von Aufbau- und Ablauforganisation.[305] Den Ausgangspunkt bildet die Ablauforganisation und erst als Fortsetzung derer die Aufbauorganisation.[306] Dabei rücken Bearbeitungsvorgänge, -reihenfolgen, -zeiten und -prioritäten ins Zentrum der Betrachtung. In diesem funktionalen Verständnis sollen die Aktivitäten der Strukturierung verstanden werden, die der Definition von Abläufen dienen.[307] Anstelle einer vertikal hierarchischen und funktionalen Gliederung der Organisationseinheit wird unabhängig von organisatorischen Grenzen eine horizontale, prozessuale Sichtweise eingenommen. Ergebnis ist eine prozessorientierte Betrachtungsweise der Organisationseinheit, bei der die Perspektive innerbetrieblicher Abläufe eingenommen wird.[308] Das Ziel besteht in einer möglichst schnittstellenfreien und funktionsübergreifenden Berücksichtigung der Prozesse, um diese durchgängig auf die Kundenbedürfnisse auszurichten.[309] Dabei ist die Prozessgliederung im Zusammenhang mit den organisatorischen Einheiten zu betrachten, die potenzielle Träger einer Aktivität oder als Kunde der aus den Aktivitäten resultierenden Leistungen aufzufassen sind. Die Gestaltung filialspezifischer Logistikprozesse ist durch die gegensätzlichen Anforderungen der Arbeitsteilung als Ergebnis begrenzter Kapazitäten für eine zu bearbeitende Aufgabe und der Koordination der auf diese Aufgabe auszurichtenden Teilprozesse gekennzeichnet.[310]

Differenzierung und Koordination von filialspezifischen Logistikprozessen

Bei den vorliegenden filiallogistischen Waren- und Informationsflüssen und deren Kernprozesse Disposition, Warenannahme und Backstore sowie Frontstore und Check Out handelt es sich demnach um die prozessorientierte Betrachtungsweise der Warenbereitstellung in

---

[305] Vgl. Schulte-Zurhausen (2005), S. 1ff.; Schreyögg (2003), S. 4ff. Die erstmalige Trennung von aufbau- und ablauforganisatorischen Problemen geht auf die Veröffentlichungen von Nordsieck (1931) sowie Henning (1934) zurück. Ihre Beiträge lassen sich als Beginn einer Betrachtungsweise der Organisation unter einem dualistischen Aspekt ansehen, vgl. Gaitanides (2007), S. 7.

[306] Vgl. Gaitanides (2007), S. 18ff. Prozessorientierte Organisationen gehen vom Primat der Ablauforganisation aus und folgen dem Grundsatz „Structure follows Process", vgl. Battenfeld (1997), S. 10ff.; Osterloh/Frost (1996), S. 31.

[307] Vgl. Gaitanides (2007), S. 149.

[308] Vgl. Vuilleumier (1998), S. 102.

[309] Vgl. Schwarzer/Krcmar (1995), S. 11.

[310] Zu Organisationsaufgaben vgl. Grochla (1982), S. 1; Berg (1981), S. 16ff.

2.2 Gestaltungsgrößen des Managements der Filiallogistik 59

Handelsfilialen. Vorteile der prozessorientierten Perspektive des Managements der Filiallogistik gegenüber vertikalen Einheiten liegen darin begründet, dass sämtliche Maßnahmen, die auf Filialebene zur Gewährleistung der Regalverfügbarkeit beitragen, in die Betrachtung aufgenommen werden. So können umfassende Warenbestände im Backstore eine Reduzierung von Transportkosten aufgrund längerer Bestellrhythmen ermöglichen, da eine höhere Bestandsreichweite in der Filiale vorliegt. Jedoch ergeben sich durch diese Form der Lagerung ein erhöhtes Warenhandling und ein größerer Koordinationsaufwand in der Filiale, da regelmäßig Warenbewegungen zwischen Backstore und Frontstore erfolgen und Regalverräumungen notwendig sind. Als weiteres Beispiel ist die Koordination der Aufgabenverteilung auf Mitarbeiter zu nennen, die neben Verkaufsgesprächen und Kassiertätigkeiten ebenso mit der Verräumung von Waren betraut sein können.

In Anlehnung an Gaitanides (2007) nimmt die Prozessorganisation für das Management filialspezifischer Logistikprozesse eine organisationstheoretische Ausrichtung ein. Mit Hilfe der Prozessorganisation werden die Elementarfaktoren Mitarbeiter und Technik geplant, gesteuert sowie kontrolliert, um die Transformation der filiallogistischen Kernprozesse realisieren zu können.[311] Dieser Auffassung folgend kommt der Prozessorganisation eine Praxisrelevanz zu, indem das Prozessmanagement als originär betriebswirtschaftliches Problem „reformuliert" wird.[312] Das Prozessmanagement,[313] das in der hier verwendeten Auffassung die „[...] planerischen, organisatorischen und kontrollierenden Maßnahmen zur zielorientierten Steuerung der Wertschöpfungskette eines Unternehmens hinsichtlich Zeit, Kosten, Qualität und Kundenzufriedenheit [...]"[314] umfasst, wird auf filiallogistische Prozesse übertragen. Es wird herausgestellt, dass eine durch das Prozessmanagement anzustrebende hohe Anpassungsfähigkeit der Prozesse an situative Gegebenheiten erforderlich ist, um Effizienzvorteile der filialspezifischen Logistikprozesse zu erreichen.[315]

Es gilt, eine Kombination von Regelungen zu finden, so dass das Management der Filiallogistik seine Funktion als Instrument zur Planung und Organisation des Mitarbeiter- und Technikeinsatzes in die Waren- und Informationsflüsse der Filiallogistik sachzielgerecht[316] erfüllen

---

[311] Vgl. Schulte-Zurhausen (2005), S. 3f.
[312] Vgl. Gaitanides (2007), S. 4.
[313] Ausführlich wird das Konzept des Prozessmanagements im deutschsprachigen Raum erstmals bei Striening (1988) beschrieben.
[314] Gaitanides/Scholz/Vrohlings (1994), S. 3.
[315] Neben dem vorliegenden Verständnis werden weitere Ansätze unter den prozessorientierten Managementkonzepten diskutiert. Zu diesen zählt das Business Reengineering, unter dem der radikale Neuentwurf der Geschäftsfunktionen unter Prozessgesichtspunkten verstanden werden kann. Zu den bekanntesten Vertretern zählen Hammer/Champy (2003). Demgegenüber beschränkt sich das Business Process Reengineering auf das Überdenken und die Neugestaltung von Prozessen, ohne den eigentlichen Geschäftszweck des Unternehmens in Frage zu stellen, vgl. Pietsch/Steinbauer (1994), S. 503f. Diese Sichtweise kommt dem Prozessmanagement sehr nahe. Allerdings bietet das Prozessmanagement die meisten Ansatzpunkte für ein kontinuierliches Management an, vgl. Schäfer (2001), S. 170.
[316] Vgl. dazu das Zielsystem und die Zielgrößen des Managements der Filiallogistik in Kapitel 2.1.3.

kann.[317] Grundsätzlich umfasst die organisatorische Strukturierung zwei Aspekte. Neben der Frage einer geeigneten *Differenzierung*, damit ist die Zerlegung der waren- und informationsflussbezogenen Teilprozesse und die Zuordnung zu verschiedenen Aufgabenträgern innerhalb der Handelsfiliale angesprochen, muss die zweckmäßige *Koordination*, also die Abstimmung der Teilprozesse und die durch die einzelnen Aufgabenträger vollzogenen Teilleistungen, sichergestellt werden. Dabei können lediglich die operativen Einheiten von Handelsfilialen für die Zuordnung von Teilprozessen betrachtet werden. Bei der Gestaltung bzw. Identifikation von filialspezifischen Logistikprozessen werden unterschiedliche Phasen des Prozessmanagements berücksichtigt. Zu den Phasen zählen neben der Prozessidentifikation, die Bestimmung der Beziehungsfolgen von Teilprozessen und deren Ausrichtung am Zielsystem des Managements der Filiallogistik (Prozessdesign) sowie abschließend die Alternativenauswahl im Sinne einer Prozessbewertung.

Prozessidentifikation, Prozessdesign und Alternativenauswahl

Bei der *Prozessidentifikation* handelt es sich um den Entwurf sowie die Ab- und Ausgrenzung von Prozessen, die den Waren- und Informationsflüssen der filialspezifischen Logistikprozesse zugeordnet werden können. Sie determinieren den Tätigkeits- und Entscheidungsspielraum der Akteure. Bspw. können die informationsflussbezogene Prozessverantwortung sowie deren Steuerung in den Filialen, aber auch in den Handelszentralen vorgenommen werden. In Anlehnung an Davenport (1993) sind bei der Prozessidentifikation folgende Schlüsselaktivitäten zu unterscheiden:[318]

- Erhebung der Kernprozesse
- Festlegung von Prozessgrenzen
- Unterteilung der Prozesse in Teilprozesse
- Bestimmung der Relevanz jedes Teilprozesses
- Bestimmung der Kosten und Qualität der einzelnen Teilprozesse
- Ermittlung des Ablaufs und der benötigten Zeit jedes Teilprozesses
- Analyse des Verbesserungsbedarfs der Prozesse

Die identifizierten Teilprozesse der Filiallogistik sind nach der Analyse hinsichtlich ihres Beitrags zur Zielerreichung kritisch zu hinterfragen. So ist zu überprüfen, ob die Prozessleistung überhaupt für weitere Teilprozesse notwendig ist oder ob sie tatsächlich zur Steigerung der Regalverfügbarkeit beiträgt. Beispiele für Teilprozesse ohne bestehenden Kundennutzen können das Kontrollieren von Wareneingängen auf Filialebene bei Lieferungen von Zentrallägern darstellen. Diese Teilprozesse verzögern nicht nur den Bereitstellungsprozess, sondern sind auch als nicht wertschöpfend einzuordnen.

---

[317] Vgl. Gomez/Zimmermann (1992), S. 16ff.
[318] Vgl. Davenport (1993), S. 27.

2.2 Gestaltungsgrößen des Managements der Filiallogistik

Ist die Existenz identifizierter Teilprozesse notwendig, erfolgt in der Phase des *Prozessdesigns* die Untersuchung seiner Effizienz und Effektivität. Die Aufgabe besteht darin, unter Kosten-, Zeit- und Qualitätsaspekten die Vorrangbeziehungen der Teilprozesse zu prüfen und Überlegungen hinsichtlich der Zuweisung von Prozessverantwortungen vorzunehmen. Mit dem Begriff der Vorrangbeziehung erfasst man die Art des Zusammenhangs von sowie Beziehungen zwischen Teilprozessen.[319] Die Wahl der Vorrangbeziehungen orientiert sich zweckmäßigerweise daran, welchen Koordinationsaufwand die zu realisierenden Prozessabläufe im Rahmen der Umsetzung verursachen. Als Ansatzpunkte für Koordinationsmaßnahmen dienen die Prozessschnittstellen, die dann auftreten, wenn an der zeitlichen und sachlogischen Abfolge der zur Bearbeitung notwendigen Prozessobjekte mehrere Aufgabenträger beteiligt sind. So können sequenzielle, funktional differenzierte Prozessabläufe der Filiallogistik sowohl zu einem hohen Abstimmungs- und Koordinationsbedarf führen als auch unflexibel gegenüber Änderungen in der Sortimentsstruktur oder Belieferungsrhythmen sein. Demgegenüber stellen parallel angeordnete, umfangreiche Prozessabläufe höhere Anforderungen an die Mitarbeiter und setzen den Einsatz entsprechender Technologien, bspw. bei der Disposition, voraus.[320] Verschiedene Gestaltungsoptionen filiallogistischer Teilprozesse werden in Abbildung 6 exemplarisch dargestellt.

Neben der Definition von Vorrangbeziehungen erfolgt im Rahmen des Prozessdesigns die Bestimmung der an der Prozessumsetzung beteiligten Mitarbeiter für die Warenbewegungen oder die Warenannahme, die Zuweisung von Verantwortlichkeiten für Bestellungen und Kassiervorgänge sowie die Definition von Durchführungs- und Ergebniskontrollen für die Bestandsführung. Weiterhin kann bspw. die Disposition durch Mitarbeiter der Handelsfiliale, durch die Handelszentrale, durch Herstellerunternehmen oder einen eingesetzten Dienstleister durchgeführt werden. Erfolgt die Disposition durch Mitarbeiter der Handelsfiliale, geht damit die Frage einher, ob diese Verrichtung durch Disponenten, Verkaufspersonal oder durch Mitarbeiter vorgenommen werden soll, die bspw. auch für Warentransporte oder die Verräumung verantwortlich sind.[321]

Die Ausgestaltung der Vorrangbeziehung sowie die Prozesskoordination erfordert eine konsequente Ausrichtung an den Prinzipien der Logistik sowie dem Zielsystem des Managements der Filiallogistik. Die Umsetzung geeigneter filialspezifischer Logistikprozesse ist im Rahmen einer *Alternativenbeurteilung* vorzunehmen. Bspw. ist eine Warenkontrolle sowohl beim Warenausgang des Zentrallagers als auch bei der Warenannahme in der Handelsfiliale oder Bedarfsprognosen in den Handelszentralen bzw. durch den Filialverantwortlichen

---

[319] Vgl. Schuderer (1996), S. 63.
[320] Vgl. Schäfer (2001), S. 176f.; Gaitanides (1996), Sp. 1629f.
[321] Vgl. Rock (2006), S. 197.

denkbar. Zur Beurteilung bildet das Zielsystem eine Auswahlrichtlinie, die mögliche Vorteile einer Alternative gegenüber einer anderen aufweist.[322]

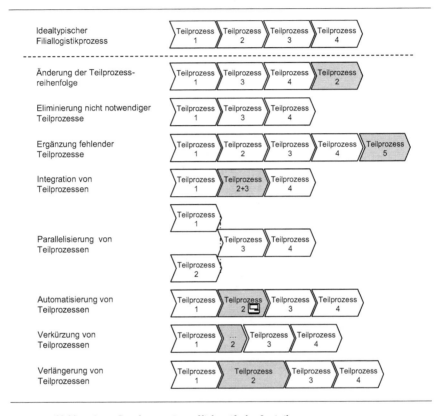

Abbildung 6: Gestaltungsoptionen filialspezifischer Logistikprozesse
Quelle: In Anlehnung an Schäfer (2001), S. 178

Als Zwischenfazit kann festgehalten werden, dass die prozessorientierte Organisation der Filiallogistik die operative Planung, Steuerung und Überwachung der ausführenden Tätigkeiten, d.h. die zielorientierte Ableitung, Initiierung und Überwachung konkreter Maßnahmen zur Sicherstellung des planmäßigen Vollzugs der Warenbereitstellung innerhalb der vorgegebenen Rahmenbedingungen betrifft. Die Prozessorientierung soll dazu beitragen, dass sich neben Effektivitätsverbesserungen auch Effizienzsteigerungen einstellen. Eine Verbesserung filiallogistischer Prozesse scheint dann möglich, wenn bei der Alternativenbeurteilung Verbesserungspotenziale der Prozessparameter Zeit, Kosten und Qualität einer gleichzeitigen

---

[322] Vgl. Remmert (2001), S. 55.

2.2 Gestaltungsgrößen des Managements der Filiallogistik 63

Betrachtung unterliegen.[323] Eine Verbesserung des Faktors Zeit kann sich durch eine teilprozessübergreifende Schnittstellenharmonisierung einstellen, die zu beschleunigten Prozessabläufen bspw. bei der Warennachverräumung zwischen Backstore und Frontstore oder zu einer Verringerung der Annahmezeiten am Wareneingang führen. Mit der Aufdeckung nicht wertschöpfender Tätigkeiten wie überflüssige Wareneingangskontrollen oder Doppelarbeit bei der Einlagerung im Backstore und anschließend bei der Verräumung in Warenträger lassen sich Kosten reduzieren. Das Erkennen und Abbauen von fehlerhaften filiallogistischen Prozessen kann in der Steigerung der Prozessqualität und dadurch in der Verbesserung der Regalverfügbarkeit resultieren.[324]

2.2.3 Gestaltungsgröße Mitarbeiter

Die spezifischen Eigenschaften der Filiallogistik, die eine Kombination fremderstellter Sachleistungen mit in der Handelsfiliale hervorgebrachten Dienstleistungen zum Zwecke der Warenbereitstellung erfordern, stellen umfangreiche Anforderungen an den Mitarbeitereinsatz.[325] Die Tätigkeitsbereiche des Filialpersonals beziehen sich auf die Administration, auf Service- und Verkaufsprozesse, vor allem aber auf Warenbewegungen und Kassierprozesse.[326] Zu den *logistikorientierten Aufgaben* der Mitarbeiter in Handelsfilialen zählen primär:[327]

- die Disposition der Waren und die Dokumentation von Bestandsbewegungen,
- die Warenannahme, -kontrolle und -manipulation im Backstore,
- die Sicherstellung der Regalverfügbarkeit und die Aufrechterhaltung von Sichtbeständen durch nachfragegerechte Verräumung von Filialbeständen in Warenträger,
- die kundenorientierte Präsentation der Waren sowie die Regalpflege und die Gestaltung von Zweitplatzierungen inklusive Preisabschriften sowie der Bearbeitung von Reklamationen, Retouren, Bruch und Verderb,
- die begleitenden Verkaufsgespräche (Beratung, Kundendienst) sowie die Bedienung der Kunden und
- die Abwicklung des Verkaufs im Check Out.

Das Personal im stationären Einzelhandel nimmt als Leistungsträger im Erfüllungsprozess aufgrund der ausgeprägten Dienstleistungskomponente eine wichtige Rolle ein und birgt ein großes Potenzial zur Sicherung der Wettbewerbsfähigkeit.[328] So weisen die Tätigkeiten einerseits eine direkte Kundenorientierung auf, andererseits finden sie Ergänzungen um

---

[323] Vgl. Ripperger/Zwirner (1995), S. 74.
[324] Vgl. Nippa/Picot (1996), S. 45.
[325] Vgl. Pal/Byrom (2003), S. 523.
[326] Vgl. Thonemann u.a. (2005), S. 41.
[327] Mit Ergänzungen aus Kirchner (1994), S. 196; Falk/Wolf (1991), S. 68ff.
[328] Vgl. bspw. Kaletta/Gerhard (1998), S. 403; Krulis-Randa (1993), S. 162.

administrative Vorgänge, die nur indirekt der Kundenbetreuung zukommen. Vor diesem Hintergrund sollten die Aufgabenbereiche der Mitarbeiter so gestaltet sein, dass sie sowohl den Anforderungen des Kundenservices, bspw. im Rahmen von Verkaufsgesprächen, als auch der Sicherstellung der Regalverfügbarkeit im Frontstore durch die Filiallogistik gerecht werden.[329] Zu den relevanten Herausforderungen der Filiallogistik zählen die hohe Personalintensität aufgrund der im Verhältnis zu anderen Branchen relativ geringen Automatisierung der Warenbewegungen und der damit verbundenen manuellen Verräumung in Warenträger.[330] Neben der Warenannahme von Belieferungen durch Zentrallager, Streckenbelieferungen oder Paketsendungen werden die Waren eingelagert, verräumt oder in einen verkaufsfähigen Zustand gebracht. Insbesondere zu hochfrequentierten Tageszeiten können (mehrfache) Nachverräumungen für eine nachfragegerechte Regalverfügbarkeit erforderlich sein.[331] Zeitaufnahmen und Analysen des Mitarbeitereinsatzes in Handelsfilialen zeigen, dass 30 bis 40% der Arbeitszeit auf logistische Tätigkeiten entfallen.[332] Die damit verbundenen Personalkosten verursachen einen hohen Anteil der Bereitstellungskosten aufgrund des Warenhandlings im Backstore sowie an den Warenträgern im Frontstore.[333] Darüber hinaus wird für logistikbezogene administrative Tätigkeiten wie der Disposition, der Rechnungsprüfung und der Fakturierung zusätzliche Arbeitszeit eingesetzt.[334] Die Höhe der Personalkosten wird im Wesentlichen durch die Anzahl der Mitarbeiter, deren Qualifikation, dem Alter und der damit verbundenen Eingruppierung der Mitarbeiter sowie durch das tariflich festgelegte Gehaltsgefüge beeinflusst.[335] Dabei lassen sich grundsätzlich zwei Gruppen von Mitarbeitern unterscheiden: Einerseits obliegt dispositiven Mitarbeitern i.d.R. eine hierarchisch höher gestufte Leitungsstelle, deren Aufgabe in der Planung, Organisation und Kontrolle sämtlicher Tätigkeiten in der Handelsfiliale (sachbezogene Komponente) sowie der Personalführung (personenbezogene Komponente) liegt und somit alle logistikbezogenen Verrichtungen umfasst.[336] Während Filialleitern und deren Stellvertretern als dispositive Mitarbeiter alle Führungs- und Entscheidungsaufgaben zuzuordnen sind, werden ausführenden Mitarbeitern alle Vollzugs- und demnach nicht-leitenden Tätigkeiten zugewiesen, die sich sowohl auf die Warenbewegungen oder die Kassiervorgänge, als auch auf Verkaufsaktivitäten beziehen.[337]

---

[329] Vgl. Rock (2006), S. 152.
[330] Vgl. Toporowski (1996), S. 39; Berekoven (1995), S. 314; Hansen (1990), S. 291.
[331] Vgl. Ester/Mostberger (2003), S. 11f.
[332] Vgl. Thonemann u.a. (2005), S. 41. Falk/Wolf (1991), S. 69 beziffern den Personalaufwand für logistische Tätigkeiten im Rahmen von Arbeitsstudien in Filialen des stationären Einzelhandels auf 47% der Gesamtarbeitszeit.
[333] Vgl. Kotzab/Reiner/Teller (2007), S. 1138; Zelst u.a. (2006) sowie Broekmeulen u.a. (2004).
[334] Vgl. Gudehus (2005), S. 561.
[335] Vgl. Oehme (1993), S. 165.
[336] Zur Differenzierung sachbezogener und personenbezogener Komponenten vgl. Staehle (1999), S. 79ff.
[337] Vgl. Barth (1999), S. 53.

2.2 Gestaltungsgrößen des Managements der Filiallogistik

Aufgrund der vorgestellten Anforderungen an den Einsatz von Mitarbeitern in der Filiallogistik tragen die Festlegung des Personalbedarfs und eine bedarfsorientierte Personalstruktur, der Personaleinsatz sowie das Verhalten und die Motivation der mit Logistikaufgaben betrauten Mitarbeiter dazu bei, die filialspezifischen Logistikprozesse sachzielgerecht umzusetzen.

Personalbedarf und bedarfsorientierte Personalstruktur

Durch den personalintensiven Charakter der Filiallogistik und der Berücksichtigung unterschiedlicher Mitarbeiterqualifikationen erfolgt im Rahmen der Festlegung des Personalbedarfs und der bedarfsorientierten Personalstruktur die Präzisierung der personellen Kapazitäten. Die Anforderungsprofile an logistikorientierte Mitarbeiter in Handelsfilialen richten sich nach der Prozessorganisation und der daraus entstehenden Stellenanzahl. Dabei bietet es sich an, die Anforderungen an die Mitarbeitereigenschaften in eine quantitative und qualitative Dimension zu unterteilen. So ermöglicht die Identifikation des zahlenmäßigen Bedarfs je Qualifikationsausprägung die Ermittlung der personellen Kapazitäten, die in Abhängigkeit der Prozessgestaltung und der in den Filialen umgesetzten Teilprozesse unterschiedlich dimensioniert sein können.[338] Dabei hängt die Anzahl und Qualifikation der Mitarbeiter von zentralen oder dezentralen Dispositionsentscheidungen und der Art der Bedarfsermittlung, den Belieferungsfrequenzen, der Umschlagshäufigkeit des Sortiments und der Menge der umgesetzten Artikel,[339] der Art des Kundenkontakts, der Filialgröße ab.[340] Bei dezentralen Bestellmengenentscheidungen sind dispositive Mitarbeiter bspw. durch eine Bestandsverantwortung gekennzeichnet, ein schnelldrehendes Sortiment erfordert u.U. eine mehrfach tägliche Nachverräumung, wobei der Warenbedarf entweder durch Filialbestände des Backstores und Handläger oder durch eine häufige Filialbelieferung gedeckt sein können. Damit ist vielfach ein erhöhter Mitarbeiterbedarf verbunden, um den Sichtbestand zu prüfen, Regallücken zu identifizieren und die Waren in die Warenträger zu verräumen. Bei einem erklärungsbedürftigen oder bedienungsorientierten Sortiment bestehen i.d.R. höhere Anforderungen an die Qualifikation der Mitarbeiter als in Handelsfilialen mit hohem Selbstbedienungsgrad.[341] Da dem Sortimentsumfang eine positive Korrelation mit der Filialgröße zugesprochen werden kann, nimmt mit steigender Verkaufsfläche der absolut gesehene Mitarbeiterbedarf zu. Bei manuellen Bestandserfassungen und Bedarfsprognosen gilt es, dispositionsverantwortliche Mitarbeiter mit Erfahrungswissen über zu erwartende Abverkäufe und gelistete Artikel einzusetzen, während eine überwiegend automatische Disposition spezifische IT-Kenntnisse der Mitarbeiter erfordert. Durch die zögerlich zunehmende

---

[338] Vgl. Barth (1999), S. 53.
[339] Der Umsatz dient als indirekter Indikator zur Personaleinsatzplanung, da die Wertigkeit der Waren einen geringeren Einfluss auf logistische Tätigkeiten ausübt als die Anzahl der umgesetzten Waren. Die quantitative Personaleinsatzplanung kann bspw. mit Hilfe globaler Kennzahlen (monetärer und mengenbezogener Umsatz je Zeiteinheit) oder anhand des Multimomentverfahrens (Ration Delay Sudies) erfolgen, vgl. bspw. Berekoven (1995), S. 322ff.
[340] Vgl. Rock (2006), S. 148.
[341] Vgl. Barth (1999), S. 54.

Automatisierung der Filiallogistik, insbesondere in den Teilprozessen des Informationsflusses, kann eine Änderung des Bedarfs an qualifizierten Mitarbeitern einhergehen. So erfordert der Einsatz von automatischen Dispositionssystemen ein vertieftes Verständnis über Abläufe und Bestelllogiken. Umgekehrt sinken Qualifikationsanforderungen an Mitarbeiter, die ausschließlich mit der Regalpflege vertraut sind.

Personaleinsatz

Als besondere Herausforderung für den Einzelhandel im Allgemeinen und für die Filiallogistik im Speziellen kann die Beurteilung des kurz- und mittelfristigen Personaleinsatzes aufgefasst werden, da der Arbeitsumfang als zentraler Bedarfsindikator aufgrund der stochastischen Kundenfrequenz und deren unterschiedliche Verteilung im Wochen- und Tagesverlauf schwer prognostizierbar ist. Insbesondere an Wochenrandtagen sowie vor Feiertagen steigt die Kundenfrequenz an. Aufgrund untertägiger Kapazitätsbedarfsschwankungen kann die Auswahl von geeigneten Logistikmitarbeitern um eine auf Belieferungszeiten und umsatzstarke Tageszeiten abgestimmte Personalintensität von großer Bedeutung sein, um zum einen Wartezeiten an den Kassen zu minimieren, zum anderen die Regalbestände bereitzustellen.[342] Filialspezifische Logistikprozesse sind vielfach durch einen diskontinuierlichen Leistungsprozess gekennzeichnet, der einen flexiblen Mitarbeitereinsatz erfordert und einer gleichmäßigen Auslastung entgegensteht.[343]

Während festgelegte Belieferungszeiten die Personaleinsatzplanung am Wareneingang und im Backstore erleichtert, lässt sich der Personalbedarf im Check Out-Bereich einer Bedarfsprognose nur schwer unterziehen, da mit zunehmendem Kundenstrom mehr Kassierpersonal benötigt wird, um Wartezeiten zu vermeiden. In den einzelnen Warenabteilungen des Frontstores hängt die Personalintensität von der Bedienungsform und der Beratungs- bzw. Bedienungsintensität ab. Antizyklisch ergibt sich der Bedarf an Verräum- und Regalpflegepersonal, um die Nachverräumung sowie Regalpflege vorzunehmen. Dabei besteht die Möglichkeit, die Nachverräumung außerhalb der Öffnungszeiten vorzunehmen, um die Abteilungen bereits vor Ladenöffnung verkaufsbereit zu machen. Auch der Einsatz externer Dienstleistungsunternehmen oder Rackjobber von Herstellerunternehmen ist zur Regalpflege denkbar, wobei sich kein allgemeiner Trend nennen lässt.[344] Während im textilen Einzelhandel externe Dienstleistungsunternehmen häufig eingesetzt werden, übernimmt bspw. der Lebensmitteleinzelhandel die Regalpflege überwiegend selbst.[345] Würde man den Mitarbeitereinsatz an der stärksten Kundenfrequenz bzw. den größten Nachfragezeiten ausrichten, resultierte dies in einer

---

[342] Vgl. Fraser/Zarkada-Fraser (2000), S. 229.
[343] Vgl. Berekoven (1995), S. 314.
[344] Rackjobber stellen Dienstleister dar, die zur Verkaufsförderung im Auftrag von Herstellerunternehmen eingesetzt werden, vgl. Buzzell/Ortmeyer (1995), S. 86ff.
[345] Einige große Handelsunternehmen gehen davon aus, dass der Regalservice der Industrie in einigen Jahren generell verschwinden wird, da es sich hier um eine Kernfunktion des Handelsunternehmen handelt, vgl. Liebmann/Zentes (2001), S. 663.

2.2 Gestaltungsgrößen des Managements der Filiallogistik

geringen durchschnittlichen Auslastung der eingesetzten Mitarbeiter und hohen Kosten des Filialpersonals. Im umgekehrten Fall, wenn sich der Einsatz der Mitarbeiter an einer geringen zu erwartenden Kundenfrequenz oder einem geringen Wareneingang ausrichten würde, gingen damit unzureichende Verräumungen mit der Gefahr höherer Out-of-Stocks einher. Im Hinblick auf verlängerte Öffnungszeiten, die durch die Lockerung des Gesetzes zur Regelung der Ladenöffnungszeiten oft bis zu 90 Stunden pro Woche umfassen und eine Entzerrung der Kundenfrequenz aufweisen können, besteht ein erhöhter Flexibilisierungsbedarf beim Personaleinsatz. So beziehen sich Personaleinsatzkonzepte meist auf die Arbeitszeitflexibilisierung oder auf einen polyvalenten Arbeitseinsatz, bei dem der Aufgabenumfang durch erweiterte Aufgabenprofile ausgeglichen werden kann.[346] Letzteres steigert die Flexibilität, indem auf unvorhergesehene Bedarfsschwankungen durch ein zeitnahes Wechseln der Mitarbeiter zwischen den einzelnen filialspezifischen Logistikprozessen reagiert werden kann, um Unter- bzw. Übersetzungen einzelner Positionen zu vermeiden.[347] Um diese untertägigen und tageszeiten-abhängigen Personaleinsätze an den an Kundenfrequenzen orientierten Mitarbeiterbedarf auszurichten, ist für die Filiallogistik die Teilzeitbeschäftigung von großer Bedeutung.[348] Der Einsatz von Teilzeit- und Aushilfskräften auf Stundenbasis erlaubt neben einer Kapazitätsanpassung an den tatsächlichen Mitarbeiterbedarf auch die Abdeckung von Personalbedarfsspitzen auf Stundenbasis, die bspw. am Morgen zur Verräumung eingetroffener Ware sowie an Wochenenden und vor Feiertagen vorgehalten werden. Dabei erfordert der möglichst genau abgestimmte Einsatz von Voll-, Teilzeit- und Aushilfskräften einen hohen Organisations- und Koordinationsaufwand durch dispositive Mitarbeiter. Zur Unterstützung finden oftmals Bedarfs- und Bestandsinformationen in die Personaleinsatzplanung Eingang, die zur nachfragegerechten Umsetzung der Logistikprozesse sowie der Reduzierung von Leerkosten beitragen können.

Verhalten und Motivation der Mitarbeiter

Wie bereits diskutiert, können die Tätigkeiten im Rahmen der filialspezifischen Logistikprozesse nicht umfänglich automatisiert werden, so dass Mitarbeiter nur beschränkt durch den Einsatz von Technologie ersetzt werden können.[349] Jedoch ist eine produktivitätssteigernde Maßnahme in der Beeinflussung des Verhaltens und der Motivation der mit Logistikaufgaben betrauten Filialmitarbeiter zu sehen.[350] Das Leistungsvermögen wird wesentlich von der Leistungsfähigkeit (individuelles Können) und der Leistungsbereitschaft (persönliches

---

[346] Vgl. bspw. Barth (1999), S. 59ff. Durch den polyvalenten Arbeitseinsatz können Kassier- und Beratungsaufgaben zyklisch zum Kundenstrom bewältigt und die Regalverräumung antizyklisch realisiert werden. Dieser Rhythmus bietet die Möglichkeit, mehrere Funktionen im Rahmen des Job Enrichment von einem Mitarbeiter ausüben zu lassen, vgl. Rosenstiel (2007), S. 119f.; Gudehus (2005), S. 1044.

[347] Vgl. Thonemann u.a. (2005), S. 59.

[348] Vgl. Sparks (1992), S. 12ff.; Davidson/Sweeney/Stampfl (1988), S. 548f.

[349] Vgl. Oehme (1993), S. 166.

[350] Zu Motivation und Verhalten von Mitarbeitern, die mit Logistikaufgaben betraut sind vgl. Häusler (2002a), S. 184f.

Wollen) der Mitarbeiter, die mit Logistikaufgaben betraut sind, bestimmt.[351] Die Leistungsfähigkeit basiert auf der Persönlichkeit sowie der Qualifikation der Mitarbeiter. Während die Persönlichkeit eine über verschiedene Situationen hinweg stabile und konsistente Menge an Charakteristika eines Menschen darstellt,[352] entspricht die Qualifikation der Gesamtheit seiner individuellen Fähigkeiten, Fertigkeiten und Kenntnisse, die die Handlungsmöglichkeiten prägen.[353] Demgegenüber wird die Leistungsbereitschaft durch die Motive, den Erwartungen und der Einstellung der Mitarbeiter determiniert.[354] Motive stellen die individuellen, andauernden und relativ konstanten Einstellungen dar, die Mitarbeiter auf ihre inneren Zielzustände bzw. der angestrebten Folgen ihres eigenen Handelns beziehen.[355] Die Erwartungen zielen auf die Folgen der Handlungen und den Eintritt bestimmter Umweltsituationen ab.[356] Die Einstellung der Mitarbeiter richtet sich auf Objekte oder Situationen und ergibt sich aus den Handlungsprädispositionen.[357] Aufgrund des verhältnismäßig hohen Einsatzes von Teilzeit- und Aushilfskräften für die Realisierung filiallogistischer Aufgaben ist das Management der Filiallogistik damit konfrontiert, Maßnahmen zur Steigerung der Leistungsfähigkeit bzw. -bereitschaft der Mitarbeiter mit filiallogistischen Aufgaben zu ergreifen. Darüber hinaus sieht sich der Einzelhandel häufig einer relativ hohen allgemeinen Mitarbeiterfluktuation gegenüberstellt, die sich nachteilig auf die effiziente Umsetzung der Filiallogistik auswirkt.[358] Zum einen ist damit die Personalbeschaffung angesprochen, wenn Engpässe aufgrund von Personalabgängen bestehen. In diesen Fällen gilt es, den anfallenden Arbeitsaufwand auf die weiterhin beschäftigten Mitarbeiter umzulegen, was aufgrund der Mehrarbeit zu einer erhöhten Fehlbearbeitung führen kann, die sich bspw. in nicht erkannten Regallücken oder in einer verzögerten Nachverräumung äußert. Zum anderen besteht das Risiko, dass mit einer erhöhten Mitarbeiterfluktuation ein Verlust von erfahrungsbasiertem Wissen einhergeht, welches zur Aufrechterhaltung effizienter Waren- und Informationsflüsse dient. Oftmals weisen Handelsunternehmen mit dem Wissen um die hohe Mitarbeiterfluktuation eine geringe Bereitschaft zur Weiterbildung und Schulung ihrer Mitarbeiter auf. Eine unzureichende Einführung neuer Mitarbeiter in ihren Aufgabenbereich resultiert in diesen Fällen häufig in einem mangelnden Verständnis über filiallogistische Prozesse, welches sich bspw. in einem

---

[351] Vgl. Lasch (1998), S. 59 sowie aus der allgemeinen Organisationspsychologie Rosenstiel (2007), S. 397f.; Hentze/Kammel/Lindert (1997), S. 113f.; Rosenstiel/Molt/Rüttinger (1995), S. 211f.; Hoffmann (1989), S. 411.
[352] Vgl. Weinert (2004), S. 131ff.
[353] Vgl. Hentze/Kammel/Lindert (1997), S. 208.
[354] Vgl. Pfohl/Stölzle (1997), S. 248.
[355] Vgl. Hentze/Kammel/Lindert (1997), S. 118.
[356] Vgl. Staehle (1999), S. 167.
[357] Vgl. Staehle (1999), S. 176f.
[358] Vgl. DeHoratius/Ton (2005), S. 7f. Ottenjann (1996), S. 49 spricht im Zusammenhang der Mitarbeiterfluktuation im Handel vom "Prozess des Entlernens", der jedoch Mitarbeiter und Führungskräfte zur Erbringung und Entwicklung neuen Wissens ermutigen kann.

2.2 Gestaltungsgrößen des Managements der Filiallogistik

hohen Anteil von Regallücken trotz Filialbeständen äußert.[359] So wirken sich strukturelle Rahmenbedingungen und organisationale Normen auf das Leistungsvermögen der Mitarbeiter aus. Bspw. wird dem filialisierten Einzelhandel häufig ein mangelndes Unternehmertum vor Ort nachgesagt.[360]

Mit einer Zentralisation von Managementverantwortung können in Handelsfilialen standardisierte Logistikprozesse umgesetzt werden. Dabei sind zentral organisierte Handelsunternehmen vielfach mit der Herausforderung konfrontiert, Filialverantwortliche und Mitarbeiter vor Ort zu einem engagierten und verantwortungsvollen Verhalten zu motivieren.[361] Insbesondere geringe Entscheidungsspielräume und ausstehende Anreizsysteme[362] können als Ursachen für die geringe Einsatzbereitschaft der Mitarbeiter vor Ort angesehen werden.[363] Dabei stellen diese die Wissensträger eingesetzter Konzepte und filialspezifischer Logistikprozesse dar und vertreten das Handelsunternehmen gegenüber den Kunden. Um den genannten Tendenzen entgegen zu wirken, sind Handelsunternehmen oftmals bemüht, durch organisatorische Maßnahmen der Dezentralisierung Entscheidungsbefugnisse, bspw. bei der Disposition oder der Mitarbeitereinsatzplanung sowie Personalentscheidungen, hervorzurufen.[364] Shim/Lusch/Goldsberry (2002) betonen, dass „[...] store managers [...] the key driving force behind a retail firm's profit [...]" sind und damit einen Einfluss auf die effiziente Umsetzung filiallogistischer Prozesse zur Sicherung der Regalverfügbarkeit haben.[365] Durch eine höhere Identifikation des Mittelmanagements sowie der Mitarbeiter mit dem Handelsunternehmen gilt es, eine stärkere Ausrichtung an den Kundenwünschen zu erzielen. Mit dieser Forderung geht jedoch eine Gratwanderung zwischen Zentralisation und Dezentralisation der Logistikfunktionen einher. So sollen einerseits flexible Lösungen der Warenbereitstellung in Handelsfilialen gefördert, andererseits Filialverantwortliche von Funktionen entlastet werden, die von Handelszentralen effizienter erfüllt werden können.[366]

2.2.4 Gestaltungsgröße Technik

Als weitere Gestaltungsgröße der Filiallogistik dient die Technik zur Realisierung der Transformation innerhalb der filiallogistischen (Teil-)Prozesse. Die Technik bzw. Technolo-

---

[359] Vgl. DeHoratius/Ton (2005), S. 8, deren empirische Untersuchung einen negativen Zusammenhang zwischen Lagerbeständen und Regallücken im Verkaufsraum sowie der Anzahl von Mitarbeiterschulungen zeigt.
[360] Vgl. Alves (1996), S. 17.
[361] Vgl. DeHoratius/Raman (2007), S. 519ff.
[362] Vgl. Alves (1996), S. 17.
[363] Zu den Herausforderungen hierarchischer Koordinationsstrukturen im stationären Einzelhandel vgl. Kollenbach (1995), S. 46ff.
[364] Vgl. Cachon (2001), S. 211ff.; Vossen (1995), S. 4.
[365] Vgl. Shim/Lusch/Goldsberry (2002), S. 199.
[366] Vgl. Ahlert (1994), S. 281.

gie[367] als Elementarfaktor umfasst die zur Sicherung der Regalverfügbarkeit eingesetzten Sachmittel, Methoden und Verfahren, die einen effektiven und effizienten Waren- und Informationsfluss gewährleisten und damit das organisierte unternehmerische Geschehen erst ermöglichen.[368] Mit dem Technikeinsatz in der Filiallogistik werden direkt oder indirekt die eigenen Aktivitäten, die Arbeitsbedingungen und der Arbeitsaufwand der Mitarbeiter sowie deren Produktivität festgelegt.[369] Allgemein differenziert man in der Logistik zwischen Hard- und Software, wobei diese vorwiegend in der Informatik verwendeten Begriffe im Zusammenhang mit dem Management der Filiallogistik weiter gefasst werden können.[370] Für die Umsetzung der Kernprozesse der Filiallogistik gilt es, darüber hinaus eine Unterscheidung von Waren- und Informationsflusstechnologien vorzunehmen. So werden bspw. Warenbewegungen in Handelsfilialen mit Hilfe von sortimentsgerechten innerbetrieblichen Rollcontainern oder die Bestandsüberwachung durch die Unterstützung von Informationssystemen vorgenommen.

Hardware

Unter Hardware werden einerseits alle Betriebsmittel zur Unterstützung der Lagerung im Backstore, des innerbetrieblichen Transports vom Wareneingang zum Lagerplatz oder zu Warenträgern, der Handhabung der Waren sowie der Verpackung (*Warenflusstechnik*) zusammengefasst. Darüber hinaus sind Kühl- und Lagerungseinrichtungen in Handelsfilialen zur Hardware zu zählen, die den Sortimentsanforderungen sowie dem effizienten Warenhandling gerecht werden sollten. Mit einem hohen Anteil an manuellen Warenbewegungen sind dem Einsatz von warenflussorientierter Hardware jedoch im Rahmen der Filiallogistik enge Grenzen gesetzt.[371] Dies gilt vor allem für innerbetriebliche Transportmittel sowie die Technik, die zur regalgerechten Kommissionierung der Waren im Backstore kaum automatisierten Einsatz finden. So werden überwiegend Rollcontainer, Hubwagen zum Palettentransport, Kisten und Boxen für den Transport und die Verräumung von Einzelwaren und Umverpackungen in Handelsfilialen verwendet. Im Hinblick auf die Warenflusstechnik wird häufig darauf verwiesen, dass eine über die Grenzen der Handelsfiliale hinaus zu erfolgende Abstimmung eingesetzter Warenflusstechnik zur Reduzierung von Schnittstellen beiträgt und sich somit positiv auf das Warenhandling und dadurch auf die Regalverfügbarkeit auswirkt. Dies kann die Auswahl und die Eigenschaften unterschiedlicher Warenträger in gleichem Maße wie den Einsatz von Transportbehältern und filialspezifischer Transportmittel betreffen.

---

[367] In der Literatur besteht die einhellige Auffassung, dass Technik die Anwendungskomponente von Technologie und somit als konkreter Lösungsvorschlag aufzufassen ist, vgl. Kotzab (1997), S. 57; Bullinger/Seidel (1994), S. 32. Zu einer synonymen Verwendung der Begriffe vgl. Kloth (1999), S. 62. Einen Überblick zur Systematisierung von Informationstechniken liefert bspw. Rohweder (1996), S. 14f.

[368] Vgl. Lasch (1998), S. 59; Tietz (1993), S. 84.

[369] Vgl. Tietz (1993), S. 84f.

[370] Vgl. Pfohl (2004b), S. 26f.; Fey (1989), S. 63ff.; Rohweder (1996), S. 15.

[371] Vgl. Hansen (1990), S. 291.

2.2 Gestaltungsgrößen des Managements der Filiallogistik 71

Bspw. stammen die Behälter, in denen die Waren angeliefert werden, meist von den Zentrallägern oder bei einer Streckenbelieferung von den Herstellern. Dabei erweisen sich standardisierte, leichte Kisten, die regalgerecht kommissioniert sind, in Kombination mit einem flexiblen Untersatz auf Rollen als geeignete Transportmittel, um den Transport zu den Warenträgern im Frontstore zu erleichtern oder den Verräumungsprozess zu beschleunigen.[372]

Andererseits sind *informationstechnologische Elementarfaktoren* wie Rechner und Speicher sowie Erfassungs-, Ein- und Ausgabegeräte der Hardware zuzuordnen.[373] Sie dienen der Fortschreibung und Sicherung von Warenbestandsdaten und finden Eingang in die Teilprozesse der Informationsflüsse. Besondere Relevanz stellt der Einsatz von Techniken zur automatischen Identifikation (Auto-ID) der Waren in Handelsfilialen dar. Unter Auto-ID wird das automatisierte, eindeutige und unverwechselbare Erkennen eines physischen Objekts anhand von Merkmalen mit einer festgelegten Genauigkeit verstanden.[374] Die physischen Objekte in Handelsfilialen stellen einzelne Artikel, Umverpackungen, Displays und Paletten dar. Mit der Nutzung der Scanner-Technologie können detaillierte POS-Daten, bspw. Abverkaufs-, Bestands- und Bestelldaten auf täglicher Basis generiert werden.[375] Neben den weit verbreiteten Bar- und Strichcodesystemen ist als neue Technik der Einsatz der Radiofrequenz-Identifikation (RFID) zu nennen, die zukünftig den EAN-Barcode ablösen könnte.[376] Die Anwendung von RFID verspricht eine deutliche Effizienzsteigerung logistischer Prozesse sowie eine erhebliche Reduzierung der Bereitstellungskosten.[377] Während Barcodes eine optoelektronisch lesbare Schrift darstellen, die aus verschieden breiten, parallelen Strichen und Lücken besteht, basiert die RFID-Technologie auf der Anwendung von Transpondern[378] und einer so genannten Luftschnittstelle, die eine berührungslose Identifikation ermöglicht. Die Datenlesung erfolgt beim konventionellen Barcode mit Hilfe optischer Lesegeräte wie Scanner oder Kameras, die die Daten maschinell eingelesen und elektronisch verarbeiten. Allerdings stößt die Technologie bei heutigen Anwendungen zunehmend an ihre Grenzen, da sie vor allem eine geringe Datenspeicherfähigkeit und die fehlende Möglichkeit der Umprogrammierung der Dateninhalte aufweist.[379] An diesem Punkt setzt die RFID-Technologie an, die als Datenträger Mikrochips verwendet. Dabei können Daten nicht nur gespeichert,

---

[372] Vgl. Thonemann u.a. (2005), S. 49.
[373] Vgl. Häusler (2002a), S. 187. Eine Systematisierung von Informationstechnik-Klassen liefert bspw. Rohweder (1996), S. 14f.
[374] Vgl. Pflaum (2001), S. 33. Die Qualität der Datenerfassung ist abhängig von der Lesegenauigkeit der RFID-Infrastruktur, die real nur selten 100% erreicht, vgl. Thiesse/Fleisch (2007), S. 6.
[375] Vgl. Zentes (1991), S. 1.
[376] Zu den Auswirkungen des RFID-Einsatzes auf die Prozesseffizienz in Konsumgüter-Supply Chains, vgl. Tellkamp (2006), S. 50ff. sowie deren Beitrag zur Reduzierung von OoS-Situationen im stationären Einzelhandel, vgl. Hardgrave/Waller/Miller (2005), S. 9ff.
[377] Zu Investitionen und Infrastrukturkosten des RFID-Einsatzes auf Artikel-Ebene, vgl. Strüker (2005), S. 150ff.
[378] Das Wort Transponder ist eine Wortschöpfung aus Transmitter und Responder. Sie werden auch als elektronisches Etikett bezeichnet, vgl. Pflaum (2001), S. 39ff.
[379] Vgl. Finkenzeller (2002), S. 1.

sondern auch wiederholt beschrieben werden. Bei der RFID-Technologie werden elektromagnetische Wellen von Schreib-/Lesegeräten im Sinne einer Anfrage ausgesendet und dadurch ein elektromagnetisches Feld erzeugt. Befindet sich ein Transponder in diesem Feld, wird dieser aktiviert und sendet die gespeicherten Informationen aus, die dann vom Schreib-/Lesegerät empfangen und an einen Speicher übermittelt werden. Auf diese Weise lassen sich Paletten, Verpackungen sowie einzelne Waren ohne Sichtkontakt identifizieren. Zu den Informationen zählen bspw. die Meldung von Temperaturober- und -untergrenzen, Mindesthaltbarkeitsdaten sowie hinterlegte Stammdaten.

Die Erfassung und Verarbeitung durch Schreib-/Lesegeräte erfolgt mit Hilfe von Scannerkassen, Lesestiften und mobilen Datenerfassungsgeräten (MDE), die sowohl bei der Warenannahme und im Backstore als auch im Frontstore an den Warenträgern und im Check Out-Bereich eingesetzt werden.[380] Sie unterstützen durch Scannen der EAN-Barcodes auf Paletten, Um- oder Artikelverpackungen die Erfassung physischer Bestände in zeitlicher und mengenbezogener Hinsicht. Darüber hinaus besteht die Möglichkeit, dem Anwender Informationen über Bestandsbewegungen, zu erwartende Wareneingänge sowie Preisangaben bereit zu stellen. Einsatz finden MDE-Geräte überdies bei der Verräumung sowie bei Inventuren zur Identifikation der Warenbestände und unterstützen Entscheidungsträger mit hinterlegten Daten bei manuellen Bestellungen. Die vorangegangenen Ausführungen zeigen auf, dass Auto-ID-Verfahren die Grundlage zur Erfassung von Daten in Handelsfilialen darstellen, die bspw. in Handelsinformationssysteme übertragen werden und dadurch schneller, zeitnah sowie zuverlässiger erfolgen können, als dies durch manuelle Methoden möglich ist.[381]

Software

Die wissenschaftliche Diskussion zur technischen Gestaltung der Filiallogistik weist einen eindeutigen Schwerpunkt auf die Software und somit die Gestaltung der Informationsflusstechnik auf, deren Aufgabe die Erfassung, Übermittlung, Speicherung, Verarbeitung und Verwertung der zur Auftragsabwicklung erforderlichen Datenströme ist. Dem Einsatz der Software als EDV-gestützte Informationstechnologie kommt demnach vor dem Hintergrund des steigenden Informationsbedarfs eine bedeutende Rolle zu.[382] So wird die informationstechnische Verknüpfung der filiallogistischen Prozesse mit vorgelagerten Stufen intensiv diskutiert und als Voraussetzung für die Warendisposition und -bereitstellung erachtet. Dabei beschränkt sich der Einsatz der Software nicht nur auf die internen Warenflüsse, sondern dient ebenso dem Informationsaustausch zwischen der Handelsfiliale mit der -zentrale, den vorgelagerten Zentrallägern oder den Lägern der Herstellerunternehmen. Die Software der Filiallogistik stellt neben allgemeinen Problemlösungstechniken auch Methoden, Instrumente und Verfahren der strategischen sowie operativen Planung und Entscheidungsunterstützung

---

[380] Vgl. Kotzab (1997), S. 62.
[381] Vgl. Wölker (1999), S. 16.
[382] Vgl. Lasch (1998), S. 59.

2.2 Gestaltungsgrößen des Managements der Filiallogistik

der Warenflüsse bereit. Zusätzlich kann die Software Verfahren zur Steuerung der ausführenden logistischen Aktivitäten umfassen.[383] Das Management des Informationsflusses erfolgt oftmals im Rahmen eines eigenen Informations-, Steuerungs- und Kommunikationssystems mit Hilfe von Warenwirtschaftssystemen (WWS).[384] *Warenwirtschaftssysteme* haben im Handel mit ihrer informatorischen Unterstützung eine hohe Bedeutung. Die Hauptaufgabe besteht in der mengen- und wertmäßigen Steuerung des Warenflusses mit Hilfe von warenorientierten, dispositiven und abrechnungsbezogenen Informationen (vgl. Abbildung 7).[385]

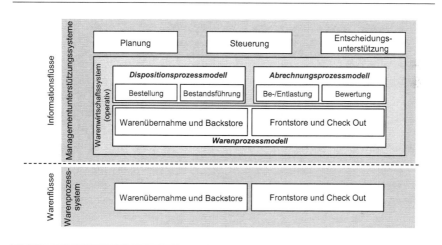

Abbildung 7: Allgemeiner Aufbau von Warenwirtschaftssystemen
Quelle: In Anlehnung an Hertel (1999), S. 6

Das Warenprozessmodell bildet die physischen Warenflüsse eines Handelsunternehmens sowie in den Filialen ab und stellt die für die Warenbewegungen benötigten Informationen zur Verfügung.[386] Im Wesentlichen scheinen für die Filiallogistik die Prozesse der Warenübernahme und des Check Outs (Warenausgang) von Bedeutung. Bei mehrstufigen Handelsunternehmen findet das Warenprozessmodell nicht nur Berücksichtigung für die Warenflüsse der Handelsfiliale, sondern darüber hinaus auch für die Warenflüsse im Zentrallager.[387] Es kann

---

[383] Vgl. Kirsch u.a. (1973), S. 377ff., die ausführlich zwischen exakten und inexakten Methoden unterscheiden.
[384] Vgl. Hertel/Zentes/Schramm-Klein (2005), S. 219ff.; Häusler (2002a), S. 187; Jünemann/Beyer (1998), S. 1ff.; Ahlert (1997), S. 3ff.
[385] Vgl. Becker/Uhr/Vering (2000), S. 6; Hertel (1998), S. 490; Hertel (1992), S. 1.
[386] Vgl. Sternberg (1990), S. 101. Einige Autoren nehmen eine Trennung der Warenwirtschaft in ein Warenprozess- und ein Warenwirtschaftssystem vor, vgl. Ahlert (1997), S. 17ff sowie Ebert (1986), S. 58ff., die auf eine Trennung von Warenfluss und Informationsfluss abzielen. Diese Auffassung wird nicht gefolgt, da bei der Betrachtung von Warenwirtschaftssystemen immer die Auswirkungen auf das Warenprozesssystem Berücksichtigung finden.
[387] Vgl. Hertel/Zentes/Schramm-Klein (2005), S. 248.

damit als Modell des physischen Warenflusses des gesamten Distributionssystems aufgefasst werden. Aufgrund der hohen Warenumschläge und der Vielzahl von Warenbewegungen erfolgt die Modellierung ausschließlich in Form entsprechender IT-Systeme.[388] Im Rahmen des Dispositionsprozessmodells wird die Modellierung der dipositiven Prozesse der Handelsfiliale vorgenommen. Dabei handelt es sich um solche Prozesse, die sich nicht direkt auf die Warenflüsse beziehen, allerdings durch diese ausgelöst werden bzw. wiederum Warenbewegungen anstoßen. Die dem Kernprozess Disposition zuzuordnenden (Teil-) Prozesse des idealtypischen Prozessmodells der Filiallogistik lassen sich bspw. darunter subsumieren. Grundsätzlich bestehen mehrere Dispositionsverfahren, die je nach Handelsfiliale, Lieferanten, Artikeln oder Warengruppen unterschiedlich ausgestaltet sein können. Zu den Dispositionsverfahren zählen Prognoseverfahren einerseits sowie Bestellmengen- und Bestellpunktrechnungen andererseits.[389] Während bei Prognoseverfahren Saisoneinflüsse wie unregelmäßige Nachfrage und Modeerscheinungen im Rahmen von Trendanalysen unter Verwendung statistischer Verfahren zum Einsatz kommen,[390] erfolgt bei der Bestellmengenrechnung die Disposition fester Warenmengen unter Berücksichtigung von Eindeckzeiten. Dieses Vorgehen gewährleistet die Vorhaltung eines Sollbestandes in der Filiale, wobei die Belieferungsrhythmen unregelmäßig ausfallen können. Bei Bestellpunktrechnungen werden die Disposition und Lieferung von Waren zu fixierten Zeitpunkten umgesetzt. Dabei wird unter Beachtung von Lagerreichweiten die Bestellmenge je Lieferung stets neu ermittelt.[391] Unabhängig vom Dispositionsverfahren kann die Bestellauslösung manuell oder automatisch vorgenommen werden.[392] Die wertmäßige Abbildung der Vorgänge der beiden voran beschriebenen Modelle erfolgt im Rahmen des Abrechnungsprozessmodells. Unter Verwendung von Einkaufs- und Verkaufspreisen sowie -konditionen entstehen eine Belastung beim Wareneingang und eine Entlastung beim Abverkauf der Waren in Handelsfilialen. In diesem Zusammenhang wird die Modellierung der Preispolitik als Aufgabe des Abrechnungsprozessmodells angesehen, da Waren- und insbesondere Dispositionsprozesse durch eine konstante oder variable Preisgestaltung beeinflusst werden. Letztlich werden sämtliche Informationen über Waren-, Dispositions- und Abrechnungsprozesse zusammengeführt und

---

[388] Mit dem Einsatz von IT-Systemen zur Daten- und Informationsgewinnung, -verarbeitung, -verwaltung und -auswertung spricht man genauer von computergestützten Warenwirtschaftssystemen (CWWS). Da die Abbildung bspw. mit Hilfe von Karteikarten aufgrund der hohen Warenbewegungen in der Handelspraxis nicht vorgenommen wird, finden ausschließlich CWWS ihren Einsatz, weshalb die Begriffe WWS und CWWS synonym Verwendung finden, vgl. Grünblatt (2004), S. 68; Olbrich (1992a), S. 50f.

[389] Die Dispositionsverfahren nehmen Bezug auf die in der Materialwirtschaft diskutierten stochastischen Lagerhaltungspolitiken. Diese unterscheiden sich vor allem durch den Mechanismus, nach dem Bestellungen ausgelöst werden sowie durch die Entscheidungsregel, nach der die jeweiligen Bestellmengen festgelegt werden. Zu den Entscheidungsvariablen zählen Bestellpunkt, Bestellzyklus, Bestellmenge und Bestellniveau, vgl. Tempelmeier (2003), S. 390ff.

[390] Vgl. hierzu Kapitel 2.2.1.

[391] Es handelt sich hierbei um ein Bestellrhythmusverfahren, vgl. Inderfurth/Jensen (2008), S. 157f.

[392] Vgl. Hertel/Zentes/Schramm-Klein (2005), S. 296.

2.2 Gestaltungsgrößen des Managements der Filiallogistik

den Informations- und Planungsprozessen zur Steuerung, Planung und Kontrolle zur Verfügung gestellt.

Zur weiteren Differenzierung können WWS zentral, also in der Systemzentrale oder dezentral, in den angeschlossenen Filialen angesiedelt sein.[393] Da es sich bei den zentralen WWS streng genommen nicht um eingesetzte Software in Handelsfilialen handelt, ihre Darstellung jedoch zu einem besseren Verständnis der dezentralen WWS führt, wird nachfolgend auf sie Bezug genommen. Auf Filialebene finden sie in den Electronic Point of Sale (EPOS)-Systemen ihren Einsatz und basieren auf Wareneingangs-, Bestands- und Abverkaufsdaten. Durch die Verknüpfung der EPOS-Systeme auf Filialebene mit den Warenwirtschaftssystemen der Handels- sowie der Herstellerzentralen ist die Umsetzung nachfragegerechter Bestellmengen vereinfacht worden.[394] Zur Abgrenzung unterschiedlicher WWS wird auf ihre Funktionen abgezielt. Dabei stehen u.a. Dispositions-, Bestell-, Wareneingangs-, Lagerungs-, Warenausgangs-, Kassenabwicklungs-, Inventur- und Berichtprozesse im Fokus der Betrachtung.[395]

Die in der Praxis eingesetzten Systeme der meist „gewachsenen Anwendungen" sind sehr vielfältig. Aus Sicht der Systemzentralen lassen sich jedoch vier Grundformen von WWS unterscheiden, deren Informationsversorgung für Handelsfilialen voneinander abweicht. Zu den Formen der WWS, die sich anhand der erfassten Informationsbasis unterscheiden, zählen offene, geschlossene sowie teil- und vollintegrierte Systeme (Abbildung 8).

Isoliert-offene WWS berücksichtigen lediglich die Erfassung des Wareneingangs sowie Bestelldaten auf zentraler Ebene. Die Bestell- und Abverkaufsdaten einzelner Filialen finden keine Berücksichtigung, so dass eine separate Fortschreibung der Warenbestände in der Handelsfiliale erforderlich ist. Die erfassten Daten, insbesondere die Stammdaten der Lieferanten und Artikel, werden nicht an andere Bereiche weitergeleitet. Da die Bestellungen der Systemzentrale auf der Grundlage von Beständen in den Zentrallägern erfolgt, lassen sich keine Rückschlüsse auf den Abverkauf in Filialen ziehen, sondern nur zeitverzögert auf Basis der Bestellmengen der Filialen ermitteln. Bei isoliert-geschlossenen WWS werden zusätzlich zu den Bestell- und Wareneingangsdaten auch die Warenausgangsdaten aus dem zentralen Warenausgang an die Handelsfilialen erfasst. Die erfassten Daten der zentralen Warenein- und -ausgänge dienen dabei lediglich der Zentrallagerbestandsführung, sie bieten jedoch keine Möglichkeit der Verknüpfung mit den Bestell- und Bestandsdaten der angeschlossenen Handelsfilialen. Im Hinblick auf die vertikale Informationsversorgung der Filiallogistik treten die gleichen Effizienznachteile wie bei isoliert-offenen WWS auf.

---

[393] Vgl. Hertel/Zentes/Schramm-Klein (2005), S. 225.
[394] Vgl. Zentes (1991), S. 1.
[395] Vgl. zur Definition von Warenwirtschaftssystemen Becker/Schütte (2004), S. 45f.; Schütte/Vering (2004), S. 27 und 45 sowie Hertel (1999), S. 5ff.

76 2 Konzeptionelle Grundlagen des Managements der Filiallogistik

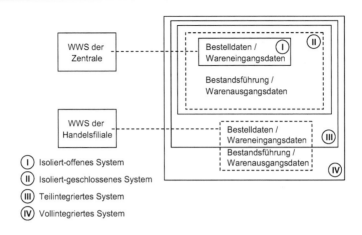

*Abbildung 8: Formen von Warenwirtschaftssystemen in Handelsunternehmen
Quelle: In Anlehnung an Olbrich (1992a), S. 54*

Die vorgestellten Nachteile, die in der fehlenden Berücksichtigung von Bestands- und Bestelldaten der Handelsfilialen zu sehen sind, lassen sich durch integrierte WWS vermeiden. So stellen teilintegrierte WWS eine Erweiterung dar, welche die Daten des Bestellwesens angeschlossener Handelsfilialen bereitstellen. Durch die Verknüpfung der zentralen WWS mit den Bestell- und Wareneingangsdaten der Handelsfilialen mittels Datenfernübertragung (DFÜ) werden eine zentrale Steuerung der Warenversorgung sowie eine verbesserte Prognose der zukünftigen Bestellungen von Handelsfilialen ermöglicht. Jedoch bestehen Informationsdefizite hinsichtlich der tatsächlichen Abverkäufe in den Filialen.[396] Ebenso stehen keine Informationen über Warenbestände in den Filialen zur Verfügung. Diese Nachteile werden durch den Einsatz von vollintegrierten WWS kompensiert, indem Wareneingangs- und Warenausgangsdaten auf zentraler und dezentraler Ebene erfasst werden und eine Verknüpfung zwischen den Systemen hergestellt wird, wodurch in zentralen Systemen alle Informationen über tatsächliche Bestände und Abverkäufe der Handelsfilialen abrufbar sind. Die Verknüpfung des zentralen Warenausgangs mit den Abverkaufsdaten der Handelsfilialen ermöglichen Effizienzvorteile im zentralen Einkaufs-, Lager-, Logistik- und Controllingbereich, durch die ein geringerer Dispositionsaufwand in Handelfilialen entsteht.[397] Bspw. kann die aufwändige manuelle Auswertung von Wareneingangs- und Kassenbelegen entfallen, da die Daten zeitnah an das zentrale WWS übermittelt werden. Darüber hinaus ermöglicht die Erfassung von Eingangs-, Bestands- und Abverkaufsdaten sowohl eine zentrale als auch

---

[396] Vgl. bspw. Hertel/Zentes/Schramm-Klein (2005), S. 226.
[397] Vgl. Grünblatt (2004), S. 70.

2.2 Gestaltungsgrößen des Managements der Filiallogistik

dezentrale Disposition, mit der unterschiedliche Gestaltungsalternativen der informationsflussbezogenen Teilprozesse der Filiallogistik einhergehen.

Insbesondere die diskutierten Gestaltungsmöglichkeiten der zentralen oder dezentralen Warenwirtschaft zeigen, dass die Gestaltung des Managements der Filiallogistik in hohem Maße von der Form eingesetzter WWS abhängig ist. Dabei ergeben sich nicht nur Auswirkungen auf die Informationsflüsse, sondern auch Einflüsse auf die Warenflüsse und die Aufgabenbereiche der Mitarbeiter.

2.2.5 Zusammenführung der Gestaltungsgrößen des Managements der Filiallogistik

Die vorangegangenen Gestaltungsgrößen des Managements der Filiallogistik stehen in einem engen Zusammenhang und stellen die Grundlage filialspezifischer Logistikprozesse dar. Mit einem idealtypischen Prozessmodell der Filiallogistik wurden die vollumfänglichen Funktionsbereiche der Warenbereitstellung in Filialen vorgestellt und mögliche Ausprägungen diskutiert. Dabei erfolgt eine Aufteilung der filialspezifischen Logistikprozesse in Waren- und Informationsflüsse, welche sich in die Kernprozesse Disposition, Warenannahme und Backstore sowie Frontstore und Check Out aufteilen lassen. Die Prozessorganisation ist aus dem allgemeinen Organisationsverständnis hergeleitet und auf das Management der Filiallogistik in einer reformulierten Form wiedergegeben worden. Die Umsetzung der filialspezifischen Logistikprozesse erfordert den Einsatz von Mitarbeitern und Technik. Bei der Gestaltungsgröße Mitarbeiter wurden Entscheidungen bzgl. des grundsätzlichen Personalbedarfs, der bedarfsorientierten Personalstruktur, dem Personaleinsatz sowie dem Verhalten der Mitarbeiter gegenüber und dem Wissen über filialspezifische Logistikprozesse diskutiert. Im Hinblick auf den Einsatz von Technik wurde warenfluss- und informationsflussorientierte Hard- bzw. Software vorgestellt und ein Schwerpunkt auf die spezifischen Eigenschaften sowie Auswirkungen eingesetzter WWS gelegt.

Unter Bezugnahme auf das eingangs angesprochene Modell des Logistikmanagements nach Pfohl (2004b) lassen sie die Gestaltungsgrößen der Filiallogistik in einen beeinflussbaren Teil zur Gewährleistung der Warenbereitstellung als Management der Filiallogistik einordnen. Dieser Teil dient als Kern des im weiteren Verlauf der Arbeit zu entwickelnden Bezugsrahmens (vgl. Abbildung 9).

Eine Ergänzung finden die Gestaltungsgrößen mit der Einbeziehung der in Kapitel 2.1.3 aufgestellten Zielgrößen sowie dem mit dem Management der Filiallogistik verfolgten Sachziel der effizienten Logistikprozesse zur Sicherung der Regalverfügbarkeit. An dieser Stelle wird der bislang noch nicht weiter spezifizierte Kontext noch nicht berücksichtigt, da auf ihn im weiteren Verlauf der Arbeit eingegangen wird.

Um die identifizierten Gestaltungsgrößen des Managements der Filiallogistik auf ihre Praxistauglichkeit und die vielfältigen Ausgestaltungsmöglichkeiten zu überprüfen, erfolgt im nächsten Schritt eine empirische Überprüfung sowie deren Gegenüberstellung anhand untersuchter und real existierender Handelsfilialen. Daran schließt sich in Kapitel 2.4 die Begründung für den Einsatz des Resource-based View als theoretischen Erklärungsansatz an.

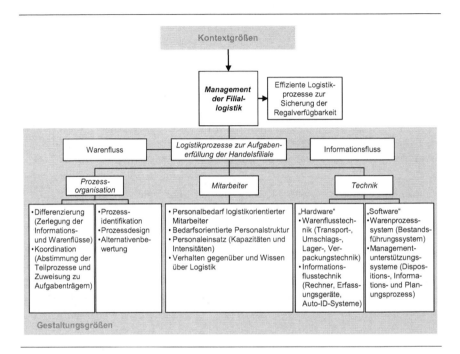

Abbildung 9: Gestaltungsgrößen des Managements der Filiallogistik

2.3 Gestaltungsgrößen der Filiallogistik anhand von Fallbeispielen

Zur Überprüfung der Praxisrelevanz und Übertragbarkeit des vorgestellten Modells für das Management der Filiallogistik werden nachfolgend die zur Leistungserstellung notwendigen Prozessschritte und Elementarfaktoren anhand filiallogistischer Prozesse bei drei verschiedenen Handelsunternehmen erfasst. Die Untersuchungen erfolgten im Rahmen des in Kapitel 1.2 vorgestellten empirischen Forschungsdesigns. Sie dienen zur Veranschaulichung der Wesenspluralität realer filiallogistischer Prozesse, die sich nicht nur in der Gestaltung der Waren- und Informationsflüsse, sondern ebenso in ihrer technischen sowie mitarbeiterbezogenen Ausstattung unterscheiden. Nachfolgend wird eine qualitative Einschätzung des Managements der Filiallogistik verfolgt. Dieses Vorgehen erlaubt Aussagen darüber, wie die filialspezifischen Gestaltungsgrößen eingesetzt werden oder in welchem Umfang sie sich zur Umsetzung anbieten. Hierzu erfolgt die Untersuchung der Gestaltungsgrößen auf ihre

2.3 Gestaltungsgrößen der Filiallogistik anhand von Fallbeispielen

derzeitigen Ausprägungen, so dass sich die Erkenntnisse möglicherweise für die spätere Ableitung von Handlungsempfehlungen nutzen lassen.

2.3.1 Handelsunternehmen 1

Die filiallogistischen Waren- und Informationsflüsse in Handelsunternehmen 1 sind trotz eines umfassenden Personaleinsatzes durch einen hohen Automatisierungsgrad gekennzeichnet. Dies betrifft insbesondere die Erfassung von Bestands- und Bewegungsdaten sowie die Bestellmengenermittlung im Rahmen der Disposition. In Anlehnung an das vollumfängliche Prozessmodell der Filiallogistik finden sich die Teilprozesse der Disposition, der Warenübernahme und dem Backstore sowie dem Frontstore und Check Out wieder.

Mit einer hohen Automatisierung der Disposition und einer zentral generierten Bedarfsprognose erfahren Filialleiter und abteilungsspezifische Teamleiter eine Entlastung von Bestellentscheidungen. Dennoch sind dispositive Mitarbeiter mit weitreichenden administrativer Aufgaben befasst. Zu ihren Aufgabenbereichen zählen im Hinblick auf die Disposition eine begleitende Datenerfassung in den Filialen, eine Datenanalyse und Listungsabgleiche anhand zentral bereitgestellter Stammdaten sowie die Freigabe zentral erstellter Bestellvorschläge und die Bestellübermittlung. Technische Unterstützung besteht im Einsatz eines vollintegrierten WWS, das den Dispositionsverantwortlichen neben Bestands- und Bewegungsdaten der anhand ihrer Stammdaten identifizierbaren Artikelnummern in den Filialen ebenso Lieferavise über zukünftige Wareneingänge bereitstellt. Diese Daten dienen den dispositiven Mitarbeitern als Unterstützung zur Bestandsführung in der Filiale, so dass sie Kenntnisse über zu Grunde liegende Bestelllogiken sowie weitreichende IT-Kenntnisse aufweisen.

Dem Kernprozess Warenübernahme und Backstore kommt aufgrund eines hohen Warenumschlags und mehrfachen täglichen Warenlieferungen im Form von Komplettladungen, Teillieferungen und Paketeingängen eine besondere Bedeutung zu. Lagermitarbeiter verantworten neben der Warenannahme, -kontrolle und der Wareneingangserfassung auch die Einlagerung der Lieferungen im Backstore sowie die Bereitstellung der Lieferungen für Verkaufsmitarbeiter zur Verräumung im Frontstore. Unterstützung erfahren Mitarbeiter im Backstore durch MDE-Geräte, die zur Prüfung der Lieferscheine (NVE), der Warenkontrolle durch Scannen der Barcodes von Transporteinheiten oder Umverpackungen und für Bestandsbuchungen eingesetzt werden. Im Rahmen eines Pilotprojektes findet der Einsatz von Auto-ID-Systemen auf Umverpackungsebene mit Hilfe von RFID zur kontaktlosen Erfassung statt. Diese Technologie dient einerseits zur effizienten Warenannahme und eindeutigen Identifikation von Warenlieferungen, andererseits ermöglicht sie die eindeutige Lokalisation von Warenbeständen in Handelsfilialen durch eine getrennte Bestandsführung von Backstore-

und Frontstore-Beständen.[398] In Verbindung mit in Echtzeit erfassten Warenbewegungen ermöglicht der Einsatz von RFID-Gates und -Transpondern auf Umverpackungsebene die Erstellung von Nachschublisten, die zweimal täglich gedruckt werden und den abteilungsspezifischen Verkaufsmitarbeitern die vom Backstore in den Frontstore zu verräumenden Artikel auflisten.

Abteilungsspezifisch eingesetzte Verkaufsmitarbeiter sind unter der Führung von Teamleitern für die Verräumung der angelieferten Waren sowie der Nachverräumung aus Backstore-Beständen verantwortlich. Zu ihren Aufgaben gehören ebenso die Regalpflege, die Kontrolle und Aktualisierung von Preisauszeichnungen an den Warenträgern. Die Personaleinsatzplanung der Verkaufsmitarbeiter ist überwiegend an die Wareneingangsreihenfolge ausgerichtet, wobei durch die Warenkontrolle im Backstore Verzögerungen bei der Regalverräumung auftreten können. Neben eigenen Verkaufsmitarbeitern werden zur Vermeidung von Engpässen bei der Regalverräumung teilweise Außendienstmitarbeiter der Hersteller eingesetzt. Mit einer Gap-Check-Analyse innerhalb der von ihnen verantworteten Warenabteilungen nehmen Verkaufsmitarbeiter Regallücken sowie geringe Artikelbestände auf. Die betreffenden Artikel werden im Backstore für eine Verräumtour kommissioniert und in den Frontstore transportiert. In einer nach eigenem Ermessen umgesetzten Route beginnen sie mit der Verräumung der Waren im Frontstore. Teilweise erfolgt die Verräumung in Umverpackungen, teilweise werden die Artikel einzeln in die Regale verräumt. Dabei werden mögliche Regalbestände aus dem Regal entnommen und um Artikel der neuen Lieferung ergänzt. Nach erfolgter Verräumung werden leere Umverpackungen entsorgt und Artikel, die nicht in den Regalen platziert werden konnten, im Backstore eingelagert. Zur kurzfristigen Bereitstellung weiterer Verräumkapazitäten werden Aushilfskräfte und Springer eingesetzt. Der dem Frontstore zugeordnete Kassenbereich ist durch ausgewiesene Kassenmitarbeiter besetzt. Dabei erfolgt durch die Filialleitung die flexible Personaleinsatzplanung an den bis zu 15 Kassenanlagen nach Maßgabe der zu erwartenden untertägigen Kundenfrequenz. Kassenmitarbeiter sind gehalten, jeden Artikel einzeln zu erfassen, um die Abverkäufe auf Artikelebene vorhalten zu können, da sie die Grundlage zur Generierung von Bestellvorschlägen darstellen.

---

[398] Das so genannte Split Inventory ermöglicht neben der eindeutigen Lokalisation von Warenbeständen auch die Erstellung artikelgenauer Nachschublisten, so dass reduzierte Warenbewegungen in den Filialen zu erwarten sind. Dadurch lassen sich die Verräumprozesse und Warenmanipulationen im Frontstore reduzieren und das Personal effizienter einsetzen.

2.3 Gestaltungsgrößen der Filiallogistik anhand von Fallbeispielen

Kern- und Teilprozesse	Mitarbeiter	Technik
Kernprozess 1: Disposition		
Datenerfassung	• Abteilungsspezifische Teamleiter	• Systemseitige Bestands- und Stammdatenkontrolle mit DV-Geräten, Rechnern • Vollintegriertes WWS
Datenanalyse/ Listungsabgleich	• Prüfung Artikeldaten von Aktions- und Sonderverkäufen durch Teamleiter • Ausbuchung von Schwund und Verderb	• DV-Geräte, Rechner • MDE-Geräte • Vollintegriertes WWS
Bedarfsprognose	• Abgleich zentral erstellter Dispositionslisten durch Teamleiter, Anpassungen möglich	• DV-Geräte, Rechner • Vollintegriertes WWS, CAO
Bestellung	• Bestellmengenermittlung auf Basis der durch Handelszentrale vorgegebenen Dispositionsliste durch Teamleiter	• DV-Geräte, Rechner • Automatische, stochastische Disposition • ERP-System
Bestellbearbeitung	• Freigabe automatischer Bestellvorschläge und Übermittlung via EDI durch Teamleiter	• DV-Geräte, Rechner • EDI zur Bestelldatenübermittlung
Kernprozess 2: Warenübernahme und Backstore		
Warenannahme	• Durchgängige Anwesenheit der Lagermitarbeiter an mehreren Warenannahmemöglichkeiten	• DV-Geräte • Hubwagen, Rollwagen, Gitterboxen
Warenkontrolle/ Wareneingangserfassung	• Lagermitarbeiter prüfen Versandpapiere (NVE) sowie Lieferungen auf Vollständigkeit und Transportschäden • Erfassung Wareneingang im Bestandssystem durch Lagermitarbeiter	• MDE-Geräte zur Erfassung NVE sowie EAN-Barcodes auf Umverpackungs- bzw. Artikelebene • RFID-Gates zur kontaktlosen Erfassung der Lieferungen (Pilotprojekt) • Filialbestandssystem
Transport zum Lagerplatz/ Lagerplatzvergabe	• Lagerplatzvergabe nach Warengruppen und Artikeleigenschaften durch Lagermitarbeiter	• Hubwagen, Rollwagen und Gitterboxen für den Transport im Backstore
Lagerung Original- und Abruchpaletten/ Lagerbestandserfassung	• Transport und Einlagerung der Originalpaletten durch Lagermitarbeiter • Lagerung Anbruchpaletten durch Verkaufsmitarbeiter	• Lagerregaltechnik • Spezielle Lagerplätze für Frische (kühlpflichtig), Obst und Gemüse sowie nach Hygienevorschriften
Kommissionierung	• Vorangehende Gap-Check-Analyse durch abteilungsspezifische Verkaufsmitarbeiter • Kommissionierung der Lagerbestände zur Verräumung durch abteilungsspezifische Verkaufsmitarbeiter	• Hubwagen, Rollwagen, Gitterboxen • MDE-Geräte • Bestandslisten
Transport Paletten und Umverpackungen in Fronstore/ Lagerabgangserfassung	• Zweimal tägliche Verräumung durch abteilungsspezifisches Verkaufspersonal	• Hubwagen, Rollwagen, Gitterboxen für den Transport im Frontstore • RFID-Gates zur kontaktlosen Lagerabgangserfassung getaggter Artikel (Pilotprojekt)
Kernprozess 3: Frontstore und Check Out		
Warensortierung und -manipulation/ Bestandserfassung im Verkaufsraum	• Abteilungsspezifische Verkaufsmitarbeiter • Zweischichtbetrieb der Verkaufsmitarbeiter zur Regalpflege, permanenten Teilinventur und Bestandsaktualisierung	• MDE-Geräte • RFID-Gates zur kontaktlosen Erfassung des Warenzugangs im Frontstore für getaggte Artikel (Pilotprojekt)
Regalverräumung/ Erfassung Meldebestand	• Verräumroute nach Entscheidung der Verkaufsmitarbeiter, Verräumung teilweise mit, teilweise ohne Umverpackung • Außendienstmitarbeitern von Herstellern	• Standardisierte Warenträger • MDE-Geräte • Bestands- und Dispositionslisten
Transport Anbruchpaletten in den Backstore, Entsorgung	• Rücktransport angebrochene Umverpackungen • Entsorgung leerer Umverpackungen durch Verkaufsmitarbeiter	• RFID-Gates zur kontaktlosen Lagerzugangserfassung getaggter Artikel (Pilotprojekt)
Kassiervorgang/ Abverkaufserfassung	• Artikelgenauer Abverkauf ausschließlich durch Kassenmitarbeiter • MA-Kapazitäten an zu erwartende Kundenfrequenz im Tagesverlauf angepasst	• Lange Warenbänder vor den Kassen • Scannerkassen zur Erfassung EAN-Barcodes • Übermittlung Abverkaufsdaten zweimal täglich an vollintegriertes WWS

Tabelle 3:   Filialspezifische Logistikprozesse in Filialen von Handelsunternehmen 1

Die Untersuchungen der Regalverfügbarkeit in 12 repräsentativen Handelsfilialen des Handelsunternehmens zur Identifikation von Problemfeldern in den waren- und informationsbezogenen Filialprozessen ergaben eine durchschnittliche Out-of-Stock-Quote von 3-4 % auf Regalebene.[399] Damit liegt die Regalverfügbarkeit im Vergleich zu europäischen Erhebungen deutlich höher, lässt jedoch auf Verbesserungspotenziale schließen, wenn man die Gründe für Out-of-Stocks genauer betrachtet. Als überwiegende Ursachen sind Probleme bei der Verräumung der Artikel zu nennen. Zum einen war die ausstehende Verräumung auf einen Zeitmangel der Mitarbeiter zurück zu führen, zum anderen im Nichterkennen bestehender oder drohender Regallücken zu begründen. Weiterhin bestand bei der Nachverräumung oftmals Unsicherheit hinsichtlich des Bestandsumfangs im Backstore. Out-of-Stocks resultierten darüber hinaus aus Bestandsfehlern, die wiederum in Fehlprognosen des Abverkaufs münden. Bestandsfehler entstehen meist durch Schwund, fehlerhaftes Scannen an den Kassen oder durch eine unterlassene Zubuchung bei der Bestandsaufnahme in der Warenannahme. Diese von den physischen Bestands- und Abverkaufsdaten abweichenden Systembestände dienen zur Generierung neuer Prognosen und Bestellvorschläge.

Nachfolgende Tabelle 3 gibt die identifizierten informations- und warenflussbezogenen Teilprozesse der Filiallogistik in Handelsunternehmen 1 wieder. Dabei werden nur die Teilprozesse in die Übersicht aufgenommen, die zur Beschreibung der Warenbereitstellung in den Filialen beitragen. Eine Ergänzung finden die Teilprozesse, indem auf den jeweiligen Mitarbeiter- und Technikeinsatz Bezug genommen wird.

2.3.2 Handelsunternehmen 2

Die Logistikprozesse in Filialen von Handelsunternehmen 2 weisen eine hohe Automatisierung der Informationsflüsse auf, die in Rahmen einer systembasierten Disposition auf Basis von Bestands- und Bewegungsdaten sowie durch ein Bestellmengenverfahren umgesetzt werden. Der durch die Handelszentrale gesteuerte Warennachschub stellt hinsichtlich der Disposition eine Entlastung der filialverantwortlichen Mitarbeiter dar. So werden Bestellungen durch die Scanndaten an den Kassen ausgelöst. Den täglichen Abverkaufsdaten, die nach Ladenschluss systemseitig konsolidiert an die Handelszentrale weitergeleitet werden, wird der ebenfalls zentral vorgehaltene Filialbestand gegenübergestellt. Ergibt der Abgleich eine Unterschreitung des so genannten Meldebestands, wird am Folgetag eine automatische Lieferung fixer Bestellmengen ausgelöst, die zur Sicherung der Sollbestände in den Filialen

---

[399] Die Ergebnisse stammen aus einer 2006 durchgeführten Erhebung von 103 Artikeln aus verschiedenen Warengruppen in 12 unterschiedlichen Filialen des Handelsunternehmens 1. Die Regalverfügbarkeit wurde einmal täglich geprüft. Ursachen der ermittelten Out-of-Stocks wurden mit den Marktverantwortlichen bzw. mit der Handelszentrale analysiert und in einen standardisierten Ursachen-Katalog eingeordnet. Insgesamt wurden 7.416 Messpunkte erfasst. Eine Out-of-Stock-Situation wurde dann festgestellt, wenn zum Zeitpunkt der Erhebung an dem mit der Produktinformation ausgezeichneten Regalplatz kein Artikel vorhanden war. Dabei wurden Listungsdifferenzen als separates Problem betrachtet und nicht berücksichtigt. Die OoS-Quote ergibt sich aus dem Verhältnis der Messungen mit Nullbestand mit den gesamten Messpunkten.

2.3 Gestaltungsgrößen der Filiallogistik anhand von Fallbeispielen 83

führt. Dabei ist die Disposition durch feste Bestellmengen bei variabler Belieferungsfrequenz gekennzeichnet. Im Verantwortungsbereich dispositiver Mitarbeiter liegt die Sicherstellung aktueller und fehlerfreier Filialbestandsdaten, um einen verfrühten oder verspäteten Warennachschub und damit Überbestände oder Regallücken zu vermeiden. So gehört zu ihrem Aufgabenspektrum im Rahmen der Datenanalyse der Abgleich von Stammdaten, die Aktualisierung von Filialbeständen sowie die Abstimmung von Soll- und Meldebeständen unter Berücksichtigung der verfügbaren Regalflächen. Abteilungsspezifische Teamleiter nehmen im Teilprozess Bestellbearbeitung eine tägliche Überprüfung der Bestellvorschläge vor und sind berechtigt, Anpassungen vorzunehmen. Die anschließende Bestellübermittlung erfolgt mit Hilfe von standardisierten EDI-Schnittstellen.

Warenflussbezogene Teilprozesse der Filiallogistik finden ihren Auftakt mit der Annahme der Lieferungen an der Wareneingangsrampe. Zur Vermeidung von Rückstaus an der Warenannahme sind verbindliche Anlieferzeiten mit engen Zeitfenstern vereinbart, die in einem Rampenbelegungsplan festgehalten werden. Als Besonderheit in den Filialen des Handelsunternehmens gilt, dass die Anlieferungen keiner Wareneingangskontrolle unterzogen werden, sondern ohne Abgleich der Versandpapiere durch Lagermitarbeiter vereinnahmt werden. Teilweise erfolgt eine Einlagerung der Waren im Backstore, wobei aufgrund der mit den Regalflächen und Facings abgestimmten Liefermengen eine Zwischenlagerung nur in Ausnahmefällen erforderlich ist. I.d.R. werden die angelieferten Waren direkt von abteilungsspezifisch eingesetzten Verräummitarbeitern entgegen genommen und in den Frontstore transportiert. Der Einsatz dieser Mitarbeiter erfolgt in Übereinstimmung mit den Anlieferzeiten, um die nötigen Verrräumkapazitäten bereitstellen zu können. Dabei kommen auch Aushilfskräfte zum Einsatz. Neben der Nutzung von Hubwagen für Palettenlieferungen erfolgt der filialinterne Transport der Mehrwegtransportbehälter mit Hilfe von Gitterboxen und Rollwagen.

Zu den Aufgaben der Verräummitarbeiter zählen neben der Verräumung ebenso die Regalpflege, die Prüfung und Aktualisierung von Produktinformationen an den Warenträgern sowie regelmäßig stattfindende Teilinventuren. Dabei werden zur Unterstützung MDE-Geräten sowie Bestandslisten zur Erfassung und Aktualisierung von Regalbeständen eingesetzt. Die Verräumreihenfolge erfolgt nach eigenem Ermessen der Mitarbeiter. Die Verräumung der Waren wird überwiegend ohne Umverpackung vorgenommen, so dass Restbestände einzeln aus den Regalen entnommen und um die Artikel der neuen Lieferung ergänzt werden. Leere Umverpackungen werden nach der Verräumung entsorgt und Mehrwegbehälter im Backstore platziert, die bei der nächsten Warenlieferung abgeholt werden. Der Kassenbereich ist durch ausgewiesene Kassenmitarbeiter besetzt, die untertägig flexibel an die erwartete Kundenfrequenz angepasst werden. Beim Kassiervorgang gilt es darauf zu achten, dass jeder Artikel einzeln gescannt wird, um artikelgenaue Bewegungsdaten generieren zu können, die zur zentralseitigen Bestellauslösung genutzt werden.

Kern- und Teilprozesse	Mitarbeiter	Technik
Kernprozess 1: Disposition		
Datenanalyse/ Listungsabgleich	• Abgleich Stammdaten, Prüfung Filialbestand, Kontrolle Soll-/Meldebestand durch Filial- oder Teamleiter	• Systemseitige Bestands- und Stammdatenkontrolle mit Rechnern • MDE-Geräte • Vollintegriertes WWS
Bestellung	• Abteilungsspezifische Teamleiter prüfen zentrale Bestellvorschlag (fixe Bestellmengen) • Freigabe von Bestellvorschlägen durch Filial- oder Teamleiter	• DV-Geräte, Rechner • MDE-Geräte
Bestellbearbeitung	• Freigabe automatischer Bestellvorschläge und Übermittlung via EDI durch Teamleiter oder Filialleiter	• DV-Geräte, Rechner • EDI zur Bestelldatenübermittlung
Kernprozess 2: Warenübernahme und Backstore		
Warenannahme	• Durchgängige Anwesenheit der Lagermitarbeiter (Magaziner) an einer Warenannahmestelle	• DV-Geräte • Hubwagen, Rollwagen, Gitterboxen
Transport zum Lagerplatz	• Lagerung durch Lagermitarbeiter (Magaziner) im Backstore • Warenübernahme durch abteilungsspezifische Verräummitarbeiter zum direkten Transport in Frontstore	• Hubwagen, Rollwagen und Gitterboxen für den Transport im Backstore
Lagerung Original- und Anbruchpaletten	• Transport der Originalpaletten durch Lagermitarbeiter • Lagerung Anbruchverpackungen durch Verräummitarbeiter	• Lagerregaltechnik • Lagerplätze für kühlpflichtige Frische, TK und nach Anforderungen Hygienevorschriften
Kommissionierung	• Verräummitarbeiter prüfen Regalbestand in ihrem Verantwortungsbereich • Kommissionierung durch abteilungsspezifische Verräummitarbeiter	• Hubwagen, Rollwagen, Gitterboxen • MDE-Geräte • Bestandslisten
Transport Paletten und Umverpackungen in den Fronstore	• Verräumungen nach Warenanlieferung durch Verräummitarbeiter	• Hubwagen, Rollwagen, Gitterboxen • MDE-Geräte • Bestandslisten
Kernprozess 3: Frontstore und Check Out		
Warensortierung und -manipulation/ Bestandserfassung im Verkaufsraum	• Abteilungsspezifische Verräummitarbeiter • Mehrschichtbetrieb zur Regalpflege • Permanente Bestandsprüfung und Abgleich mit Systembestand durch Team- oder Filialleiter	• Hubwagen, Rollwagen, Gitterboxen • MDE-Geräte
Regalverräumung/ Erfassung Meldebestand	• Verräumroute nach Entscheidung der Verräummitarbeiter, Verräumung von Einzelartikeln ohne Transportverpackung	• Abteilungsspezifische Warenträger • MDE-Geräte • Bestands- und Dispositionslisten
Transport Anbruchpaletten in den Backstore, Entsorgung	• Rücktransport leerer Mehrwegbehälter in den Backstore • Entsorgung Umverpackungen durch Verräummitarbeiter	• Hubwagen, Rollwagen und Gitterboxen
Kassiervorgang/ Abverkaufserfassung	• Artikelgenauer Abverkauf i.d.R. ausschließlich durch Kassenmitarbeiter, in einigen Filialen durch Verkaufsmitarbeiter	• Kurze Warenbänder vor den Kassen • Scannerkassen zur Erfassung EAN-Barcodes • Übermittlung Abverkaufsdaten nachts an vollintegriertes WWS der Handelszentrale

Tabelle 4: Filialspezifische Logistikprozesse in Filialen von Handelsunternehmen 2

In 16 Handelsfilialen wurde die Regalverfügbarkeit von 120 Artikeln aus allen Warenbereichen untersucht. Die durchschnittliche OoS-Quote liegt mit etwa 3% auch bei diesem Handelsunternehmen im Vergleich zu anderen Erhebungen deutlich niedriger.[400] Die Analyse

---

[400] Die Ergebnisse stammen aus einer 2006 durchgeführten einwöchigen Erhebung von 120 Artikeln aus verschiedenen Warengruppen in 16 Filialen des Handelsunternehmens 2. Die Regalverfügbarkeit wurde einmal täglich geprüft. Das Untersuchungsdesign war mit dem in Handelsunternehmen 1 identisch, vgl. Kapitel 2.3.1. Insgesamt wurden 11.520 Messpunkte erfasst.

2.3 Gestaltungsgrößen der Filiallogistik anhand von Fallbeispielen 85

der Ursachen aufgetretener Regallücken weist Abweichungen zu Handelsunternehmen 1 auf. So finden sich als häufigste filialbezogene Ursachen von Out-of-Stocks bei Handelsunternehmen 2 Fehlprognosen des Abverkaufs. Diese resultierten insbesondere aus manuellen Eingriffen der dispositionsverantwortlichen Filialmitarbeiter in die automatisch generierten, auf Abverkaufshistorien basierenden Bestellvorschläge oder in der Veränderung von Soll- und Meldebeständen. Neben der Abänderung von Bestellmengen entstanden OoS-Situationen vor allem aus einer bewussten Abbestellung von Artikeln. Weitere relevante Ursachen von Out-of-Stocks stellten Probleme bei der Regalverräumung dar. Einerseits haben Mitarbeiter die Regallücke nicht erkannt, andererseits waren die Waren im Verkaufsraum nicht auffindbar, obwohl sie sich nach dem Bestandssystem in der Filiale befunden haben.

Tabelle 4 umfasst alle identifizierten informations- und warenflussbezogenen Teilprozesse der Filiallogistik in Handelsunternehmen 2.

2.3.3 Handelsunternehmen 3

Die Gestaltung der filialspezifischen Informations- und Warenflüsse in Handelsunternehmen 3 weist deutliche Abweichungen gegenüber den beiden anderen Handelsunternehmen auf. So sind die Logistikprozesse durch eine geringe informationstechnische Unterstützung gekennzeichnet. Dies betrifft insbesondere die systemseitige Vorhaltung von Bestands- und Bewegungsdaten sowie die Ermittlung von Bestellmengen. Mit dem niedrigen Automatisierungsgrad geht dennoch ein geringer, durch einen flexiblen Einsatz gekennzeichneter Mitarbeitereinsatz einher. Die filialspezifischen Logistikprozesse werden nachfolgend in Anlehnung an die Kernprozesse des idealtypischen Prozessmodells vorgestellt und durch den Mitarbeiter- sowie Technikeinsatz charakterisiert.

Die Disposition basiert auf einer manuellen, dezentralen Bestellmengenermittlung durch den Filialverantwortlichen und erfolgt im Rahmen der Bestandserfassung anhand einer täglichen Begutachtung sowie Zählung der Sichtbestände im Frontstore. Die Bestellungen auf Umverpackungsebene werden mit Hilfe von MDE-Geräten vorgenommen und täglich, i.d.R. kurz vor Ladenschließung, an die Handelszentrale übermittelt. Die Ermittlung der Bestellmengen erfolgt nach der Prämisse, dass der verfügbare Regalplatz, der nach dem durchschnittlichen Abverkaufsvolumen einer Woche dimensioniert ist, nach der Verräumung eingetroffener Lieferungen seinen Maximalbestand aufweisen soll. Demnach sind dispositive Mitarbeiter mit einer hohen Bestandsverantwortung ausgestattet. Zu den Aufgaben zählen neben der Bestellmengenermittlung und der Bestellung auch die Veranlassung regelmäßiger Inventuren. Technische Unterstützung besteht in der Bereitstellung von Informationen hinsichtlich Lieferavisen und Mitteilungen hinsichtlich Lieferschwierigkeiten vorgelagerter Stellen, die mit MDE-Geräten und einem nächtlichen Systemabgleich abgerufen werden können. Als EDV-gestützte Informationstechnologie kommt ein isoliert-geschlossenes WWS zum Einsatz, das ausschließlich die Zentrallagerbestandsführung abbildet und die Warenbewegungen in Handelsfilialen nicht umfasst.

Drei bis vier Mal täglich werden Warenlieferungen mit durchschnittlich zehn gemischt-kommissionierten Paletten an der Wareneingangsrampe angenommen. Die Liefereinheiten werden hinsichtlich ihrer Ordersätze und Versandpapiere überprüft sowie eine qualitative und quantitative Warenkontrolle durch den Filialverantwortlichen bzw. durch Stellvertreter mit MDE-Geräten zum Bestellabgleich vorgenommen. Eine Zubuchung der Lieferung zum Filialbestand erfolgt nicht. Nach erfolgreicher Vereinnahmung werden die Umverpackungen der gelieferten Paletten vereinzelt und durch Filialmitarbeiter mit Hilfe von Hubwagen in den Frontstore transportiert. Eine Zwischenlagerung im Backstore ist nicht vorgesehen. Im Verkaufsraum werden die Waren entlang der Warenträger transportiert und verräumt. Um eine schnelle Verräumung durch die Filialmitarbeiter umsetzen zu können, werden leere Umverpackungen aus den Regalen entnommen und die angelieferten Warenbestände zu den bestehenden Filialbeständen in geöffneten Umverpackungen gestellt. Bei Artikeln mit eingeschränkter Haltbarkeit wird eine Umwälzung des Regalbestands vorgenommen, ansonsten nach dem LIFO-Verfahren verräumt. Die Verräumroute erfolgt nach Maßgabe der Regalreihen und eigenverantwortlich durch die Filialmitarbeiter. Zur kurzfristigen Bereitstellung von Verräumkapazitäten werden alle Filialmitarbeiter eingesetzt, sofern die Kundenfrequenz eine Minimalbesetzung von einer Kasse zulässt. Alle Mitarbeiter können an den Kassen eingesetzt werden. Beim Kassieren sind die Mitarbeiter gehalten, gleichartige Artikel mit einheitlichem Preis einmal zu scannen, um die Kaufabwicklung schnell umsetzen zu können. Auf eine artikelgenaue Abverkaufserfassung kann aufgrund der manuellen Bestellmengenermittlung und der Vernachlässigung einer filialspezifischen Bestandführung verzichtet werden.

Die Beschreibung der filiallogistischen Prozesse unterstreicht, dass alle Filialmitarbeiter in den drei Kernprozessen flexibel eingesetzt werden und damit mit allen Teilprozessen vertraut sein müssen. Dies betrifft nicht nur die Unterstützung des Filialverantwortlichen bei der Bestellmengenermittlung, sondern auch bei der Warenannahme. Hohe Motivation und Verantwortungsbewusstsein erfordern die eigenverantwortliche Verräumung, Regalpflege sowie die Kaufabwicklung an den Kassen und das eigenverantwortliche Erkennen von Tätigkeiten.

Während bei den Handelsunternehmen 1 und 2 empirische Untersuchungen der Regalverfügbarkeit vorgenommen wurden, konnten diese bei Handelsunternehmen 3 nicht umgesetzt werden. Aufgrund der umfassenden Regalbestände kann die Regalverfügbarkeit als hoch angenommen werden. Ursachen von OoS-Siuationen werden durch Fehleinschätzungen des Abverkaufs und damit durch zu geringe Bestellmengen erwartet. Als weitere mögliche Ursache sind schwankende Abverkäufe von Sorten zu erwarten, die in einer Umverpackung

2.3 Gestaltungsgrößen der Filiallogistik anhand von Fallbeispielen

angeliefert werden.[401] Erwartete Steigerungspotenziale der Regalverfügbarkeit auf Artikelebene sind in einem geringen Konsolidierungsgrad von Sorten zu sehen.

Sowohl die informations- und warenflussbezogenen Teilprozesse als auch der Mitarbeiter- und Technikeinsatz lassen sich anhand des idealtypischen Prozessmodells der Filiallogistik und der Ausprägungen der in Kapitel 2.2 vorgestellten Gestaltungsgrößen wiedergeben. Abschließend werden die identifizierten Teilprozesse der Filiallogistik in Handelsunternehmen 3 in Tabelle 5 zusammengestellt.

Kern- und Teilprozesse	Mitarbeiter	Technik
Kernprozess 1: Disposition		
Datenerfassung	▪ Physische Bestandskontrolle, manuell durch Filialleiter	▪ MDE-Gerät, EAN-Barcodes
Bedarfsprognose	▪ Empirisch durch Filialleiter	▪ MDE-Gerät, EAN-Barcodes
Bestellung	▪ Bestellmengenermittlung auf Basis der Sichtbestände in den Regalen durch Filialleiter	▪ DV-Geräte ▪ Isoliert-offenes WWS
Bestellbearbeitung	▪ Tägliche Übermittlung der konsolidierten Bestellungen mittels EDI an Handelszentrale ▪ Ansicht von Liefermengen von Sonderartikeln ohne Eingriffsbefugnisse der Filialleiter	▪ DV-Geräte ▪ MDE-Geräte
Kernprozess 2: Warenübernahme und Backstore		
Warenannahme	▪ Filialmitarbeiter an einer Warenannahmestelle nach Anfahrt LKW	▪ Hubwagen, Rollwagen
Warenkontrolle/ Wareneingangserfassung	▪ Filialleiter prüft Versandpapiere (NVE) sowie Lieferung auf Vollständigkeit und Transportschäden	▪ MDE-Geräte
Kommissionierung	▪ Filialmitarbeiter vereinzeln Palette	▪ Hubwagen, Rollwagen
Kernprozess 3: Frontstore und Check Out		
Warensortierung und -manipulation/ Bestandserfassung im Verkaufsraum	▪ Filialmitarbeiter transportieren Artikel nach Warenanlieferung direkt in Frontstore ▪ Regalpflege, evtl. Umwälzung der Artikel bei Verräumung	▪ Hubwagen, Rollwagen
Regalverräumung/ Erfassung Meldebestand	▪ Verräumroute nach Maßgabe Regalreihen durch Filialmitarbeiter und Filialleiter ▪ Verräumung nach LIFO-Prinzip mit geöffneter Umverpackung ▪ Entsorgung leerer Umverpackungen durch Filialmitarbeiter	▪ Standardisierte Palettenstellplätze und Regalreihen
Kassiervorgang/ Abverkaufserfassung	▪ Abverkaufserfassung durch einmaliges Scannen von Artikeln durch Filialmitarbeiter ▪ MA-Kapazität wird kurzfristig an Kundenfrequenz angepasst	▪ Lange Warenbänder vor den Kassen ▪ Scannerkassen zur Erfassung EAN-Barcodes ▪ Keine Übermittlung der Abverkaufsdaten an Handelszentrale, Nutzung ausschließlich zu Abrechnungszwecken

Tabelle 5:   Filialspezifische Logistikprozesse in Filialen von Handelsunternehmen 3

---

[401] Eng verwandte Artikel werden zu Sorten zusammengefasst. Artikel der gleichen Sorte unterscheiden sich zumindest in einem Merkmal wie bspw. der Geschmacksrichtung.

2.4 Resource-based View als Erklärungsansatz für das Management der Filiallogistik

Theoretische Erklärungsansätze für betriebswirtschaftliche Fragestellungen wie dem Management der Filiallogistik liefern nur dann einen Nutzen, wenn aus den abgeleiteten Erkenntnissen Gestaltungsempfehlungen für die Handelspraxis getroffen werden können. Bei einer eklektischen Gegenüberstellung und dem Einsatz multiparadigmatischer Theorieansätze zur Analyse des Managements der Filiallogistik besteht dabei die Gefahr, dass selbst kurz gehaltene Darstellungen relevanter Ansätze weit über den Rahmen der vorliegenden Arbeit hinausgehen würden.[402] Zudem wäre es bei einem derartigen Vorgehen nur schwer möglich, Gestaltungsempfehlungen zu erarbeiten. Vor dem Hintergrund des eingangs skizzierten methodischen Vorgehens findet deshalb ein einzelner Theorieansatz zur Erarbeitung des theoretischen Grundgerüstes seinen Einsatz, der sich zur Erklärung der Wettbewerbsrelevanz des Managements der Filiallogistik zur Vermeidung von Out-of-Stocks anbietet. Dabei handelt es sich um den Resource-based View (RBV),[403] der als verhältnismäßig junger theoretischer Erklärungsansatz für wettbewerbsrelevante Unternehmensmerkmale Anwendung findet und dessen Eignung für das Management der Filiallogistik anhand einer literaturgestützten Diskussion hergeleitet wird.

Den Ausgangspunkt des ressourcenorientierten Verständnisses stellt eine grundsätzliche Unterscheidung zwischen der Umwelt und dem „Innenleben" eines Unternehmens bzw. einer Organisationseinheit dar, wobei der Fokus der Betrachtung auf den internen Ressourcen in Handelsfilialen liegt.[404] Mit dem Anspruch, anhand des RBV dauerhafte Margen aufgrund eines effizienten Managements der Filiallogistik im stationären Einzelhandel zu erklären, gehen zwei grundlegende Anforderungen einher. Erstens wirft die Anwendung des Erklärungsansatzes die Frage auf, ob das empirisch beobachtbare Phänomen mangelnder Regalverfügbarkeit aufgrund filialspezifischer Logistikprozesse überhaupt aus strategischer Sicht abgebildet werden und damit die absatzwirksame Bedeutung der Filiallogistik im Rahmen der Handelslogistik hervorheben kann. Zweitens gilt es, die spezifischen Annahmen des RBV und der Kausalstruktur im Hinblick auf das Management der Filiallogistik zu erfassen, das nicht nur zur Steigerung der Kundenzufriedenheit, sondern auch der Umsätze zum Zeitpunkt des Einkaufs sowie zukünftiger Umsatze beiträgt, anzusprechen. Aufgrund der häufig diskutierten Bereicherung der Strategie- und Managementforschung durch den RBV und seiner „Allge-

---

[402] Zu einer ähnlichen Argumentation für die Analyse von Aktivitäten in industriellen Dienstleistungsnetzwerken, vgl. Weißenfels (2005), S. 63.

[403] Neben der Bezeichnung "Resource-based View" finden sich in der angelsächsischen Literatur auch die synonym verwendeten Begriffe "Resource-based Perspective", "Resource-based Theory" und "Resource-based Approach". Im Rahmen der Arbeit finden die deutschsprachigen Synonyme "ressourcenorientierter Ansatz", "Ressourcenorientierung" ebenfalls ihren Einsatz. Vgl. zur synonymen Begriffswahl bspw. Wernerfelt (1984), S. 171ff.; Grant (1991), S. 114ff.; Peteraf (1993), S. 179ff.; Bamberger/Wrona (1996b), S. 130ff.

[404] Vgl. Schreyögg (2000), S. 484f.

2.4 Resource-based View als Erklärungsansatz für das Management der Filiallogistik 89

meingültigkeit" spricht grundsätzlich nichts dagegen, seine Erkenntnisse zunächst auf die Logistik im Allgemeinen und anschließend auf das Management der Filiallogistik im Speziellen anzuwenden.

Unter Bezugnahme auf kosten-, qualitäts- und zeitbezogene Dimensionen können Logistikprozesse und die zur deren Realisierung eingesetzten Elementarfaktoren einen Beitrag zur Erzielung von Wettbewerbsvorteilen leisten.[405] Aus ressourcenorientierter Sicht lässt sich die Logistik als Fähigkeit von Unternehmen, aber auch als strategische Ressource interpretieren.[406] Weber (1999) schreibt der Logistik im Zusammenhang mit Überlegungen zum individuellen und organisationalen Lernbedarf sogar eine strategische Fähigkeit von Unternehmen zu.[407] Mit der Auffassung der Logistik als strategische Ressource stellt er auf das Wissen der Logistik-Mitarbeiter sowie auf das organisationale Lernen ab. Die darauf aufbauenden Handlungsroutinen sollen gewährleisten, dass sich die Logistik der im Zeitablauf verändernden Unternehmensumwelt anpasst.[408]

Während aus dem marketingbasierten Selbstverständnis von Handelsunternehmen Entscheidungen des Marktauftritts und der Sortimentsgestaltung zur Schaffung von Differenzierungsmerkmalen erkannt werden, ist aus Sicht der Handelslogistik die effiziente Warenbereitstellung in den Regalen der Filialen als Unterscheidungskriterium von Wettbewerbern zu nennen.[409] Die Bedeutung der Filiallogistik geht aus begrenzten Regalflächen, geringen Margen in wettbewerbsintensiven Sortimentsbereichen, vergleichsweise hohen Logistikkosten für Waren mit geringem Wert-Volumen-Verhältnis sowie der Substitutionsgefahr der Einkaufsstätten hervor. Dadurch erlangen filialspezifische Logistikprozesse einen strategischen Charakter. Denn das Management der Filiallogistik entscheidet maßgeblich über die erfolgreiche Bereitstellung des angebotenen Sortiments, indem die Regalverfügbarkeit eine notwendige Voraussetzung für Transaktionen darstellt.[410] Da eine hohe Regalverfügbarkeit eng an den Aufbau von filialspezifischen Ressourcen gekoppelt ist, stellt sich die Frage, ob das Management der Filiallogistik den Anforderungen der ressourcenorientierten Betrachtung entspricht.

Auf der Basis der Gestaltungsgrößen des Managements der Filiallogistik soll im Weiteren deren Bedeutung präziser herausgearbeitet werden. Dadurch wird ein Anschluss an die aktuelle Entwicklung des strategischen Managements hergestellt. Mit besonderem Nachdruck

---

[405] Vgl. Mikus (2003), S. 234.
[406] Vgl. Fey (1989), S. 149ff. Aufgrund der Versorgung von Primärbereichen von Unternehmen in den Bereichen Beschaffung oder Absatz mit Ressourcen wird der Logistik selbst ein Ressourcencharakter zugesprochen.
[407] Vgl. Weber (1999b), S. 959ff.
[408] Vgl. Olavarrieta/Ellinger (1997), S. 571ff. Zur Logistik als potenzieller Erfolgsfaktor vgl. Mikus (2003), S. 78ff.; Dehler (2001), S. 226ff.; Dehler/Weber (2001); Kotzab (2001), S. 20ff.; Lynch/Keller/Ozment (2000), S. 50ff.; Fawcett/Stanley/Smith (1997), S. 106ff.
[409] Vgl. Schnedlitz/Teller (1999), S. 235.
[410] Vgl. Liebmann/Zentes (2001), S. 663f.

lässt sich dies vor dem Hintergrund des ressourcenorientierten Ansatzes aufzeigen.[411] Im Folgenden wird deshalb das grundlegende Verständnis des RBV dargestellt und sein Erklärungsgehalt für das Management der Filiallogistik untersucht.

Um dem Interpretationsspielraum der bestehenden Literatur zum RBV entgegen zu wirken, werden zunächst die intentionalen und terminologischen Grundlagen des auf Wettbewerbsvorteile gerichteten Ressourcenansatzes in Kapitel 2.4.1 vorgestellt. Anschließend erfolgt neben einer Begriffssystematik die direkte Übertragung der abgeleiteten und erarbeiteten Definitionen auf das Management der Filiallogistik (Kapitel 2.4.2). Mit der Eignungsprüfung anhand eines Kausalmodells werden deren Anforderungen auf das Management der Filiallogistik zur weiterführenden Erarbeitung überführt (Kapitel 2.4.3) und mit Hilfe von Isolationselementen ihre Eignung zur Nachhaltigkeit (Kapitel 2.4.4) sowie der Aneigungsfähigkeit der Regalverfügbarkeit (Kapitel 2.4.5) geprüft. Der Abschnitt endet in Kapitel 2.4.6 mit einer Diskussion des Erklärungsangebots des RBV für das Management der Filiallogistik.

2.4.1 Intentionale und terminologische Grundlagen ressourcenorientierter Ansätze

Vor dem Hintergrund der Entstehungsgeschichte der ressourcen- und potenzialorientierten betriebswirtschaftlichen Forschung ist darauf hinzuweisen, dass die Bezeichnung Resource-based View ein Sammelbegriff für eine Gruppe verschiedener Forschungsbestrebungen darstellt, die als homogen aufgefasst werden kann und sich nur in Details unterscheidet.[412]

Das Paradigma des RBV hat die Forschung des Strategischen Managements wesentlich beeinflusst,[413] obwohl die Entwicklung des Ansatzes als vielfältig und unterschiedlich ausgestaltet verstanden werden kann. Er basiert auf der im Rahmen empirischer Untersuchungen gewonnenen Erkenntnis, dass entgegen der marktorientierten Perspektive der Unternehmenserfolg weniger ein Ergebnis der Marktgegebenheiten ist, sondern vielmehr durch bestimmte Unternehmensmerkmale und -ausstattungen geprägt ist.[414] Im Gegensatz zu den extern-orientierten Erklärungsansätzen, die die Bedeutung verschiedener Umweltmerkmale wie der Branchenstruktur und der Wettbewerbsintensität zur Erklärung von Unternehmenser-

---

[411] Vgl. Delfmann (1995b), S. 155.
[412] Vgl. Weißenfels (2005), S. 65; Freiling (2001), S. 1f.; Peteraf (1993), S. 180. Die grundlegende Idee einer ressourcenorientierten Betrachtung von Unternehmen geht nach einhelliger Meinung in der Literatur auf den Beitrag von Penrose (1959), S. 25ff. zurück. Ihre Veröffentlichung verfolgt das Ziel, ein Unternehmen als ein Set von Ressourcen zu betrachten, um den Erfolg eines Unternehmens auf der Qualität der internen Ressourcen zu begründen. Die aktuelle ressourcenorientierte Diskussion wurde dagegen mit dem Beitrag von Wernerfelt (1984) eingeleitet. Unter historischen Gesichtspunkten lässt sich der Resource-based View vom Competence-based View unterscheiden. Dabei gehen beide Ansätze auf sehr ähnliche Annahmen zurück. Darüber hinaus kann der Competence-based View als eine Weiterentwicklung des Resource-based View bezeichnet werden, vgl. bspw. Rumelt (1994), S. XVII. Auch wenn eine Differenzierung der Ansätze in theoriegeleiteter Diskussion hilfreich ist, soll in der vorliegenden Arbeit darauf verzichtet werden, da kein zusätzlicher Erklärungsgehalt in der Unterscheidung gesehen wird.
[413] Vgl. Coates/McDermott (2002), S. 435ff.
[414] Vgl. bspw. Hansen/Wernerfelt (1989), S. 399ff; Rühli (1995), S. 93; Wernerfelt (1984), S. 171ff.

2.4 Resource-based View als Erklärungsansatz für das Management der Filiallogistik 91

folgen heranziehen,[415] betonen intern-orientierte Ansätze[416] die Bedeutung der unternehmensinternen Ressourcen zur Erzielung langfristiger Erfolge.[417] Ursprünglich als Gegenposition zur Industrieökonomie ausgerichtet, postuliert der RBV die Notwendigkeit eines Paradigmenwechsels gegenüber der bisweilen vorherrschenden industrieökonomischen Perspektive innerhalb des strategischen Managements.[418] Diese Sichtweise ist auf Handelsunternehmen und ihre angeschlossenen Filialen zu übertragen, die durch die nachfragegerechte Bereitstellung des angebotenen Sortiments zur Generierung von Umsätzen beitragen.

Die ressourcenorientierte Argumentationslinie stützt sich auf die Annahme, dass Unternehmen innerhalb einer Branche durch eine heterogene Ausstattung von Ressourcen gekennzeichnet sind (Erklärungsziel). Dabei werden Unterschiede auf verschiedenen Ebenen festgestellt. Einerseits agieren bestimmte Unternehmen langfristig erfolgreicher als andere. Als relevante Größen werden in diesem Zusammenhang Rentabilitätskennzahlen herangezogen. Andererseits verfügen Unternehmen regelmäßig über spezifische Wettbewerbsvor- und -nachteile, durch die eine Differenzierung von Unternehmen festgehalten wird. Damit eng verzahnt sind die Erforschung von Erfolgsursachen und Ursache-Wirkungs-Beziehungen sowie die Ableitung von Gestaltungsempfehlungen (Gestaltungsziel).[419] Der Erfolg eines Unternehmens rührt daher, dass es über wertvollere Ressourcen als die Konkurrenz verfügt und dass es seine Ressourcen besser als die Konkurrenz zu nutzen vermag.[420] Damit werden sowohl Effizienz- als auch Effektivitätspositionen angesprochen.

Es gilt zu untersuchen, welche logistikbezogenen Gestaltungsgrößen in Handelsfilialen zur Vermeidung von Umsatzverlusten aufgrund von Regallücken beitragen. Im Hinblick auf die identifizierten Ursachen von Out-of-Stocks im Rahmen unternehmensübergreifender Logistikkonzepte vermögen Handelsunternehmen nur in geringem Ausmaß Alleinstellungsmerkmale mit Auswirkungen auf die Regalverfügbarkeit zu erarbeiten und nachhaltige Wettbewerbsvorteile in Form nachfragegerechter Regalverfügbarkeit zu generieren. Vielmehr ist in empirischen Untersuchungen zu beobachten, dass sich das Management der Filiallogistik bei Handelsunternehmen in der Prozessgestaltung und der Ressourcenausstattung vonein-

---

[415] Bei den extern-orientierten Erklärungsansätzen dominiert die Perspektive der Industrieökonomik, vgl. z.B. Porter (1990). Diese neigt nach Auffassung der Vertreter des Resource-based View dazu, Unternehmen als homogene Einheiten zu betrachten.

[416] Bspw. unterstellt Bleicher (2004), S. 471 dem RBV eine "inside-out"-Perspektive.

[417] Der Resource-based View ist als dominanter theoretischer Ansatz zur internen Orientierung zu nennen, vgl. Barney (1991); Conner (1991); Grant (1991); Wernerfelt (1984). In der ursprünglichen Form stellt er einen Gegenpol der Industrieökonomik dar und unterstellt eine Heterogenität von Unternehmen, die auf die unterschiedliche Ausgestaltung von Ressourcen zur Erzielung von Wettbewerbsvorteilen abzielen.

[418] Sowohl die industrieökonomische Forschung als auch ressourcenorientierte Ansätze leisten einen wertvollen Erklärungsbeitrag. Sie sollten nicht als Extrempositionen eines Kontinuums verstanden werden, sonder im Sinne einer integrativen Betrachtungsweise, die sich gegenseitig ergänzen, aufgefasst werden, vgl. Knyphausen (1993), S. 785f.

[419] Vgl. Lippman/Rumelt (1982), S. 420ff.; Diereckx/Cool (1989), S. 1504ff.

[420] Vgl. Wernerfelt (1984), S. 175.

ander unterscheiden. Damit einher gehen verschiedene Ursachen und Arten von Wettbewerbsvorteilen, die sich auf drei Stufen identifizieren und auf das Management der Filiallogistik übertragen lassen (vgl. Abbildung 10):[421]

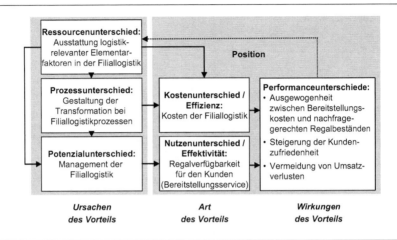

Abbildung 10: Ursachen und Arten von Wettbewerbsvorteilen durch das Management der Filiallogistik
Quelle: Entwickelt aus Plinke (1995), S. 68

- Bestimmte Handelsunternehmen sind aufgrund ihrer Filialausstattung erfolgreicher als ihre Konkurrenten. Der *Performanceunterschied*[422] stellt sich u.a. in kunden- und kostenorientierter Hinsicht ein. So weisen Handelsfilialen mit einer logistikorientierten Filialausstattung eine hohe Regalverfügbarkeit auf, die sich in Form geringerer Umsatzverluste äußert und zur Steigerung der Kundenzufriedenheit beiträgt. Darüber hinaus können sie durch ein effizientes Verhältnis zwischen Bereitstellungskosten und nachfragegerechter Regalbestände gekennzeichnet sein *(Wirkung des Vorteils)*.

- Performanceunterschiede lassen sich darauf zurückführen, dass je nach Ausgestaltung des Managements der Filiallogistik Effizienz- und Effektivitätsunterschiede *(Art des Vorteils)* erzielt werden, die zu einer Abhebung gegenüber Filialen anderer Handelsunternehmen führen und in einem Wettbewerbsvorteil münden. Dabei resultieren Effizienzunterschiede aus den Bereitstellungskosten der Filiallogistik und Effektivitätsunterschiede aus dem relativen Nutzen der höheren Regalverfügbarkeit für den Kunden durch Vermeidung von Umsatzverlusten und der Steigerung der Kundenzufriedenheit.

---

[421] Vgl. Freiling (2001), S. 5.
[422] Das Resultat des strategischen Prozesses ist die Performance, welche als handelsunternehmerischer Erfolg gleichgesetzt wird. Dieser kann als Erreichung der Unternehmensziele definiert werden.

2.4 Resource-based View als Erklärungsansatz für das Management der Filiallogistik

- Leistungsdimensionen der Filiallogistik beziehen sich auf die Ausstattung logistikrelevanter Inputgrößen und der durch sie induzierten Informations- und Warenflüsse im Rahmen der Logistikprozesse in Handelsfilialen. Diese Ressourcen- und Prozessunterschiede determinieren die von Handelsunternehmen zu Handelsunternehmen verschiedenen Logistikleistungen und münden in Potenzialunterschieden des Managements der Filiallogistik (*Ursachen des Vorteils*).

Zusammenfassend können Unterschiede verschiedener Handelsfilialen auf den drei genannten Stufen als erste Voraussetzung der ressourcentheoretischen Argumentationslinie erkannt und unter dem Begriff der *Heterogenität* subsumiert werden. Diese bringt zum Ausdruck, dass Wettbewerbsvorteile in Form höherer Regalverfügbarkeit aufgrund von Effizienz- und/oder Effektivitätsunterschieden realisiert werden,[423] die ihrerseits durch unterschiedliche Kombinationen logistikrelevanter Ressourcen und Prozesse hervorgerufen werden und sich in Potenzialen verdichten. Heterogenität des Managements der Filiallogistik findet demnach in der logistikrelevanten Ressourcenausstattung ihren Ursprung und erklärt unterschiedliche Regalverfügbarkeitsniveaus in Handelsfilialen.

Das *Erklärungsziel* stellt demnach die Erarbeitung kausaler Zusammenhänge zwischen der logistikrelevanten Ressourcenausstattung in Handelsfilialen und dem Regalverfügbarkeitsniveau dar.[424] Somit steht nicht die Verfügbarkeit von Ressourcen im Vordergrund, sondern vielmehr die Leistung, die durch sie erbracht wird. Daran schließen sich Maßnahmen zur Erfolgsgenerierung im Sinne von *Gestaltungszielen* an, die durch die Stabilisierung von Abverkäufen, zur Steigerung der Kundenzufriedenheit sowie der Vermeidung von Umsatzeinbußen aufgrund von Out-of-Stocks beitragen.

Eine hohe Regalverfügbarkeit ist dieser Argumentation folgend eng mit dem Aufbau von filialspezifischen Logistikressourcen verbunden. Im Weiteren stellt sich die Frage, wie das Management der Filiallogistik die Prämissen des ressourcenorientierten Ansatzes erfüllen kann. Auf der Grundposition des RBV aufbauend gilt es, ein geeignetes Ressourcenverständnis für das Management der Filiallogistik zu erarbeiten, das als valides und definitorisches Grundgerüst für die weiterführende Argumentation dient. Im Folgenden wird eine Begriffssystematik vorgestellt, die es erlaubt, das Management der Filiallogistik in den ressourcenorientierten Ansatz einzubetten.

2.4.2 Ressourcenorientierte Anforderungen an das Management der Filiallogistik

In einer weit gefassten Auslegung umfasst der Ressourcenbegriff alle internen, materiellen und immateriellen sowie finanzielle Güter, Systeme und Prozesse eines Unternehmens.[425]

---

[423] Vgl. Plinke (1995), S. 68.
[424] Vgl. Barney (1991), S. 100f.; Bamberger/Wrona (1996a), S. 386f.
[425] Vgl. Bamberger/Wrona (1996b), S. 132.

Alternativ werden Ressourcen als Inputgrößen für Wertschöpfungsprozesse bezeichnet.[426] Folgt man dem Verständnis von Freiling (2001), so spricht man dann von *Ressourcen*, „[...] wenn (in Märkten beschaffbare) Inputgüter durch Veredelungsprozesse zu unternehmenseigenen Merkmalen für Wettbewerbsfähigkeit weiterentwickelt worden sind und die Möglichkeit besteht, Rivalen von der Nutzung dieser Ressourcen in nachhaltiger Weise auszuschließen"[427]. Ressourcen entstehen demnach durch die Fähigkeit zu und das Wissen über „Veredelungsprozesse". Somit stellt der *Ressourcenunterschied* alleine noch keine hinreichende Bedingung für den Unternehmenserfolg dar. Vielmehr ist das Vorhandensein von Fähigkeiten bzw. Kompetenzen erforderlich, um das Wirkungspotenzial der Ressourcen zu nutzen.[428] Zur Konkretisierung lässt sich in diesem Zusammenhang das „capability"-Verständnis heranziehen, nach dem Kompetenzen als wiederholbare Handlungssequenzen bei der Nutzung von Inputgrößen verstanden werden.[429] Die Handlungsabläufe unterliegen nicht einer zufälligen Zuordnung, sondern vielmehr dem hinzugewonnenen Wissen über Kombinationen von Inputgrößen, und resultieren zunächst in *Prozess-* und in Kombination mit den Ressourcen anschließend in *Potenzialunterschieden*. Die daraus abgeleitete Anforderung von Kompetenzen („intermediate goods") ermöglicht die kontinuierliche Weiterentwicklung sowie die erfolgreiche Verwendung originärer Ressourcen.[430] Diese allgemeingültigen Ausführungen gilt es für das Management der Filiallogistik zu konkretisieren. Mit dem vorliegenden Verständnis über Ressourcen und Kompetenzen gehen für das Management der Filiallogistik verschiedene Anforderungen einher. So sind etwa handelsunternehmensspezifische Einflüsse an Logistikprozesse der Filialen sowie deren Inputgrößen zu nennen. Diese spiegeln sich in den filiallogistischen Ressourcenbündeln konkurrierender Handelsunternehmen wieder und erlauben Rückschlüsse auf die unterschiedliche Ausgestaltung des Managements der Filiallogistik. Die geschaffenen Voraussetzungen sollen insgesamt dazu führen, so genannte *Performanceunterschiede* zu realisieren.

Die relevanten Inputgrößen für Logistikprozesse lassen sich in das vorliegende Verständnis von Ressourcen und Kompetenzen überführen.[431] Dabei handelt es sich um die durch das Management der Filiallogistik beeinflussbaren, als Gestaltungsgrößen in Kapitel 2.2 vorgestellte originären Ressourcen und Fähigkeiten dispositiver sowie ausführender Mitarbeiter (Humanressourcen), der eingesetzten Technik zur Unterstützung von Verräumprozessen und der Datenübermittlung (materielle Ressourcen) sowie der durch die Aufgabenverteilung

---

[426] Vgl. Grant (1991), S. 118f.
[427] Freiling (2001), S. 22.
[428] Die uneinheitliche Nutzung der Begriffe Fertigkeiten, Capability, Dynamic Capability, Fähigkeiten und Kompetenzen wirft in der wissenschaftlichen Literatur einige Verwirrung auf. Aus den graduellen Unterschieden der verschiedenen Begriffe wird kein zusätzlicher Erkenntnisgewinn erkennbar. Aus diesem Grund werden die Begriffe Kompetenzen und Fähigkeiten synonym verwendet. Vgl. hierzu Freiling (2001), S. 24.
[429] Vgl. Sanchez/Heene/Thomas (1996), S. 7f.
[430] Vgl. Grant (1991), S. 118f.; Amit/Schoemaker (1993), S. 35.
[431] Vgl. Pfohl (2004b), S. 26ff.

2.4 Resource-based View als Erklärungsansatz für das Management der Filiallogistik 95

zwischen Handelszentrale und Filiale gekennzeichneten Informationen und Daten (immaterielle Ressourcen) (vgl. Abbildung 11):

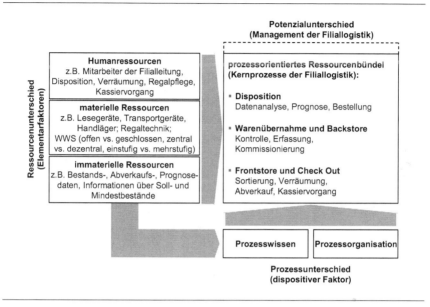

Abbildung 11: Originäre Ressourcen als Ressourcenbündel des Managements der Filiallogistik
Quelle: Entwickelt aus Barney (1991), S. 101f.; Bürki (1996), S. 47ff.

- *Humanressourcen*: Aufgrund der nur in geringem Ausmaß umsetzbaren Automatisierung der Regalverräumung und der damit erforderlichen manuellen Tätigkeiten ist der Warenfluss in Handelsfilialen durch einen relativ hohen Personaleinsatz gekennzeichnet.[432] Die Logistiktätigkeiten stehen bspw. im Konflikt mit Verkaufs-, Merchandising- und administrativen Filialprozessen. Hier stellt sich die Frage nach den Tätigkeitsprofilen der Mitarbeiter, wobei diese prozess- oder funktionsorientiert ausgestaltet sein können. So werden aus Kundensicht Filialmitarbeiter im Frontstore weniger anhand spezifischer Filialprozesse zugeordnet, sondern vielmehr im Rahmen des Kundenservice als Kaufberater wahrgenommen. Dies führt insbesondere dann zu Konflikten, wenn die mit dem Warenhandling im Zusammenhang stehenden Filialprozesse an externe Dienstleistungsunternehmen fremdvergeben werden.

- *Materielle Ressourcen* beziehen sich auf die eingesetzte Technik, die sich in „Hardware" und „Software" untergliedern lässt.[433] Unter „Hardware" fällt die für alle Teilbe-

---

[432] Zu den logistikorientierten Aufgaben der Mitarbeiter in Handelsfilialen vgl. Kapitel 2.2.3.
[433] Zur Gestaltungsgröße Technik in Handelsfilialen vgl. Kapitel 2.2.4.

reiche des Warenflusses relevante innerbetriebliche Technik. „Software" unterstützt die Informationsflüsse bzgl. der Bestandsführung im Backstore und Frontstore, die Generierung von Abverkaufsdaten am Check Out zur Ableitung von Bedarfsprognosen sowie die Ermittlung von Bestellmengen. Die WWS finden innerhalb von Handelsfilialen (einstufig) sowie an Schnittstellen zwischen den Filialen und vorgelagerten Stufen (mehrstufig), bspw. zur Handelszentrale oder zu Herstellern, Anwendung. Sie umfassen neben Techniken der Entscheidungsvorbereitung auch die Disposition (manuell bis vollautomatisch, statisch bzw. dynamisch) sowie die Warenbestands- und Abverkaufserfassung.[434]

- Zu *immateriellen Ressourcen* zählen dispositions- und bestandsrelevante Daten. Im Rahmen der Informationsflüsse dienen diese Daten als Ausgangsparameter der nachfragegerechten Bereitstellung von Waren und werden durch Informations- bzw. Warenflüsse generiert. Kenntnis und Nutzung von Informationen über Wareneingänge, Retouren, Schwund und Verderb dienen der Identifikation sowie Lokalisation von Beständen und unterstützen die bedarfsgerechte Warennachverräumung. Darüber hinaus tragen Abverkaufsdaten zusätzlich zur nachfragegerechten Warenbereitstellung bei.

Eine Kombination der Ressourcen in Verbindung mit spezifischen Fähigkeiten kann im Kontext der ressourcenorientierten Betrachtung in einzigartige Leistungen münden, die sich in der effizienten Warenbereitstellung niederschlagen und ihren Ausdruck in filialspezifischen *Prozessunterschieden* finden:

- Das dabei relevante *Prozesswissen* kann im Rahmen des organisationalen Lernens aufgebaut und weiterentwickelt werden. Grundsätzlich ist zwischen explizitem und implizitem Prozesswissen der Mitarbeiter der Filiale zu unterscheiden. Explizites Wissen lässt sich durch Kommunikation hervorbringen und im Rahmen von Aus- und Weiterbildung sowie Schulungen der Mitarbeiter vermitteln. Dies betrifft insbesondere den Transfer von artikulierbarem Wissen für die Anwendung der eingesetzten Technologien und Routinen von standardisierten Prozessabläufen bei der Disposition, der Warenannahme, dem Backstore sowie Frontstore und dem Check Out sowie der Einhaltung vorgegebener Prozessschritte. Bei einem einheitlichen oder modularen Prozessablauf kann die Vermittlung der Aufgabeninhalte mit Hilfe von standardisierten Prozesshandbüchern erfolgen. Implizites Wissen umfasst demgegenüber schwer oder nicht artikulierbares Know-how, das als tazites Wissen bezeichnet wird.[435] Dabei handelt es sich bspw. um Erfahrungswerte bzgl. Bestellmengen oder der Abschätzung von Absatzpotenzialen für einen bestimmten Zeitraum im Rahmen manueller Dispositionsvorgänge sowie der Vorgehensweise bei der Verräumreihenfolge.

---

[434] Zur Klassifizierung von Dispositionssystemen vgl. Angerer (2006), S. 81.
[435] Vgl. Nonaka/Takeuchi (1995), S. 38.

2.4 Resource-based View als Erklärungsansatz für das Management der Filiallogistik

- *Prozessorganisation*: In engem Zusammenhang mit dem Prozesswissen steht die Ausgestaltung der notwendigen Logistikprozesse. Hierzu ist die Nutzung der angesprochenen Ressourcen in den filialspezifischen Logistikprozessen erforderlich. Die Gestaltung der Filiallogistik umfasst im Wesentlichen die Verknüpfung derjenigen Teilprozesse und die zu ihrer Realisierung notwendigen Ressourcen, die zur Sicherung der Regalverfügbarkeit beitragen. So ist selbst die Fähigkeit der Prozessgestaltung durch das Prozessmanagement als wettbewerbsrelevant zu bezeichnen und gilt in besonderem Maße für die beschriebenen Kernprozesse.

Ressourcen und Prozesse determinieren gemeinsam die Kernprozesse, die in Handelsfilialen zur Bereitstellung der Waren ablaufen. Das *Potenzial* des Managements der Filiallogistik umfasst demnach die Gesamtheit der Leistungen, die zur nachfragegerechten Regalverfügbarkeit unter Berücksichtigung der damit einhergehenden Kostenbestandteile beitragen. Über ein prozessorientiertes Ressourcenbündel lässt sich demnach mit Hilfe des Managements der Filiallogistik ein *Potenzialunterschied* generieren.

In einer isolierten Betrachtung erfüllen weder Warenträger, Bestellsysteme, Logistikmitarbeiter oder WWS die Voraussetzung filialspezifischer Ressourcen, da sich bspw. die Pflege und Nachverräumung von Warenträgern durch externe Dienstleistungsunternehmen umsetzen lassen. Vielmehr unterliegt die Realisierung der filiallogistischen Kernprozesse der Fähigkeit, die vorhandenen Inputgrößen zu einzigartigen Ressourcenbündeln zusammenzuführen. Sofern sich diese Kernprozesse zur nachfragegerechten Regalverfügbarkeit unter Einhaltung des dafür vorgesehenen Kostenbudgets eignen und sich als Alleinstellungsmerkmal gegenüber dem Wettbewerb auszeichnen, könnte der Resource-based View ein geeignetes Erklärungsmuster für das Management der Filiallogistik darstellen. Der Wahl der filiallogistischen Ausgestaltung liegt eine Beurteilung des Leistungsvermögens logistischer Systeme und somit dem „Ressourcenbündel Management der Filiallogistik" zugrunde.[436]

2.4.3 Kausalstruktur des Resource-based View zur Analyse des Managements der Filiallogistik

Vorgehaltene Ressourcen des Managements der Filiallogistik stellen für sich genommen noch keinen ausreichenden Grund für dauerhafte Wettbewerbsvorteile für Handelsfilialen dar. Insbesondere bei der Beschaffung über vollkommene Faktormärkte wären die Ressourcen imitier- und substituierbar, wodurch die aus ihnen gewonnenen Wettbewerbspotenziale von Konkurrenten kurzfristig adaptiert werden könnten.[437] Ferner müssen die Wettbewerbsvorteile aus den filialbezogenen Ressourcenpositionen in „Renten", bspw. in der Vermeidung von

---

[436] Vgl. Hadamitzky (1995), S. 188ff. Mikus (2003), S. 235 verweist in diesem Zusammenhang auf den Begriff der Logistikkompetenz, wenn eine besonders gute Ausprägung vorliegt.
[437] Vgl. Bamberger/Wrona (1996b), S. 132.

Umsatzverlusten aufgrund von Regallücken unter Berücksichtigung von Kostenbudgets und der Steigerung der Kundenzufriedenheit, überführbar sein. Um den Anforderungen gerecht zu werden, stellen die „Nachhaltigkeit" von Ressourcenkombinationen sowie die „Aneignungsfähigkeit" eine Präzisierung der nachfolgend abgebildeten Argumentationskette dar (Abbildung 12).

*Abbildung 12: Kausalstruktur des Ressourcenansatzes für das Management der Filiallogistik
Quelle: Entwickelt aus Bamberger/Wrona (1996b), S. 136*

Die heterogene Ressourcenausstattung von Handelsfilialen führt dann zu Wettbewerbsvorteilen, wenn die dem Management der Filiallogistik zugrunde liegenden Ressourcen wertvoll und knapp sind.[438] Wertvoll bedeutet, dass Ressourcen Marktleistungen erbringen, die dem Kunden einen Nutzen (Verfügbarkeit des angebotenen Sortiments) und einen Wert (Verwendungsmöglichkeit aufgrund der Verfügbarkeit) schaffen. Diese wertvollen Ressourcen müssen darüber hinaus knapp sein, um gegenüber Mitbewerbern ein Alleinstellungsmerkmal aufweisen zu können. Daraus resultieren Positionsvorteile bzgl. des Kundenverhaltens und der Umsatzgenerierung durch eine nachfragegerechte Regalverfügbarkeit, vorausgesetzt, die Kausalelemente der Ressourcenorientierung sind geschützt. Dieser Schutz erfolgt über Isolationselemente, um den Bemühungen von Mitbewerbern bzgl. der Generierung erfolgswirksamer Ressourcen entgegen zu wirken.[439]

---

[438] Vgl. Barney (1991) S. 100.
[439] Isolationselemente sind von Isolationsmechanismen zu unterscheiden. Letztere ermöglichen Aussagen, auf welche Weise Ressourcen und Kompetenzen zu kombinieren sind, um eine Aneignung durch Wettbewerber zu verhindern. Im Hinblick auf die Ableitung von Gestaltungsempfehlungen stellen Isolationsmechanismen die Grundlage für den Auf- sowie Ausbau ressourcenbedingter Wettbewerbsvorteile. Eine explizite Isolation

2.4 Resource-based View als Erklärungsansatz für das Management der Filiallogistik

Die Untersuchung der Isolationselemente anhand eines analytischen Gerüsts ermöglicht die Operationalisierung ressourcenbedingter Wettbewerbsvorteile und liefert weiterführende Impulse für den Aufbau neuer Ressourcen. Somit stellt die Kausalstruktur des RBV die Verbindung zwischen der unternehmensspezifischen Ressourcenausstattung und der Sicherung der Wettbewerbsfähigkeit durch Steigerung des Endkundennutzens dar.

Trotz uneinheitlicher Entwicklungsstränge lassen sich die Isolationselemente der ressourcenorientierten Diskussion einer gewissen einheitlichen Systematisierung unterziehen.[440] Die nachfolgende Auswahl bezieht sich auf Unternehmen bzw. Organisationseinheiten, welche sich durch die Entwicklung oder Vorhaltung von Ressourcen gegenüber Wettbewerbern abheben, und liefert einen Erkenntnisbeitrag zur dauerhaften Entwicklung des Managements der Filiallogistik.

2.4.4 Nachhaltigkeit des Managements der Filiallogistik

Zur dauerhaften Vorteilnahme sind Wettbewerber von der Nutzung der angesprochenen Ressourcen auszuschließen. Dierickx/Cool (1989) formulieren zu Zwecken der Einzigartigkeit von Ressourcen den Begriff der Nachhaltigkeit, die sich auf „privileged asset positions" beziehen.[441] Als Komponenten der Nachhaltigkeit von Ressourcenbündeln finden die Isolationselemente der Abnutzbarkeit der zugrunde liegenden Ressourcen, die Erlangung von Ressourcen auf Faktormärkten im Sinne der Transferierbarkeit sowie ihre Imitier- und Substituierbarkeit Eingang in die Analyse. Dabei ist darauf hinzuweisen, dass zwischen den Isolationselementen interdependente Beziehungen bestehen, die im Weiteren zu berücksichtigen sind.

Mit der ersten Anforderung an das Management der Filiallogistik geht eine geringe *Abnutzbarkeit* einher, um eine dauerhafte Regalverfügbarkeit zu gewährleisten. Während materielle Ressourcen tendenziell einer stärkeren Abnutzung unterliegen, können unter bestimmten Umständen immaterielle Ressourcen im Laufe ihrer Nutzung im Wert steigen. So kommt Logistikprozessen in Handelsfilialen bei einer standardisierten Ausgestaltung eine gleich

---

von wettbewerbsrelevanten Ressourcenbündeln im Sinne der Abschottung gegenüber der Umwelt darf darunter nicht verstanden werden. Vielmehr lassen sich Situationen nennen, die eine Zusammenarbeit mit Wettbewerbern erfordern, um bspw. Informationsstandards zwischen Handels- und Herstellerunternehmen zu etablieren. In einer eng verwendeten Auslegung bezieht sich der Isolationsmechanismus auf den Schutz bestimmter Ressourcen vor dem ungewollten Zugriff durch Dritte. Der Begriff des Mechanismus suggeriert einen geschlossenen Vorgang, der als Schutzmaßnahme einen in sich geschlossenen Vorgang darstellt und automatisch zu überdurchschnittlichen Erlöspositionen für Handelsunternehmen führt. Um dieser verkürzten Auslegung entgegen zu wirken, soll vielmehr der Begriff der Isolationselemente gewählt werden, die sich zur hinreichenden Überprüfung verschiedener Ressourcen und Kompetenzen für nachhaltigen Wettbewerbsvorteil anbieten. Sie stellen den Teil der Wirkungskette dar, die zur Schaffung bzw. Weiterentwicklung von Ressourcen dienen und deren Anforderungen an nachhaltigen Wettbewerbsvorteilen erfüllen. Zur Diskussion von Isolationsmechanismen und der Ausprägung von Isolationselementen vgl. Freiling (2001), S. 100ff.

[440] Vgl. bspw. die Übersicht in Mahoney/Pandian (1992), S. 372f. zu Isolationsmechanismen. Freiling (2001), S. 104 verweist auf die Eigenschaft von Isolationselementen.

[441] Vgl. Dierickx/Cool (1989), S. 1507ff.

bleibende Anwendungsfähigkeit zu. Aufgrund der logistikimmanenten Prozessorientierung weisen die Informations- und Warenflüsse dann eine geringe Abnutzbarkeit auf, wenn sich über die zeitabhängige (Weiter-)Entwicklung Verbesserungen der Nachschubprozesse in Handelsfilialen realisieren lassen. Beim Informationsfluss kann dies etwa zu exakteren Prognosen aufgrund historisch generierter und ausgewerteter Abverkaufsdaten für einzelne Handelsfilialen führen. Auch die in die Logistikprozesse eingebrachten originären Ressourcen sind z.T. durch eine geringe Abnutzbarkeit gekennzeichnet. Insbesondere der Einsatz von WWS und deren Weiterentwicklung erfüllen dabei die Anforderungen des Isolationselements.

Darüber hinaus stellen die mit der *Transferierbarkeit* angesprochene, unvollkommene Mobilität sowie unvollkommene Information einen Schutz vor unerwünschter Akquisition der Ressourcen durch Mitbewerber dar.[442] Damit ist die Frage verbunden, wodurch die eingeschränkte Übertragung von Ressourcenbündeln des Managements der Filiallogistik hervorgerufen wird. Eine mögliche Ursache umfasst die Spezifität des Managements der Filiallogistik, durch die der Wert der Ressource von ihrer Verwendung abhängt. Die Schutzwirkung der *Spezifität* liegt demnach in der Anwendung im Rahmen des filialbezogenen Kontextes.[443] So eignen sich filialspezifische Abverkaufsdaten zu einer verbesserten Filialdisposition des handelsunternehmensspezifischen Sortiments. Diese Daten lassen sich bspw. aus Kundenkarten und filialbezogenen Boninformationen zur Analyse des Einkaufverhaltens generieren, zentral auswerten und an die Disposition der Handelsfiliale zur Entscheidungsunterstützung über Bestellungen einsetzen. Auf Basis dieser Informationen können Bestellmengen geplanter Sonderabverkäufe angepasst und Regalverräumrhythmen leichter mit Kundenfrequenzen in den Filialen synchronisiert werden. Das Beispiel zeigt, dass selbst vollkommen mobile Ressourcen (bspw. die Erfassung von Abverkaufsdaten mit Hilfe geeigneter Scannertechnik und Software) weiterhin vom „Grad der Vollkommenheit" bestehender Informationen abhängen. Wettbewerber müssten zunächst feststellen, auf welcher Kompetenz die Generierung der logistikrelevanten Kundendaten basiert, damit sie dieses Wissen kopieren können. Basiert eine solche Fähigkeit auf mehreren verbundenen Ressourcen („social complexity"), lässt sich der Wert einzelner Ressourcen nur schwer von Mitbewerbern einschätzen.[444] Dies betrifft bspw. die Berücksichtigung von erfassten Abverkaufsdaten, die für die Bestellprognose genutzt bzw. auf deren Basis Meldungen für drohende OoS-Situationen generiert werden können. Wettbewerbern bleibt in diesen Fällen nur der Aufbau eigener, unternehmensinterner Ressourcen.[445]

---

[442] Vgl. Bamberger/Wrona (1996b), S. 137. Hier zeigen sich die bereits genannten Überschneidungen verschiedener Isolationselemente. Die eingeschränkte Transferierbarkeit kann auch als Akquisitionsschutz bezeichnet werden, vgl. Freiling (2001), S. 109f.

[443] Vgl. Peteraf (1993), S. 183f.

[444] Vgl. Barney (1991), S. 110.

[445] Vgl. Thiele (1997), S. 48.

2.4 Resource-based View als Erklärungsansatz für das Management der Filiallogistik 101

Ein enger Zusammenhang existiert weiterhin zwischen der Transferierbarkeit und der Imitierbarkeit von Ressourcen. Dabei weist die *Imitierbarkeit* gegenüber den auf Faktormärkten zu erlangenden Ressourcen eine interne (Eigen-)Entwicklung auf. Rumelt (1984) spricht in diesem Zusammenhang von „barriers to imitation".[446] So hängt die Imitierbarkeit von der Dauer des Imitationsprozesses, den bereits vorhandenen Ressourcen(-kombinationen) sowie möglichen existierenden *kausalen Ambiguitäten* („causal ambiguity")[447] ab, die zur Folge haben, dass die Besonderheiten zu imitierender Prozesse nicht bekannt sind. Im Zusammenhang mit dem Prozessmanagement und der daraus resultierenden Prozessorganisation ist allgemein darauf zu verweisen, dass die Organisation grundsätzlich als wenig imitierbare Ressource aufzufassen ist.[448] Zur Realisierung prozessbasierter Wettbewerbsvorteile durch filialspezifische Logistikkernprozesse ist daher eine hohe Anpassungsfähigkeit an Umfeldentwicklungen anzustreben. Dazu gehören bspw. sich ändernde Sortimente, Belieferungskonzepte und schwankende Nachfrageentwicklungen. Darüber hinaus sollte die Prozessorganisation in Handelsfilialen den Anforderungen der Fluktuation des Filialpersonals sowie einem sich permanent weiterentwickelnden Informationsaustausch mit der Handelszentrale und Herstellern gerecht werden.

Für den filialisierten Einzelhandel scheint die flächendeckende Durchsetzung von Imitationen aufgrund der vielen Standorte nur dann beschleunigt möglich, wenn ein hoher Zentralisationsgrad bei der Auftragsabwicklung vorliegt. Imitationen sind dann schnell umzusetzen, wenn ein Handelsunternehmen einen hohen Deckungsgrad filialspezifischer Ressourcen mit dem zu imitierenden Handelsunternehmen aufweist. Hier kann die Umsetzung branchenspezifischer Standardprozesse eine Nachahmung ermöglichen. Der Imitation stehen jedoch die häufig handelsseitige (Weiter-)Eigenentwicklung von WWS sowie die handelsunternehmensspezifischen Belieferungsrhythmen entgegen, die nicht nur durch die Struktur der Zentral- und Regionalläger, sondern auch durch die vereinbarten Belieferungsmengen und -rhythmen der Lieferanten determiniert sind. Letztlich resultiert eine nicht eindeutige Zuordenbarkeit der Vorteilsursachen u.a. aus der unterschiedlichen Definition von Sicherheitsbeständen, die ineffiziente Warenbestände verdecken bzw. als Qualitätsmerkmale im Sinne gefüllter Warenträger aufzufassen sind. Olavarrieta/Ellinger (1997) schreiben der (innerbetrieblichen) Logistik daher den Charakter eines „proprietary assets" zu,[449] das aufgrund der Intangibilität einer Nachahmung nur schwer zugänglich ist und dadurch einer erschwerten Imitierbarkeit per se unterliegt. Dies lässt sich auch für das Management der Filiallogistik unterstellen. Eng damit verbunden sind historisch-begründete, pfadabhängige Einflüsse, die auf die Einzigartigkeit der Ressourcenbündel der Filiallogistik hinweisen und bspw. durch die Anbindung an

---

[446] Vgl. Rumelt (1984), S. 560f.
[447] Vgl. Reed/DeFillippi (1990), S. 88ff.
[448] Vgl. Osterloh/Frost (1996), S. 358.
[449] Vgl. Olavarrieta/Ellinger (1997), S. 572.

eigenentwickelte Informationssysteme des Handels gekennzeichnet sind.[450] Die daraus möglicherweise generierten Wettbewerbsvorteile können nur unter denselben zeitlichen Entstehungsprozessen imitiert werden. Als Beispiel gilt die Einführung und Anwendung der RFID-Technologie als warenflussorientierte Hardware sowie die permanente Aktualisierung und Identifikation von Parametern zur Ermittlung von Soll- und Mindestbeständen für WWS zur Bestellauslösung auf Filialebene. Die an Belieferungskonzepte ausgerichtete, filialspezifische Personalplanung stellt exemplarisch den individuellen Zuschnitt auf bestehende Anforderungen des Managements der Filiallogistik dar („cospecialized asset").[451]

Eine weiter mögliche Beeinträchtigung der Nachhaltigkeit eines Wettbewerbsvorteils stellt die *Substituierbarkeit* der ihm zugrunde liegenden Ressource dar. Überträgt man die Substituierbarkeit auf das Management der Filiallogistik, würde unterstellt werden, dass sich Konkurrenten über alternative Möglichkeiten der Warenbereitstellung als in Warenträgern der Handelsfiliale am Markt positionieren könnten. Als denkbares Substitut ist bspw. der Heimlieferservice von Handelsunternehmen zu nennen. Allerdings scheint insbesondere im selbstbedienungsorientierten stationären Einzelhandel die Warenverfügbarkeit am POS zum Zeitpunkt der Nachfrage eine unerlässliche Bedingung zur Realisierung der Transaktion darzustellen. Eine weitere Alternative zum effektiven und effizienten Management der Filiallogistik ist in der Ausweitung der Sortimentstiefe zu sehen. Diese erlaubt Kunden, in OoS-Situationen andere Artikelvarianten zu kaufen und trägt in vielen Fällen zur Vermeidung von Umsatzverlusten aufgrund von Kaufverzicht oder Geschäftswechsel bei. Damit einher könnten jedoch erhöhte Bestandskosten aufgrund höherer Lagerbestände gehen. Ebenso sind die Folgen der Komplexitätssteigerung ausgeweiteter Sortimente für die Disposition und das Warenhandling zu berücksichtigen. Des Weiteren wären mit einem erhöhten Warenangebot Flächenerweiterungen in den Handelsfilialen verbunden, da die gegebenen Regalflächen im Rahmen von Planogrammen für das bestehende Sortiment vergeben sind. Letztlich steht die Sortimentstiefe im engen Zusammenhang mit den eingesetzten Betriebstypen der Handelsunternehmen, wobei eine Sortimentsdiversifikation nicht für jedes Handelsformat umsetzbar ist.

Die Diskussion zeigt verschiedene Interdependenzen zwischen den genannten Isolationselementen der ressourcenorientierten Betrachtung auf. Die Übertragung der Argumentation des RBV auf das Management der Filiallogistik ist dabei so zu interpretieren, dass sich die angesprochenen Isolationselemente nicht nur einzeln, sondern insbesondere im Verbund entfalten können, um einen Beitrag zur Sicherung der Wettbewerbsfähigkeit durch Steigerung des Endkundennutzens zu verdeutlichen. Daran schließt sich die Eignungsfähigkeit zur Generierung von Renten durch die Regalverfügbarkeit an.

---

[450] Die handelsunternehmensspezifische Weiterentwicklung und Verknüpfung, bspw. von ERP-, Dispositions- und Filialbestandssystemen kann zu einer erschwerten Imitation führen. Allerdings sind die Eigenentwicklungen oftmals durch eine eingeschränkte Ausbaufähigkeit und eine geringe Kompatibilität gekennzeichnet.
[451] Vgl. Knyphausen (1993), S. 783.

2.4.5 Aneigungsfähigkeit der Regalverfügbarkeit

Mit der Erfüllung einiger oder aller Anforderungen der Isolationselemente geht noch nicht zwangsläufig die Aneignung von Renten einher. Mahoney/Pandian (1992) knüpfen deren Existenz und Erhaltung an die Akquisition, Entwicklung und Vorhaltung wettbewerbsrelevanter Ressourcen an.[452] Das Management der Filiallogistik muss demnach zur Erzielung von Renten aus einem durch Nachhaltigkeit geprägten Ressourcenbündel bestehen und das Handelsunternehmen sollte in der Lage sein, sich die daraus generierten Renten auch anzueignen. Dabei bezieht sich der Rentenbegriff beim Management der Filiallogistik neben der Vermeidung von Umsatzverlusten sowie der Steigerung der Kundenzufriedenheit vornehmlich auf die Berücksichtigung der Bereitstellungskosten. Die Aneignungsfähigkeit von Renten aus der Vermeidung von OoS-Situationen ist eingeschränkt oder gefährdet, wenn eindeutig definierte Nutzungsmöglichkeiten vorgehaltener Ressourcen für das Management der Filiallogistik ausstehen. Diese Einschränkungen finden sich insbesondere bei intangiblen Ressourcen wieder, wenn unklar ist, ob die erhöhte Regalverfügbarkeit auf Mitarbeiter (Humanressourcen) oder auf Technologien (materielle und/oder immaterielle Ressourcen) in den Logistikprozessen zurückzuführen ist.

Überträgt man die Argumentation von Bamberger/Wrona (1996b) zur Aneignungsfähigkeit von Renten auf das Untersuchungsobjekt, resultiert aus dieser Unklarheit eine Verhandlungssituation zwischen dem Handelsunternehmen und den Filialmitarbeitern um die erzielten Renten. Allgemein fallen die Renten den Ressourceneignern zu. Die Aneignungsfähigkeit der Renten wird demnach durch die Verteilung der Verfügungsrechte bestimmt.[453] Eingeschränkte *Verfügungsrechte* versetzen Unternehmen in die Lage, Konkurrenten auf direktem Wege vom Zugang zu wichtigen Ressourcen auszuschließen.[454] Lassen sich nämlich Verfügungsrechte an bestimmten Inputgrößen nennen, können diese nicht ohne Zustimmung des Ressourceneigners adaptiert werden. Aneigungsprobleme ergeben sich, wenn ein Unternehmen bzw. eine Organisationseinheit solche Ressourcen einsetzt, deren Verfügungsrechte „verdünnt" sind.[455] Dies betrifft in den Filialen des stationären Einzelhandels im besonderen Maße die Humanressourcen. Ergeben sich die Beiträge aus den Fähigkeiten einzelner Mitarbeiter, bspw. aufgrund der nachfragegerechten Einschätzung von Kundenbedarfen bei manueller Disposition in einer Filiale, und wäre das Wissen der Mitarbeiter auf Einkaufsstätten anderer Handelsunternehmen übertragbar, so ginge damit eine geringe Aneignungsfähigkeit der Renten aufgrund begrenzter Kontroll- und Zugriffsmöglichkeiten durch das Handelsunternehmen

---

[452] Vgl. Mahoney/Pandian (1992), S. 370. Auch Grant (1991), S. 128 knüpft das Potenzial der Nachhaltigkeit an die Möglichkeiten der Rentengenerierung.
[453] Verfügungsrechte als intangible Ressourcen werden regelmäßig im Sinne von Patenten, Copyrights aber auch Marken aufgefasst. Vgl. hierzu bspw. Bamberger/Wrona (1996b), S. 133; Dierickx/Cool (1989), S. 1505.
[454] Vgl. Jap (2001), S. 22.
[455] Vgl. Picot/Dietl/Franck (1999), S. 55f.

einher.[456] Als problematisch wird in diesem Zusammenhang die potenzielle Mobilität von Mitarbeitern eingestuft, die insbesondere auf Entscheidungsträger der Filiallogistik abzielt. Sofern bei der Gewährleistung der Regalverfügbarkeit eine starke Abhängigkeit von spezifischen Fähigkeiten einiger oder aller Mitarbeiter besteht, stellt die Bindung der relevanten Mitarbeiter an die Filiale eine hohe Bedeutung zur Sicherung des Wettbewerbvorteils und der Realisierung von Renten dar. Basiert die hohe Regalverfügbarkeit dagegen im besonderen Maße auf immateriellen Ressourcen (bspw. Bestands-, Abverkaufs- und Prognosedaten) in Handelsfilialen, stellt dies die primäre Determinante für die Aneignung von Renten durch das Unternehmen dar. Dabei ist zu berücksichtigen, dass die einzelnen Kriterien wettbewerbsstiftender Ressourcen nicht immer logisch voneinander zu trennen sind.

Die Steigerung der Kundenzufriedenheit sowie die Vermeidung von Umsatzverlusten aufgrund von OoS-Situationen weist demnach eine hohe Abhängigkeit von den diskutierten Anforderungen der Nachhaltigkeit und der Aneignungsfähigkeit auf. In wie weit diese Ansprüche auf das Management der Filiallogistik übertragbar sind, soll abschließend diskutiert werden.

2.4.6 Erklärungsangebot des Resource-based View für das Management der Filiallogistik

Mit Hilfe der ausgewählten Isolationselemente wird die Wirkungskette diskutiert, die der Schaffung bzw. Weiterentwicklung von Ressourcenbündeln dient und damit die Grundlagen nachhaltiger Wettbewerbsvorteile legt. Einzeln oder im Verbund bewirken die Isolationselemente, dass Transfer-, Imitations- sowie Substitutionsbemühungen erfolgskritischer Ressourcen durch Konkurrenten auf kurze Sicht nicht zu realisieren und auf lange Sicht in ihrem Erfolg unsicher sind.[457] Dabei müssen sich die Isolationselemente einer kritischen Auseinandersetzung unterziehen, da ihre Beiträge zur Ableitung von Handlungsempfehlungen aufgrund der weitgehenden Vernachlässigung ihrer Wirkungsweise und der begrenzten Aussagekraft über erfolgswirksame Maßnahmen für die Filiallogistik nicht eindeutig nachvollziehbar sind. Angesichts des verfolgten Ziels, nachhaltige Wettbewerbsvorteile der Ressourcenausstattung der Filiallogistik zuzuschreiben, stellt sich die Frage, welche Ressourcen wie entwickelt oder vorgehalten und langfristig geschützt werden sollen, um Out-of-Stocks im Rahmen vorgegebener Kostenbudgets und unter Berücksichtigung betriebswirtschaftlich sinnvoller Sicherheitsbestände dauerhaft zu vermeiden.

Die zentrale Herausforderung für Handelsunternehmen stellt die *Auswahl zu entwickelnder filiallogistischer Ressourcen* dar. Mit den Anforderungen der Isolationselemente werden die Eigenschaften zur Schaffung dauerhafter Wettbewerbsvorteile erkannt, jedoch fehlen Hinwei-

---

[456] Vgl. Fried (2003), S. 19.
[457] Vgl. Freiling (2001), S. 102.

2.4 Resource-based View als Erklärungsansatz für das Management der Filiallogistik 105

se auf die Art zu entwickelnder Ressourcen. Eine Erklärung, was filialspezifische Ressourcen für das Management der Filiallogistik wertvoll macht, bleibt weitgehend aus. Das Vorverständnis über wertvolle Ressourcen erlangt jedoch in praktischer Sicht für die Entwicklung von Ressourcen zur Vermeidung von OoS-Situationen eine besondere Bedeutung. So verweisen Bamberger/Wrona (1996b) hinsichtlich der wettbewerbsrelevanten Merkmale allgemein auf das Vorhalten kritischer „Erfolgsfaktoren". Hilfestellungen können die aus der industrieökonomischen Perspektive abgeleiteten „Schlüssel-Erfolgsfaktoren" geben, die eine Antwort liefern, welche Ressourcen zu entwickeln und demnach als wertvoll zu bezeichnen sind. Es ist davon auszugehen, dass der Wert einer filiallogistischen Ressource unter Bezugnahme auf wettbewerbsrelevante Branchenmerkmale des stationären Einzelhandels von der strategischen Positionierung des Handelsunternehmens und der Integration in Belieferungskonzepte abhängt. In Handelsfilialen, die bspw. durch einen geringen Sortimentsumfang sowie einen hohen manuellen Anteil an Bestandspflege und Disposition gekennzeichnet sind, wird der Einsatz von Mitarbeitern mit hoher Kenntnis über zu bestellende Artikel für die Bereitstellung von großer Bedeutung sein. Auch erfolgen Entscheidungen über den Einsatz von Logistikteams oder die Übernahme von Nachverräumprozessen durch das Verkaufspersonal in Abhängigkeit der strategischen Positionierung und der Größe der Handelsfilialen. Demgegenüber stellen sich bei Handelsfilialen mit hohem Sortimentsumfang und einer Vielzahl verschiedener Lieferanten umfassende Anforderungen an angebundene WWS zur Bestandspflege und Disposition.

Abgesehen von der Art zu entwickelnder Ressourcen steht die Frage der *Form der Entwicklung* von Ressourcen im Zusammenhang mit dem Management der Filiallogistik. Einerseits kommt die interne Entwicklung, andererseits die Beschaffung über Märkte in Betracht. Beide Alternativen setzen den Resource-based View in Beziehung zu anderen Erklärungsmustern. Aufgrund der ressourcenorientierten Anforderung, dauerhafte Wettbewerbsvorteile durch nicht auf Märkten zu erwerbende Ressourcen zu generieren, bietet sich zunächst die interne Entwicklung besonders bei Ressourcen mit hoher Immobilität an, deren Beschaffung mit der Preisgabe interner Informationen verbunden ist. Darüber hinaus erfordert die Verbundenheit zu entwickelnder Ressourcen mit bereits vorhandenen (historisch gewachsenen) Ressourcen häufig eine interne Entwicklung. Beispielhaft ist die Identifikation geeigneter Parameter zur Unterstützung der Bestellübermittlung auf Basis von Soll- und Mindestbeständen zu nennen. Die Ausprägungen der Systemeinstellungen sind abhängig von Abverkaufsmustern, die durch das Sortiment, die Filialgröße sowie die Kundenfrequenz gekennzeichnet sind.[458] Handelsunternehmen kommen nicht umhin, filialspezifische Ressourcen über Märkte zu beschaffen, wenn eine Eigenentwicklung aufgrund fehlendem Know-how und hoher Standardisierung (z.B. Barcodes oder die RFID-Technologie) oder Kostenvorteile durch ein Outsourcing

---

[458] Der Filialstandort kann ebenfalls als Einflussgröße auf Abverkaufsmuster angesehen werden. Im Nachfolgenden erfährt er jedoch keine Berücksichtigung, weil die kausalen Zusammenhänge nicht eindeutig sind.

entstehen. Weiterhin findet mit dem Einsatz externer Dienstleister zur Nachverräumung gelieferter Ware eine Beschaffung von filialspezifischen Ressourcen statt, die bspw. in Verbindung mit nächtlichen Anlieferungen und Verräumungen einen höheren Wert besitzen als in Filialen anderer Handelsunternehmen. Entscheidungen über extern zu beziehende Ressourcen lassen sich mit Hilfe theoretischer Erklärungsmuster herbeiführen, die sich auf die Erklärung von Transaktionsformen beziehen. So verdeutlicht etwa die Transaktionskostentheorie die Bedeutung asymmetrischer Informationsverteilung für Entscheidungen zwischen interner oder externer Entwicklung von Ressourcen, die sich auch auf den Handelsfilialkontext übertragen lässt.

Zusammenfassend findet sich die besondere Stärke ressourcenorientierter Ansätze in der Hervorhebung interner Ressourcenbündel und deren Beitrag zur Erlangung eines Wettbewerbsvorteils. Diese Argumentation lässt sich auf das Management der Filiallogistik übertragen, da der Regalverfügbarkeit eine ähnlich strategische Bedeutung wie der Sortimentsgestaltung oder der Standortwahl im stationären Einzelhandel zugesprochen werden kann.[459] Allerdings schuldet der Ansatz eine eindeutige Klärung der verwendeten Schlüsselbegriffe, deren Konkretisierung einer tautologischen Entwicklung entgegen wirken und zur Sicherstellung der empirischen Substanz beitragen.[460] Um Aussagen über wertvolle Ressourcen zur Vermeidung von OoS-Situationen zu treffen, sind die wechselseitigen Beziehungen zwischen filialspezifischen Ressourcen, der strategischen Positionierung von Handelsunternehmen sowie der Gestaltung von Belieferungskonzepten und ihre Auswirkungen auf das Management der Filiallogistik zu analysieren.

2.5 Zwischenfazit: Überblick der Gestaltungsgrößen des Managements der Filiallogistik im Rahmen einer ressourcenorientierten Betrachtung

Als Zwischenfazit ist zu konstatieren: Zur Vermeidung von Out-of-Stocks nehmen filialspezifische Logistikprozesse eine wesentliche Rolle im effizienten Bereitstellungsprozess des Handels ein.[461] In den vorangegangenen Ausführungen wurde deutlich, dass sich die Gestaltungsgrößen des Managements der Filiallogistik – in Beantwortung der ersten Forschungsfrage – in bestehende Modelle zum Logistikmanagement einordnen lassen und an einem eigenen Zielsystem ausrichten. Dem Management der Filiallogistik kommt aufgrund seiner hohen absatzwirksamen Bedeutung eine strategische Rolle zu. Neben der Senkung der Bereitstellungskosten in Handelfilialen trägt es zu einer gesteigerten Regalverfügbarkeit bei, „[...] die zu nachhaltigen und schwer imitierbaren Differenzierungsmerkmalen gegenüber dem

---

[459] Vgl. Möhlenbruch (1994), S. 4.
[460] Vgl. Thiele u.a. (2006), S. 579f.
[461] Vgl. Kotzab/Reiner/Teller (2005), S. 281; Raman/DeHoratius/Ton (2001), S. 151.

2.5 Zwischenfazit

Wettbewerb"[462] führen. Unter Berücksichtigung der vorangestellten Zielgrößen beeinflusst das Management der Filiallogistik in den durch hohe Kostensensibilität gekennzeichneten Handelsunternehmen deren betriebswirtschaftliches Ergebnis und damit den Wert des Handelsunternehmens. Neben den Sachzielen der effizienten Logistikprozesse zur Gewährleistung der Regalverfügbarkeit findet das Formalziel der Sicherung der Wettbewerbsfähigkeit durch Steigerung des Endkundennutzens eine ergänzende Berücksichtigung in dem erweiterten Bezugsrahmen (vgl. Abbildung 13). Dabei ist zu prüfen, ob der ressourcenbezogene Verbund von Logistikprozessen sowie der Einsatz der beeinflussbaren und logistikrelevanten Gestaltungsgrößen Mitarbeiter und Technik in Handelsfilialen den Anforderungen einer „inside-out"-Perspektive[463] – wie sie der Resource-based View darstellt – zur Realisierung von Wettbewerbsvorteilen gerecht wird und sich zur Differenzierung gegenüber Mitbewerbern eignet.[464]

Aufgrund der hohen Dynamik im Handel und der daraus resultierenden Vielzahl von unterschiedlich gestalteten Handelsfilialen sowie dem zunehmend anzutreffenden Multi-Channel-Retailing[465] lassen sich jedoch keine allgemeingültigen Aussagen für das Management der Filiallogistik ableiten. Die Gefahr einer Falsifizierung aufgrund unterschiedlich positionierter Handelsunternehmen ist zu groß. Gestaltungsempfehlungen des Managements der Filiallogistik können aufgrund ausstehender Spezifizierung von wertvollen Ressourcen nach dem vorliegenden Verständnis nicht ohne Berücksichtigung des logistikrelevanten Kontextes vorgenommen werden. Vielmehr werden Möglichkeiten zur Effizienzsteigerung durch eine Reihe unbeeinflussbarer Kontextgrößen eingeschränkt. Darunter sind handelsunternehmensexterne und -interne Kontextgrößen angesprochen, die vom Management der Filiallogistik nicht beeinflussbar sind und auf die Effektivität und die Effizienz der Warenbereitstellung wirken. Wie in anderen Branchen gilt es auch im Handel in den einzelnen Filialen Rahmenbedingungen zu berücksichtigen, die die Entscheidungsspielräume des Managements der Filiallogistik beeinflussen. Im Folgenden werden die Kontextgrößen aus dem Handelsmanagement sowie der Forschung zum handelsspezifischen Supply Chain Management im Sinne eines integrativen Ansatzes zwischen Handel und Herstellerunternehmen dargestellt. Neben den relevanten Kontextgrößen werden im weiteren Verlauf deren Wirkungsbeziehung auf die Gestaltungsgrößen des Managements der Filiallogistik diskutiert.

---

[462] Rock (2006), S. 1.
[463] Vgl. Bleicher (2004), S. 471.
[464] Der RBV unterstreicht die Bedeutung der Ausstattung mit Ressourcen, deren Nutzung den Erfolg von Unternehmen determiniert. Die Argumentationslinie wird als "resources conduct performance paradigma" bezeichnet, bei der bestimmte Eigenschaften von Ressourcen an die Stelle von Markteintrittsbarrieren der "outside-in"-Perspektive gegenüber treten.
[465] Vgl. Schramm-Klein (2003), S. 16ff.

108 2 Konzeptionelle Grundlagen des Managements der Filiallogistik

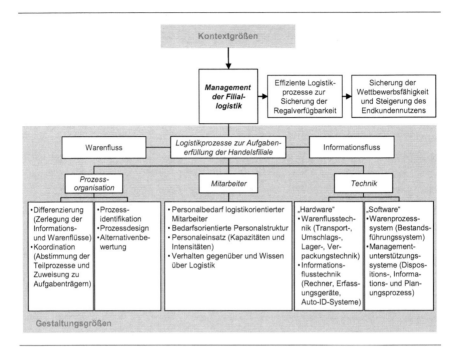

Abbildung 13: Managements der Filiallogistik zur Sicherung der Wettbewerbsfähigkeit durch Steigerung des Endkundennutzens

3 Kontext des Managements der Filiallogistik im stationären Lebensmitteleinzelhandel

Im vorangegangenen Kapitel wurde auf die Notwendigkeit hingewiesen, dass Gestaltungsempfehlungen des Managements der Filiallogistik nach Maßgabe bestimmter Konstellationen von Kontextgrößen erfolgen. Neben den dort genannten Aspekten, die allgemein auf die Gestaltungsgrößen filialspezifischer Logistikprozesse im stationären Einzelhandel verweisen, gilt es weiterhin, den durch das Management der Filiallogistik nicht beeinflussbaren Kontext im Sinne handelsunternehmensspezifischer Rahmenbedingungen zu berücksichtigen. Würde man auf eine eindeutige Bestimmung der Positionierung von Handelsunternehmen verzichten, wären lediglich allgemeine Beziehungen für logistische Leistungs- und Kostengrößen identifizierbar, ohne dabei feststellen zu können, ob die eingesetzten Ressourcenbündel auch als wertvoll anzusehen sind.[466] Eine alleinige Fokussierung auf die Gestaltungsmöglichkeiten der innerbetrieblichen Logistik ohne Berücksichtigung des relevanten Kontextes erscheint deshalb aufgrund des Einflusses vorgelagerter Strukturen und Prozesse auf das Management der Filiallogistik zu kurz gegriffen. Um sich den Einflussgrößen zu nähern, empfiehlt es sich, das zu untersuchende Marktsegment und den unbeeinflussbaren Kontext zu konkretisieren.

Zunächst erfolgt in diesem Kapitel die Darstellung der Struktur des stationären Lebensmitteleinzelhandels als Betrachtungsgegenstand sowie der Erscheinungsformen von Handelsfilialen als Grundlage für das weitere Vorgehen (Kapitel 3.1). Daran schließt sich die Identifikation von relevanten Kontextgrößen aus theoretischer Sicht an. Neben dem Handelsunternehmens-Kontext, der aus der Leistungsprogrammpolitik des Lebensmitteleinzelhandels abgeleitet wird und durch Teilpolitiken gekennzeichnet ist (Kapitel 3.2), stellen Belieferungskonzepte und deren Integrationsoptionen im Rahmen des Konsumgüter-Supply Chain Management entscheidungsrelevante Kontextgrößen dar (Kapitel 3.3), die im Weiteren zur Typologisierung des Managements der Filiallogistik herangezogen werden. Durch eine darauf aufbauende empirische Prüfung der deduktiv gewonnenen Erkenntnisse erfolgt anhand von drei Fallbeispielen die Validierung der vorab abgeleiteten Kontextgrößen zur zielgerichteten Interpretierung (Kapitel 3.4). Im Rahmen des Zwischenfazits werden die Erkenntnisse zusammengefasst und in den theoretischen Bezugsrahmen des Managements der Filiallogistik überführt. Dieser um den Kontext ergänzte Bezugsrahmen stellt die Grundlage für die abschließende Analyse von Wirkungsbeziehungen zwischen Kontext und den zuvor erarbeiteten Gestaltungsgrößen des Managements der Filiallogistik im vierten Kapitel dar (Kapitel 3.5).

---

[466] Vgl. Kotzab (1997), S. 136 und 168.

3.1 Stationärer Lebensmitteleinzelhandel als Betrachtungsgegenstand

Gegenstand der vorliegenden Arbeit ist das Management der Filiallogistik im stationären Lebensmitteleinzelhandel. Zur Charakterisierung der vielfältigen Erscheinungsformen des Handels im Allgemeinen und des Einzelhandels im Speziellen wird auf die Definition des Handelsbegriffs, zunächst in einer funktionellen und anschließend in einer institutionellen Sicht, eingegangen. Es wird eine Differenzierung zwischen Betriebsformen und -typen sowie der Handelssysteme vorgenommen (Kapitel 3.1.1). Anschließend erfolgt die Konkretisierung des Lebensmitteleinzelhandels anhand der Eigenschaften der angebotenen Waren sowie der Erscheinungsformen von Handelsunternehmen und deren Betriebstypen (Kapitel 3.1.2). Die identifizierten Betriebstypen des Lebensmitteleinzelhandels dienen als erste Einschränkung des Untersuchungsobjekts und stellen die Grundlage für die weitere Spezifizierung des Kontextes des Managements der Filiallogistik dar.

3.1.1 Betriebstypen des Einzelhandels

Die Handelsforschung verfolgt das Ziel, über eine inhaltliche Auseinandersetzung wertefreie Aussagesysteme für relevante praxisorientierte Fragestellungen in Form eines effizienten, problemorientierten Entscheidungsinstrumentariums anzubieten. Zur Strukturierung bedient sich die Handelsforschung des absatzpolitischen Instrumentariums.[467] So dient der Begriff Handel zur Beschreibung sowohl gesamtwirtschaftlicher als auch einzelwirtschaftlicher Phänomene.

Dabei sind in der Literatur weite und enge Begriffsabgrenzungen zu finden. In einem weiten Verständnis wird Handel als Austausch von wirtschaftlichen Gütern verstanden, bei dem in arbeitsteilig organisierten Wirtschaftssystemen Güter gegen Geld getauscht werden.[468] In diesem *funktionellen Sinne* bezeichnet Handel die Tätigkeit der Beschaffung und Veräußerung von Gütern, die i.d.R. nicht selbst be- oder verarbeitet werden.[469] Die Handelsleistung besteht demnach aus der Kombination fremdbezogener Sachleistungen mit eigenerstellten Dienstleistungen.[470] Trotz der gemeinsamen Funktion, die sich in räumlicher, zeitlicher, qualitativer sowie quantitativer Hinsicht auf den Ausgleich zwischen Produktion und Konsumtion bezieht und mit dem Begriff Distribution gleichzusetzen ist,[471] stellt sich der Handel als heterogen

---

[467] Vgl. Barth (1995), Sp. 864.
[468] Vgl. Barth (1999), S. 1; Tietz (1993), S. 1.
[469] Vgl. Schramm-Klein (2003), S. 6. Aus historischer Sicht sind die Güterumgruppierungs-, Leistungsanpassungs-, Marktausgleichs- und Güteraufbereitungsfunktionen zu nennen, vgl. Sundhoff (1965), S. 763ff.
[470] Vgl. Theis (1999), S. 34f.; Büttner (1976), S. 30ff. Aufgrund dieser Besonderheit nimmt der Handel eine Zwischenstellung zwischen Sach- und Dienstleistung ein, vgl. Morschett (2002), S. 88ff.
[471] Vgl. Möhlenbruch (1994), S. 6.

3.1 Stationärer Lebensmitteleinzelhandel als Betrachtungsgegenstand 111

dar.[472] Dies bestätigt die Vielzahl verschiedener Handelsunternehmen am Markt.[473] Um die Differenzierung von Handelsunternehmen als betriebswirtschaftliches Erkenntnisobjekt zu unterstreichen, ist ein Wechsel der Perspektive vom funktionen- zum institutionenorientierten Verständnis erforderlich.[474]

Im engeren Sinne der *institutionenorientierten Forschung* werden empirisch beobachtbare Organisationsformen des Handels beschrieben und klassifiziert.[475] „Handel im institutionellen Sinne – auch als Handelsunternehmen, Handelsbetrieb oder Handlung bezeichnet – umfasst jene Institutionen, deren wirtschaftliche Tätigkeit ausschließlich oder überwiegend dem Handel im funktionellen Sinn zuzurechnen ist."[476] Zur Differenzierung von Handelsunternehmen bestehen verschiedene Bestimmungsfaktoren, die zu einer Klassifizierung bzw. Positionierung herangezogen werden können.[477] Bspw. stellen auf oberster Ebene der Abnehmerkreis, aber auch die Absatzmenge je Verkaufsakt und die Art der Präsenz des Handelsunternehmens mögliche Klassifizierungskriterien dar, die auf struktur- sowie leistungsbedingte Unterschiede zwischen Handelsbetrieben abzielen und sich in der Betriebsform niederschlagen. Diese differenziert die Stellung der Unternehmen in der Distributionskette zwischen Hersteller und Endkunden. Dabei kann zwischen den Betriebsformen des Groß- und Einzelhandels unterschieden werden.[478] Während der *Großhandel* der wirtschaftlichen Tätigkeit des Umsatzes von Handelswaren und sonstigen Leistungen an Wiederverkäufer, gewerbliche Verwender oder Großverbraucher entspricht,[479] bezeichnet der *Einzelhandel* den Absatz an private Haushalte. Einzelhandelsbetriebe stellen grundsätzlich das letzte Glied des Distributionsweges der Waren von der Erzeugung bis zum Verbraucher dar. Ihr Warenkreis ist somit auf verwendungsreife Konsumgüter beschränkt.

---

[472] Vgl. Sundhoff (1965), S. 762ff.; Oberparleitner (1955), S. 3ff. Zu den Handelsfunktionen vgl. ebenso Oehme (2001), S. 11f.; Barth (1999), S. 25ff.

[473] Vgl. Müller-Hagedorn (1998), S. 41.

[474] Vgl. Müller-Hagedorn (1998), S. 15.

[475] Empirischen Arbeiten zur Differenzierung von Handelsbetrieben zielen meist auf die Untersuchung von Wettbewerbsstrategien im Einzelhandel ab, vgl. bspw. Hawes/Crittenden (1984), S. 275ff. zum strategischen Verhalten von US-amerikanischen Supermärkten oder in der deutschsprachigen Literatur Gröppel-Klein (1998), S. 76ff. und Patt (1988), S. 1ff.

[476] Ausschuss für Begriffdefinitionen aus der Handels- und Absatzwirtschaft (1995), S. 28.

[477] Für einen umfangreichen Überblick theoretisch-konzeptioneller und empirischer Arbeiten zur Differenzierung von Handelsbetrieben vgl. Müller (2007), S. 22ff. Klassifizierungen lassen sich anhand einer nachfrageorientierten Betrachtungsweise unter Berücksichtigung kaufverhaltensrelevanter Aspekte sowie durch eine branchenorientierte Wettbewerbsanalyse unterscheiden, vgl. Hasitschka (1984), S. 13. Darüber hinaus ermöglichen institutionenorientierte Forschungsansätze aufgrund der Bezugnahme auf die Leistungsprogramm-, Management- und Technologiepolitik langfristige Aussagen über Handelsunternehmen, vgl. Tietz (1993), S. 52f. sowie S. 77.

[478] Die Betriebsform verweist auf die Zugehörigkeit zu einer Wirtschaftsstufe, wobei der Begriff des Betriebstyps an die Vielfalt der Leistungspolitiken und Strukturmerkmale auf einer Stufe angeknüpft ist, vgl. Barth/Hartmann/Schröder (2002), S. 44f. Eine synonyme Verwendung der Begriffe findet sich bspw. bei Müller-Hagedorn/Toporowski (2006), S. 7; Berekoven (1995), S. 28f.

[479] Vgl. Müller-Hagedorn/Toporowski (2006), S. 8.

Eine für die vorliegende Arbeit geeignete Systematisierung des institutionellen Einzelhandels erfolgt in Bezug auf die *Betriebstypenwahl*. Ohne Berücksichtigung des angebotenen Sortiments unterscheiden sich die verschiedenen Formate anhand ihrer Distributionskonzepte zunächst nach der Art ihres Standortes. Es lassen sich nicht-stationäre, halbstationäre und stationäre Betriebstypen im Einzelhandel nennen. Während zum *nicht- und halbstationären* Lebensmitteleinzelhandel bspw. Heimlieferanten und der ambulante Handel zu zählen sind, muss der Endverbraucher beim stationären Einzelhandel i.d.R. die Einkaufsstätten aufsuchen. Beim *stationären Einzelhandel* wird darüber hinaus zu unterschieden, ob die Betriebstypen Ladengeschäfte in Form von Verkaufsstellen aufweisen. So ist der Versandhandel oder der Automatenverkauf dem stationären Einzelhandel ohne Verkaufsraum zuzuordnen. Betriebstypen des stationären Einzelhandels mit Verkaufsraum lassen sich zusätzlich anhand ihrer marketingpolitischen Positionierung differenzieren (vgl. Abbildung 14).[480] Jeder dieser Betriebstypen unterscheidet sich deutlich in seiner Ausgestaltung sowie den logistischen Anforderungen.[481]

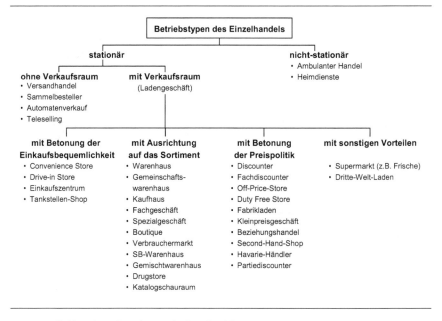

Abbildung 14: Betriebstypen des Einzelhandels
Quelle: Mit Veränderungen übernommen aus Müller-Hagedorn (1998), S. 45

---

[480] Vgl. Müller-Hagedorn (1998), S. 45.
[481] Zur größeren Komplexität des Einzelhandels gegenüber dem Großhandel vgl. Köpper (1993), S. 57.

3.1 Stationärer Lebensmitteleinzelhandel als Betrachtungsgegenstand 113

Neben den unterschiedlichen Betriebstypen des Einzelhandels sei an dieser Stelle zusätzlich auf die Ausgestaltung von *Handelssystemen* verwiesen, die Aspekte der Koordination von absatz- und beschaffungswirtschaftlichen Prozessen in Einzelhandelsbetrieben berücksichtigen. Handelssysteme gibt es auf der Groß- sowie auf der Einzelhandelsstufe. Es kommen auch solche Systeme zum Einsatz, die Groß- und Einzelhandelsstufen miteinander verknüpfen.[482] Während die ersten beiden horizontale Handelssysteme darstellen und an dieser Stelle nicht weiter verfolgt werden, handelt es sich beim zuletzt genannten um ein vertikales Handelssystem. Konkrete Erscheinungsformen *vertikaler Handelssysteme* stellen Filialunternehmen einerseits und kooperierende Handelssysteme wie Verbundgruppen, freiwillige Ketten und Franchisesysteme andererseits dar.[483] Bei *Filialunternehmen* sind die Handelsfilialen gegenüber der Zentrale prinzipiell weisungsgebunden und unterliegen im Rahmen eines integrierten Handelssystems einer hierarchischen Koordinationsform. Dadurch können Transaktionskosten reduziert und aufgrund der Zentralisation von Entscheidungsprozessen und Ressourcen Kostendegressionseffekte realisiert werden.[484] Demgegenüber setzen sich *kooperierende Handelssysteme* aus einem Zusammenschluss rechtlich selbständiger Unternehmen zum Zwecke der zwischenbetrieblichen Kooperation zusammen. Die Bandbreite der Kooperationsbemühungen erstreckt sich von gelegentlichen gemeinsamen Aktionen in beschränkten Bereichen (z.b. Aktionswerbung) bis hin zur dauerhaft institutionalisierten Zusammenarbeit, die zentrale Aufgabenbereiche des Managements betreffen[485] und in einer gemeinsamen Zielsetzung (z.B. Konditionenvorteile in der Beschaffung) resultieren.[486] Dabei erfordert jede Form der Kooperation unterschiedliche Vorgaben, welche die Dispositionsfähigkeit der beteiligten Unternehmen einschränken.[487] Da in kooperierenden Handelssystemen kein Determinismus der Aufgabenteilung zwischen Systemzentrale und Filiale gegeben ist, kann aus dieser Unterscheidung keine Einschränkung der Gestaltungsoptionen für das Management der Filiallogistik erfolgen.[488] Aus diesem Grund finden nachfolgend ausschließlich filialisierte Einzelhandelsbetriebe Berücksichtigung.

Nach der allgemeinen Charakterisierung des Einzelhandels gilt es, aus der Vielzahl verschiedener Betriebstypen von Filialunternehmen eine weiterführende Konkretisierung des filialisierten Lebensmitteleinzelhandels vorzunehmen.

---

[482] Vgl. Müller-Hagedorn/Toporowski (2006), S. 12.
[483] Vgl. Müller-Hagedorn/Toporowski (2006), S. 12.
[484] Vgl. Olbrich (1992b), S. 14f.
[485] Vgl. Hansen (1990), S. 145ff.
[486] Vgl. Seifert (2006a), S. 172.
[487] Zu einer Gegenüberstellung strukturbedingter Eigenschaften filialisierter und kooperierender Handelssysteme, die sich für die Ableitung von Gestaltungsempfehlungen des Managements der Filiallogistik als konstitutiv erweisen, vgl. Alves (1996), S. 4ff. Zu den im Wesentlichen aus der Mitgliedersouveränität resultierenden Strukturnachteilen kooperierender Handelssysteme, vgl. Krönfeld (1995), S. 14f.
[488] Zu einer ähnlichen Argumentation, vgl. Remmert (2001), S. 73f.

3.1.2 Charakterisierung des Lebensmitteleinzelhandels

Als Segment des Einzelhandels zeichnet sich der stationäre Lebensmitteleinzelhandel durch den Vertrieb von Waren des täglichen Bedarfs aus, die überwiegend nicht selbst produziert und in haushaltsüblichen Mengen abgegeben werden.[489] Bei den Waren handelt es sich um *Konsumgüter*, die das Handelsunternehmen auf einem anonymen Absatzmarkt anbietet und die für den privaten Verbrauch durch Endkunden bestimmt sind. Sie lassen sich in Gebrauchs- und Verbrauchsgüter unterscheiden. Unter *Gebrauchsgütern*, auch als Nonfood-Artikel bezeichnet, versteht man langlebige Waren, die einer wiederholten Verwendung unterliegen können. Kunden räumen Gebrauchsgütern mehrheitlich einen hohen Stellenwert ein, berücksichtigen vor der Kaufentscheidung verschiedene Produktalternativen und nehmen bevorzugt Beratungsleistungen durch das Verkaufspersonal in Anspruch.[490] Als Beispiele sind Elektronikgeräte, Fahrzeuge und Textilien zu nennen.[491]

Der Lebensmitteleinzelhandel beschränkt hingegen sich überwiegend auf den Absatz von *Verbrauchsgütern*. Dabei handelt es sich um kurzlebige Produkte, die im Laufe eines einzigen oder weniger Verwendungseinsätze „untergehen".[492] Zu Lebensmitteln sind neben Nahrungs- und Genussmitteln auch verbrauchsnahe Nonfood-Artikel wie Hygieneartikel, Körperpflegemittel, Drogeriewaren sowie Haushaltswaren zu zählen.[493] Sie dienen meist der unmittelbaren Bedürfnisbefriedigung und sind durch eine hohe Kauffrequenz in kleinen Mengen gekennzeichnet. Käufer setzen sich i.d.R. vor dem Einkauf nicht dezidiert mit den Produkten auseinander. Vielmehr erfolgt der Kauf häufig impulsiv, ohne bewusst kognitive Informationen über die Produkteigenschaften in die Kaufentscheidung einfließen zu lassen.[494] Impulskäufe erfolgen insbesondere dann, wenn bspw. aufgrund bekannter Marken die Gefahr eines Fehlkaufs vom Endkunden als gering eingestuft wird oder die Kaufentscheidung unter Zeitdruck erfolgt.[495] Nicht zuletzt deshalb werden Lebensmittel in einer großen Vielfalt angeboten, um den Kundenbedürfnissen gerecht zu werden und eine hohe Variantenzahl anbieten zu können. Die daraus entstehende Sortimentskomplexität, die sinkende Marken- und Einkaufsstättenloyalität von Kunden sowie der häufige Bedarf von Lebensmitteln stellen hohe Anforderungen an die nachfragegerechte Verfügbarkeit am POS. Vor dem Hintergrund der logistischen Anforderungen bei der Bereitstellung von Lebensmitteln aufgrund ihrer

---

[489] Vgl. Kotler/Bliemel (1999), S. 867.
[490] Vgl. Schröder (2005), S. 163. Aufgrund der mehrfachen Verwendbarkeit und der relativ langen Lebensdauer von Gebrauchsgütern werden sie als High-Involvement-Produkte bezeichnet, vgl. Kröber-Riel/Weinberg (2003), S. 371.
[491] Vgl. Tomczak/Schögel/Sauer (2003), S. 1161.
[492] Die englische Bezeichnung Fast Moving Consumer Goods (FMCG) findet auch im deutschen Sprachgebrauch häufig Verwendung, vgl. Tomczak/Schögel/Sauer (2003), S. 1161.
[493] Vgl. bspw. Jauschowetz (1995), S. 15. Die für den Lebensmitteleinzelhandel relevanten Warengruppen können auch als "Consumer Packaged Goods" (CPG) bezeichnet werden.
[494] Vgl. Kröber-Riel/Weinberg (2003), S. 371.
[495] Vgl. Trommsdorff (2004), S. 324.

3.1 Stationärer Lebensmitteleinzelhandel als Betrachtungsgegenstand 115

Haltbarkeit und Lagerfähigkeit[496] sowie den Gefahren eines Geschäftstättenwechsels kommt der Regalverfügbarkeit im Lebensmitteleinzelhandel eine besondere Bedeutung zu. Dies verdeutlicht die hohe Nachfrage nach Lebensmitteln im Vergleich zu anderen Konsumgütern.[497] Mit einer leicht rückläufigen Tendenz zum Vorjahr gab es Ende 2006 in Deutschland 55.191 Einkaufsstätten des stationären Lebensmitteleinzelhandels mit einem Gesamtumsatz von EURO 126.330 Mio.[498] Dabei lässt sich in den vergangenen Jahren eine dynamische Entwicklung mit umfangreichen Veränderungen der Handelsfilialformate nachzeichnen. Zu den in der Vergangenheit und aktuell relevanten Betriebstypen des Lebensmitteleinzelhandels zählen Supermärkte, Verbrauchermärkte, SB-Warenhäuser sowie Discounter.[499]

- In *Supermärkten*[500] liegt der Schwerpunkt des Warenangebots im Bereich der Nahrungs- und Genussmittel einschließlich Frischwaren. Das Sortiment umfasst 3.000 bis 6.000 Artikel und ist insgesamt breit, allerdings aufgrund der Verkaufsfläche von 400 bis 800 m² relativ flach ausgerichtet. Der Anteil der für Nonfood-Artikel vorgesehenen Fläche liegt i.d.R. bei etwa 20%.[501] Aufgrund einer attraktiven Verkaufsraumgestaltung, zusätzlichen Dienstleistungen und einem zumeist qualifizierten Bedienungspersonal, insbesondere bei bedienungsorientierten Frischtheken für Fleisch, Wurst, Käse und Fisch, ist das Preisniveau relativ hoch.[502] Supermärkte sind häufig in Innenstadt- oder Vorortlage mit wohnortnaher Anbindung angesiedelt.[503]

- *Verbrauchermärkte* sind großflächige Einzelhandelsbetriebe und lassen sich in kleine (800 bis 1.500 m²) und große Verbrauchermärkte (1.500 bis 5.000 m²) untergliedern. Sie bieten ein breites und tiefes Sortiment an Lebensmitteln, das dem des Supermarkts ähnlich ist. Mit zunehmender Größe zielt die Sortimentspolitik auf die Bildung eines Vollsortiments ab.[504] Neben einem breiten, jedoch flachen Nonfood-Sortiment werden auch Waren des aperiodischen Bedarfs wie bspw. Textilien und Elektrogeräte angeboten.[505] In Verbrauchermärkten liegt zum größten Teil das Selbstbedienungsprinzip vor. Der Anteil angebotener Dienstleistungen ist relativ gering und ist bevorzugt auf die Bedienung im

---

[496] Vgl. Stölzle/Placzek (2005), S. 55.
[497] Vgl. A.C. Nielsen (2007), S. 8; Griepentrog (2005), S. 8. In Deutschland entspricht die Nachfrage nach Lebensmitteln etwa 40% der gesamten Nachfrage privater Haushalte.
[498] Vgl. A.C. Nielsen (2007), S. 13f. Die Umsatzangaben beziehen sich ausschließlich auf Unternehmen des Lebensmitteleinzelhandels ohne die Umsatzentwicklungen von Drogeriemärkten zu berücksichtigen.
[499] Vgl. Block (2001), S. 136f.; Schmid (2000), S. 123. Die aufgeführten Typen gelten für den Lebensmitteleinzelhandel als Hauptbetriebstypen, die die Ausgangsposition hybrider bzw. derivater Formen darstellen, vgl. Arend-Fuchs (1995), S. 45f.
[500] Zur Entwicklung des Betriebstyps Supermarkt, vgl. Appel (1972), S. 40ff.
[501] Vgl. Groner (1999), S. 50.
[502] Vgl. Seifert (2006a), S. 195; Liebmann/Zentes (2001), S. 379.
[503] Vgl. Purper (2007), S. 29.
[504] Vgl. Purper (2007), S. 31.
[505] Vgl. Lerchenmüller (2003), S. 266.

Frischebereich ausgerichtet. Der Standort ist meist durch eine gute Verkehrsanbindung gekennzeichnet.

- Das Grundprinzip der *SB-Warenhäuser* ist mit dem der Verbrauchermärkte vergleichbar. Sie sind neben einem vollsortierten Foodbereich durch ein begrenztes Angebot von Gebrauchsgütern aus verschiedenen Branchen, bspw. Elektroartikel, Sportwaren, Garten-, Handwerker- sowie Hobbybedarf gekennzeichnet.[506] Eine sehr breite und tiefe Sortimentspolitik für Verbrauchsgüter in Ergänzung um Gebrauchsgüter ermöglicht den Kunden das One-Stop-Shopping.[507] Mit einer Verkaufsfläche von über 5.000 m² haben SB-Warenhäuser oft den Charakter eines Einkaufszentrums mit kombinierten Angeboten des stationären Handels. Durch eine an niedrigen Kosten orientierte Bauweise und einem eingeschränkten Angebot von Dienstleistungen positioniert sich dieser Betriebstyp als kostenorientiert.[508]

- Das kostenorientierte Prinzip wird von *Discountern* konsequent verfolgt. Durch den weitgehenden Verzicht auf Nebenleistungen wie Beratungsservice, Bedienung und ansprechende Regalbilder sowie eines gegenüber den vorangegangenen Betriebstypen stark eingeschränkten Sortimentsumfangs auf Artikel mit hoher Umschlagshäufigkeit können Preisvorteile realisiert werden.[509] In jüngerer Vergangenheit ergeben sich Tendenzen zum Ausbau des Sortiments.[510] Darüber hinaus sind sie durch das Prinzip der ausschließlichen Selbstbedienung gekennzeichnet. Der Sortimentsschwerpunkt liegt auf einer eng angelegten und dabei flachen Auswahl von Artikeln mit geringem Sortimentsniveau. Weniger als 2.000 Artikel werden auf Verkaufsflächen bis maximal 1.000 m² angeboten. Eine Ergänzung findet das Sortiment durch verschiedene Gebrauchsgüter in Form von kurzzeitigen und in begrenzter Menge verfügbaren Aktionsartikeln.[511] Im Vordergrund der Unternehmensaktivitäten steht die Verkaufsrationalisierung.[512]

Insbesondere die anhaltende Expansion von Discountern hat die Weiterentwicklung von Handelsfilialen stark beeinflusst. So konnte durch A.C. Nielsen (2007) eine relative Zunahme von Einkaufsstätten mit einer Verkaufsfläche ab 1.500 m² identifiziert werden.[513] Demgegenüber ist ein dauerhafter Rückgang von Einkaufsstätten mit weniger als 400 m² festzustellen. Ein Überblick zu Marktanteilen und Anzahl der vorgestellten Betriebstypen im deutschen stationären Lebensmitteleinzelhandel 2006 findet sich in Abbildung 15.

---

[506] Vgl. Arend-Fuchs (1995), S. 37.
[507] Vgl. Lerchenmüller (2003), S. 259f.; Liebmann/Zentes (2001), S. 381. Das One-Stop-Shopping ermöglicht dem Kunden durch ein umfangreiches Sortiment, seinen Einkauf auf eine Einkaufsstätte zu beschränken.
[508] Vgl. Theis (1999), S. 494; Falk/Wolf (1992), S. 258.
[509] Vgl. Zentes (1996), S. 84.
[510] Vgl. Barth/Schmekel (2002), S. 44f.; Diller (1999), S. 367; Zentes/Swoboda (1999), S. 107.
[511] Vgl. Placzek (2007), S. 114.
[512] Vgl. Koppelmann (1997), S. 138.
[513] Vgl. Otto (2006), S. 443 sowie A.C. Nielsen (2007), S. 13.

3.1 Stationärer Lebensmitteleinzelhandel als Betrachtungsgegenstand 117

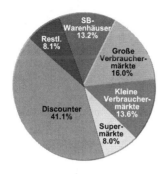

Marktanteil der Betriebstypen im Lebensmitteleinzelhandel 2006	Anzahl der Betriebstypen im Lebensmitteleinzelhandel 2006		
Umsatz des LEH EURO 126.330 Mio. (= 100%)	Betriebstypen	absolut	%
	Verbrauchermärkte insgesamt	7.708	14.0
	SB-Warenhäuser (= 5.000 m²)	706	1.3
	Große Verbrauchermärkte (1.500 – 4.999 m²)	2.526	4.6
	Kleine Verbrauchermärkte (800 – 1.499 m²)	4.476	8.1
	Discounter	15.154	27.5
	Supermärkte (400 - 799 m²)	3.580	6.5
	Restliche Geschäfte (< 400 m²)	28.749	52.1
	- große (200 – 399 m²)	3.180	5.8
	- mittlere (100-199 m²)	6.825	12.4
	- kleine (< 100 m²)	18.744	34.0
	insgesamt	55.191	100.0

Abbildung 15: Marktanteil der Betriebstypen im Lebensmitteleinzelhandel 2006
Quelle: Mit Änderungen übernommen und konsolidiert aus A.C. Nielsen (2007), S. 13f.

Da die zu entwickelnden Aussagen für das Management der Filiallogistik auf den Lebensmitteleinzelhandel beschränkt bleiben und sich auf die vorgestellten und als empirisch relevant einzustufenden Betriebstypen fokussieren, werden diese nicht als veränderliche Größe angesehen. Vielmehr ist das Management der Filiallogistik von leistungsprogrammspezifischen Kontextgrößen der Betriebstypen als Beurteilungsobjekt abhängig sowie durch konsumgüterspezifische Belieferungskonzepte unter Bezugnahme auf das Supply Chain Management determiniert. Damit werden die Grundlagen einer situativen Betrachtungsweise gelegt, die im weiteren Verlauf in die Ableitung von Gestaltungsempfehlungen des Managements der Filiallogistik einfließen. Unter Berücksichtigung des Kontextes können filialspezifische Logistikprozesse in der Form gestaltet werden, dass die daraus resultierenden Anforderungen der Parameterausprägungen gerecht werden.[514] Dieses Vorgehen ermöglicht die eindeutige Zuordnung von Typen des Managements der Filiallogistik, die einen höheren relativen Leistungsbeitrag erbringen.[515]

---

[514] Vgl. Delfmann (1990), S. 10ff.
[515] Einen vergleichbaren Ansatz der Bewertung von Organisationsstrukturen behandelt Frese (1998), S. 276ff.

3.2 Handelsunternehmens-Kontext der Filiallogistik

Aus Gründen der Komplexitätsreduktion gilt es in der Untersuchung nur solche Kontextgrößen der Betriebstypen aufzunehmen, die in Bezug auf das Management der Filiallogistik relevant erscheinen.[516] Unter Berücksichtigung der bestehenden Literatur zum Handelsmanagement lassen sich verschiedene Ansätze identifizieren, die auf die Profilierung von Betriebstypen zum einen unter dem Gesichtspunkt der Inside-Out-, zum anderen der Outside-In-Perspektive abzielen.[517] So stellt die Inside-Out-Perspektive der Betriebstypenprofilierung aus angebotsbezogener Sicht auf die Geschäftsfeldplanung ab. Demgegenüber erfolgt bei der Outside-In-Perspektive eine nachfrageorientierte Betrachtungsweise aufgrund der Berücksichtigung kaufverhaltensrelevanter Aspekte.[518] In der vorliegenden Arbeit wird der Argumentationslinie der Inside-Out-Perspektive gefolgt, bei der selektierte Leistungsdimensionen zur Unterscheidbarkeit von Betriebstypen herangezogen werden können.[519]

Zur Identifikation des Kontextes des Managements der Filiallogistik einer unbestimmten Menge von Handelsunternehmen besteht demnach die Anforderung, vergleichbare Ausprägungen des Kontextes zu verwenden. Während die Anwendung generischer Normstrategien zunächst einen Ansatz zur Strategieformulierung liefern und bspw. in die von Porter (1999) abgegrenzten Strategien der Kostenführerschaft, Differenzierung oder dem Grad der Marktabgrenzung ihren Ausdruck finden,[520] leisten sie für die Identifikation von Wechselwirkungen zwischen Kontext und Gestaltungsbereich nur einen rudimentären Überblick. Vielmehr dient die Leistungsprogrammpolitik von Handelsunternehmen zur Ableitung von Ausprägungsformen filialspezifischer Logistikprozesse.

In Kapitel 3.2.1 erfolgt zunächst eine Abgrenzung der für das Management der Filiallogistik relevanten Kontextgrößen und dem absatzpolitischen Instrumentarium von Handelsunternehmen. Diese werden in den darauf folgenden Kapiteln vorgestellt sowie ihre Auswirkungen auf das Management der Filiallogistik diskutiert. Dabei handelt es sich um die Sortimentspolitik (Kapitel 3.2.2), die Ladengestaltungs- und Warenpräsentationspolitik (Kapitel 3.2.3) sowie die Preispolitik (Kapitel 3.2.4). Der Abschnitt schließt mit einer zusammenfassenden Darstellung des Handelsunternehmens-Kontextes in Kapitel 3.2.5.

---

[516] Vgl. Karp (1998), S. 279f.; Miller/Friesen (1984), S. 7.
[517] Vgl. Heinemann (1989), S. 1ff.
[518] Vgl. Frechen (1998), S. 111; Heinemann (1989), S. XXIII.
[519] Dabei handelt es sich um den dominierenden Ansatz des Handelsmanagements, vgl. Liebmann/Zentes (2001), S. 427ff.; Heinemann (1989), S. 67ff.
[520] Vgl. Porter (1999), S. 65f.

3.2.1 Leistungsprogrammpolitik als Differenzierungsmerkmal der Positionierung von Handelsfilialen

Wie bereits in Rahmen der Ausführungen der begrifflichen Grundlagen zum stationären Lebensmitteleinzelhandel festgestellt wurde, werden Betriebstypen durch bestimmte Merkmale charakterisiert, die allgemein als Unterscheidungskriterien von Handelsunternehmen verstanden werden können. Die Differenzierung findet anhand der einzelnen Aktivitäten eines Handelsunternehmens statt.[521] Müller-Hagedorn (2005) spricht diesbezüglich von den Rahmenentscheidungen für den kombinierten Einsatz absatzpolitischer Instrumente.[522] Der Betriebstyp stellt das Ergebnis einer differenzierbaren Funktionenwahrnehmung auf einer Wirtschaftsstufe dar und ist aufgrund der Distributionsfunktion von Handelsunternehmen durch die Ausgestaltung der marketingpolitischen Instrumentalvariablen, innerhalb derer die Leistungspolitik als Schwerpunkt marktgerichteter Unternehmenstätigkeiten zu verstehen ist, gekennzeichnet. Vor diesem Hintergrund stellen die leistungsprogrammpolitischen Instrumente den Kern zur Differenzierung von Handelsunternehmen dar und ermöglichen eine unterschiedliche Betrachtung filialspezifischer Anforderungen an Logistikprozesse. Die absatzpolitischen Instrumente umfassen verschiedene Merkmale von Handelsunternehmen, die einen Einfluss auf das Management der Filiallogistik aufweisen. Während Berekoven (1995) von einem „Betriebsstätten-Profil-Marketing" spricht,[523] stuft Drexel (1981) die leistungsprogrammpolitischen Maßnahmen als bedeutend ein, da sie die „[...] spezifische Ausformung der Handelsleistung und des gesamten Unternehmensgeschehens wesentlich mitprägen".[524] Dies gilt auch für die Ausgestaltung des Managements der Filiallogistik. Als dominante Merkmale zur allgemeinen Charakterisierung von Betriebstypen im Handel haben sich unterschiedliche Teilpolitiken und Abgrenzungskonzepte etabliert.[525] Die nachfolgende Übersicht stellt diejenigen Handelsmarketing-Instrumente dar, die als prägnant und in der Literatur als die am häufigsten genannten eingestuft werden können. Sie bildet damit den Ausgangspunkt für die Identifikation relevanter Unterschiede der Betriebstypen mit Auswirkungen auf das Management der Filiallogistik. Anhand der folgenden sechs „Teilpolitiken"

---

[521] Vgl. Porter (1985), S. 120.
[522] Vgl. Müller-Hagedorn (2005), S. 49.
[523] Vgl. Berekoven (1995), S. 63.
[524] Drexel (1981), S. 247.
[525] Die Klassifikation von Betriebstypen aufgrund von Strukturmerkmalen bzw. absatzpolitischen Instrumentalvariablen wird von Meyer (1963), S. 118ff. anhand der Handelsfunktionen und von Behrens (1972), S. 33ff. anhand eines nicht funktionenorientierten Ordnungskonzeptes vorgenommen. Die für die vorliegende Arbeit relevante Systematisierung von Handelsfilialen im Hinblick auf das Management der Filiallogistik erfolgt durch die Kombination von Merkmalen sowie dem absatzpolitischen Instrumentarium. Zu weiteren Abgrenzungskriterien von Handelsunternehmen vgl. bspw. Rudolph/Becker (2003), S. 3; Liebmann/Zentes (2001), S. 428ff.; Barth (1999), S. 163ff.; Tietz (1993), S. 181ff.; Hansen (1990), S. 256ff. sowie die Übersicht zu Differenzierungsbereichen von Handelsunternehmen in Müller (2007), S. 44.

kann eine vollständige Charakterisierung und Bewertung des Leistungsspektrums von Handelsfilialen des stationären Lebensmitteleinzelhandels erfolgen:[526]

- Sortimentspolitik
- Qualitäts- und Servicepolitik
- Preis- und Konditionenpolitik
- Ladengestaltungs- und Warenpräsentationspolitik
- Werbepolitik
- Personalpolitik.

An dieser Stelle sei darauf hingewiesen, dass nur solche Teilpolitiken Berücksichtigung finden, die einen Einfluss auf das Management der Filiallogistik aufweisen. Dabei sind folgende Anforderungen zu berücksichtigen: Die Auswahl soll sich einerseits an den vorliegenden Instrumenten des Handelsmanagements anlehnen, um eine Beziehung zu den verbreiteten Ausführungen gewährleisten zu können. Andererseits muss die Auswahl auf die Anforderungen der filialspezifischen Logistikprozesse zugeschnitten sein, um unterschiedliche Gestaltungsempfehlungen für das Management der Filiallogistik ableiten zu können. Demnach werden insbesondere diese Merkmale und Ausprägungen in die Betrachtung aufgenommen, die einen maßgeblichen Einfluss auf die informations- und warenflussbezogenen Prozesse in Handelsfilialen aufweisen. Letztlich sollen die zu untersuchenden Merkmale der Leistungsprogrammpolitik in jeder Handelsfiliale von Bedeutung und durch lokale Entscheidungsträger nicht oder nur in geringem Ausmaß beeinflussbar sein, um als Handelsunternehmens-Kontext auf das Management der Filiallogistik eingestuft werden zu können.

So werden nachfolgend der Qualitäts- und Servicepolitik ein zu vernachlässigender Einfluss auf das Management der Filiallogistik zugeschrieben, da die Regalverfügbarkeit selbst als Serviceaspekt aufgefasst werden kann. Vielmehr spiegeln sich qualitative Unterschiede in der Art der Ladengestaltung unter Berücksichtigung logistischer Anforderungen und der Warenpräsentation im Hinblick auf die Nutzung der Ladenflächen und der Gestaltung der Warenträger wieder. Die Werbepolitik weist zwar Einflüsse auf die Absatzmengen und -verläufe der angebotenen Waren auf, allerdings werden in diesem Zusammenhang der Preispolitik höhere Einflüsse, bspw. auf Bestell- und Absatzmengen sowie Abverkaufsverläufe und den damit verbundenen Verräumzyklen, zugeschrieben. Letztlich stellt die Personalpolitik in der vorliegenden Arbeit keine Kontext-, sondern vielmehr eine Gestaltungsgröße des Managements der Filiallogistik dar.

Unumstritten ist die Sortimentspolitik als bedeutender Kontext für die Gestaltung filialspezifischer Logistikprozesse aufzufassen. Die unterschiedlichen logistischen Anforderungen des

---

[526] Instrumente der Kundenpolitik werden i.d.R. nicht beim absatzpolitischen Instrumentarium aufgenommen. Dies liegt am spezifischen Grundverständnis über Ausrichtung und Wirkung der marktpolitischen Instrumente zur Beeinflussung des Kundenverhaltens.

3.2 Handelsunternehmens-Kontext der Filiallogistik 121

„Regiefaktors" Ware stehen im engen Zusammenhang mit den informations- sowie aufgrund des manuellen Handlings mit den warenflussbezogenen Prozessen in Handelsfilialen. Auch die Ladengestaltung sowie die Art der Warenpräsentation stellen Anforderungen an die warenflussbezogenen Teilprozesse der Filiallogistik.

3.2.2 Sortimentspolitik

In Anlehnung an Gümbel (1963) wird unter einem Sortiment „[...] die gedankliche Zusammenfassung der für einen bestimmten Zeitpunkt getroffenen Auswahl verschiedenartiger selbständiger Sachleistungen zum Zwecke der Verwertung im Absatzmarkt, unter Einschluss der durch handelsübliche Manipulation im Betrieb neu entstandenen Sachleistungen verstanden"[527]. Da die Sortimentsauswahl im stationären Einzelhandel i.d.R. nicht nur für einen einzigen Zeitpunkt, sondern für einen längerfristigen Zeitraum erfolgt, hat die Sortimentsbildung die Gestaltung einer zeitlichen Abfolge von Sortimenten zum Gegenstand.[528] Somit umfasst das Sortiment die Gesamtheit der zu vermarktenden Waren, die vom Handelsunternehmen als eine nachfrage- und auswahlgerechte Angebotsgesamtheit geführt wird.[529] Vor diesem Hintergrund soll das Sortiment nicht nur Umsatz und Ertrag von Handelsunternehmen generieren, sondern auch zur Profilierung am Markt beitragen.[530] Neben der quantitativen und qualitativen Auswahl finden vielfach Aspekte der Sortimentsdynamik Berücksichtigung, welche in einer laufenden Anpassung des Warenkreises an die sich wandelnden Absatzverhältnisse münden kann.[531] Ebenso sind Handelsunternehmen bspw. aufgrund der Verschiedenartigkeit der Absatzgebiete und Filialgrößen vielfach gezwungen, unterschiedliche Sortimente vorzuhalten.[532] Damit geht häufig eine steigende Komplexität der Sortimentsplanung und -kontrolle einher. Gleichzeitig nimmt die Übersichtlichkeit und die Möglichkeit der gezielten Steuerung der Warengruppen im Hinblick auf die Disposition und die Warenverräumung ab,[533] die mit direkten Auswirkungen auf das Management der Filiallogistik verbunden sind. Die Sortimentsgestaltung unterliegt zwar primär den strategischen Entscheidungen des Marketings, allerdings sollten die Bedeutung für die Logistik im Allgemeinen und der filialspezifischen Warenbewegungen im Speziellen nicht unberücksichtigt bleiben.

In der Literatur herrscht die einhellige Meinung, dass die „[...] Sortimentspolitik als Teilbereich der Leistungspolitik des Handels absolute Dominanz im Retailing-Mix zuerkannt wird.

---

[527] Gümbel (1963), S. 59. Viele der heute verwendeten Definitionsansätze zum Begriff des Sortiments beziehen sich auf diese als umfassend zu bezeichnende Begriffserklärung, vgl. bspw. Schröder/Rödl (2006), S. 574f.; Barth (1999), S. 165.
[528] Vgl. Möhlenbruch (1994), S. 8.
[529] Vgl. Berekoven (1995), S. 73.
[530] Vgl. Rudolph/Brandstetter (1995), S. 102; Dyckerhoff (1993), S. 26f.
[531] Vgl. Behrens (1972), S. 28f.
[532] Vgl. Ahlert/Alves (1997), S. 32f.
[533] Vgl. Grünblatt (2004), S. 2.

Denn die Sortimentspolitik bestimmt nicht nur die Gesamtheit der abzusetzenden Güter und Dienstleistungen, sondern definiert auch die zu bearbeitenden Märkte mit ihren Käufern und Konkurrenten"[534]. Die Sortimentspolitik ist demnach als zentraler Leistungsbereich zu bezeichnen.[535] Sie kann als Summe aller Maßnahmen aufgefasst werden, welche auf die Gestaltung und Beeinflussung des Warenangebots eines Handelsunternehmens ausgerichtet und mit der die Warenbereitstellung eng verbunden ist.[536]

Um Aussagen über Auswirkungen der Sortimentspolitik auf das Management der Filiallogistik treffen zu können, empfiehlt es sich, eine Charakterisierung des Sortiments im Hinblick auf die Warenbereitstellung vorzunehmen. In formaler Hinsicht lässt sich die Struktur eines Sortiments nach verschiedenen Kriterien beschreiben. Dabei unterscheidet man in:

- warenwirtschaftliche Kriterien (Sortimentspyramide),
- Sortimentsdimensionen (Breite, Tiefe, Höhe) und
- handelsunternehmensinterne Kriterien (z.B. Schwerpunkt, Verweildauer, Umschlagshäufigkeit, etc.).[537]

Warenwirtschaftliche Kriterien

Zu den warenwirtschaftlichen Kriterien zählen stoffliche, organisatorische und absatzwirtschaftliche Merkmale, welche die Grundlage einer hierarchischen Anordnung verschiedener Sortimentsebenen darstellen und sich in einer so genannten *Sortimentspyramide* wieder finden. Als kleinste Einheit ist der einzelne *Artikel* zu nennen, der sich durch Menge, Größe, Farbe, Verpackungseinheit oder Geschmacksart von anderen unterscheidet.[538] Damit wird dem Sprachgebrauch der Praxis entsprochen.[539] Eng verwandte Artikel werden zu *Sorten* zusammengefasst. So können Artikel der gleichen Sorte zugerechnet werden, wenn sie sich zumindest in einem Merkmal unterscheiden.[540] Nach dem Aufbau der Sortimentshierarchie folgen auf die Ebenen des Artikels und der Sorte weiterhin die *Artikelgruppe*, *Warengruppe*, *Warengattung*, *Warenbereiche* sowie letztlich alle *Einzelhandelswaren* (vgl. Abbildung 16). Mit Hilfe der einzelnen Ebenen ist es möglich, die Sortimentsstruktur zu beschreiben und den Umfang der angebotenen Warengattungen wiederzugeben.

---

[534] Möhlenbruch (1994), S. 31.
[535] Vgl. Oehme (2001), S. 127. Barth (1999), S. 165 und Möhlenbruch (1994), S. 30ff. zielen in diesem Zusammenhang direkt auf das absatzpolitische Instrumentarium ab. Die besondere Bedeutung der Sortimentspolitik im Einzelhandel hat bereits Buddeberg (1959), S. 28ff. erkannt, der sie als Kernfunktionen des Handels bezeichnet.
[536] Vgl. Schröder/Rödl (2006), S. 574.
[537] Vgl. Theis (1999), S. 546; Berekoven (1995), S. 74ff.
[538] Vgl. Berekoven (1995), S. 74.
[539] Vgl. Dyckerhoff (1993), S. 28. Über die Bezeichnung der kleinsten Einheit herrscht in der Literatur Uneinigkeit. Bspw. bezeichnen Liebmann/Zentes (2001), S. 476 und Seyffert (1972), S. 63 die kleinste Einheit als Sorte.
[540] Vgl. Tietz (1993), S. 325.

3.2 Handelsunternehmens-Kontext der Filiallogistik 123

Im Lebensmitteleinzelhandel lassen sich verschiedene Warengattungen festhalten. So erfolgt die Aufteilung der angebotenen Warenbereiche häufig historisch gewachsen nach Food, Nonfood, Drogerie und Textilien. Als geläufige Beispiele gelten die Warengattungen Trockensortiment, Molkereiprodukte, Obst und Gemüse, Frischfleisch- und Fisch, Backwaren, Tiefkühlkost, Speiseeis, Frische Convenience-Produkte, OTC-Produkte, Tierfutter, Getränke, Hygiene, Beauty Self Care, Haushaltswaren und Kurzwaren.[541]

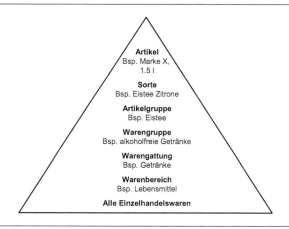

Abbildung 16:   *Sortimentspyramide im Einzelhandel*
                      Quelle: In Anlehung an Berekoven (1995), S. 74

Innerhalb der Warengattungen erfolgt die weitere Unterteilung nach definierten Eigenschaften der Produkte. Für die Warengruppe Trockensortiment finden sich bspw. die Artikelgruppen Kaffee/Tee, Konserven, Nährmittel und Süßwaren. Innerhalb der Warengruppen können weiterführende Spezifikationen vorgenommen werden. Süßwaren lassen sich demnach bspw. in die Artikelgruppen Schokolade, Kinderartikel, Pralinen, Salzgebäck, Süßgebäck/Kekse und Schaumwaren differenzieren.[542] Die Beispiele deuten darauf hin, dass Artikel der gleichen Warengruppe durch unterschiedliche logistische Eigenschaften gekennzeichnet sein können und verschiedene Anforderungen an die Filiallogistik aufweisen. Dies können unterschiedliche Verpackungsmaterialien sein, die gestapelt, lose oder in Tüten abweichende Ansprüche an die Verräumung und Regalgestaltung stellen, sich ebenso auf abweichende Lageranforderungen (gekühlt, trocken, abgedunkelt) beziehen. Für die Gestaltung filialspezifischer Logistikprozesse ist die Klassifizierung der Waren nach quantitativen und qualitativen Merkmalen

---

[541] Vgl. Dyckenhoff (1993), S. 32; Oehme (1993), S. 208. Die Aufzählung kann nicht vollständig und abschließend sein, da Art und Menge der Warengruppen zwischen Unternehmen im Lebensmitteleinzelhandel stark variieren. Zu einer detaillierten Übersicht über Sortimentszusammensetzung und Umsatzverteilung im deutschen Lebensmitteleinzelhandel, vgl. EHI (2007), S. 353ff.

[542] Vgl. Rock (2006), S. 45.

demnach von Bedeutung.[543] Mit zunehmender Heterogenität der Artikel in den einzelnen Warengruppen kann von einer steigenden Komplexität der Warenbewegungen ausgegangen werden.

Sortimentsdimensionierung

Als weitere sortimentspolitische Entscheidung mit Auswirkungen auf filialspezifische Logistikprozesse ist die Sortimentsdimensionierung zu verstehen. Der Sortimentsumfang kann durch die drei Dimensionen Sortimentstiefe, -breite und -höhe beschrieben werden.[544] Mit der *Sortimentstiefe* wird auf die Zahl der Möglichkeiten abgestellt, mit denen der Käufer einen Kaufwunsch befriedigen kann. Es handelt sich um die Zahl alternativer Kaufmöglichkeiten, bspw. im Hinblick auf verschiedene Marken.[545] Ein Sortiment ist umso tiefer, je mehr gleichartige Artikel einer Warengruppe geführt werden. Bspw. handelt es sich um Säfte verschiedener Hersteller, Flaschengrößen oder unterschiedlicher Zusatzstoffe. Aus Endkundensicht wird meist für bedeutsame Artikel eine umfassende Sortimentstiefe erwartet.[546] Demgegenüber nimmt die *Sortimentsbreite* zu, wenn dem Käufer additive Kaufmöglichkeiten geboten werden.[547] Man spricht von einem breiten Sortiment, wenn sich der Käufer bei einem Einkaufsakt zahlreiche unterschiedliche Güter beschaffen kann. Bei einem sehr breiten Sortiment besteht die Möglichkeit des One-Stop-Shopping, weil eine hohe Anzahl unterschiedlicher Waren in einer Einkaufsstätte erworben werden können. Mit der *Sortimentshöhe* (auch Sortimentsmächtigkeit) wird die Bestandsanzahl je Artikel festgelegt. Sie entspricht der maximalen Bestandsmenge in der Handelsfiliale und wird durch die Anzahl der Einheiten eines Artikels gekennzeichnet.[548]

Mit steigender Sortimentsbreite und -tiefe nehmen die Herausforderungen an das Management der Filiallogistik im Hinblick auf die Bestellhäufigkeit und Bestellmenge zu. So sind flache Sortimente i.d.R. durch einen hohen Lagerumschlag gekennzeichnet, während mit zunehmender Tiefe eine durchschnittlich geringere Umschlagshäufigkeit je Artikel einhergeht.[549] Durch eine umfassende Sortimentstiefe ist die Filiallogistik mit einer höheren durchschnittlichen Lagerdauer und höheren Lagerkosten aufgrund der schwieriger zu prognostizierenden Nachfrage nach einzelnen Artikeln konfrontiert.[550] Bei zunehmender Sortimentsbreite kann aufgrund der höheren Sortimentskomplexität auf eine gesteigerte

---

[543] Vgl. Liebmann/Zentes (2001), S. 588.
[544] Vgl. Schröder/Rödl (2006), S. 575. Klassische Ansätze zur Sortimentsdimensionierung beziehen sich dagegen regelmäßig auf die beiden Dimensionen Breite und Tiefe, vgl. bspw. Müller-Hagedorn (2005), S. 224; Möhlenbruch (1994), S. 15; Tietz (1993), S. 324.
[545] Vgl. Liebmann/Zentes (2001), S. 477.
[546] Vgl. Hansen (1990), S. 233. Zu solchen Produkten zählen bspw. Schokolade oder Duschgel.
[547] Vgl. Hansen (1990), S. 232.
[548] Vgl. Schröder (2002), S. 63f. Auf die Bestandshöhe wird erneut im Rahmen der quantitativen Raumordnung eingegangen, vgl. Kapitel 3.2.3.
[549] Vgl. Haller (2001), S. 113.
[550] Vgl. Zentes/Janz/Morschett (1999), S. 17.

Bestellfrequenz geschlossen werden.[551] Umgekehrt stehen bei geringer dimensionierten Sortimenten oftmals mehr Lager- und Regalflächen zur Verfügung, die zur Gewährleistung der Regalverfügbarkeit beitragen.[552] Die beiden Sortimentsdimensionen weisen einen Einfluss auf die warenflussbezogene Regalverräumung und -pflege sowie auf die informationsflussbezogene Absatzprognose und die damit verbundene Bestellmenge auf. Tendenziell ziehen breite und tiefe Sortimente eine höhere Verräumhäufigkeit nach sich und sind mit einer geringeren Prognosegenauigkeit von Abverkäufen gekennzeichnet.

Zu begründen sind diese Aussagen durch die unterschiedlichen Anforderungen an das Warenhandling, die Lageranforderungen und die Haltbarkeit der Waren. So nimmt mit zunehmender Sortimentsbreite das Spektrum angebotener Waren zu, was in einer erschwerten Bedarfsprognose und Disposition auf Filialebene resultiert. Auch ein tiefes Sortiment, das durch eine große Auswahl von gleichartigen Artikeln gekennzeichnet ist, weist besondere Herausforderungen für die artikelgenaue Absatzprognose auf. Im Hinblick auf die filialspezifischen Warenflüsse bestehen bspw. bei Tiefkühlprodukten Anforderungen bzgl. der durchgängigen Kühlung bis zur Verräumung in Kühltruhen, aber auch Anforderungen des Warenhandlings im Rahmen des innerbetrieblichen Transports und der Verräumung. Ein erhöhtes Warenhandling und eine umfassende Warenträgerpflege, verbunden mit einer erschwerten Bestandsfortschreibung finden sich oftmals bei losen Frischesortimenten wie Obst und Gemüse sowie Wurst-, Fleisch- und Fischwaren. Darüber hinaus ist ein tiefes Sortiment vielfach durch geringere Stückzahlen je Artikel in den Regalen im Frontstore gekennzeichnet, die in häufigeren Bestellungen oder in kürzeren Regalbestandsreichweiten münden. Damit gehen steigende Warenmanipulationen sowie ein erhöhter Regalpflegeaufwand durch die Mitarbeiter im Frontstore einher. Die Sicherstellung der Regalverfügbarkeit bei einer Vielzahl von Waren greift demnach sowohl in waren- als auch informationsflussbezogene Prozessschritte ein.

Handelsunternehmensinterne Kriterien

Zur weiterführenden Charakterisierung des Sortiments dienen darüber hinaus handelsunternehmensinterne Merkmale. Vor dem Hintergrund einer hohen Kundenorientierung ergibt sich besonders im filialisierten Lebensmitteleinzelhandel die Herausforderung der Sortimentsindividualisierung. So wird vielfach für lokale Zielgruppen ein individuell zugeschnittenes Angebot zur Verfügung gestellt, das sich hinsichtlich der Sortimentsbedeutung, der Verweildauer, der Aktualität und Umschlagshäufigkeit sowie der Dispositionsfreiheit unterscheiden lässt.

Grundsätzlich können Sortimentsbereiche nach ihrer *Bedeutung* in Kern-, Zusatz- und Randsortimente aufgegliedert werden.[553] Während das *Kernsortiment* als Pflichtsortiment

---

[551] Vgl. Rudolph/Kotouc (2006), S. 4.
[552] Vgl. Placzek (2007), S. 198.
[553] Vgl. Rühl/Steinicke (2003), S. 38.

aufzufassen ist, das in allen Filialen eines Handelsunternehmens vorgehalten wird und die Hauptumsatzträger beinhaltet, kann das Zusatz- und Randsortiment im Sinne einer akquisitorischen Ergänzung flexibel an den Bedarf der Handelsfilialen angepasst werden.[554] Dabei handelt es sich bei dem *Zusatzsortiment* um solche Artikel, die im Rahmen der Bedarfsorientierung und der Kundennachfrage das Kernsortiment betriebswirtschaftlich sinnvoll ergänzt.[555] Demgegenüber umfasst das *Randsortiment* unter Rentabilitätsgesichtspunkten problematische Artikel. Darunter fallen bspw. Artikel mit kurzen Lebenszyklen oder Sorten mit unterdurchschnittlicher Umschlagshäufigkeit, die zur Profilierung der Handelsfiliale gegenüber Wettbewerbern angeboten werden.[556] Für das Kernsortiment stehen umfangreiche Abverkaufshistorien zur Verfügung, die eine nachfragegerechte Disposition ermöglichen. Beim Zusatzsortiment handelt es sich um Waren, welche einmal oder lediglich über einen kurzen Zeitraum angeboten werden und deren Nachfrage nicht auf Basis vergangenheitsorientierter Erfahrungen ermittelt werden kann. Darüber hinaus sind Freiflächen im Frontstore für das Zusatzsortiment vorzuhalten, wobei der Platzbedarf kurzfristig anzupassen ist. Auch sind mögliche Substitutionseffekte, die bei der Vorhaltung eines Zusatz- oder Randsortiments die Abverkäufe des Kernsortiments beeinflussen und somit ihrerseits auf die Informations- und Warenflüsse Auswirkungen aufweisen, nicht bekannt.

Eng mit dem Sortimentsschwerpunkt ist die *Verweildauer* von Sortimentsbereichen verbunden. Während gewöhnlich das Kernsortiment eine hohe Übereinstimmung mit dem *Standardsortiment* aufweist, ist das *Saisonsortiment* dadurch gekennzeichnet, dass es wiederkehrend für einen bestimmten Zeitraum angeboten wird. Darunter fallen bspw. Süßwaren zu Weihnachten und Ostern. Das *Aktionssortiment* ist durch ein einmaliges Angebot, häufig in Verbindung mit einem Aktionspreis, gekennzeichnet. Insbesondere durch das Zusatz- und das Randsortiment, ergänzt um das Saison- und Aktionssortiment, wird dem dynamischen Aspekt der Sortimentspolitik Rechnung getragen. Sortimentsbereiche mit einem kontinuierlichen Abverkaufsmuster stellen andere Anforderungen an die filiallogistischen Kernprozesse als das Saison- sowie Aktionssortiment für besondere Verkaufsaktionen. Artikel mit stark schwankendem Abverkaufsmuster können bspw. in so genannten Displays angeboten werden, die vom Lieferanten bereitgestellt werden und den kurzfristig ansteigenden Bedarf an Regalfläche kompensieren. Mit zunehmender individueller Ausrichtung des Sortiments an lokale Gegebenheiten gehen darüber hinaus Listungsdifferenzen einher, die dazu führen können, dass Artikel trotz Listung bei der Disposition in der Filiale keine Berücksichtigung finden.

---

[554] Vgl. Helpup (1998), S. 139.

[555] Eine besondere Rolle nimmt das so genannte Rotationssortiment ein, das temporär für wöchentliche Angebote vorgehalten wird und mit dem Kernsortiment in keinerlei sachlichem Zusammenhang steht, vgl. Hertel/Zentes/Schramm-Klein (2005), S. 13.

[556] Vgl. Dyckerhoff (1993), S. 28.

Weiterhin findet eine Unterscheidung des Sortiments nach der *Aktualität* statt.[557] So lassen sich Sortimentsbereiche nach ihrer Transport- und Temperaturempfindlichkeit oder den Verderblichkeitseigenschaften unterscheiden, durch die die Lagerdauer bzw. Lagermöglichkeiten sowie die Bestellhäufigkeit bzw. Belieferungsfrequenz determiniert werden. Je nach Aktualitätsgrad des Sortiments erfolgt eine Unterscheidung in Stapelsortiment sowie Tages- bzw. Frischesortiment.[558] Damit wird auch die *Umschlagshäufigkeit* angesprochen. Meist werden Sortimentsbereiche in verschiedene Drehklassen eingestuft, denen verschiedene Dispositionsverfahren zu Grunde liegen können.[559] Quantitative Prognoseverfahren[560] sind in der Regel in den bereits beschriebenen automatisierten Dispositionsverfahren implementiert und können teilweise von den Mitarbeitern in den Filialen selbst gesteuert werden.[561]

Letztlich stellt die *Dispositionsfreiheit* der Filialverantwortlichen ein Merkmal zur Charakterisierung des Sortiments im Hinblick auf das Management der Filiallogistik dar.[562] So erfolgt in Einzelhandelsunternehmen die Disposition des Sortiments nur noch selten oder in geringem Umfang in den Handelsfilialen. Die verantwortlichen Mitarbeiter vor Ort sind zum Teil oder vollumfänglich an die Vorgaben der Zentrale gebunden und nur mit geringen Dispositionskompetenzen ausgestattet. Vielmehr bestimmen zentrale Ordersätze, die mit zunehmender Vertikalisierung und Zentralisierung den Dispositionsspielraum in Handelsfilialen einschränken, die Liefermengen und -zeitpunkte. Deshalb erfolgt die Disposition des *Pflichtsortiments* häufig zentral, während das Sollsortiment durch bestimmte Mindestbestellungen gekennzeichnet ist, über deren Höhe die Disponenten in Handelsfilialen eigenverantwortlich entscheiden können. Beim *Kann-* und *Freisortiment* steht die Bestellmöglichkeit grundsätzlich zur Wahl. Mit zunehmender Dispositionsfreiheit gehen somit steigende Anforderungen an die Filialverantwortlichen im Hinblick auf die Gestaltung der Filialbestände, die Absatzprognosen sowie die Bedarfskenntnisse einher.

Die vorgestellten kontextspezifischen Merkmale der Sortimentspolitik und deren Ausprägungen sind in Tabelle 6 zusammengestellt.

Zusammenfassend kann festgehalten werden, dass die Sortimentspolitik aufgrund der grundsätzlichen Ausrichtung an den Anforderungen des Marketings die angebotene Artikelauswahl in Handelsfilialen determiniert. Dabei wird offensichtlich, dass das Sortiment sehr heterogene Anforderungen an das Management der Filiallogistik stellt und sich aufgrund der mehrdimensionalen Ausprägungen nicht in einen überschneidungsfreien Ordnungsrahmen

---

[557] Vgl. Liebmann/Zentes (2001), S. 479.
[558] Vgl. Berekoven (1995), S. 76.
[559] Siehe bspw. Zentes/Janz/Kabuth (2002), S. 275.
[560] Quantitativen Verfahren zur Prognose des zukünftigen Verlaufs eines Bedarfs oder eines Verbrauchs setzen voraus, dass sich der zeitliche Verlauf in einem bestimmten Beobachtungszeitraum der Vergangenheit für einen Prognosezeitraum in der Zukunft fortsetzt.
[561] Schmidt (1993), S. 213.
[562] Vgl. Berekoven (1995), S. 75.

überführen lässt. Zur weiteren Konkretisierung des Handelsunternehmens-Kontextes soll das Sortiment in einer hoch bzw. gering diversifiziert-differenzierten Ausgestaltung charakterisiert werden. So ist ein *gering diversifiziert-differenziertes Sortiment* durch ein flaches und schmales Sortiment gekennzeichnet, das nur einen kleinen Anteil an Zusatz- und Randartikeln aufweist und zum überwiegenden Anteil aus einem Standardsortiment mit hoher Umschlagshäufigkeit besteht. Demgegenüber weist ein *hoch diversifiziert-differenziertes Sortiment* eine Vielzahl von Warengattungen sowie eine umfassende Variantenvielfalt mit dem Charakter eines Vollsortiments auf, so dass neben schnelldrehenden Artikeln auch sortimentsergänzende Langsam- und profilierungsrelevante Ultralangsamdreher angeboten werden. Neben dem Kernsortiment kann sich aufgrund umfangreicher Zusatz- und Randsortimente eine hohe Diversifikation einstellen, die durch eine geringe Prognostizierbarkeit des Abverkaufs gekennzeichnet ist.

Kontextspezifische Merkmale der Sortimentspolitik	Merkmalsausprägung
Sortimentsdimension	• Sortimentsbreite • Sortimentstiefe • Sortimentshöhe (Sortimentsmächtigkeit)
Bedeutung/Schwerpunkt	• Kernsortiment • Zusatzsortiment • Randsortiment
Verweildauer/zeitliche Zugehörigkeit	• Standardsortiment (Basissortiment) • Saisonsortiment • Aktionssortiment
Aktualität	• Stapelsortiment • Tagessortiment • Frischesortiment
Umschlagshäufigkeit	• Schnelldrehendes Sortiment • Langsamdrehendes Sortiment • Ultralangsamdrehendes Sortiment
Dispositionsfreiheit der Filialmitarbeiter	• Musssortiment • Sollsortiment • Kannsortiment

Tabelle 6:   *Merkmale zur Charakterisierung von Sortimenten*
Quelle: Weiterentwickelt aus Schröder (2005), S. 154; Müller-Hagedorn (1998), S. 403; Möhlenbruch (1994), S. 12; Hansen (1990), S. 209

3.2.3 Ladengestaltungspolitik und Warenpräsentation

Ladengestaltung[563] und Warenpräsentation als Instrumente des Handelsmarketing[564] stellen für innerbetriebliche Warenbewegungen und Verräumprozesse einen weiteren bedeutenden

---

[563] In Anlehnung an die Handelsliteratur wird an dem Begriff der Ladengestaltungspolitik anstelle einer Filialgestaltungspolitik festgehalten. Zur Nutzung des Begriffs Ladengestaltung, vgl. bspw. Berekoven (1995), S. 277f.
[564] Vgl. Müller-Hagedorn (2005), S. 397f.

3.2 Handelsunternehmens-Kontext der Filiallogistik

Aspekt dar[565] und stehen im engen Zusammenhang mit der Sortimentspolitik sowie der Bedienungsform.[566] Vor dem Hintergrund, dass das Einkaufserlebnis bei Kunden häufig mit geringen Emotionen verbunden ist, dient eine kundenorientierte Verkaufsraumgestaltung als möglicher Erfolgsfaktor.[567] Diese Annahme wird durch den zunehmenden Anteil von Impulskäufen im Lebensmitteleinzelhandel bestätigt.[568] Im engeren, marketingbezogenen Sinne werden die klassischen Gestaltungselemente der Farbgebung, Dekoration, Beleuchtung und sogar Belüftung angesprochen.[569] Atmosphärische Aspekte der Ladengestaltung wie visuelle und akustische Kommunikation, Gerüche, Düfte und Temperaturen stellen zwar unter marketingbezogenen Gesichtspunkten relevante Merkmale der Abverkaufsförderung dar, sie werden jedoch nachfolgend nicht weiter berücksichtigt.[570] Vielmehr zielt die Ladengestaltungspolitik und Warenpräsentation auf die logistikrelevanten Eigenschaften des Front- und Backstores sowie auf die Auswirkungen auf die Warenlagerung, -bewegungen sowie die Regalverräumung im Frontstore ab. Die logistikrelevanten Rahmenbedingungen und Anforderungen erweisen sich dabei in Handelsfilialen als äußerst heterogen und durch marketingbezogene Aspekte determiniert. Sie lassen sich in die Aufteilung des Raumes auf verschiedene Funktionsbereiche (Raumaufteilung) sowie in die Anordnung in Funktionszonen (Raumanordnung) und unter Berücksichtigung der qualitativen und quantitativen Raumzuteilung darstellen.

Raumaufteilung

Bei der Raumaufteilung steht unter Berücksichtigung der Flächenproduktivität und der optimalen Raumausnutzung zunächst die unterschiedliche Nutzung der zur Verfügung stehenden Flächen im Vordergrund.[571] Diese können in räumlicher Hinsicht und analog zu den Kernprozessen der Filiallogistik in die Funktionszonen der Warenannahme, des Lagerbereichs (Backstore), der Verkaufsfläche (Frontstore) und der Kassierabwicklung (Check Out) unterschieden werden. Anknüpfungspunkte für die warenflussbezogenen Teilprozesse der Filiallogistik ergeben sich vor allem aus einem beschleunigten Transfer der Waren zu den Regalen sowie einer vereinfachten Verräumung in die Warenträger. Während bei der Warenannahme die Warenbewegungen zunächst in der *Annahmezone* erfolgen und dieser Bereich zur Warenkontrolle sowie dem Aufbrechen der Versandeinheiten dient, erfolgt meist in einem *Lagerbereich* die Zwischenlagerung der Waren bis zur regalgerechten Kommissionierung und

---

[565] Vgl. Gröppel-Klein (2006), S. 673; Weinberg/Purper (2006), S. 659.
[566] Vgl. Berekoven (1995), S. 277.
[567] Vgl. Liebmann/Jungwirth/Klug (2000), S. 18.
[568] Vgl. Weinberg/Purper (2006), S. 659. Durch eine geschickte Ladengestaltung können Impulskäufe der Kunden gefördert und Kundenwünsche nach Einkaufserlebnissen befriedigt werden.
[569] Vgl. Burmann (1995), S. 139f.; Hansen (1990), S. 299.
[570] Vgl. Weinberg (1986), S. 98f.
[571] Vgl. Burmann (1995), S. 1ff.

Verräumung im Frontstore.[572] Dabei kann sich der *Backstore* aus der Lagerzone sowie dem Bereich zur Warenmanipulation zusammensetzen und je nach Handelsunternehmen in Abhängigkeit von Belieferungsrhythmen, Umschlagshäufigkeit und Sortimentsumfang sowie Regalreichweite bis zur Hälfte der Verkaufsfläche des Frontstores betragen. Die Lagerflächen des Backstores dienen der Zwischenlagerung von Waren, die nicht vollständig in die Warenträger des Frontstores verräumt werden und ermöglicht die Lagerung von Puffer- oder Sicherheitsbeständen. Auch der *Frontstore* lässt sich in unterschiedliche Funktionszonen unterteilen. Allgemein unterscheidet man zwischen der Warenfläche, der Kundenfläche sowie übrigen Verkaufsflächen.[573] Die *Warenfläche* ist derjenige Teil des Frontstores, auf dem die Ware in Warenträgern präsentiert wird. In einer weiteren Unterteilung erfolgt eine Trennung nach dauerhaften, fest installierten Warenträgern sowie einer Aktionsfläche, auf der kurzzeitig Sortimentsausschnitte präsentiert werden können und die flexibel nutzbar ist. Die *Kundenfläche* umfasst die Verkehrswege, die auch für den innerbetrieblichen Transport und zur Manipulation von Waren zur Nachverräumung genutzt werden.[574] Zu den *übrigen Verkaufsflächen* zählen bspw. die Personal- und Thekenflächen in Bedienungsbereichen sowie Sonderplatzierungen am Eingang. Wie beim idealtypischen Prozessmodell der Filiallogistik wird der *Kassenbereich* nicht zur Verkaufsfläche gezählt, obwohl hier spezifische Warengruppen angeboten werden. Dazu zählen i.d.R. insbesondere solche Artikel, die ein hohes Wert-Volumen-Verhältnis aufweisen. Als Beispiele sind Tabakwaren, CDs, Batterien oder Rasierklingen zu nennen. Klassischerweise findet sich im Kassenbereich auch die so genannte „Quengelware"[575], bei der es sich meist um Süßwaren handelt. Als strukturelle Herausforderung der Kassenorganisation ist die Kassenanordnung innerhalb der Handelsfiliale sowie die Festlegung der Anzahl von Kassen nach den erwarteten Umsatzspitzen zu sehen. So findet im Lebensmitteleinzelhandel ausschließlich eine zentrale Kassenanordnung ihren Einsatz.[576] Aus prozessorganisatorischer Sicht ist zu berücksichtigen, dass sich die effiziente Besetzung der Kassen aufgrund zeitlich schwankender Kundenströme meist nicht konstant verhält.[577] Damit weist die Gestaltung der Kassierabwicklung Einflüsse auf die Personaleinsatzplanung auf, wobei sowohl Verkaufs- und Logistikpersonal als auch ausschließlich Kassenmitarbeiter zum Einsatz kommen können.

---

[572] In Handelsfilialen finden sich Vorratslager, Umschlagslager sowie Handlager, vgl. Tietz (1993), S. 703.
[573] Vgl. Berekoven (1995), S. 286.
[574] Weitere, nicht für die Filiallogistik relevante Kundenflächen umfassen die Ein- und Ausgänge, Treppen und Kundenaufzüge, vgl. Berekoven (1995), S. 286.
[575] Vgl. Pepels (2004), S. 1011. Als Quengelware bezeichnet man Artikel, die im Kassenbereich positioniert sind und in der Warteschlange stehende Kunden zum Kauf bewegen können. Es handelt sich um eine Sonderform der Impulsware.
[576] Vgl. Tietz (1993), S. 690. Während sich in selbstbedienungsorientierten Einkaufsstätten Zentralkassensysteme bewährt haben, die sich in der Nähe des Kundenausgangs befinden, sind bspw. in Warenhäusern dezentrale Kassen vorzufinden.
[577] Vgl. Thonemann u.a. (2005), S. 60; Tietz (1993), S. 691.

3.2 Handelsunternehmens-Kontext der Filiallogistik

Raumanordnung

Neben der Raumaufteilung auf die Funktionszonen weist die Strukturierung des Frontstores einen Einfluss auf die Warenbewegungen und die Verräumung auf. So sind durch die Raumanordnung Verkehrswege festgelegt, die zum einen eine hohe Kundenzirkulation ermöglichen sollen, zum anderen auch für den Warentransport während der Öffnungszeiten genutzt werden. Die Art der Anordnung der Funktionszonen beeinflusst demnach den Aufwand des Warenhandlings der Filiallogistik.[578] Grundsätzlich kann zwischen einem Zwangs- und einem Individualablauf unterschieden werden.[579] Zwangsabläufe geben nicht nur dem Kunden, sondern auch den Mitarbeitern zur Nachverräumung feste Wege vor, die es nicht ermöglichen, einzelne Warengruppen durch alternative Wege zu erreichen. Sie stellen sich als sehr übersichtlich dar, sind jedoch oftmals durch umfangreiche und aufwändige Transportwege gekennzeichnet und können zu ineffizienten Auffüllprozessen führen.[580] Dagegen sind beim Individualablauf verschiedene Transportwege zu den Warenträgern denkbar, die somit in unterschiedlichen Weglängen resultieren und einen vergleichsweise effizienten Nachfüllprozess erlauben. Beide genannten Optionen der Raumanordnung stellen Extremlösungen dar, die in der Praxis durch alternative Ausgestaltungen ergänzt werden können (vgl. Abbildung 17).

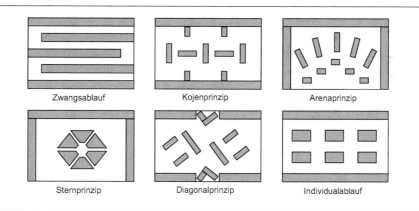

Abbildung 17:   *Grundprinzipien der Regalanordnung*
                   Quelle: In Anlehnung an Berekoven (1995), S. 288; Kreft (1993), S. 361

Weitere Regalanordnungen umfassen bspw. das Kojen- und Arenaprinzip, die warengruppenspezifische Warenträger konsolidieren. Das Sternprinzip ermöglicht eine Warensteuerung von der Mitte und findet besonders häufig in Fachbereichen seinen Einsatz, die durch eine geringe

---

[578] Vgl. Ackermann (1997), S. 158.
[579] Vgl. Liebmann/Zentes (2001), S. 549.
[580] Vgl. Thonemann u.a. (2005), S. 46.

Umschlagshäufigkeit gekennzeichnet ist. Das Diagonalprinzip erlaubt ähnlich wie der Individualablauf einen freien Zugang zu den Warenträgern und ermöglicht eine beschleunigte Nachverräumung. Alle genannten Grundprinzipien stellen sich als relevante Merkmalsausprägungen hinsichtlich des innerbetrieblichen Warentransports, der Regalverräumung und der Sichtbestands- sowie Regalbildkontrolle dar. In einem weiteren Detaillierungsgrad erfolgt die qualitative und quantitative Raumzuteilung.

Qualitative Raumzuteilung

Unter Berücksichtigung filialspezifischer Logistikprozesse lassen sich in qualitativer Hinsicht die Flächenzuteilung von Warengruppen, Platzierungsaspekte von Artikeln sowie Verbund- und Mehrfachplatzierungen nennen.[581] So umfasst die qualitative *Flächenzuteilung von Warengruppen* als Warenpräsentation im weiteren Sinne innerhalb des Frontstores die Warenplatzierung, die nach Maßgabe der Verkaufszonenwertigkeit unterteilt wird.[582] Entscheidungen über Regalzonen und -flächen können individuell für jede Handelsfiliale oder standardisiert als Vorgaben durch die Handelszentrale getroffen werden. Individuelle Platzierungen ermöglichen eine flexible Anpassung an die Anforderungen der jeweiligen Handelsfiliale, unterliegen jedoch einer hohen Komplexität und sind vergleichsweise aufwändig.[583] Unter Berücksichtigung filiallogistischer Prozesse stellt es sich vielfach als vorteilhaft dar, wenn kühlpflichtige, häufig nachzuverräumende, schnelldrehende sowie Artikel mit hohem Volumen-Gewicht-Verhältnis nah am Backstore bzw. am Wareneingang positioniert sind, um Laufwege zu verkürzen und die Nachverräumung durch die Filialmitarbeiter zu beschleunigen. Im engeren Sinne der Warenpräsentation gehen Entscheidungen über die *Platzierung* vorzuhaltender Artikel in Warenträgern des Frontstores einher. Aus akquisitorischer Sicht ist in einem hohen Regalbestand je Artikel vor allem eine Reduzierung von Nachverräumrhythmen und damit verbunden ein geringerer Personaleinsatz für die Regalpflege zu nennen. Insbesondere bei der Selbstbedienung kompensiert ein erhöhter und leicht zugänglicher Regalbestand einen geringeren Einsatz von Verkaufspersonal. Dabei sollten die Artikel aus Kundensicht nicht nur in Sicht- und Griffhöhe platziert, sondern auch durch eine leichte Zugänglichkeit gekennzeichnet sein. Diese Anforderungen gelten gleichermaßen für die Nachverräumung, um im Rahmen der physischen Bestandskontrolle die Identifikation kritischer Regalbestände sowie die Ableitung von Reichweiten und Bestückungsintervalle zu erleichtern. Mit der Entscheidung über Flächenzuteilungen von Warengruppen und Platzierungsaspekte sind so genannte Verbundplatzierungen eng verbunden. Bei *Verbundplatzierungen* handelt es sich um Marketingmaßnahmen, wobei unterschiedliche Artikel, die in einer engen Verbrauchsbeziehung stehen, auf eng benachbarten Regalplätzen angeboten werden. Bspw. wird Kondensmilch häufig nicht in der Warengruppe Molkereiprodukte platziert,

---

[581] Vgl. Baumgartner (1981), S. 26.
[582] Vgl. Barth (1999), S. 244f.
[583] Vgl. Placzek (2007), S. 200.

sondern findet sich bei der Warengruppe Kaffee und Aufgussgetränke wieder, die zu einer erschwerten Zuordnung von Waren mit gleichartigen Eigenschaften zu bestimmten Verräumungsaktivitäten führen. Um einer unvollständigen Warenpräsentation innerhalb einzelner Warengruppen entgegen zu wirken und eine totale Auflösung von Warengruppen zu vermeiden, werden deshalb häufig *Mehrfachplatzierungen* einiger Artikeln vorgenommen. Dieses Vorgehen kann zu einer komplexeren Bestandsführung und -lokalisation im Frontstore führen und eine erhöhte Gefahr von Fehlbeständen mit sich bringen sowie bei manueller Disposition die Ermittlung von Bestellmengen erschweren.

Quantitative Raumzuteilung

Letztlich ist bei der quantitativen Raumzuteilung der anteilige Raumbedarf von Warengruppen bis hin zu einzelnen Artikeln zu berücksichtigen, der in logistischer Hinsicht neben der Warenpräsentation auch auf die Anpassung der Regalflächen an Umschlagshäufigkeiten und Verräumrhythmen abzielt. Einzelhandelssortimente sind durchweg so umfangreich, dass die Verkaufsfläche einen Engpass darstellt. Im Rahmen der quantitativen Raumzuteilung wird deshalb versucht, die vorhandene Verkaufsfläche ertragssteigernd zu gestalten.[584] Je höher Raumkosten und je geringer Margen ausfallen, desto drängender stellen sich auch Fragen der Raumzuteilung. Damit ist die Gestaltung der Facings angesprochen, die sich auf die Anzahl der sichtbaren Stellflächen im Warenträger beziehen. Die Regalplatzoptimierung als Teilaspekt des Spacemanagements verfolgt das Ziel, die einzelnen Artikel oder Warengruppen so in den Warenträgern zu platzieren, dass ein möglichst hoher Umsatz erzielt wird.[585] Regalflächen sind nach Maßgabe der Artikelrelevanz zu vergeben, bspw. senkt die Bereitstellung größerer Regalflächen für schnelldrehende Artikel die Gefahr von OoS-Situationen deutlich.[586] Dabei determiniert die Anzahl der Facings eines Artikels die Menge der in Warenträger zu verräumenden Stückzahlen und weist somit einen engen Zusammenhang auf die Verräumrhythmen bzw. auf den Maximalbestand im Frontstore auf.[587] Durch abgestimmte Regalflächen auf Bestellmengen bestimmter Artikel können so mehrere Verräumprozesse vermieden und dadurch Restbestände in der Filiale reduziert werden. Bedingt durch das steigende Warenangebot und einer eingeschränkten Flächenexpansion kommt der quantitativen Raumzuteilung und einer adaptiven Logistik eine wachsende Bedeutung zu. Nachfolgende Tabelle 7 umfasst die diskutierten Merkmale der Ladengestaltungspolitik in einer komprimierten Form wieder.

---

[584] Vgl. Küntzle (1999), S. 107.
[585] Vgl. Vogler (2006), S. 54; Schröder (2005), S. 171; Liebmann/Zentes (2001), S. 819. Die Ermittlung der umsatzsteigernden Platzierung erfolgt auf der Grundlage Regalproduktivitätskennziffern sowie zusätzlichen Kontrollgrößen wie Verbundkennziffern und Handlingkostensätzen, mit der eine Optimierung der Verkaufsfläche angestrebt wird, vgl. Möhlenbruch/Meier (1996), S. 20. Computersimulationen prognostizieren dabei die Auswirkungen veränderter Regalansichten oder Planogramme auf Zielgrößen wie Umsatz, Rohertrag, Rentabilität oder Warenumschlag, vgl. Küntzle (1999), S. 107f.
[586] Vgl. Angerer (2004), S. 8.
[587] Vgl. Broekmeulen u.a. (2004), S. 1; Müller-Hagedorn/Heidel (1996), S. 3f.

Wie bereits bei der Charakterisierung der Sortimentspolitik als Kontextgröße für das Management der Filiallogistik ergeben sich aus den vorangestellten Merkmalen der Ladengestaltung und Warenpräsentation keine überschneidungsfreien Klassifizierungsansätze. So lässt sich weder das Verhältnis Frontstore zu Backstore bestimmten Betriebstypen oder Betriebsflächen zuordnen, noch sind eindeutige Zuordnungen der Raumanordnungen an die Betriebstypen des Lebensmitteleinzelhandels möglich. Differenzierungsansätze bestehen in einer Trennung in Betriebstypen nach effizienz- oder kundenorientierten Schwerpunkten, die sich jedoch ausschließlich bei einer Fokussierung auf einen einzigen Betriebstypen bewährt haben.[588] Dennoch lassen sich einige der genannten Merkmale der Betriebsgröße von Handelsfilialen zuordnen. Aus diesem Grund soll zur weiteren Einordnung des Handelsunternehmens-Kontextes die *Fläche des Frontstores* als Bezugsgröße herangezogen werden, die zur weiteren Charakterisierung von Typen des Managements der Filiallogistik dienen.

Kontextspezifische Merkmale der Ladengestaltung und Warenpräsentation	Kurzbeschreibung
Raumaufteilung	Aufteilung der Filialfläche auf verschiedene Funktionsbereiche
Raumanordnung	Anordnung der Funktionszonen
Qualitative Raumzuteilung	Anordnung von Warengruppen und Artikeln innerhalb des Frontstores
Quantitative Raumzuteilung	Aufteilung des Frontstores auf die einzelnen Warengruppen und Artikeln

Tabelle 7:   *Merkmale zur Charakterisierung der Filialflächen*
   Quelle: In Anlehnung an Berekoven (1995), S. 285; Baumgartner (1981), S. 26

3.2.4 Preispolitik

Handelsunternehmen sind neben der Auswahl und Vorhaltung eines einzigartigen Sortiments mit der Herausforderung konfrontiert, sich über die Preispolitik am Markt zu profilieren.[589] Diese verfolgt hauptsächlich das Ziel, mit Hilfe der Preisgestaltung Kaufanreize zu setzen, die einen wichtigen Einfluss der Absatzhöhe sowie des Absatzverlaufs angebotener Waren in Handelfilialen darstellen und sich auf einzelne Artikel ebenso wie auf Warengruppen oder das gesamte Sortiment unterschiedlich auswirken.[590] Somit nimmt die Preispolitik im absatzpolitischen Instrumentarium sowie in Bezug auf informations- und warenflussbezogenen Logistik-

---

[588] Vgl. Remmert (2001), S. 86ff., der bei der Referenzmodellierung für die Handelslogistik den Betriebstypen Supermarkt mit einem effizienzorientierten und einem kundenorientierten Fokus unterscheidet. Aufgrund der Berücksichtigung verschiedener Formate des stationären Lebensmitteleinzelhandels lassen sich die Ausprägungen im Rahmen dieser Arbeit nicht vollumfänglich übernehmen.

[589] Vgl. Müller (2007), S. 69. Praxisnahe Studien im deutschen Einzelhandel stellen den Preis als wichtigstes Differenzierungskriterium heraus, da er die Kundenzufriedenheit am stärksten beeinflusst, vgl. Strüker (2005), S. 67; Mercer Management Consulting (2000), S. 4f.

[590] Vgl. Barth (1999), S. 188; Gümbel (1974), Sp. 1884. Der Preis ist im Gegensatz zur Leistung sofort für Endkunden sowie Wettbewerber sichtbar und ist aus diesem Grund eng mit dem Leistungsangebot verflochten.

3.2 Handelsunternehmens-Kontext der Filiallogistik 135

prozesse in Handelsfilialen eine zentrale Rolle ein.[591] Sie gestaltet sich als besonders komplexes Entscheidungsproblem, das nicht nur die Rahmenbedingungen der Preisgestaltung mit dem Ziel der Umsatzrentabilität, sondern ebenso den Kontext für Listungsänderungen, Bedarfsprognosen, Bestell- und Bestandsmengen mit den damit verbundenen Warenbewegungen in Handelsfilialen darstellt. Damit lassen sich allgemeingültige Aussagen der Preispolitik als Kontext auf das Management der Filiallogistik nicht vornehmen. Erschwerend wirkt darüber hinaus, dass sich verschiedene Betriebstypen hinsichtlich der Preispolitik erheblich voneinander unterscheiden. Dies gilt für einzelne Artikel sowie für die zeitliche Gestaltung von Preisen.[592]

Preispolitische Entscheidungen beziehen sich neben der Preisgestaltung unter Berücksichtigung der Unternehmensziele oder der Kalkulation der Endverbraucherpreise einzelner Artikel ebenso auf strategische Entscheidungen des Preisauftritts sowie auf die Suche, Auswahl und Durchsetzung von Preis-Leistungs-Relationen.[593] Diese sind im Sinne des Marketing sowohl aus Anbieter- als auch aus Nachfragersicht abzuwägen. Planmäßige Preisentscheidungen setzen eine nach Prioritäten geordnete Menge an relevanten Zielen voraus, die je nach Handelsunternehmen unterschiedlichen Zielpräferenzen entsprechen. Bspw. erfolgt im Rahmen einer kostenorientierten Preispolitik die Ermittlung von Preisuntergrenzen, die auf Basis der Teilkostenrechnung oder der Vollkostenrechnung ermittelt werden können und langfristig die Gewinnschwelle darstellen. Aufgrund der Vielzahl von Einzelpreisentscheidungen, die je nach Betriebstyp bis zu 100.000 Artikel betreffen können, ist eine Preiskalkulation im Lebensmitteleinzelhandel bis auf die Artikelebene hinab meist nicht detailliert zu bewältigen.[594] Vielmehr bedienen sich Handelsunternehmen einer Mischkalkulation im Sortimentsverbund oder einer Einheitskalkulation für bestimmte Warengruppen.[595] Diese bilden die Grundlage für das Preisniveau sowie für die Preisakzeptanz durch Kunden und definieren ein Preisimage.[596] Als weitere, simultan zu berücksichtigende Ziele der Preispolitik im Einzelhandel, lassen sich nachfrage-, gewinn- und konkurrenzorientierte Ansätze der Preisgestaltung differenzieren.[597]

Innerhalb dieses Beziehungsfeldes entwickeln Handelsunternehmen ihre eigenen Vorstellungen der Preispolitik, die ihre umsatz- oder gewinnsteigernde Wirkung erst dann entfaltet,

---

[591] Vgl. Barth (1999), S. 189.
[592] Für einen Literaturüberblick zur Preispolitik von Einzelhandelsunternehmen sowie eine empirische Studie vgl. Hosken/Matsa/Reiffen (2000), S. 2ff.
[593] Vgl. Diller/Anselstetter (2006), S. 599. Die Preispolitik umfasst darüber hinaus den aufeinander abgestimmten Einsatz der Preiskalkulation, -differenzierung, -variation und -kommunikation im Rahmen des Preis-Mix, vgl. Diller (2007), S. 33ff.
[594] Vgl. Oehme (2001), S. 241.
[595] Zu Kalkulationsansätzen im Lebensmitteleinzelhandel, vgl. Oehme (2001), S. 341ff.
[596] Vgl. Diller/Anselstetter (2006), S. 599f. Unter dem Preisimage versteht man die Einstellung der Kunden in Bezug auf subjektiv wahrgenommene Preisleistung. Es ist damit das Ergebnis der Beurteilung des Preisniveaus.
[597] Vgl. Diller (2007), S. 38; Liebmann/Zentes (2001), S. 510ff.; Barth (1999), S. 193; Tietz (1993), S. 371.

wenn die Waren auch tatsächlich in den Regalen der Handelsfiliale vorzufinden sind. Im Hinblick auf die Gestaltung filialspezifischer Logistikprozesse spielen insbesondere strategische sowie taktische Überlegungen der Preispolitik eine wichtige Rolle.[598]

Strategische Preiskonzepte

Preisstrategien sind aufeinander abgestimmte, ganzheitliche und an langfristigen Zielen ausgerichtete Handlungskonzepte der Preispolitik, die auf die Erschließung und Sicherung von Erfolgspotenzialen der Handelsfilialen abzielen.[599] Mit einer langfristigen Ausrichtung bestimmen sie im Wesentlichen das Preisniveau. Aufgrund der hohen Interdependenzen zu weiteren absatzpolitischen Instrumenten ist das Preisniveau stark betriebstypenabhängig und stellt für Kunden ein Orientierungskriterium bei der Einkaufsstättenwahl dar (Preisimage).[600] Ziel der Preisstrategie ist es, Endkunden eine möglichst präzise Vorstellung zu vermitteln, was sie im Hinblick auf die Handelsfiliale, bspw. beim Warenangebot oder der Verkaufsraumgestaltung, erwarten können. Dabei erweisen sich bestehende Strukturierungsansätze für strategische Preiskonzepte als äußerst heterogen. So differenzieren bspw. Tietz (1993) und Berekoven (1995) zwischen hochpreisaggressiver sowie aggressiver, Durchschnittspreis- und Servicepreisstrategie, die sich auf die Preislagen von Handelsunternehmen beziehen.[601] Diller/ Anselstetter (2006) unterscheiden Ansätze in Positionierungs- sowie Preislagenstrategien, Category-Pricing, Preisdifferenzierungs-, Preiskommunikations- und Preisvariationskonzepte.[602] Allen Konzepten ist gemein, dass sie sich grundsätzlich auf das Preisniveau oder die Differenzierung gegenüber dem Wettbewerb zum Zwecke des Preisimages beziehen. Für filialspezifische Logistikprozesse ist insbesondere die Preisvariations- bzw. Dauerniedrigpreisstrategie von besonderer Bedeutung, da sie einen direkten Einfluss auf Absatzschwankungen des Sortiments im Zeitverlauf aufweisen können und somit Anpassungen durch das Management der Filiallogistik erfordern. Bei der *Preisvariation* steht die Entscheidung im Vordergrund, ob sich ein Handelsunternehmen durch die Variation der Preise im Zeitverlauf (High-Low-Pricing) oder durch ein dauerhaft niedriges Preisniveau aller Artikel mit einem bewussten Verzicht auf Sonderpreisaktionen im Wettbewerb positionieren will.[603] Preisvariationen sind meist mit einer erhöhten und schwer zu prognostizierbaren Nachfrage gekennzeichnet, die sich in Über- oder Fehlbeständen auf Filialebene ausdrücken können. Bei einer preisvariationsbedingten Steigerung der Nachfrage sind darüber hinaus oftmals entweder häufigere Nachverräumungen im Frontstore vorzunehmen oder größere Warenmengen im Warenträger vorzuhalten, um dem steigenden Artikelumsatz gerecht zu werden. Die temporär steigende Abverkaufsmenge und die kontinuierliche Veränderung der Warenvolumina

---

[598] Vgl. Berekoven (1995), S. 200.
[599] Vgl. Diller (2007), S. 209f.
[600] Vgl. Berekoven (1995), S. 200.
[601] Vgl. Berekoven (1995), S. 201; Tietz (1993), S. 369.
[602] Vgl. Diller/Anselstetter (2006), S. 607ff.
[603] Vgl. Seifert (2006a), S. 253.

3.2 Handelsunternehmens-Kontext der Filiallogistik

erfordern eine regelmäßige Anpassung der Regalfläche sowie einen steigenden Mitarbeitereinsatz für die Regalpflege aufgrund der zunehmenden Abverkäufe.[604] Da Dispositionsverantwortliche nur geringe oder unvollständige Informationen darüber haben, welche Absatzmengen eines Artikels bei alternativen Preisstellungen in den Warenträgern vorzuhalten sind, können Über- oder Fehlbestände entstehen. Demgegenüber ermöglicht die *Dauerniedrigpreisstrategie* eine Verstetigung der Nachfragemuster auf einem konstanten Preisniveau und unterstützt eine kontinuierliche Umsetzung der Warenflüsse sowie eine höhere Planungsgenauigkeit der Bedarfsmengen. Damit werden kostenintensive Bestell- und Transportmengenspitzen wie bei der Aktionspreisstrategie vermieden.[605] Als weiterer positiver Aspekt ist die Vermeidung oder Reduzierung von Überbeständen zu nennen. Die Sonderangebotsstrategie wird häufig für dislozierte Handelsfilialen wie SB-Warenhäuser eingesetzt, um den Widerstand gegen die längeren Einkaufswege der Kunden zu überwinden. Dagegen findet die Dauerniedrigpreisstrategie überwiegend ihren Einsatz bei Betriebstypen, die durch ein geringes Preisniveau gekennzeichnet sind.

Taktische Preisinstrumente

Im Gegensatz zur Preisstrategie stellen taktische Preisinstrumente des Preisvariationskonzepts vereinzelte und kurzfristig veränderbare Parameter auf operativer Ebene der Preispolitik dar. *Taktische Preisvariationen* sind aufgrund der hohen Wettbewerbsdynamik im Lebensmitteleinzelhandel und der großen Beliebtheit von Preisgelegenheiten bei Endkunden bedeutende preispolitische Instrumente. Unterschieden werden dauerhafte Preisänderungen und temporäre Sonderangebote. Aufgrund des Einflusses auf das Management der Filiallogistik erfolgt eine Unterscheidung von zeitlich begrenzten Preisvariationen in kurzfristige Preisreduktionen, Rabattaktionen sowie Coupons. Bei *kurzfristigen Preisreduktionen* handelt es sich um unregelmäßige und zeitlich befristete Preissenkungen, die sich auf einzelne Artikel und nicht auf das gesamte Sortiment oder bestimmte Waren- bzw. Artikelgruppen beziehen.[606] Um den mit der Preisreduktion einhergehenden Veränderungen der Warenbewegungen und Bestellvorgängen gerecht zu werden, ist eine Abstimmung der Aktionsartikel, des -zeitpunktes und der -dauer sowie die Höhe des gewährten Preisnachlasses mit dem Management der Filiallogistik vorzunehmen. Zu berücksichtigende Effekte durch die Preisreduktion stellen neben Absatzsteigerungen von Artikeln am vorgegebenen Regalplatz auch der Einsatz zusätzlicher Displays und Zweitplatzierungen dar.[607] Im Gegensatz zur kurzfristigen Preisreduktion beziehen sich *Rabattaktionen* auf das gesamte Sortiment bzw. auf ganze Warengruppen und zeichnen sich durch einen pauschalen Preisnachlass aus. Damit gehen i.d.R. vorübergehende

---

[604] Vgl. Laurent (1996), S. 222.
[605] Vgl. Tietz (1995), S. 529.
[606] Kurzfristige Preisreduktionen (Sonderangebote) im Lebensmitteleinzelhandel haben in Deutschland eine hohe Relevanz, da der Umsatzanteil typischer Sonderangebotsartikel bei über 60% liegt, vgl. Simon/Dolan (1997), S. 273.
[607] Vgl. Strüker (2005), S. 76; Van Heerde/Leeflang/Wittink (2001), S. 212.

Absatzsteigerungen aller Artikel der Rabattaktion einher, wobei sich Streueffekte auf andere Warengruppen ergeben können, die in einem schwankenden und schwer zu prognostizierenden Abverkaufsverlauf des gesamten Sortiments resultieren. Weitere diskontinuierliche Abverkaufsverläufe entstehen durch den Einsatz von *Coupons*. Sie stellen Gutscheine dar, die bei ihrem Einsatz einen Preisvorteil für bestimmte Artikel versprechen.[608] Diese Artikel müssen im Aktionszeitraum priorisiert behandelt werden, da Fehlmengen von Aktionsartikeln bei Kunden aufgrund des gezielten Einkaufs zu einer noch größeren Enttäuschung führen und sich negativ auf die Kundenbindung auswirken können.[609]

Die aufgeführten Merkmalsausprägungen der Preispolitik, welche Auswirkungen auf das Management der Filiallogistik aufweisen können, sind in Tabelle 8 zusammengefasst.

Kontextspezifische Merkmale der Preispolitik	Merkmalsausprägung
Strategische Preiskonzepte	• Preisvariationsstrategie • Dauerniedrigpreisstrategie
Taktische Preisinstrumente	• kurzfristige Preisreduktion • Sonderangebote • Rabattaktionen • Couponing

Tabelle 8:   Merkmale zur Charakterisierung der Preispolitik

Abschließend gilt, dass häufige Angebotsaktivitäten eine nachfragegerechte Prognose zukünftiger Abverkäufe erschweren und Diskontinuitäten des Warenabgangs verursachen. Diese über den Preis gesteuerten Nachfrageschwankungen haben erhebliche Auswirkungen auf Bedarfsprognosen, auf den Warennachschub, auf die Gestaltung von Informationsprozessen und auf die Dimensionierung von Regal-, Lager- und Sicherheitsbeständen.[610] Während sich die Sortiments- und Ladengestaltungspolitik durch verschiedene Merkmale mit Auswirkungen auf das Management der Filiallogistik darstellen, weist die Preispolitik aufgrund ihres Beitrags zur Verstetigung bzw. zu erhöhten Absatzschwankung zwei konträre Ausprägungen auf, die sich als aktions- oder standardpreisorientierte Preispolitik bezeichnen lassen. Diese Ausprägungen dienen in preispolitischer Hinsicht zur Einordnung von Betriebstypen in den unbeeinflussbaren Handelsunternehmens-Kontext, der nachfolgend in einem zusammenfassenden Überblick dargestellt wird.

---

[608] Vgl. Kreutzer (2003), S. 6; Gedenk (2001), Sp. 244.
[609] Vgl. Ester/Mostberger (2003), S. 10.
[610] Vgl. Gudehus (2005), S. 271f.

3.2.5 Zusammenfassende Darstellung des Handelsunternehmens-Kontextes des Managements der Filiallogistik

Die ausgewählten Merkmalsausprägungen der Leistungsprogrammpolitik sind das Ergebnis eines bestimmten leistungsprogrammpolitischen Planungs- sowie Realisierungsrahmens und stellen Entscheidungsfelder von Handelsunternehmen dar, deren Ausprägungen einen Einfluss auf das Management der Filiallogistik aufweisen können. Sie bilden eine konkrete Kombination von Kontextgrößen mit langfristigem Einfluss auf filialspezifische Logistikprozesse.[611] Allerdings führt die Kombination der Merkmale aufgrund der daraus resultierenden Anzahl verschiedener Erscheinungsformen zunächst nicht zur Steigerung der Übersichtlichkeit eindeutig abgrenzbarer Betriebskonzepte. Aufgrund der spezifischen filiallogistischen Anforderungen müssen vielmehr deutlich voneinander abgrenzbare Typen Anwendung finden, um den Voraussetzungen einer eindeutigen Zuordnung von Gestaltungsalternativen des Managements der Filiallogistik zu erfüllen. Zu den handelsspezifischen Kontextgrößen zählen das Sortiments-, die Ladengestaltungs- sowie die Preispolitik. Da deren Ausprägungen i.d.R. kurzfristig nicht variierbar sind und im Falle einer Veränderung das Erscheinungsbild des Handelsunternehmens grundlegend beeinflussen können, werden die sie begründeten Entscheidungen den konstitutiven und nicht den dispositiven, situationsbedingten Entscheidungen zugeordnet.

Dabei besteht vor dem Hintergrund einer praxisorientierten Ausarbeitung von Gestaltungsempfehlungen für das Management der Filiallogistik die Anforderung, Aussagen für häufig in der Realität anzutreffende Betriebstypen im stationären Einzelhandel zu entwickeln. Mit der Fokussierung auf den stationären Lebensmitteleinzelhandel findet die Betriebsform als Variable keine Berücksichtigung. Als Grundlage zur Identifikation relevanter Filialen im Lebensmitteleinzelhandel dienen vielmehr die Marktanteile aktueller Betriebstypen. Darunter lassen sich die Betriebstypen Supermärkte, Verbrauchermärkte unter Einbeziehung der eng verbundenen SB-Warenhäuser sowie Discounter zählen. Zusätzlich sollen die Gestaltungsempfehlungen für das Management der Filiallogistik in eindeutig und empirisch bestätigten Handelssystemen ihre Umsetzung finden. Hier ist zu berücksichtigen, dass die Ableitung von Betriebstypen aus der Rechtsform ebenso wenig eine zielführende Systematisierung darstellt wie die Folgerung, dass die Betriebsgröße direkt aus dem Sortiment oder der Marktbearbeitung resultiert.[612] Zwar weist der Standort von Handelsfilialen einen Einfluss auf die Belieferungsmöglichkeiten und somit auf die Belieferungsfrequenz auf, allerdings wird dieser Kontext zugunsten der Betrachtung innerbetrieblicher Warenflüsse vernachlässigt.

Rein formal gesehen findet man den jeweiligen Betriebstyp mit seiner artspezifischen Leistung als einen Punkt in einem dreidimensionalen Raum, der durch die Kombination

---

[611] Die Erfolgswirksamkeit der Betriebstypenprofilierung handelt bspw. Tietz (1993) S. 1319f.
[612] Vgl. Barth (1999), S. 52.

unterschiedlicher Merkmalsausprägungen definiert wird. In dem durch die vorgestellten Merkmale als Determinanten aufgespannten Raum lassen sich die Ausprägungen der in Kapitel 3.1.2 beschriebenen Betriebstypen Supermarkt, Verbrauchermarkt und Discounter einordnen (vgl. Abbildung 18). Zu diesen zählen die vorgestellte Sortiments-, Ladengestaltungs- sowie Preispolitik, die unterschiedliche Einflüsse auf die Warenbereitstellung in Handelsfilialen aufweisen und dazu führen können, dass das Management der Filiallogistik unterschiedlich auszugestalten ist.[613]

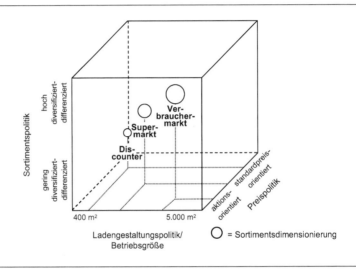

*Abbildung 18: Betriebstypen als Kombination leistungsprogrammrelevanter Kontextfaktoren
Quelle: In Anlehnung an Remmert (2001), S. 84*

Neben den Merkmalen des Handelsunternehmens-Kontextes stellen Belieferungskonzepte bis zum Wareneingang in Handelsfilialen einen weiteren zu berücksichtigenden Kontext dar, der nachfolgend im Rahmen des Supply Chain-Kontextes des Managements der Filiallogistik diskutiert wird und zur weiteren Konkretisierung der Rahmenbedingungen des Managements der Filiallogistik beiträgt.

---

[613] Vgl. Karp (1998), S. 279f.

3.3 Supply Chain-Kontext der Filiallogistik

Die mit der Distributionsfunktion von Handelsunternehmen[614] verbundenen unternehmensübergreifenden Belieferungskonzepte haben einen bedeutenden Einfluss auf die Gestaltung filialspezifischer Logistikprozesse und den zu deren Umsetzung vorgehaltenen Mitarbeiter- und Technikeinsatz. Die Anforderungen von Handelsunternehmen an Belieferungskonzepte beziehen sich auf Warenbewegungen vom Lieferanten bis zur Filiale zu geringen Kosten, auf die Sicherung einer hohen Verfügbarkeit der Waren in den Filialen sowie auf Möglichkeiten der flexiblen Bereitstellung hinsichtlich Liefermengen und -terminen.[615] Ansatzpunkte zur effektiven und effizienten Warenbereitstellung liegen daher nicht nur in der Filiallogistik selbst begründet, sondern setzen bereits auf den vorgelagerten Stufen an.[616] So lassen sich Auswirkungen der Belieferungskonzepte auf die filialspezifische Disposition, Bestellhäufigkeiten, Belieferungsrhythmen, Liefermengen und -zeitpunkte bis hin zu Warenbewegungen und Verräumhäufigkeiten im Frontstore nennen. Dabei stellt sich die Frage, wie sich die Wirkungsbeziehungen zwischen vorgelagerten sowie filialspezifischen Logistikprozessen systematisieren lassen und welche Auswirkungen auf die Steuerung sowie den Mitarbeiter- und Technikeinsatz in filialspezifische waren- und informationsbezogene Teilprozesse einhergehen, die sich in Ressourcenbündeln des Managements der Filiallogistik zusammenfassen lassen. Die Ableitung Supply Chain-bezogener-Kontextgrößen nimmt deshalb Bezug auf konsumgüterspezifische Belieferungskonzepte und sollte dem Anspruch einer Vergleichbarkeit anhand eines festgelegten Kriterienkatalogs logistischer Kontextgrößen gerecht werden. Diese Vergleichskriterien erfordern die Identifikation charakteristischer Merkmale von Belieferungskonzepten sowie die Ableitung von Merkmalsausprägungen.

Zur Einordnung des Supply Chain-Kontextes erfolgt zunächst in Kapitel 3.3.1 die Auswahl eines branchenspezifischen Managementkonzepts, dessen Parameter zur Ableitung geeigneter Kontextgrößen zweckmäßig erscheinen. Es handelt sich dabei um das Konzept Optimal Shelf Availability, das auf die integrative Gestaltung von Belieferungskonzepten zwischen Handels- und Herstellerunternehmen zur Vermeidung von OoS-Situationen abstellt. Daran schließt sich die Gegenüberstellung konsumgüterspezifischer Belieferungskonzepte als zentraler Bezugspunkt für die filialspezifischen Informations- und Warenflüsse an (Kapitel 3.3.2). Die Ausrichtung an struktur- und prozessbezogene Kontextgrößen ermöglicht eine differenzierte Betrachtung der Merkmalsausprägungen mit Auswirkungen auf filiallogistische Kernprozesse. Damit bestehen Vergleichskriterien in Bezug auf Belieferungsstrukturen und deren Auswirkungen auf die Prozessgestaltung sowie des Einsatzes von Elementarfaktoren der

---

[614] Vgl. Rudolph (2005), S. 2; Ahlert (2003), S. 4; Kotzab/Schnedlitz (1999), S. 140; Ogbonna/Wilkinson (1996), S. 395; Dahrenmöller (1986), S. 668.
[615] Vgl. Thonemann u.a. (2005), S. 68.
[616] Vgl. Hertel/Zentes/Schramm-Klein (2005), S. 154.

Filiallogistik. Zum einen kennzeichnen die Prozesse der Belieferungskonzepte die filiallogistischen Prozesse selbst, zum anderen bestehen hinsichtlich logistischer Fragestellungen strukturelle Kontextgrößen (Kapitel 3.3.3). Weiterhin finden konfigurations-, koordinations- und kooperationsbezogene Integrationsoptionen Berücksichtigung, welche die Gestaltung von Schnittstellen in Prozessabläufen und die Steuerung filiallogistischer Kernprozesse determinieren sowie Aussagen über die Beziehung zwischen dem Management der Filiallogistik und vorgelagerten Stufen ermöglichen (Kapitel 3.3.4).[617] Die Ausführungen schließen mit einer zusammenfassenden Übersicht des Supply Chain-Kontextes in Kapitel 3.3.5.

3.3.1 Optimal Shelf Availability zur Einordnung des Supply Chain-Kontextes

In der einschlägigen Literatur werden die unternehmensübergreifende Zusammenarbeit und die Gestaltung von Belieferungskonzepten zwischen Herstellern und Handel im Forschungsfeld der Supply Chain Management (SCM)-Konzeption verankert.[618] Trotz der umfassenden wissenschaftlichen Auseinandersetzung mit der SCM-Konzeption ist es bislang nicht gelungen, eine allgemein anerkannte, branchenspezifische Begriffsdefinition zu erarbeiten.[619] Stattdessen besteht eine Reihe unterschiedlicher Konzepte und Definitionen, die eine relativ geringe Übereinstimmung aufweisen.[620] In der Praxis spiegeln sich Gestaltungsempfehlungen unternehmensübergreifender Geschäftsprozesse in den Ansätzen des konsumgüterspezifischen Efficient Consumer Response (ECR) wieder, die durch ein ganzheitlich integriertes Steuerungs- und Rationalisierungskonzept der Waren- und Informationsflüsse in Hersteller-Handelsbeziehungen gekennzeichnet sind.[621] Als zentraler Ansatzpunkt ist die Ausrichtung aller Marketing- und Logistikprozesse auf den Endkunden zu sehen, so dass ausschließlich dessen Verhalten für Waren- und Informationsflüsse maßgebend ist.[622] Unternehmensübergreifende Logistikkonzepte zur Steigerung der Regalverfügbarkeit werden unter dem Begriff „Supply Side" zusammengefasst und stellen als branchenspezifische Ausprägung des Supply Chain Managements ein partnerschaftliches Konzept dar.[623] Ihre Zielsetzung besteht in der

---

[617] Vgl. Arnold/Warzog (2001), S. 14 und 35ff.
[618] Vgl. bspw. Kotzab/Schnedlitz (1999), S. 140ff.
[619] Vgl. bspw. Hertel/Zentes/Schramm-Klein (2005), S. 48ff.; Wildemann (2003), S. 22; Göpfert (2002), S. 32; Otto (2002), S. 98; Mentzer u.a. (2001), S. 18; Christopher (1998), S. 18.
[620] Vgl. bspw. Heusler (2004), S.12 sowie in Bezug auf die Schulen des Supply Chain Management und ihrer Kernaussagen Bechtel/Jayaram (1997), S. 19.
[621] Vgl. bspw. Seifert (2006a), S. 49ff.; Delfmann (1999b), S. 565ff.; Laurent (1996), S. 198ff.; Tietz (1995), S. 529. Friedrich/Hinterhuber (1999), S. 2 erweitern diese Auffassung und begreifen das ECR-Konzept als Denk- und Handlungsrahmen für Hersteller- und Handelsunternehmen. Zu den Entwicklungslinien des ECR in den USA und Europa, vgl. Kotzab (1999), S. 367ff.
[622] Auf die Darstellung der marketingseitigen Elemente des ECR soll an dieser Stelle verzichtet werden. Für eine ausführliche Beschreibung vgl. bspw. Mitchell (1997), S. 85ff.
[623] Zu den Basisstrategien der Supply Side vgl. bspw. Meyer (2000), S. 304; Kloth (1999), S. 45ff.; von der Heydt (1999), S. 6ff. Für einen tabellarischen Überblick der ECR-Konzeptstrukturen und Basisstrategien, vgl. Heusler (2004), S. 100.

3.3 Supply Chain-Kontext der Filiallogistik 143

Kostensenkung eines effizienten Warennachschubs („Efficient Replenishment")[624] bei gleichzeitiger Erfüllung der Kundenanforderungen („Consumer Response") durch eine partnerschaftliche Hersteller-Handels-Beziehung.[625]

Die wissenschaftliche Aufbereitung unternehmensübergreifender Lösungsansätze der Waren- und Informationsflüsse bis in die Warenträger von Handelsfilialen findet sich bei Optimal Shelf Availability (OSA) wieder. Dieser Ansatz verfolgt das Ziel, unter Berücksichtigung unterschiedlicher Reaktionsmuster der Endkunden auf OoS-Situationen Gestaltungsempfehlungen für eine integrative Steuerung der Waren- und Informationsflüsse in Konsumgüter-Supply Chains zu erarbeiten, die in einer Verbesserung der Regalverfügbarkeit münden sollen.[626] Es versucht Konzeptbestandteile des SCM mit Impulsen des praxisgetriebenen ECR zu verbinden und dient der Ableitung von integrativen Logistikkonzepten, um den Zielkategorien des Supply Chain Management gerecht zu werden.[627]

Das Konzept darf jedoch nicht auf die ausschließlichen Aufgaben der physischen Distribution verkürzt werden.[628] Vielmehr strebt es nach einem möglichst adäquaten Verhältnis von Effizienz und Flexibilität bei der Umsetzung von Belieferungskonzepten und bietet geeignete Anknüpfungspunkte für die vorliegende Arbeit, welche im Wesentlichen auf die Gestaltung der Prozess- und Beziehungsstrukturen (Konfiguration), auf die Prozesssteuerung (Koordination) sowie auf die Formen der Zusammenarbeit (Kooperation) im Rahmen von konsumgüterspezifischen Belieferungskonzepten abstellen. Dabei nimmt das Konzept für sich in Anspruch, im Rahmen der erarbeiteten Gestaltungsempfehlungen auch Ansätze für filialspezifische Logistikprozesse abzuleiten, die den Ansprüchen einer wissenschaftlichen Argumentation stand halten, jedoch einer praxisorientierten Umsetzung nicht umfängliche gerecht werden.[629] Vielmehr erfahren Integrationsaspekte sowie eine unternehmensübergreifende Prozessbetrachtung eine starke Gewichtung, welche hinsichtlich der Auswirkungen auf das Management der Filiallogistik hilfreich erscheinen.

So zielen die Gestaltungsoptionen in ihrer ursprünglichen Form von Optimal Shelf Availability auf eine produktabhängige Differenzierung von Maßnahmen zur Erhöhung der Regalverfügbarkeit ab und stellen einen Ordnungsrahmen als Differenzierungskriterien Supply

---

[624] In Abhängigkeit des Branchenbezugs wird Efficient Replenishment bspw. auch als Quick Response als Logistiklösung für die Textilbranche bezeichnet. Eine Abgrenzung der als Quick Response, Efficient Replenishment oder Continous Replenishment bezeichneten Konzepte scheint vor dem Hintergrund der einheitlichen Zielsetzung und der Bezugnahme auf die Just-in-Time-Philosophie ungeeignet, vgl. Kotzab (1997), S. 142.
[625] Zu einer kritischen Reflexion der ECR-Empfehlungen vgl. bspw. Remmert (2001), S. 139ff.
[626] Zur Identifikation von Vergleichskriterien des Optimal Shelf Availability vgl. Placzek (2007), S. 147ff.
[627] Vgl. Placzek (2007), S. 303f. sowie zum Zielsystem des Managements der Filiallogistik Kapitel 2.1.3.
[628] Vgl. bspw. Mentzer/DeWitt/Keebler (2002), S. 3.
[629] Bspw. werden in Abhängigkeit bestimmter Eigenschaften von Produktgruppen, die unterschiedlichen Warengruppen zugeordnet sein können, Verräumprioritäten ausgesprochen, mit der eine ineffiziente Warenverräumung verbunden sein kann.

Chain-spezifischer Kontextgrößen für das Management der Filiallogistik dar. Für die vorliegende Arbeit werden die Ausprägungen der Gestaltungsvariablen von Optimal Shelf Availability in Kontextgrößen für das Management der Filiallogistik überführt, welche als Grundlage zur Typologisierung des Managements der Filiallogistik abschließend herangezogen werden.

Als zentraler Bezugspunkt sind zunächst spezifische Belieferungskonzepte des Lebensmitteleinzelhandels zu sehen. Diese werden nachfolgend vorgestellt, um Unterschiede hinsichtlich der Ausgestaltung und Verantwortlichkeiten in Bezug auf das Management der Filiallogistik aufzudecken. Die darauf aufbauende Systematisierung von Vergleichskriterien erfolgt im anschließenden Kapitel 3.3.3.

3.3.2 Belieferungskonzepte als Bezugspunkt für die Filiallogistik

In Konsumgüter-Supply Chains kommen vielfältige Logistikkonzepte zum Einsatz, deren Strukturen und Prozesse einen Einfluss auf das Management der Filiallogistik aufweisen. Als zentralen Bezugspunkt für den Supply Chain-Kontext werden Belieferungskonzepte angesehen, die nicht nur durch spezifische Konfigurationen hinsichtlich der Prozessgestaltung und der Prozessverantwortlichkeiten gekennzeichnet sind, sondern sich ebenso in Bezug auf die Verknüpfung von logistischen Subsystemen der Hersteller- und Handelsunternehmen unterscheiden.[630] Von Bedeutung sind die Zentrallagerbelieferung sowie die Streckenbelieferung.[631] Eine modifizierte Erweiterung der beiden klassischen Belieferungskonzepte[632] findet sich im ein- und zweistufigen Cross Docking wieder (vgl. Abbildung 19).[633]

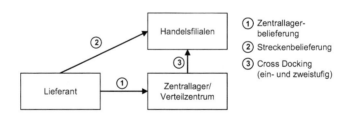

Abbildung 19: *Grundformen relevanter Belieferungskonzepte in Konsumgüter-Supply Chains*
Quelle: In Anlehnung an Levy/Weitz (2004), S. 320

---

[630] Vgl. Schönsleben (2004), S. 13; Häusler (2002b), S. 333.
[631] In der einschlägigen Literatur wird die Streckenbelieferung auch als Direct Store Delivery (DDS) bezeichnet, vgl. bspw. Rudolph (2005), S. 97; Liebmann/Zentes (2001), S. 637.
[632] Vgl. Stölzle/Placzek (2005), S. 62f.
[633] Vgl. Thonemann u.a. (2005), S. 68; Bretzke (1999), S. 81.

3.3 Supply Chain-Kontext der Filiallogistik 145

Die Ausprägungsformen der drei gängigen Belieferungskonzepte werden nachfolgend einer Analyse unterzogen und auf ihre Auswirkungen auf das Management der Filiallogistik untersucht.

Zentrallagerbelieferung

Die Zentrallagerbelieferung als ein- oder mehrstufiges Belieferungskonzept zeichnet sich dadurch aus, dass in einem oder wenigen Zentrallägern bzw. regionalen Verteilzentren ein umfassender Teil oder das gesamte Sortiment des Handelsunternehmens bevorratet ist.[634] Es erfolgt die Belieferung großer Warenmengen an eine begrenzte Anzahl von Konsolidierungspunkten.[635] Hersteller liefern die Waren konsolidiert an die handelsseitig geführten Läger, wobei der Verantwortungsbereich mit dem Entladen am Wareneingang des Zentrallagers endet.[636] Anschließend werden die Waren sämtlicher Lieferanten für Handelsfilialen bedarfsgerecht zusammengefasst und in kleineren Mengen ausgeliefert.[637] Damit zielt die zentrale Lagerung primär auf die Bündelung der Waren für die Auslieferung an die angeschlossenen Handelsfilialen ab. Das Zentrallager fungiert demnach innerhalb der Belieferungsform als wesentliche Schnittstelle zwischen den Lieferanten einerseits und den Handelsfilialen andererseits. Folglich sind Handelsunternehmen durch die zentrale Bestandsführung des Sortiments in der Lage, Warenströme vom Hersteller und zu den Filialen durch Bündelung zu koordinieren und zu kontrollieren. Die Bedeutung der Zentrallagerbelieferung als Belieferungskonzept im Lebensmitteleinzelhandel hat in der Vergangenheit stark zugenommen.[638]

Zu den wesentlichen Aufgaben der mehrstufigen Lagerhaltung im Rahmen der Zentrallagerbelieferung zählen die Pufferung von Nachfrageschwankungen,[639] die Reduzierung umfangreicher Sicherheitsbestände in den Handelsfilialen und der damit verbundenen Kapitalbindung sowie die Möglichkeit der kurzfristigen Filialbelieferung im Rahmen der Bündelung von Warenströmen.[640] Darüber hinaus wird das Ziel der Auslastung von Transportkapazitäten verfolgt.[641]

---

[634] Bei der Zentrallagerbelieferung können verschiedene Varianten eingesetzt werden. Einerseits besteht die Möglichkeit, die Waren in einem Zentrallager oder Verteilzentrum vorzuhalten und von dort die Filialen zu beliefern. Andererseits kann eine weitere Lagerstufe in die Distribution einbezogen werden, bei der Regionalläger die Feindistribution an Handelsfilialen übernehmen. Beide Varianten unterscheiden sich hinsichtlich der Anzahl von Lagerstufen und der Belieferungsdistanzen zu Handelsfilialen, weisen jedoch keine Unterschiede in Bezug auf filialspezifische Logistikprozesse auf. Sie finden deshalb nachfolgend keine differenzierte Betrachtung.

[635] Vgl. Bretzke (1999), S. 81.
[636] Vgl. Seifert (1999), S. 92.
[637] Vgl. Bretzke (1999), S. 82.
[638] Vgl. Thonemann u.a. (2005), S. 68; Stegmann (2003), S. 4f.
[639] Vgl. Swoboda/Morschett (2000), S. 331.
[640] Vgl. Stölzle/Heusler/Karrer (2004), S. 47; Liebmann/Zentes (2001), S. 638.
[641] Vgl. Stölzle/Placzek (2005), S. 68.

Vor diesem Hintergrund ergeben sich bestimmte Prozessmuster und Verantwortungsbereiche des Managements der Filiallogistik. Auf Basis von Abverkaufsdaten oder Filialbeständen erfolgen die Datenerfassung, Datenanalyse, Bedarfsprognose und Bestellung. Letztere kann sowohl im Verantwortungsbereich der Handelsfiliale liegen als auch in Form eines Bestellvorschlags durch die Handelszentrale ausgelöst werden, sofern diese Zugriff auf die Bestands- und Bewegungsdaten aller Handelsfilialen hat. Nach Prüfung des Bestellvorschlags durch Dispositionsverantwortliche in der Filiale wird im Rahmen der Bestellbearbeitung die Bestellübermittlung an die Handelszentrale sowie an das Zentrallager vorgenommen. Dabei kann die Bestellbearbeitung sowohl durch die Übermittlung von der Filiale, als auch nach freigegebener filialseitiger Bestellung durch die Handelszentrale erfolgen. Im Zentrallager durchlaufen die Bestellungen die Kommissionierung, bei der filialspezifische Bestellungen gebündelt und zu den Filialen transportiert werden. Handelsfilialen haben vielfach die Möglichkeit, täglich Bestellungen vorzunehmen, so dass die Warenlieferungen wenige Tage später, bei umfangreichen Warenlieferungen aus verschiedenen Zentrallägern sogar mehrfach untertägig, an der Warenannahme erfolgen. Im Regelfall ist eine Warenkontrolle in der Handelsfiliale nicht notwendig, da die Anzahl der gelieferten Mengen im WWS des Handelsunternehmens als Warenabgang des Zentrallagers (und somit als Warenzugang der Handelsfiliale) verbucht sein können. Im Bereich der Warenübernahme der Handelsfiliale erfolgt vielfach die Auflösung der Versandeinheiten, die je nach Reichweite der gelieferten Mengen entweder im Backstore zwischengelagert oder im Idealfall komplett in die Warenträger verräumt werden können. Mit einer filialgerechten Kommissionierung können der Aufwand der Regalverräumung reduziert und Verräumwege verkürzt werden.[642] Die Bewegungsdaten der Warenlieferung werden auf die Bestandsdaten der Filiale zugerechnet, die oftmals die Basis für zukünftige filialbezogene Bestellungen darstellen. Die konsolidierten Abverkaufsdaten aller Handelsfilialen können der Handelszentrale zur Bedarfsprognose für weitere Bestellungen des Zentrallagers dienen.

Aufgrund der zentralen Bestandshaltung und der Möglichkeit täglicher Belieferungen eignet sich die Zentrallagerbelieferung bei geringen Bestellmengen und bei Artikeln aus einem mittel- bis schnelldrehenden Sortiment.[643] Durch eine hohe Belieferungsfrequenz und eine Bündelung geringer Bestellmengen ermöglicht sie niedrige Warenbestände in Handelsfilialen bei gleichzeitig flexibler Anpassung an Nachfrageschwankungen.[644] Darüber hinaus erweist sich die Zentrallagerbelieferung vor allem dann als sinnvoll, wenn der Zeitraum bis zu einer erneuten direkten Lieferung nicht ausreicht, um erhöhte Abverkäufe aufzufangen.

---

[642] Vgl. Hertel/Zentes/Schramm-Klein (2005), S. 155.
[643] Vgl. Thonemann u.a. (2005), S. 77.
[644] Vgl. Stölzle/Heusler/Karrer (2004), S. 16; Liebmann/Zentes (2001), S. 638; Bretzke (1999), S. 81.

3.3 Supply Chain-Kontext der Filiallogistik

Streckenbelieferung

Bei der Streckenbelieferung als Belieferungskonzept ohne zwischengeschaltete Lagerstufe werden die Handelsfilialen mit den entsprechenden Liefermengen direkt vom Auslieferungslager des Herstellers versorgt.[645] Wie auch bei der Zentrallagerbelieferung erfolgt die Disposition durch die Handelsfiliale oder auf Basis von Bestellvorschlägen der Handelszentrale mit Hilfe des Austauschs von Bestands- und Bewegungsdaten. Im Rahmen der Bestellbearbeitung bündelt die Handelszentrale alle Bestellungen der Filialen und übermittelt diese konsolidiert an den Hersteller. Dieser initiiert die filialspezifische Kommissionierung, die Verladung und den Transport. Während bei der Zentrallagerbelieferung die Steuerung der Warenflüsse in der Verantwortung des Handelsunternehmens liegt, übernimmt im Rahmen der Streckenbelieferung der Hersteller die Koordination der Filialbelieferungen. Diese erfolgt i.d.R. nach Maßgabe definierter Zeitfenster, um die Annahme der Lieferungen an den Warenrampen durch die Filialmitarbeiter sicherstellen zu können. Erst mit der Entladung der Waren an der Warenannahme der Filialen endet der Verantwortungsbereich des Herstellers.

Mit der Streckenbelieferung gehen weiterführende Anforderungen an das Management der Filiallogistik einher. Aufgrund geringer Bündelungsmöglichkeiten und einer hohen Dezentralisation der Belieferung ist dieses Belieferungskonzept aufgrund verschiedener Lieferanten durch eine erhöhte Anzahl von Rampenkontakten an den Filialen gekennzeichnet.[646] Mitarbeiter der Handelsfiliale führen in einem ersten Schritt eine Warenkontrolle durch, bei der die Vollständigkeit der Lieferung anhand begleitender Versandpapiere und die Ware selbst auf mögliche Transportschäden geprüft werden. Aufgrund der oftmals höheren Liefermengen erfolgt anschließend eine Einlagerung der Transportbehälter oder -paletten im Backstore. Dadurch sind die Warenannahme und die Verräumung in Warenträger häufig voneinander entkoppelt. Je nachdem, ob die Regalbefüllung zu festen Zeitpunkten oder nach Maßgabe der Regalbestände erfolgt, werden die Originalpaletten aus dem Backstore ausgelagert, zur Verräumung filialintern kommissioniert und die Waren in die Regale verräumt. Mögliche Restmengen werden wieder im Backstore eingelagert und zu einem späteren Zeitpunkt erneut ausgelagert. Anders als bei der Zentrallagerbelieferung muss kein laufend aktualisierter Austausch von Bewegungs- und Bestandsdaten von der Filiale an die Handelszentrale erfolgen, da die Warenbestellungen zu festen Zeitpunkten an den Hersteller übermittelt werden und an fixierten Belieferungsrhythmen ausgerichtet sind.

Die Streckenbelieferung bietet sich vor allem dann an, wenn der Hersteller einen breiten und tiefen Sortimentsausschnitt über die Handelsfiliale vertreibt sowie hohe Bestell- und Warenvolumina je Lieferung realisiert werden können, so dass eine Komplett- oder Teilladung

---

[645] Vgl. Hertel/Zentes/Schramm-Klein (2005), S. 144; Stieglitz (1999), S. 102.
[646] Vgl. Swoboda/Morschett (2000), S. 331.

gerechtfertigt ist.[647] Weiterhin bietet sich der Einsatz des direkten Belieferungskonzepts an, wenn spezielle logistische Anforderungen der Waren aufgrund ihres Wertes, der Größe oder ihrer Transportempfindlichkeit den Einsatz spezieller Transportmittel und Behälter erfordern.[648] Bspw. werden Waren mit einer schnellen Verderblichkeit häufig auf direktem Wege an die Handelsfilialen geliefert, um eine Zwischenlagerung zu vermeiden.[649] Bei der Streckenbelieferung ergeben sich Bündelungseffekte, die in einer geringeren Belieferungsfrequenz münden und an Flexibilität einbüßen. Gegenüber der Zentrallagerbelieferung ist sie durch eine direkte Schnittstelle mit dem Hersteller gekennzeichnet, die sich auf die Warenflüsse auswirkt. Informationsbezogene Schnittstellen sind hingegen ausschließlich bei einer direkten Bestellung von Handelsfilialen denkbar. Diese erfolgen jedoch nur dann, wenn filialseitig die Dispositionshoheit besteht.

Cross Docking

Cross Docking bezeichnet ein Belieferungskonzept, bei dem die ursprüngliche Funktion des Lagers zu Gunsten eines effizienten Umschlagplatzes aufgegeben wird.[650] Dabei handelt es sich um ein Verfahren, das in einer mehrstufigen Distributionsstruktur auf ein schnelles Umschlagen und bedarfsgerechtes Auflösen der Warenlieferungen abstellt.[651] Unter Cross Docking werden alle informations-technologisch gestützten Tätigkeiten in einem Auflösungspunkt eines mehrstufigen Belieferungskonzeptes zusammengefasst, die für eine bedarfsgerechte Auflösung und Bereitstellung zum sofortigen Versand der Waren notwendig sind.[652] Es erfolgt eine zeit- und bedarfsgenaue Kommissionierung der herstellerseitig gelieferten Waren, bei der die Sendungen durch einen Umschlagspunkt des Handels geleitet werden, ohne dass eine Zwischenlagerung stattfindet.[653] Die abverkaufssynchrone Belieferung der Filialen ermöglicht einerseits die Reduzierung der Pufferbestände in der gesamten Belieferungskette, andererseits eine erhebliche Verkürzung von Durchlaufzeiten.[654] Mit der filialspezifischen Kommissionierung gehen eine steigende Flexibilität des Warennachschubs an sowie sinkende Bestände in Handelsfilialen einher. Das verhältnismäßig neue Belieferungskonzept gewinnt in Konsumgüter-Supply Chains zunehmend an Bedeutung und findet sich auch im Lebensmitteleinzelhandel wieder.[655] Eine einheitliche Vorgehensweise des Cross Docking gibt es bislang

---

[647] Vgl. Laurent (1996), S. 206.
[648] Vgl. Placzek (2007), S. 135.
[649] Vgl. Liebmann/Zentes (2001), S. 637.
[650] Vgl. Stölzle/Heusler/Karrer (2004), S. 141f.
[651] Vgl. Hertel/Zentes/Schramm-Klein (2005), S. 128; Andel (1994), S. 93; Cooke (1994), S. 54.
[652] Vgl. Rudolph (2005), S. 93ff.
[653] Vgl. Seifert (2006a), S. 139; Holland (2001), S. 55; Liebmann/Zentes (2001), S. 645; Swoboda/Morschett (2000), S. 331ff.
[654] Das Cross Docking-Prinzip eignet sich besonders für Frischwaren mit einer begrenzten Haltbarkeit und kann als „Quasi-Just-in-Time-Belieferung" aufgefasst werden, vgl. Ihde (2001), S. 318.
[655] Vgl. Thonemann u.a. (2005), S. 79.

3.3 Supply Chain-Kontext der Filiallogistik

nicht.[656] Als Formen des Cross Docking lassen sich im Wesentlichen zwei Alternativen nennen.[657] Das *einstufige Cross Docking* ist dadurch gekennzeichnet, dass ähnlich wie bei der Streckenbelieferung die filialspezifischen Bestellungen durch die Handelszentrale gebündelt an die Hersteller übermittelt werden. Diese kommissionieren die Waren nach dem jeweiligen Filialbedarf und liefern die logistischen Einheiten an den handelsseitigen Umschlagspunkt.[658] Im Verantwortungsbereich des Handelsunternehmens erfolgt die Zusammenfassung und Umladung aller filialspezifischen logistischen Einheiten der am Cross Docking-Verfahren teilnehmenden Hersteller sowie die anschließende Auslieferung an die Handelsfilialen.[659]

Beim *zweistufigen Cross Docking*[660] werden die Disposition und Bestellübermittlung durch die Handelszentrale in ähnlicher Form wie bei der Zentrallagerbelieferung vorgenommen. Allerdings initiiert hier der Hersteller den Warenfluss zu den Handelsfilialen. Es erfolgt eine gebündelte Bestellung durch das Verteilzentrum, wo nach eingegangener sortenreiner Lieferung die Einheiten aufgelöst, entsprechend der filialspezifischen Bedarfe ohne Zwischenlagerung kommissioniert, verpackt und an die Handelsfilialen ausgeliefert werden.[661] Für das Handelsunternehmen fällt somit am Umschlagspunkt ein zusätzlicher Kommissionierprozess an, um die filialspezifischen Bestellungen zu bearbeiten und anschließend zu versenden.[662]

Beide Varianten des Belieferungskonzepts erfordern eine Synchronisierung von allen eingehenden und ausgehenden Warenbewegungen in den Lägern des Handels sowie in den Handelsfilialen.[663] Hierzu zählen die Abstimmung des Personaleinsatzes in der Warenannahme in Handelsfilialen an Belieferungszeitpunkten, eine zeitnahe Verräumung der Waren sowie eine hohe Prozessstabilität. Voraussetzung ist ferner die Kenntnis der Palettenzusammensetzung bei Hersteller- und Handelsunternehmen, um die filialspezifische Belieferung umsetzen zu können. Für den Einsatz des Belieferungskonzepts gilt es, einen umfangreichen und regelmäßigen Datenaustausch zwischen den Filialen, der Handelszentrale sowie den Herstellern umzusetzen. Als wesentlich stellt sich der Einsatz von Barcodes oder RFID-Transpondern zur vereinfachten Identifikation von Ladungsträgern auf den einzelnen Belieferungsstufen dar. Die unmittelbare logistische Verknüpfung von Lieferungen an den Handel und an die Filialen erfordert einen schnittstellenfreien Einsatz von EDV.

---

[656] Zu einer Darstellung unterschiedlicher Begriffsbestimmungen von Cross Docking vgl. Kotzab (1997), S. 156ff. Allen Definitionsansätzen gemein ist jedoch die Bezugnahme auf das Just-in-Time-Prinzip sowie auf die Vermeidung von Lagerbeständen auf der Stufe des Zentrallagers und in den Handelsfilialen.
[657] Vgl. Holland (2001), S. 55; ECR Europe (1996), S. 3.
[658] Vgl. Placzek (2007), S. 137.
[659] Vgl. Swoboda/Morschett (2000), S. 332.
[660] Das zweistufige Cross Docking wird auch als Transshipment bezeichnet, vgl. Thonemann u.a. (2005), S. 71; Kotzab (1997), S. 156.
[661] Vgl. Placzek (2007), S. 136.
[662] Vgl. Placzek (2007), S. 137.
[663] Vgl. ECR Europe (1996), S. 6.

Mit der Umsetzung der Cross Docking-Varianten gehen verschiedene Anforderungen an das Management der Filiallogistik einher. Je nachdem, ob eine Warenkontrolle am Umschlagspunkt stattfindet, können die Lieferungen mit oder ohne weitere Warenkontrolle in der Warenannahme der Handelsfiliale angenommen werden. Aufgrund der bedarfsgerechten Belieferung kommen die Handelsfilialen oftmals umhin, Sicherheitsbestände im Backstore zu lagern. Sie können die angelieferten Waren vielmehr direkt in den Frontstore transportieren. Sind die Waren auf den Ladungsträgern entsprechend der qualitativen Raumzuteilung vorsortiert, entfällt die Warensortierung und -manipulation im Frontstore.[664] Dadurch werden die Regalbefüllung beschleunigt und Restbestände auf Anbruchpaletten aufgrund der bedarfsgenauen Lieferung ohne Zwischenlagerung im Backstore vermieden.

Das Cross Docking-Prinzip eignet sich besonders bei Sortimenten mit einem hohen Bestellvolumen. Ein kontinuierlicher Warennachschub findet überwiegend bei Artikeln mit langsamer oder mittlerer Abverkaufsgeschwindigkeit statt. Bei langsamdrehenden Artikeln kann eine längerfristige Kapitalbindung aufgrund kurzfristiger Bezugsmöglichkeiten geringerer Mengen vermieden werden.

Aufgrund des Sortimentsumfangs, dessen Waren durch unterschiedliche Anforderungen gekennzeichnet sind, sowie der Vielzahl verschiedener Lieferanten ist es leicht nachvollziehbar, dass unterschiedliche Belieferungskonzepte bis zum Wareneingang von Handelsfilialen zum Einsatz kommen können. So determinieren die Wareneigenschaften vielfach den Einsatz verschiedener Lieferwege in Abhängigkeit der Lager- und Transportvoraussetzungen des Handels- und der Herstellerunternehmen.[665] Die Umschlagshäufigkeit sowie der Warenabverkauf bedingen einerseits die Synchronisation der Belieferungsfrequenzen, andererseits beeinflussen sie die Höhe der Filialbestände. Darüber hinaus sind Anpassungen der filialspezifischen Kernprozesse erforderlich, die an den Randbedingungen der Belieferungskonzepte auszurichten sind. Eine Kombination aus Strecken- und Zentrallagerbelieferung entsteht häufig daraus, dass großvolumige Artikel mit vergleichsweise geringem Abverkauf in längeren zeitlichen Abständen als Teil- oder Komplettlieferung an die Filiale geliefert werden, während schnelldrehende Sortimentsbereiche in täglichen Lieferungen über das Zentrallager bezogen werden können. Dadurch lassen sich nicht nur Warenbewegungen in Handelsfilialen reduzieren, sondern auch Lagerflächen und Warenmanipulationen im Backstore vermeiden. Die Kombination der Zentrallagerbelieferung mit dem ein- oder zweistufigen Cross Docking findet sich häufig dann, wenn den von den Herstellern filialgerecht kommissionierten

---

[664] Dieses Vorgehen findet sich im Roll Cage Sequencing wieder. Dabei werden die Transportbehälter (häufig standardisierte Rollcontainer) für die Belieferung der Handelsfilialen eingesetzt. Die Rollcontainer lassen sich mit kleinen Mengen bestücken und werden so zusammengestellt, dass die Artikel entsprechend der Verräumungstaktik in den Handelsfilialen entnommen werden können. Mit diesem Vorgehen wird die Verräumung im Frontstore beschleunigt, da die filialinterne Kommissionierung entfällt und die zu verräumend Artikel in der Reihenfolge der Regalplatzierungen zur Verfügung stehen, vgl. Seifert (2006a), S. 141f.; Moll (2000), S. 251.

[665] Vgl. Kapitel 3.2.2.

3.3 Supply Chain-Kontext der Filiallogistik 151

Lieferungen weitere Lagerbestände aus den Zentrallägern zugefügt und gemeinsam an die Handelsfilialen geliefert werden. Auf diese Weise werden die Zahl der Anlieferungen an die Handelsfiliale verringert und die warenflussbezogenen Teilprozesse in Handelsfilialen zeitlich gebündelt. Mit der Kombination sämtlicher Belieferungskonzepte können die jeweiligen Vorteile vereint und eine flexible, bedarfsgerechte Warenbereitstellung in Handelsfilialen erreicht werden. Die dadurch entstehende Komplexität erhöht jedoch den Steuerungsbedarf der Informationsflüsse in Handelszentralen sowie der warenbezogenen Teilprozesse in Handelsfilialen.[666] Neben der Anpassung der Warenannahme und der Abstimmung des Personaleinsatzes kann dabei der Einsatz verschiedener Informationstechnologien notwendig sein, um auf Basis von Bestands- und Abverkaufsdaten Bestellungen auslösen zu können, die an die Handelszentrale oder direkt an Hersteller weitergeleitet werden.

Trotz bestehender Unterschiede und verschiedener Kombinationen von Belieferungskonzepten lassen sich je nach Handelsunternehmen dominante Belieferungskonzepte feststellen. Nachfolgend werden Vergleichskriterien der Belieferungskonzepte vorgestellt, deren Ausprägungen zur Einordnung von Filialbelieferungen dienen.

3.3.3 Struktur- und prozessbezogene Kontextgrößen der Belieferungskonzepte

Die vorgestellten Belieferungskonzepte in Konsumgüter-Supply Chains weisen hinsichtlich ihrer Prozessmuster und Verantwortlichkeiten Unterschiede auf. Dennoch wird deutlich, dass sich die Konzepte teilweise stark überschneiden und in Kombination zum Einsatz kommen. Um eine differenzierte Betrachtung sicher zu stellen, scheint es hilfreich, Vergleichskriterien abzuleiten, um Auswirkungen der unterschiedlichen Belieferungskonzepte auf das Management der Filiallogistik aufdecken zu können. In Anlehnung an OSA handelt es sich dabei um struktur- und prozessbezogene Kontextgrößen.[667] Dabei ist zu berücksichtigen, dass die prozessbezogenen Kontextgrößen maßgeblich durch die Ausprägung strukturbezogener Kontextgrößen beeinflusst werden und die Waren- sowie Informationsflüsse der filialspezifischen Kernprozesse Disposition, Warenübernahme und Backstore sowie Frontstore adressieren.

Strukturbezogene Kontextgrößen

Die strukturbezogenen Kontextgrößen lassen sich nach der geographischen Anordnung von Lägern, Umschlagspunkten und Handelsfilialen sowie der Belieferungsform im Rahmen der Distributionsstrukturen unterscheiden.[668] So kann die *räumliche Anordnung* von Liefer- und

---

[666] Vgl. Placzek (2007), S. 138.
[667] Bei der Auswahl geeigneter Vergleichskriterien von Logistik- bzw. Belieferungskonzepten wird in der Literatur regelmäßig auf prozess- und strukturbezogene Größen abgestellt. Zur Herleitung und Begründung der Auswahl geeigneter struktur- und prozessbezogener Gestaltungsvariablen des Optimal Shelf Availability, vgl. Placzek (2007), S. 182ff. Auch bei der Referenzmodellierung für die Handelslogistik wird auf struktur- und prozessbezogene Gestaltungsgrößen Bezug genommen, vgl. Remmert (2001), S. 208.
[668] Vgl. Rudolph (2005), S. 92ff.

Empfangspunkten entweder zentral oder dezentral ausfallen.[669] Die Ausprägungen beziehen sich auf das geographische Verteilungsmuster von Liefer- und Empfangspunkten und umfassen eine vertikale und eine horizontale Dimension.[670] Während die vertikale (De-) Zentralisation die Anzahl der Lagerstufen beschreibt, kennzeichnet die horizontale (De-) Zentralisation die Anzahl der Lagerhäuser und Umschlagspunkte auf jeder Stufe.[671] Mit steigender Anzahl der Lagerstufen erfolgt eine stärkere Dezentralisation der Warenbestände in Konsumgüter-Supply Chains. Zentrale Strukturen beziehen sich auf Läger oder Umschlagspunkte, in denen das gesamte Sortiment gelagert bzw. umgeschlagen wird. Sie erlauben eine kurzfristige und flexible Belieferung der Handelsfilialen mit geringen Mengen. Dadurch lassen sich die Filialbestände senken und gleichzeitig ein bedarfsgerechter Nachschub realisieren. Bestehende OoS-Situationen können kurzfristig beseitigt werden. Dezentrale Strukturen liegen vor, wenn Hersteller die Belieferung ihrer Produkte an die Handelsfiliale übernehmen. Sie eignen sich dann, wenn ein konstanter Bedarfsverlauf vorliegt, große Mengen nachgefragt werden sowie Lagermöglichkeiten im Backstore der Handelsfilialen gegeben sind.

Bei der *Belieferungsform* kann eine Differenzierung in direkte und indirekte Belieferungen vorgenommen werden, die in unterschiedlichen Belieferungskonzepten ihre Umsetzung finden.[672] Eine direkte Belieferungsform liegt vor, wenn Hersteller ohne Unterbrechung an Handelsfilialen liefern. Sie ermöglicht eine Reduktion der Durchlaufzeiten, eine starke Auftragsorientierung sowie eine Vereinfachung der Abläufe auf vorgelagerten Stufen.[673] Aufgrund der Sortimentsvielfalt und der Vielzahl von Lieferanten findet die direkte Belieferungsform meist dann ihren Einsatz, wenn Bündelungseffekte mit großen Liefermengen an Handelsfilialen realisiert werden (Economies of Scale).[674] Direkte Belieferungsformen wie die Streckenbelieferung sind meist durch dezentrale Strukturen gekennzeichnet, die sich bei gleichmäßigem Bedarfsverlauf bzw. dann eignen, wenn im Backstore der Handelsfilialen Bestände gehalten werden können. Indirekte Belieferungsformen liegen dann vor, wenn zwischen Hersteller und Handelsfiliale mindestens ein Lager- oder Umschlagsprozess stattfindet, welcher zur Realisierung von Economies of Scope und der Zusammenfassung mehrerer kleinen Sendungseinheiten dient. So entstehen Bündelungseffekte, eine hohe Flexibilisierung von Lieferzeiten sowie die Möglichkeit, Belieferungen mit kleinen Mengen durchzuführen, so dass kurzfristig auf Bedarfsschwankungen reagiert und dadurch OoS-Situationen in Handelsfilialen vermieden werden können. Typische indirekte Beliefe-

---

[669] Vgl. Stölzle/Placzek (2008), S. 69.
[670] Vgl. Klaas (2002), S. 150.
[671] Vgl. Stölzle/Placzek (2008), S. 69; Delfmann (1999c), S. 193.
[672] Vgl. Pfohl (2004b), S. 126ff.
[673] Vgl. Wildemann (1995), S. 16ff.
[674] Vgl. Placzek (2007), S. 185.

rungskonzepte stellen die Zentrallagerbelieferung sowie das ein- und zweistufige Cross Docking dar.

Prozessbezogene Kontextgrößen

Prozessbezogene Kontextgrößen nehmen auf die Gestaltung von Logistikprozessen Bezug. Zur systematischen Darstellung werden sie nachfolgend an den drei Kernprozessen der Waren- und Informationsflüsse des idealtypischen Prozessmodells der Filiallogistik ausgerichtet und ihre Merkmalsausprägungen im Hinblick auf das Management der Filiallogistik diskutiert. Dieses Vorgehen ermöglicht eine Differenzierung von Kontextgrößen, die sich in der Gestaltung filialspezifischer Logistikprozesse niederschlagen. In Anlehnung an die prozessbezogenen Gestaltungsvariablen von OSA bezieht sich die Disposition auf die im Rahmen der vorauseilenden Informationsflüsse umgesetzten Bedarfsprognose und Bestellung. Die mit den Merkmalsausprägungen der Belieferung korrespondierenden Gestaltungsgrößen Warenübernahme und Backstore werden anschließend vorgestellt. In unmittelbarem Zusammenhang mit der Regalverfügbarkeit stehen weiterhin kontextspezifische Auswirkungen auf die Bestandsführung der Waren, mit der Entscheidungen über die Haltung von Sicherheits- und Regalbeständen einhergehen.[675]

Die filialspezifische *Disposition* als ausschließlich informationsbezogener Kernprozess ist durch die *Bedarfsprognose* und *Bestellung* determiniert, die einerseits zur Gewährleistung einer hohen Versorgungssicherheit der Handelsfilialen dienen, andererseits bei der Bestimmung von Bestellmengen und der Bezugshäufigkeit möglichst geringe Gesamtkosten zum Ziel haben. In die Betrachtung sind Transport- sowie Bestandskosten aufzunehmen und potentiellen Fehlmengenkosten aufgrund von OoS-Situationen in Handelsfilialen gegenüber zu stellen.[676] Vorgaben über Bestellmengen und Bestellhäufigkeiten erfolgen deshalb unter Berücksichtigung von Bedarfsverläufen und Abverkaufsmustern, wobei die Bedarfsermittlung heuristisch, stochastisch oder deterministisch erfolgen kann.[677] Dabei werden unter Beachtung aktueller Filialbestände und der zu erwartenden Abverkäufe bis zum Eintreffen der Ware Bedarfsmengen ermittelt. Die Bestellmengen weisen somit Interdependenzen mit der Bestellhäufigkeit auf.[678] Während bei geringer Bestellhäufigkeit hohe Warenmengen bestellt werden, um unerwartete Bedarfsspitzen durch Sicherheitsbestände in Handelsfilialen abzufedern, sind Handelsfilialen bei einer hohen Bestellhäufigkeit und geringen Bestellmengen in der Lage, ohne Backstore-Bestände ein annähernd nachfragesynchrones Warenangebot

---

[675] Zu weiteren prozessbezogenen Gestaltungsvariablen von OSA zählen die Verräumung und Platzierung sowie das Sortiment, die sich in der vorliegenden Arbeit dem Handelsunternehmens-Kontext zuordnen lassen, vgl. Placzek (2007), S. 201. So finden sich Anforderungen des Sortiments im Rahmen der Sortimentspolitik und die der Platzierung unter Bezugnahme auf die Ladengestaltung und die Warenpräsentation wieder, vgl. Kapitel 3.2.2 sowie 3.2.3. Der Teilprozess Verräumung als originärer Gestaltungsbestandteil wird in Kapitel 2.2.1 behandelt.
[676] Vgl. Stölzle/Heusler/Karrer (2004), S. 90ff.
[677] Vgl. Kapitel 2.2.1.
[678] Vgl. Placzek (2007), S. 189.

abzudecken. Im ersten Fall gehen neben Einlagerungen im Backstore und häufigen Nachverräumungen umfassende Warenbewegungen sowie ein filialseitiges Bestandsmanagement einher. Im zweiten Fall erhöht sich der Aufwand an der Warenannahme, die durch häufige Eingangskontrollen und der direkten Regalverräumung weiterführende Anforderungen an den Personaleinsatz stellen. Mindestbestellmengen und Budgetanforderungen sind je Bestellung als Restriktionen der manuellen sowie automatischen Disposition aufzufassen. Als Merkmalsausprägungen der dispositionsbezogenen Kontextgrößen sind hohe sowie geringe Bestellmengen und Bestellhäufigkeiten festzuhalten.

Die *Belieferung* wird durch die informationsbezogene Disposition initiiert. Sie stellt die Versorgung von Handelsfilialen mit bestellten Waren sicher und adressiert Waren- und Informationsflüsse des Kernprozesses *Warenübernahme* und *Backstore*. Dabei erfolgen in Abhängigkeit des jeweiligen Belieferungskonzeptes die Abwicklung der einzelnen Bestellaufträge und die Auftragsspezifizierung der durch die Handelsfiliale ausgelösten Bestellungen, die entweder flexibel mit größtmöglicher Effizienz der Warenanlieferung oder effizient mit größtmöglicher Flexibilität hinsichtlich der Regalverfügbarkeit umgesetzt wird.[679] Handelsunternehmen verfolgen einerseits eine möglichst nachfragesynchrone Belieferung ihrer Filialen an, um weitgehend geringe Warenbestände bei gleichzeitiger Reduzierung von OoS-Situationen in Handelsfilialen vorzuhalten. Andererseits sind sie bemüht, die Warenbereitstellung zu geringen Kosten umzusetzen und Transport- sowie Bestandskosten niedrig zu halten. Mit dem Streben nach einer effizienten Warenversorgung der Handelsfilialen ist die Nutzung von Synergieeffekten angesprochen, die in der Bündelung von Warensendungen, Konsolidierung von Warenflüssen zur Verbesserung der Kapazitätsauslastungen sowie zur Vermeidung von zusätzlichen Transporten münden[680] und dabei den Anforderungen der nachfrageorientierten Regalverfügbarkeit gerecht werden. Sie sind eng mit dem *Zeitpunkt der Auftragsspezifikation* sowie dem *Konsolidierungsgrad* der Belieferungen verbunden. Im logistischen Kontext lassen sich die Prozessausprägungen mit der grundsätzlichen Vorgehensweisen Aufschieben/Spekulieren sowie Bündeln/Vereinzeln beschreiben.[681]

Entscheidungen bzgl. des Aufschiebens (Postponement)[682] ermöglichen die Verzögerung der Belieferung an die Filiale bis zum Bedarfszeitpunkt und eine Bewältigung unsicherer Nachfrage sowie eine kurzfristige Reaktion auf drohende oder bestehende OoS-Situationen. Die Waren werden möglichst lange ohne filialspezifische Zuordnung an einem zentralen Lager- oder Umschlagpunkt vorgehalten. Dadurch steigt die Flexibilität hinsichtlich der

---

[679] Vgl. Placzek (2007), S. 192.
[680] Vgl. Placzek (2007), S. 192.
[681] Vgl. Pfohl (2004b), S. 122; Klaas (2002), S. 150ff.; Delfmann (1999c), S. 194ff.
[682] Vgl. Remmert (2001), S. 194. Neben der Strategie zur Aufschiebung von Produktionsaktivitäten (Assembly Postponement) bestehen Möglichkeiten des Aufschiebens logistischer Aktivitäten (Geographic Postponement), bei dem die Ware bis zur Entscheidung des Verwendungsortes die Ware an einem zentralen Standort gelagert wird, vgl. Pfohl (2004b), S. 122f. Da es sich beim Postponement von Handelswaren um die Gestaltung logistischer Aktivitäten handelt, ist in der vorliegenden Arbeit das Geographic Postponement relevant.

3.3 Supply Chain-Kontext der Filiallogistik

Regalverfügbarkeit bei stark schwankenden Abverkaufsmustern und geringen Filialbeständen. Allerdings erfordert das Aufschieben einen regelmäßigen Informationsaustausch aktueller Bestands- und Bewegungsdaten sowie die Möglichkeit der kurzfristigen Belieferung der Handelsfilialen. Demgegenüber erfolgt beim Spekulieren eine spekulative Bestandsführung im Backstore, die aus der effizienten Nutzung von Transportkapazitäten resultiert. Damit können Größendegressionseffekte erzielt, die Warenbereitstellung in Handelsfilialen von der Nachfrage entkoppelt sowie OoS-Situationen aufgrund frühzeitig angelegter Filialbestände reduziert werden.[683] Die Spekulation geht i.d.R. mit dezentralen Strukturen einher.

Bei der *Konsolidierung* verschiedener Warenflüsse bestehen die Optionen der Bündelung oder Vereinzelung der Belieferungen.[684] Bündelung kann sowohl in zeitlicher als auch in räumlicher Hinsicht vorgenommen werden. Bei der zeitlichen Bündelung werden unterschiedliche Artikel in zentralen Lager- oder Umschlagsorten bis zur filialspezifischen Bestellung eines vorgegebenen Auftragsvolumens zusammengefasst. Demgegenüber erfolgt bei der räumlichen Bündelung die Zusammenfassung mehrerer kleiner Warensendungen verschiedener Handelsfilialen, die in einer Auslieferung beliefert werden. Bündelung kleiner Bestellmengen liegen regelmäßig indirekte Belieferungskonzepte zu Grunde,[685] die bei steigender Bündelung von Waren in geringeren Belieferungsfrequenzen der Handelsfilialen münden.[686] Damit sind höhere filialspezifische Pufferbestände zur Gewährleistung der Regalverfügbarkeit verbunden. Bei der Vereinzelung werden häufiger geringe Warenmengen an die Filiale geliefert, die in einer flexiblen Belieferung der Handelsfilialen resultieren. Dadurch steigen die Anzahl der Warenannahmen sowie die vorgelagerten Transportkosten, die durch geringere Bestands- und Fehlmengenkosten kompensiert werden können. Die kürzeren Bestell- und Belieferungsintervalle ermöglichen eine kurzfristige Beseitigung von Out-of-Stocks und eine nachfragegerechte Bereitstellung von Warenbeständen.[687]

Als weitere wesentliche Kontextgröße auf die filialspezifischen Logistikprozesse ist der *Lieferrhythmus* zu sehen, der einerseits flexibel, andererseits starr erfolgen kann. Eng damit verbunden ist die *Lieferzeit*, die sich auf den Zeitraum zwischen Bestellung bis zum Eintreffen der Ware in der Filiale bezieht.[688] Bei fixen Bestellmengen je Artikel werden meist *flexible* Lieferrhythmen eingesetzt, um einen Ausgleich der Nachfrageschwankungen zu ermöglichen. Demgegenüber erfordern *starre* Lieferrhythmen eine permanente Anpassung der Belieferungsmengen, um den Nachfrageschwankungen während gleich bleibender Zeiträume gerecht zu werden. Mit der Umsetzung flexibler Lieferrhythmen bei *kurzen* Lieferzeiten bestehen nur

---

[683] Vgl. Pfohl (2004b), S. 122; Klaas (2002), S. 152ff.
[684] Vgl. Bretzke (1999), S. 82.
[685] Vgl. Pfohl (2004b), S. 127 und 129.
[686] Vgl. Hertel/Zentes/Schramm-Klein (2005), S. 142.
[687] Vgl. Placzek (2007), S. 193.
[688] Dabei handelt es sich nicht um die Zeitspanne, die zwischen Warenannahme und Verräumung in den Filialen liegt, vgl. Kapitel 2.1.3.

in geringem Umfang Bündelungseffekte von Aufträgen mehrerer Handelsfilialen. Sie sind deshalb durch geringe Liefermengen gekennzeichnet, wodurch sich erhöhte Aktivitäten an der Warenübernahme der Handelsfiliale ergeben. Demgegenüber gehen mit *langen* Lieferzeiten bei starren Lieferrhythmen Filialbestände einher, die zur Sicherung der Regalverfügbarkeit vorgehalten werden. Dabei ist zu berücksichtigen, dass mit zunehmender Lieferzeit die Zeitspanne zwischen den Belieferungen größer wird und dadurch Unsicherheiten über die Höhe vorzuhaltender Filialbestände steigen. Diese Pufferbestände müssen nicht nur in bereitgestellten Backstore-Flächen gelagert werden, sondern erfordern auch hinsichtlich ihrer Lagermöglichkeiten und ihrer Verderblichkeit spezifische Lagertechniken.

Mit der Lagerung lassen sich kontextspezifische Merkmale bzgl. der *Bestandsführung* aufgreifen. Neben der absoluten Bestandshöhe ist auch die Lokalisierung von Beständen sowie Entscheidungen über die Höhe der Regalbestände angesprochen. Im Hinblick auf die Bestandsführung von Handelsfilialen ist vor allem die Höhe der Sicherheitsbestände von Relevanz, da diese zur Gewährleistung der Regalverfügbarkeit bei schwankenden Abverkaufsverläufen vorgehalten werden. Dabei kann die filialspezifische Bestandshöhe mit den Bestellmengen, der Bestellhäufigkeit und daraus resultierend mit den Lieferrhythmen und -zeiten im Zusammenhang stehen. Je seltener die Bestellungen erfolgen und je größer die Bestellmengen ausfallen, desto höher fallen Bestandsspitzen sowie Soll-Bestände aus.[689] Mit der Höhe gehen gleichzeitig Entscheidungen über die Lokalisierung der Pufferbestände einher. Neben der zentralen Bestandsführung im Handelslager, die mit den Entscheidungen über aufgeschobene Bestellungen bzw. Lieferungen korrespondieren, können Pufferbestände dezentral im Backstore der einzelnen Handelsfilialen vorgehalten werden. Die jeweiligen Ausprägungen sind dabei von der Beschaffungszeit der Waren vom Zentrallager oder von den Auslieferungspunkten des Herstellers bis zur Handelsfiliale abhängig. So werden hohe Pufferbestände in den Backstores der Handelsfilialen gehalten, wenn lange Wiederbeschaffungszeiten vorliegen und eine hohe Nachfrageschwankung zu erwarten ist. Dezentrale Pufferbestände eignen sich unabhängig von Beschaffungszeiten für schnelldrehende oder mit starken Nachfrageschwankungen gekennzeichnete Artikel, die zur Vermeidung von OoS-Situationen häufig in die Regale verräumt werden. Umgekehrt erfolgt eine zentrale Bestandsführung meist bei Sortimentsbereichen, die durch einen höheren Wert und eine hohe Verderblichkeit gekennzeichnet sind. Die Höhe der Regalbestände nimmt letztlich eine zentrale Rolle bei der Bestandsführung ein, da zu gering angelegte Regalbestände nicht nur zu einer häufigen Nachverräumung führen, sondern die vorzeitige Entstehung von OoS-Situationen nach sich ziehen. Um jedoch die Flächenrentabilität der begrenzten Regalkapazitäten zu steigern, gilt es, die Regalbestände so zu dimensionieren, dass Out-of-Stocks einerseits vermieden und gleichzeitig die Warendichte in den Warenträgern umsatzmaximie-

---

[689] Vgl. Pfohl (2004a), S. 101; Liebmann/Zentes (2001), S. 649.

3.3 Supply Chain-Kontext der Filiallogistik

rend ausgelegt ist. Somit gelten Entscheidungen über hohe oder geringe Regalbestände als weitere Merkmalsausprägungen.

Die vorgestellten Supply Chain-Kontextgrößen sowie ihre Merkmale und Merkmalsausprägungen sind in nachfolgender Tabelle 9 konsolidiert aufgeführt. Als weitere Differenzierungskriterien der Belieferungskonzepte sind neben den struktur- und prozessbezogenen Kontextgrößen unterschiedliche Integrationsoptionen zu berücksichtigen, die sich zur Einordnung des Supply Chain-Kontextes anbieten. Diese finden ihren Ausdruck auf konfigurations-, koordinations- und kooperationsbezogener Ebene und schlagen sich auf die Ausgestaltung der logistikspezifischen Schnittstellen zwischen der Filiallogistik und vorgelagerten Stufen nieder.

Struktur- und prozessbezogene Kontextgrößen	Merkmale	Merkmalsausprägungen
Distributionsstruktur	Räumliche Anordnung	Zentral - dezentral
Distributionsstruktur	Belieferungsform	Direkt (Streckenbelieferung) / Indirekt (Zentrallagerbelieferung / ein- oder zweistufiges Cross Docking)
Disposition (Bedarfsprognose und Bestellung)	Bestellauslösung Bestellmengen Bestellhäufigkeit	Auftragsorientiert - erwartungsorientiert Hoch - gering Hoch - gering
Warenübernahme und Backstore (Belieferung)	Zeitpunkt der Auftragsspezifizierung Grad der Konsolidierung Lieferrhythmen Lieferzeit	Spekulieren - aufschieben Bündeln - vereinzeln flexibel - starr Kurz - lang
Backstore und Frontstore (Bestandsführung)	Höhe des Pufferbestandes in Handelsfilialen Lokalisierung des Pufferbestandes Höhe der Regalbestände	Hoch - gering Zentral im Lager - dezentral im Backstore Hoch - gering

Tabelle 9: *Struktur- und prozessbezogene Kontextgrößen des Managements der Filiallogistik Quelle: Weiterentwickelt aus Placzek (2007), S. 186 und 201, ergänzt um Aspekte aus Remmert (2001), S. 93*

3.3.4 Integrationsoptionen der Belieferungskonzepte

Handelsunternehmen sind bemüht, Schnittstellen zwischen den Logistiksystemen zu eliminieren, um Zeitverluste, Anpassungskosten und Qualitätsprobleme zu reduzieren, mit einer zunehmenden Zentralisation die Koordinationsaufgaben in Handelfilialen zu senken und die Beziehung zwischen der Filiale, der Handelszentrale sowie Herstellerunternehmen zu intensivieren.[690] Aufgrund bestehender Interdependenzen zwischen den logistischen Subsystemen der Beteiligten existieren zur effizienten und effektiven Warenbereitstellung verschiedene Integrationsoptionen. Unter dem Integrationsgrad von Prozessen in Belieferungskonzepten wird nachfolgend das Ausmaß verstanden, in welchem Logistik-

---

[690] Vgl. Bretzke (2005), S. 66.

schnittstellen durch die Beziehung zwischen der Filiallogistik und vorgelagerten Stellen gekennzeichnet sind.[691] Dabei stellen nicht integrierte und vollständig integrierte Belieferungskonzepte Extrempositionen dar, die in der Praxis selten vorzufinden sind. Meist sind Belieferungskonzepte partiell und auf verschiedenen Bezugsebenen integriert, so dass die Integrationsbestrebungen voneinander abweichen können.[692] Im Hinblick auf das Management der Filiallogistik stehen die Prozessintegration sowie die technische Integration filialspezifischer Logistikprozesse im Zentrum der Betrachtung.[693] Bezugspunkte der Integrationsoptionen stellen wie bei den struktur- und prozessbezogenen Kontextgrößen auf die Schnittstellen der Waren- und Informationsflüsse der filialspezifischen Kernprozesse Disposition, Warenübernahme und Backstore sowie Frontstore und Check Out ab.

Während durch die Konfiguration von Supply Chains einerseits die Kettenlänge und die Kettenverzweigung der Akteure determiniert ist, ergeben sich aus der Konfiguration von Belieferungskonzepten die relevanten Prozesse, die entlang der gesamten Supply Chain anfallen und die sowohl in Handelsfilialen als auch auf der Ebene der Handelszentrale oder beim Hersteller realisiert werden können.[694] Hinsichtlich der Koordination sind Entscheidungen bzgl. der Informationswege, Verantwortlichkeiten, Entscheidungsbefugnisse und des Mitarbeitereinsatzes in Handelsfilialen angesprochen, welche einen Einfluss auf die Prozessqualität und Steuerung der Waren- und Informationsflüsse in Handelsfilialen aufweisen. Die Kooperationsbereitschaft zielt auf gemeinsame Zielvorstellungen zwischen der Handelsfiliale, der Handelszentrale sowie den Herstellern ab und umfasst Trust und Commitment zwischen den Akteuren.[695]

Die Integrationsoptionen werden nachfolgend vorgestellt und im Hinblick auf das Management der Filiallogistik verdichtet. Konfigurations-, koordinations- und kooperationsbezogene Aspekte werden maßgeblich durch die Ausprägungen der Aufgabenverantwortlichkeit abgebildet. Darüber hinaus stellen Integrationsoptionen Möglichkeiten dar, unternehmensübergreifende Belieferungsprozesse anhand der prozessualen, technischen sowie beziehungsbezogenen Integration einzuordnen.[696] Sie sind in ihrer Auswirkung auf filialspezifische Prozesse in den Supply Chain-Kontext aufzunehmen und separat zu betrachten.

---

[691] Für einen umfassenden Überblick der Integration in Supply Chains sowie zur Abgrenzung des logistischen Integrationsverständnisses, vgl. Häusler (2002a), S. 55ff. und 77ff.
[692] Vgl. Bretzke (2005), S. 75; Häusler (2002b), S. 334.
[693] OSA nimmt bei den Integrationsansätzen Bezug auf die Prozessintegration, die technische Integration, die Integration der Beziehungen sowie das integrierte Performance Management. Zur Ableitung von Vergleichskriterien für das Management der Filiallogistik wird an dieser Stelle auf die Beziehungsintensität, die sich i.d.R. aus der kooperativen Zusammenarbeit zwischen Hersteller und Handelszentrale bezieht sowie auf das integrierte Performance Management verzichtet. Für einen Überblick der Integrationsansätze der vorgestellten Belieferungskonzepte, vgl. Placzek (2007), S. 164.
[694] Vgl. Arnold/Warzog (2001), S. 21f.
[695] Vgl. Stölzle (1999), S. 169ff.
[696] Vgl. Placzek (2007), S. 162ff.

3.3 Supply Chain-Kontext der Filiallogistik

Konfigurationsbezogene Integrationsansätze

Konfigurationsbezogene Integrationsansätze beziehen sich auf die Schnittstellen der Waren- und Informationsflüsse zur Sicherung der Regalverfügbarkeit. Sie stellen auf die Art der Beziehung zwischen der Handelsfiliale und Handelszentrale bzw. Herstellern, auf die Aufgabenteilung sowie auf Prozessstandards ab.[697] Ebenso nehmen konfigurationsbezogene Integrationsansätze Bezug auf die eingesetzte Technik, die eine Integration in den genannten Bezugspunkten ermöglicht.[698] Hinsichtlich der Belieferungskonzepte erscheinen einzubeziehende *Akteure* und ihre jeweiligen *Aufgabenbereiche* von Relevanz.[699] Es ist zu differenzieren, welcher beteiligte Akteur sich zur Aufgabenerfüllung filialspezifischer Logistikprozesse aufgrund seines Kompetenzprofils eignet. Für das Management der Filiallogistik ist das Merkmal der Prozesskonfiguration deshalb von besonderer Bedeutung, da sie im Wesentlichen die filiallogistischen Kern- und Teilprozesse kennzeichnet. Dabei hängt der Prozessablauf von den strukturellen Entscheidungen über Anzahl und räumliche Anordnung von Handelsfilialen und Distributionszentren sowie der -struktur ab.[700] Mit den *Aufgabenbereichen* sind die Verantwortlichkeiten in Bezug auf Steuerung und Umsetzung filiallogistischer Aktivitäten angesprochen. Während zu informationsflussbezogenen Aufgaben Verantwortlichkeiten über Bedarfsprognose und Bestellungen bzgl. Mengen und Zeitpunkten zählen, sind bei warenflussbezogenen Aufgabenbereichen Entscheidungen über die Lagerung und die Verräumung sowie die Regalpflege zu berücksichtigen. Bedarfsprognosen und Bestellungen liegen traditionell im Verantwortungsbereich des Handels, allerdings können sie sowohl durch die Handelsfiliale selbst als auch zentral durch die Handelszentrale vorgenommen werden.[701] Die warenflussbezogenen Aufgabenbereiche resultieren aus den Merkmalsausprägungen der prozessbezogenen Kontextgrößen Belieferung und Bestandsführung.

Einen weiteren Ansatzpunkt konfigurationsbezogener Integrationsoptionen stellt der Einsatz von Prozessstandards zwischen der Filiallogistik, der Handelszentrale und den Herstellern dar. *Prozessstandards* entsprechen festgelegten Abläufen und Tätigkeiten, die zur Steigerung der Prozessqualität beitragen und die Prozessabläufe unterstützen. Mit zunehmender Aufgabenverteilung zwischen den beteiligten Akteuren erfahren Standards eine stärkere Bedeutung.[702] Hinsichtlich der Informationsflüsse kann die Bestellauslösung durch automatische Dispositionssysteme als Standard aufgefasst werden, während die Verwendung einheitlicher

---

[697] Vgl. Placzek (2007), S. 67.
[698] Vgl. Schaper (2006), S. 201.
[699] Vgl. Placzek (2007), S. 217. Die Aufgabenbereiche sind als Kompetenzbereiche aufzufassen und von der Aufgabe der Filiallogistik zu unterscheiden, die zur Gewährleistung eines bestimmten Versorgungs- oder Bereitstellungsservice in Form der nachfragegerechten Regalverfügbarkeit dient, vgl. Kapitel 2.2.1.
[700] Vgl. Simchi-Levy/Kaminski/Simchi-Levy (2000), S. 18.
[701] Vgl. Placzek (2007), S. 217.
[702] Vgl. Otto/Kotzab (2002), S. 138.

Transport- und Lagerbehälter einen warenflussbezogenen Prozessstandard darstellt, der sich auf die Gestaltung der Verräumung im Frontstore auswirken kann.[703]

Von besonderer Relevanz der konfigurationsbezogenen Integrationsansätze ist der Einsatz technischer Systeme, deren Gestaltungsmöglichkeiten bereits in Kapitel 2.2.3 gezeigt wurde. Entsprechend der Trennung in Hard- und Software lässt sich die technische Konfiguration hinsichtlich ihres Beitrags zur Unterstützung der Waren- und Informationsflüssen differenzieren. So zielt die Hardware als Technik des Warenflusses auf die Automatisierung der filiallogistischen Teilprozesse ab. Zu diesen zählen Lager- und Transporteinrichtungen. Voraussetzung für den Einsatz der Automatisierungstechnik im Warenfluss stellen vielfach standardisierte logistische Einheiten dar. Diese beziehen sich neben der Berücksichtigung von Abmessungen und Abstimmungen auf Transport- und Lagerflächen gleichermaßen auf die Übereinstimmung mit Regalflächen. Weiterhin dienen Techniken zur automatischen Identifikation (Auto-ID) von Waren zur Steigerung der Regalverfügbarkeit und ermöglichen die Lokalisierung von Warenbeständen. Die Steuerung der Warenflüsse bis zu den und in den Filialen ist mit Technik im Informationsfluss verbunden. In Bezug auf das Management der Filiallogistik ermöglichen informationsflussbezogene Techniken die Generierung, Übertragung und den zielgerichteten Einsatz von Informationen. Dabei finden die verschiedenen Formen der WWS Berücksichtigung, die durch den standardisierten Informationsaustausch die einzelnen Akteure in unterschiedlichem Umfang mit relevanten Informationen versorgen. Bei der Datenerfassung handelt es sich um Bestands- und Bewegungsdaten, die in Handelsfiliale generiert werden und von Handelsfilialen an die Handelszentrale oder den Hersteller übermittelt werden können. Mit der Bereitstellung von Bestands- und Bewegungsdaten bestehen Informationen über drohende Out-of-Stocks sowie der Status verschiedener Teilprozesse der Filiallogistik auf vorgelagerten Stellen, um die Reaktionsfähigkeit auf unvorhergesehene Nachfrageschwankungen erhöhen zu können. Konfiguration spricht die Prozess- und Technikstruktur in den Filialen sowie Schnittstellen zu Handelszentralen und Hersteller an. Der konfigurationsbezogene Integrationsgrad ergibt sich aus dem Ausmaß, in dem die verschiedenen Integrationsoptionen implementiert sind.

Koordinationsbezogene Integrationsoptionen

Koordinationsbezogene Integrationsoptionen beziehen sich auf die Steuerung der filialspezifischen Logistikprozesse und ermöglichen die Senkung des Steuerungsbedarfs zur Erreichung der filiallogistischen Zielkategorien. Es erfolgt die Abstimmung von Prozessabläufen, deren Einhaltung über die Definition von Koordinationsmechanismen sichergestellt wird. Ohne in die Steuerung einzugreifen, kann eine automatische Prozesssteuerung durch Impulse von (Teil-)Prozessvorgängern an (Teil-)Prozessnachfolger umgesetzt werden. Auslöser der automatischen Prozesssteuerung sind häufig die Daten der Abverkaufserfassung der Kassen-

---

[703] Vgl. Heusler (2004), S. 33.

systeme in Handelsfilialen, die Bestellaufträge determinieren.[704] Koordinationsbedarf entsteht in diesen Fällen erst dann, wenn außerplanmäßige Ereignisse auftreten. Die Abstimmung der (Teil-)Prozesse und die Reaktion auf außerplanmäßige Ereignisse hinsichtlich der Regalverfügbarkeit kann durch zentrale oder dezentrale *Koordinationsformen* vorgenommen werden. *Zentrale* Koordinationsformen liegen dann vor, wenn die Impulse der Teilaktivitäten von den Handelszentralen an die Handelsfilialen übermittelt werden. Einen wesentlichen Beitrag zur zentralen Koordination der filialspezifischen Logistikprozesse leisten Informationstechnologien.[705] *Dezentrale* Koordinationsformen in Handelsfilialen durch Selbstabstimmung, bspw. als Leitsätze oder Richtlinien hinsichtlich von Bestellmengen, tragen zur Koordination unter Bezugnahme auf die Zielkategorien bei.[706]

Neben den Entscheidungen über zentrale oder dezentrale Koordinationsformen der filialspezifischen Logistikprozesse ist weiterhin über die *Art der bereitzustellenden Daten* und die *Häufigkeit des Datenaustauschs* zu entscheiden.[707] Die Selbstabstimmung im Rahmen dezentraler Koordinationsformen erfordert die Verfügbarkeit relevanter Informationen in den Handelsfilialen hinsichtlich hersteller- und handelszentralseitig geplanter Aktionsverkäufe, Promotions oder Preisänderungen, um mit angepassten Bestellmengen auf mögliche Nachfrageänderungen reagieren zu können. Umgekehrt weisen zentrale Koordinationsformen einen hohen Informationsbedarf bei Bestands-, Abverkaufs- und Bestelldaten der Filialen auf, um den Bestellauftrag an die filialspezifischen Rahmenbedingungen anzupassen. Informationsasymmetrien können sich demnach unabhängig von der Koordinationsform negativ auf die Regalverfügbarkeit auswirken. Es bietet sich in vielen Fällen an, durch den Austausch von POS-Daten, Bestandsdaten, Aktionsdaten und Prognosedaten zwischen Filiale, Handelszentrale und Hersteller Informationsasymmetrien zu verringern. Die Häufigkeit des Datenaustauschs zwischen Handelsfilialen und vorgelagerten Stufen ist durch die technologische Anbindung an Informationssysteme determiniert. Integrierte WWS ermöglichen je nach Vergabe von Zugriffsrechten eine permanente Verfügbarkeit der Daten,[708] während offene WWS häufig durch einen eingeschränkten Zugriff von Daten gekennzeichnet sind. Koordinationsbezogene Integrationsoptionen können einen relevanten Einfluss auf die prozessbezogene Integration der Filiallogistik haben, die sich in unterschiedlichem Ausmaß auf die Steuerung der filialspezifischen Prozesse auswirken.

Kooperationsbezogene Integrationsansätze

Kooperationsbezogene Integrationsansätze liefern Aussagen über Beziehungen zwischen der Handelsfiliale, der Handelszentrale und den Herstellern. Obwohl sich die vorliegende Arbeit

---

[704] Vgl. Placzek (2007), S. 222.
[705] Vgl. Bellmann/Hippe (1996), S. 78f.
[706] Vgl. Placzek (2007), S. 68ff.
[707] Vgl. Placzek (2007), S. 224; Meyr/Stadtler (2005), S. 69.
[708] Vgl. Grünblatt (2004), S. 116f.

auf den filialisierten Lebensmitteleinzelhandel fokussiert,[709] bei dem Filialen gegenüber der Zentrale im Rahmen einer hierarchischen Koordination prinzipiell weisungsgebunden sind, weisen die Beziehungen zwischen Herstellern und Handelsunternehmen zu berücksichtigende Kooperationsfelder auf. Die *Kooperationsformen*, die zwischen reinen Marktbeziehungen und strategischen Partnerschaften einzuordnen sind, entscheiden über den Grad der *Kopplung* zwischen Hersteller und Handelsunternehmen.[710] Dabei hängt Kooperation eng mit Konfiguration und Koordination als Integrationsoptionen zusammen.[711] Mit steigender Kooperationsintensität lassen sich Schnittstellen vorgelagerter Prozesse zu filialspezifischen Logistikprozessen reduzieren und dadurch der Steuerungsbedarf senken.[712] Damit sind Auswirkungen auf die Beziehungsintensität und die Arbeitsteilung verbunden. Mögliche *Kooperationsfelder* beziehen sich auf die Waren- und/oder Informationsflüsse der Filiallogistik. So adressieren Bestellung und Prognose den Informationsfluss, während die Bestandsführung und Belieferung das Kooperationsfeld der Warenflüsse aufgreifen.[713] Neben einer kooperativen Bedarfsprognose und Generierung von Bestellvorschlägen sind damit auch Bestellmengen angesprochen. Bei dominantem Verhalten eines Akteurs können damit Abweichungen vom Zielsystem des Managements der Filiallogistik einhergehen. Diese betrifft insbesondere eine geringe Flexibilität, wenn bspw. herstellerseitig Bestandsmengen in Handelsfilialen vorgegeben werden, wie sie im Rahmen des Category Management vorgenommen werden.[714] Weiterhin bestehen Kooperationsfelder bei der Warenpräsentation, die in einer Bestandsführung durch den Hersteller und herstellerseitigen Warenverräumung in Handelsfilialen münden kann. Kooperationsbezogenen Integrationsoptionen beziehen sich auf den Integrationsgrad der Beziehungen zwischen Herstellern und Handelsunternehmen. Damit unterstützen sie die technische und prozessbezogene Integration.

Abschließend sei an dieser Stelle darauf hingewiesen, dass die verschiedenen Integrationsoptionen im engen Zusammenhang stehen und teilweise nicht überschneidungsfrei sind. Ebenso können sie in unterschiedlicher Kombination zum Einsatz kommen. Dennoch stellen sie in Verbindung mit den struktur- und prozessbezogenen Kontextgrößen der Belieferungskonzepte den Umfang möglicher Rahmenbedingungen für das Management der Filiallogistik dar. Nachfolgend werden die Merkmalsausprägungen der Integrationsoptionen in einer Übersicht zusammengefasst (vgl. Abbildung 20).

---

[709] Vgl. Kapitel 3.1.1.
[710] Vgl. Skjott-Larsen (1999), S. 107.
[711] Vgl. Groll (2004), S. 232.
[712] Vgl. Placzek (2007), S. 226.
[713] Die kooperative Prognose und Planung von Bestellmengen findet mit dem Collaborative Planning, Forecasting and Replenishment (CPFR) einen strukturierten Planungsprozess, vgl. Seifert (2006b), S. 783ff. Beim Warenfluss sind insbesondere Gestaltungsoptionen des Supplier-Relationship-Management angesprochen, vgl. Toporowski/Zielke (2006), S. 762ff.; Arminger (2004), S. 55ff.
[714] Vgl. Schröder/Rödl (2006), S. 572.

3.3 Supply Chain-Kontext der Filiallogistik

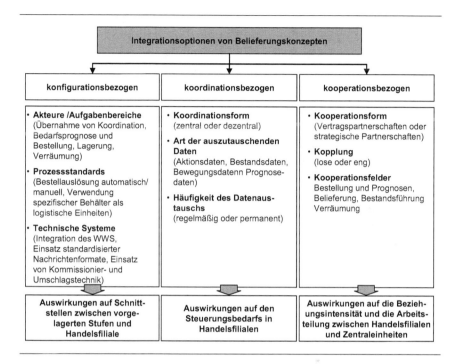

Abbildung 20: Integrationsoptionen von Belieferungskonzepten
Quelle: In Anlehnung an Placzek (2007), S. 229

3.3.5 Zusammenfassende Darstellung des Supply Chain-Kontextes des Managements der Filiallogistik

In Anlehnung an Optimal Shelf Availability lassen sich die konzeptspezifischen Gestaltungsvariablen integrativer Logistikkonzepte als Supply Chain-Kontext des Managements der Filiallogistik aufnehmen. Die vorliegenden Ausführungen haben gezeigt, dass konsumgüterspezifische Belieferungskonzepte als zentraler Bezugspunkt für das Management der Filiallogistik aufgefasst werden können, da sie sich auf die Gestaltung filialspezifischer Logistikprozesse sowie den Mitarbeiter- und Technikeinsatz auswirken können. Dabei beziehen sich die vorgestellten Merkmalsausprägungen der struktur- sowie prozessbezogenen Kontextgrößen auf die filialspezifischen Kernprozesse Disposition, Warenübernahme und Backstore sowie Frontstore und Check Out. Neben Auswirkungen einer zentralen oder dezentralen räumlichen Anordnung und der direkten bzw. indirekten Belieferungsform konnten prozessbezogene Kontextgrößen abgeleitet werden, die zur Gewährleistung der Regalverfügbarkeit eingesetzt werden. Diese Kontextgrößen stellen Entscheidungsfelder von Handelsunternehmen dar, deren Ausprägungen im Zusammenhang mit dem Management der Filiallogistik zu berücksichtigen sind. So ermöglichen zentrale, indirekte Distributionsstrukturen geringe Backstore-Bestände aufgrund einer häufigen und flexiblen Belieferung. Mit der flexiblen Filialbelieferung gehen weiterhin kurzfristige Anpassungsmöglichkeiten an veränderte Abverkaufsmuster einher. Darüber hinaus kann bei einer zentralen, indirekten Belieferung der Aufwand am Wareneingang der Handelsfiliale reduziert und Verräumaktivitäten auf die Anlieferungen angepasst werden. Demgegenüber führen dezentrale, direkte Distributionsstrukturen meist zu einer Bündelung von Warenbelieferungen, die durch eine geringe Bestellhäufigkeit zum Aufbau von Warenbeständen in Handelsfilialen beitragen können. Dabei ist eine ausschließliche Bezugnahme auf die Belieferungskonzepte zu kurz gegriffen. Insbesondere Dispositionsentscheidungen, die dezentral im Verantwortungsbereich der Filialmitarbeiter oder zentral über Bedarfsermittlungen und Absatzprognosen durch die in Handelszentralen gesteuerten WWS durchgeführt werden können, zeigen Auswirkungen auf die Zusammensetzung des filiallogistischen Ressourcenbündels auf.

In Verbindung mit konfigurations-, koordinations- und kooperationsbezogenen Integrationsoptionen bildet der Supply Chain-Kontext einen Ordnungsrahmen, der es ermöglicht, Rahmenbedingungen für das Management der Filiallogistik abzuleiten und mit Hilfe theoretisch-deduktiver Beschreibungsansätze die Grundlagen zur Einordnung praxisrelevanter Erscheinungsformen zu erfassen. Zu nennen sind neben der Beziehungsstruktur und der Prozesssteuerung innerhalb der Belieferungskonzepte ebenso die Form der Zusammenarbeit zwischen Herstellern und Handelsunternehmen.

Gemeinsam mit dem Handelsunternehmens-Kontext werden die identifizierten Bestandteile nachfolgend anhand von realen Handelsunternehmen auf ihre Praxistauglichkeit und die vielfältigen Gestaltungsmöglichkeiten unterschiedlicher Handelsunternehmen überprüft und dienen zur Beschreibung des filiallogistischen Kontextes der untersuchten Handelsunternehmen.

3.4 Handelsunternehmens- und Supply Chain-Kontext für die Filiallogistik anhand von Fallbeispielen

Die vorangegangenen Ausführungen zu Merkmalsausprägungen des Handelsunternehmens- und Supply Chain-Kontextes mit Auswirkungen auf das Management der Filiallogistik werden in diesem Abschnitt auf drei Unternehmen im Lebensmitteleinzelhandel übertragen. Gegenstand dieses Abschnitts ist die Anwendung der identifizierten Merkmalsausprägungen zur Charakterisierung real existierender Handelsunternehmen. Dem auf filiallogistische Prozesse vorliegenden Betrachtungsfokus folgend wird auf die in Kapitel 2.3 erarbeiteten Kernprozesse der jeweiligen Filialen Bezug genommen.

3.4 Handelsunternehmens- und Supply Chain-Kontext anhand von Fallbeispielen

3.4.1 Handelsunternehmen 1

Das Handelsunternehmen gehört als Vertriebsmarke zu einer Handelsgruppe mit hohem Marktanteil in Deutschland. Zu den über 200 Handelsfilialen zählen Einkaufsstätten mit einer Verkaufsfläche von 4.000 bis zu 10.0000 m². Damit können die eingesetzten Filialen den Betriebstypen der großen Verbrauchermärkte sowie SB-Warenhäuser zugeordnet werden. Neben einem vollumfänglichen Lebensmittelsortiment wird ein weitreichendes Nonfood-Sortiment vorgehalten, das neben Bekleidung, Sportartikeln auch Elektronikartikel und Freizeitbedarf beinhaltet. Durchschnittlich umfasst das zentral gesteuerte Sortiment in den Filialen etwa 80.000 Artikelnummern, wobei es sich überwiegend um Herstellermarken handelt, die durch ein vergleichsweise geringes Spektrum an Handelsmarken Ergänzung finden.

Die Festlegung der Sortimentauswahl und der Platzierung in den einzelnen Filialen erfolgt zentralseitig. Dabei werden regionale Unterschiede berücksichtigt sowie die bereitstehenden Verkaufsflächen zu Sortimentsgruppen zusammengefasst. Das Sortiment ist durch ein tiefes Standard- bzw. Kernsortiment gekennzeichnet und findet durch Zusatz- und Randartikel eine umfassende Ergänzung. Mit dem Angebot eines hochaktuellen Sortiments sind häufige Aus- und Neulistungen verbunden, die durch neue Produkte, aber auch veränderte Verpackungsgrößen und befristete Angebote gekennzeichnet sind. Durchschnittlich werden 10% der angebotenen Waren als Aktionsartikel zu einem temporär geringeren Preis vorgehalten. Neben einem weitreichenden Angebot an abgepackten und losen Frischwaren in den Warengattungen Obst und Gemüse, Fleisch und Fisch sowie Backwaren findet sich in allen Warenbereichen der Lebensmittel ein tiefes Sortiment, das den Kunden die Möglichkeit zum One-Stop-Shopping ermöglicht. Damit ist die Warenbereitstellung durch einen komplexen Dispositionsprozess verbunden sowie durch eine hohe Warenbewegung gekennzeichnet, da die Waren in Verkaufsregalen, aber auch im Backstore zur Nachverräumung eingelagert sind.

Die Raumaufteilung umfasst einen oder mehrere Wareneingänge, einen großflächigen Warenannahmebereich sowie Lagerflächen im Backstore, um Original- sowie Anbruchpaletten einzulagern. Die Verkaufsflächen sind durch umfangreiche Warenflächen und je nach Wertigkeit der Warengruppen durch unterschiedliche Regalanordnungen gekennzeichnet. Es bestehen Bedienungsbereiche mit Thekenflächen für Fleisch, Fisch und Käse. Neben dem Individualablauf für das Standardsortiment finden sich auch Bereiche für hochwertigere Artikel, die nach dem Kojenprinzip gestaltet sind. Dabei werden für die bereits erwähnten Sortimentsgruppen einheitliche Planogramme zur Verräumung der Waren bereitgestellt, die durch das Category Management und fallweise unter Einbeziehung der Hersteller vorgegeben sind. Die Warenpräsentation erfolgt überwiegend nach marketingbezogenen Aspekten. Dies spiegelt sich im Einsatz von Verbundplatzierungen wieder, die durch Mehrfachplatzierungen ergänzt sind und die Verräumung sowie die Bestandslokalisation in den Filialen erschweren. Die Kundenflächen, die auch für die Nachverräumung zur Verfügung stehen, sind auf eine hohe Kundenfrequenz ausgerichtet. Auch die Kassenbereiche sind auf einen hohen Kundenstrom ausgelegt und stellen bis zu 15 Kassen bereit. Als relevantes strategisches Preiskonzept wird eine Preisvariationsstrategie verfolgt, die sich in Preisreduktionen, wiederkehrenden Sonderangeboten und Rabattaktionen widerspiegelt. Für die angebotenen Handelsmarken wird dagegen eine Dauerniedrigpreisstrategie angewendet, die eine preiswerte Alternative zu Herstellermarken untermauern soll.

Mit über 3.000 verschiedenen Lieferanten, von denen etwa 1.500 Lieferanten mit regelmäßigen Umsätzen und durch eine permanente Warenpräsenz gekennzeichnet sind, ist die Belieferungsstruktur der Handelsfilialen sehr heterogen. Dennoch werden überwiegend Strecken- und Zentrallagerbelieferungen umgesetzt, die mit einer Selbstabholung durch das Handelsunternehmen Ergänzung finden. Dabei erfolgen etwa 40% der Belieferungen via Strecke und 60% über Regional- oder Zentralläger. Die Streckenbelieferung durch Hersteller des Foodsortiments wird ein- bis zweimal wöchentlich bei Kernlieferanten vorgenommen, während im Nonfood-Bereich die direkte Belieferung im zweiwöchigen Rhythmus erfolgt. Die Rhythmen der direkten Belieferungen sind durch fest vereinbarte Liefertage gekennzeichnet und erfordern einen durchschnittlichen Vorlauf der Bestellungen von 48 Stunden. Zentrallagerbelieferungen finden durchschnittlich vier Mal wöchentlich statt. Frische und Ultrafrische werden täglich von Regionallägern oder direkt vom Hersteller angeliefert.

Die den Belieferungen vorausgehende Disposition erfolgt ausschließlich über ein zentral verwaltetes WWS. Hier werden die auf Basis der täglichen Abverkäufe generierten Bewegungsdaten der Filialen gebündelt und zu definierten Bestellzeitpunkten an die Lieferanten übermittelt. Zur Berechnung der Bestellmengen kommen ausschließlich automatische Dispositionssysteme zum Einsatz, die auf Basis von historischen Abverkaufsmustern eine erwartungsorientierte Bestellmengenermittlung vornehmen und in einer spekulierenden Auftragsspezifizierung sowie einer Bündelung der Liefermengen münden. Aufgrund der hohen Warenumschläge des Gesamtsortiments werden Lagerflächen im Backstore vorgehalten, die zur Zwischenlagerung dienen und eine Nachverräumung der Regale vor dem Eintreffen einer weiteren Warenlieferung ermöglichen. Dabei finden Nachverräumungen i.d.R. nur bei Artikeln der Streckenbelieferung statt, da aufgrund der regelmäßigen Belieferungen aus den Zentral- oder Regionallägern eine kurzfristige Warenlieferung realisiert werden kann, die vollständig in die Warenträger verräumt werden können.

Die Informations- und Warenflüsse bei Handelsunternehmen 1 weisen auf den relevanten Bezugsebenen einen vergleichsweise hohen Integrationsgrad auf. Die automatisch in den Filialen ausgelösten Bestellungen werden durch einheitliche Prozessstandards an die Zentrale und von dort gebündelt an die Hersteller weitergeleitet. Der Datenaustausch zwischen der Filiale, der Handelszentrale sowie den Herstellern erfolgt anhand gängiger und standardisierter Nachrichtenformate über EDI, die zur Bestellübermittlung an Hersteller (ORDERS), aber auch zur Übertragung von Lieferavisen an die Handelsfilialen (DESADV) eingesetzt werden.

3.4 Handelsunternehmens- und Supply Chain-Kontext anhand von Fallbeispielen

Weiterhin haben Hersteller die Möglichkeit, über das Internet auf filialspezifische Bestands- und Bewegungsdaten ihrer Produkte zuzugreifen und diese für Prognosezwecke zu nutzen. Ebenso finden durch den mit strategischen Partnern umgesetzten Split Inventory-Prozess Standards zur Nutzung moderner Auto-ID-Systeme Berücksichtigung. Spezielle Behälter werden i.d.R. nicht eingesetzt. Vielmehr erfolgt die Lieferung als Einzelverpackungen sowie auf Paletten, die im Falle der Zentrallagerbelieferung filialspezifisch vorkommissioniert sind.

In koordinationsbezogener Hinsicht liegt eine starke Zentralisierung vor, die durch einen umfassenden Informationsaustausch gekennzeichnet ist. Neben der zentral gesteuerten Sortimentsstruktur und Vorgabe von Planogrammen erfolgt auch die Bestellmengenermittlung durch die automatische Disposition, die durch dispositive Mitarbeiter in den Filialen fallweise abgeändert werden können. Insbesondere mit strategisch relevanten Lieferanten besteht ein umfangreicher und regelmäßiger Datenaustausch. Neben dem Zugriff auf filialspezifische Abverkaufsdaten werden Aktionsdaten, Bestands- sowie Prognosedaten zwischen Handelszentrale und Hersteller ausgetauscht. Mittels Global Data Synchronization erfolgt die Bereitstellung von Stammdaten für die Handelszentrale.

Hinsichtlich der Kooperationsform lassen sich vertragliche Beziehungen zwischen den Herstellern und dem Handelsunternehmen festhalten, die häufig durch eine enge Zusammenarbeit gekennzeichnet sind. Allerdings bestehen in Bezug auf die Bestellung und Prognose sowie die Verräumung letztlich nur geringe Kooperationsfelder, da die Handelszentrale die Koordination zentral vornimmt.

Zusammengefasst ist in Bezug auf den Kontext des Managements der Filiallogistik zu konstatieren, dass Handelsunternehmen ein komplexes Sortiment abwickelt, das neben der Disposition, der Bestandsführung sowie der Verräumung in Filialen eine standardisierte und technikunterstützte Umsetzung der Waren- und Informationsflüsse erfordert. Die Platzierung und Sortimentsgestaltung gilt überwiegend als Domäne des Handelsunternehmens, wobei eine kooperative Sortimentsgestaltung mit relevanten Herstellern vorliegen kann. Der umfängliche Datenaustausch zwischen dem Handelsunternehmen und Herstellern ermöglicht eine abgestimmte Bedarfsprognose, die zur Bestellmengenermittlung beiträgt und die Handelsfilialen versorgt.

3.4.2 Handelsunternehmen 2

Handelsunternehmen 2 als Teil einer Handelsgruppe stellt eine regionale Gesellschaft dar und ist durch eine eigene Verwaltungsstruktur gekennzeichnet, die bei wesentlichen Entscheidungen durch die Zentrale unterstützt wird. Der Jahresumsatz lag im Geschäftsjahr 2006/2007 bei EURO 1.5 Mrd. und war durch einen hohen Marktanteil in der betrachteten Region gekennzeichnet. Das Handelsunternehmen betreibt über 120 Filialen, die hinsichtlich des angebotenen Sortimentsumfangs und der Filialgröße stark variieren. So werden wenige kleine Filialen mit 250 m^2 sowie wenige große Filialen mit mehr als 5.000 m^2 eingesetzt. Im Rahmen des

Betriebstypen-Mix sind Einkaufsstätten mit einer durchschnittlichen Größe von 600 bis 2.500 m² charakteristisch, so dass überwiegend Betriebstypen der Kategorien Supermarkt und Verbrauchermärkte zum Einsatz kommen. Die in 2.3.2 beschriebenen filiallogistischen Informations- und Warenflüsse sind trotz der unterschiedlichen Betriebstypen durch eine hohe Übereinstimmung gekennzeichnet. Die Sortimentsstruktur umfasst mehrheitlich Lebensmittel sowie in geringem Umfang Nonfood-Artikel, die in den großen Betriebstypen ausgeweitet sind. Der Sortimentsumfang im Foodbereich liegt durchschnittlich bei etwa 11.000 Artikelnummern. Eine hohe Artikelanzahl in allen Warengruppen wird nicht ganzjährig angeboten. Ergänzend werden in den Filialen unterschiedliche Nonfood-Artikel in das Sortiment aufgenommen, die je nach Saison und Jahreszeit hohen Listungsschwankungen unterliegen. Für die Sortimentsgestaltung liegen zentralseitig Richtlinien vor, die Entscheidungsfreiräume für Sortimentsergänzungen in den Filialen bieten. Das Sortiment ist durch Abstufungen gekennzeichnet, so dass je nach Verkaufs- und Regalfläche der Filiale unterschiedliche Sortimentsmodule vorgehalten werden können. Der Anteil von Handelsmarken übersteigt den der Herstellermarken, die jedoch zunehmend Berücksichtigung finden. Lieferanten von Herstellermarken sind vergleichsweise selten in Sortimentsentscheidungen in den Filialen eingebunden. Das tiefe und breite Standard- bzw. Kernsortiment findet durch einen hohen Anteil saisonaler und temporärer Artikel Ergänzung, die zur Aktualität des angebotenen Sortiments beiträgt und zu einer hohen Dynamik der Disposition führt. Neben einem weitreichenden Angebot von Frische werden Fleisch, Fisch und Käse in Filialen ab einem Gesamtumsatz von etwa EURO 15 Mio. pro Jahr an Frischtheken mit dem Einsatz von Bedienungspersonal verkauft.

Die Filialflächen umfassen i.d.R. eine Warenannahme, Backstore-Flächen zur Warenmanipulation sowie einem geringen Lageranteil, der zur Zwischenlagerung von Filialbeständen dient. Die Kundenfläche ist überwiegend nach marketingorientierten Gesichtspunkten gestaltet. Aufgrund des Betriebstypen-Mix finden sich in Filialen annähernd alle Grundprinzipien der Regalanordnung wieder, so dass von unterschiedlichen Rahmenbedingungen bei der Verräumung ausgegangen werden kann. Dabei liegen für die einzelnen Filialen zentral vorgegebene Planogramme zur Regalbildgestaltung mit der gezielten Berücksichtigung von Verbundplatzierungen vor. In Verbindung mit eng angelegten Kundenflächen führt die Mehrfachplatzierung in kleineren Filialen zu einer erschwerten Verräumung der Waren während der Verkaufszeiten. Die Kassenbereiche weisen vergleichsweise kurze Warenbänder auf, so dass die Kassiervorgänge verlangsamt erfolgen. Durch den Einsatz von Aktionsverkäufen, Promotions und Kundenkarten kann von einer Preisvariationsstrategie gesprochen werden, die zu Absatzschwankungen in den verschiedenen Warengruppen führen kann. Die Preisvariation findet sich in allen Sortimentsbereichen wieder.

Bei Handelsunternehmen 2 finden alle in Kapitel 3.3.2 vorgestellten Belieferungskonzepte für jeweils bestimmte Warengruppen Einsatz. Darunter fallen die indirekte Belieferung über regionale Läger, die als Zentralläger der regionalen Gruppe aufzufassen sind, zwei überregio-

3.4 Handelsunternehmens- und Supply Chain-Kontext anhand von Fallbeispielen 169

nale Zentralläger, die direkte Streckenbelieferung sowie das ein- und zweistufige Cross Docking. Das umfangreiche Trockensortiment wird in den beiden überregionalen Lägern filialspezifisch auf Paletten kommissioniert und direkt an die Handelsfilialen geliefert. Waren mit einer geringen Haltbarkeit laufen über regionale Läger. Ergänzend findet dort der Umschlag für die Belieferung des ein- und zweistufigen Cross Docking statt, die entweder mit einer kurzzeitigen Einlagerung oder bei Frische auf vorkommissionierten Paletten ohne weitere Zwischenlagerung an die Einkaufsstätten weitergeleitet werden. Sowohl direkte als auch indirekte Belieferungen lassen sich täglich umsetzen.

Die Disposition erfolgt über ein zentral verwaltetes teil-integriertes WWS, das täglich mit Abverkaufsdaten der Filialen versorgt wird. Die Abverkaufsdaten dienen der automatischen Nachschubsteuerung auf Artikelebene, sobald ein definierter Meldebestand je Artikelnummer in den Filialen unterschritten wird. Mit einer erwartungsorientierten Auftragsspezifizierung sowie einer mengenbezogenen Bündelung der Liefermengen wird die Reduzierung von Backstore-Beständen angestrebt, durch die eine mehrfache Nachverräumung von Warenbeständen vermieden wird. Dabei sind die dispositionsbezogenen Informationsflüsse durch eine hohe Standardisierung zwischen Filiale und Handelszentrale gekennzeichnet. Der Datenaustausch erfolgt anhand der gängigen Nachrichtenformate über EDI. Hinsichtlich der warenflussbezogenen Prozessabläufe lassen sich in Abhängigkeit der Belieferungskonzepte unterschiedliche Prozessstandards identifizieren. Bspw. finden sowohl Mehrwegbehälter für Frische als auch Einwegverpackungen sowie Paletten für lagerfähige Waren Verwendung.

In koordinationsbezogener Hinsicht erfolgt die Steuerung der Waren- und Informationsflüsse durch die Handelszentrale. Dies erfordert die zentrale Nutzung aller in den Filialen ermittelten Bestands- und Bewegungsdaten. Teilweise stehen der Zentrale auch Daten der Hersteller zur Verfügung, wobei ein kontinuierlicher Datenaustausch hinsichtlich avisierter Warenlieferungen Einsatz findet. Aufgrund der Lieferavise wird in den Filialen auf eine Wareneingangskontrolle verzichtet. Mit der Anwendung standardisierter Datenformate soll zukünftig den Herstellern die Möglichkeit gegeben werden, auf die für sie relevanten Bestands- und Bewegungsdaten des Handelsunternehmens und Filialen zugreifen zu können. Aufgrund der gemeinsamen Produktentwicklung und Aktionsplanung ist von einer strategischen Partnerschaft zwischen Handelsunternehmen und umsatzstarken Herstellerunternehmen auszugehen. Dabei ist zu berücksichtigen, dass die Hersteller nur in begrenztem Ausmaß auf Filialdaten zugreifen können. Trotz der hohen Integration unterliegen die Informations- und Warenflüsse der Handelsfilialen derzeit der alleinigen Nutzung durch die Handelszentrale.

3.4.3 Handelsunternehmen 3

Handelsunternehmen 3 besteht aus über mehreren rechtlich selbständigen Regionalgesellschaften und erzielte mit über 1.000 Handelsfilialen in Deutschland in 2006 einen geschätzten Jahresumsatz von etwa EURO 11 Mrd. Zu den Filialen, die durchschnittlich knapp 800 m^2

groß sind, zählen ausschließlich Discounter. Das standardisierte Sortiment wird einheitlich in allen Filialen vorgehalten. Die Sortimentspolitik von Handelsunternehmen 3 ist strikt reglementiert und auf ein flaches und schmales Sortiment ausgerichtet. Neu- oder Auslistung von Artikeln erfolgt nur in seltenen Ausnahmen. Der Sortimentsumfang lässt sich auf etwa 800 Artikel beziffern. Zu diesem Pflichtsortiment zählen etwa 600 Artikel aus dem Trockensortiment, ca. 80 Artikel aus dem Kühlsortiment, etwa 50 Tiefkühlartikel sowie wenige Backwaren. Mit wenigen Ausnahmen werden ausschließlich Handelsmarken angeboten. Zusätzlich führen die Filialen betreuungsarme Frischeartikel im Bereich Obst und Gemüse in verpackten und bereits bepreisten Verkaufseinheiten, wodurch sich das Abwiegen oder eine Gewichtsprüfung an den Kassen vermeiden lassen. Erweiterungen durch ein Randsortiment, Saisonartikel oder Tagesware liegen nicht vor. Lediglich ein wöchentlich wechselndes Angebot von Waren aus verschiedenen Themenbereichen wie Trekking, Automobilzubehör, Sportartikeln, Textilien sowie Wohnaccessoire und Unterhaltungselektronik ergänzt das Pflichtsortiment.

Die einheitliche Ladengestaltung in allen Filialen ist durch eine starke Kostenorientierung gekennzeichnet und folgt ausschließlich logistischen Gesichtspunkten. So sind die Filialen mit einer standardisierten Warenrampe ausgestattet, an die sich ein kleiner Backstore-Bereich zur Warenkontrolle sowie der Lagerung von Paletten mit großvolumigen Artikeln anschließt. Die Raumaufteilung des Frontstores ist durch lange Regalreihen gekennzeichnet, die nach den Grundsätzen des Zwangsablaufs angeordnet sind. Dabei werden schnelldrehende, schwere und großvolumige Artikel näher am Backstore-Bereich positioniert, um die Warenmanipulationen und Laufwege während der Verräumung zu reduzieren. In quantitativer Hinsicht ist die Raumzuteilung der zentral geplanten Sortimentsplatzierung durch standardisierte Layouts und exakt vorgegebene Regalflächen gekennzeichnet. Regalplatzoptimierungen erfolgen nicht nur nach Maßgabe der Artikelrelevanz und des Umsatzbeitrags, sondern vor allem unter Berücksichtigung der Abmessungen der Transportverpackungen. Die Größe des Regalplatzes für eine Artikelnummer ist so ausgelegt, dass der durchschnittliche Wochenbedarf platziert werden kann. Mehrfachplatzierungen erfolgen nicht. Eine flexibel gestaltbare Fläche ermöglicht die Präsentation des wöchentlich wechselnden Aktionssortiments mit standardisierten Schütten als Warenträger. Die Kundenfläche ist auf eine hohe Kundenfrequenz ausgerichtet und ermöglicht eine Verräumung während der Öffnungszeiten, ohne den Einkauf der Kunden umfänglich zu behindern. Auch der Kassenbereich ist auf eine hohe Kundenfrequenz ausgelegt und mit langen Warenbändern ausgestattet, die eine schnelle Kaufabwicklung ermöglichen. Als strategisches Preiskonzept wird ausschließlich die Dauerniedrigpreisstrategie eingesetzt. Nur in seltenen Fällen finden kurzfristige Preisreduktionen statt, Rabattaktionen, Sonderangebote sind nicht vorgesehen.

Die durch einen hohen Warenumschlag gekennzeichneten Filialen erhalten Lieferungen ausschließlich über Regionalläger im Umkreis von maximal 50 km. Dabei werden im Rahmen täglicher Belieferungen die Artikel des Trockensortiments entweder palettenrein oder

3.4 Handelsunternehmens- und Supply Chain-Kontext anhand von Fallbeispielen

in den Transportverpackungen auf Paletten kommissioniert an die Filialen übergeben. Die Bereitstellung von Tiefkühlartikeln erfolgt über eine weitere indirekte Belieferung. Nahe gelegene Großbäckereien liefern täglich frische Backwaren im Rahmen einer Streckenbelieferung.

Mit einer erwartungsorientierten Auftragsspezifizierung werden Dispositionsentscheidungen dezentral durch die Filialverantwortlichen und unterstützend durch regionale Vertriebsmitarbeiter auf Basis der aktuellen physischen Filialbestände getroffen. Die über das gesamte Sortiment konsolidierten Bestellmengen übermittelt der Filialverantwortliche täglich an die Handelszentrale mittels standardisierter Nachrichtenformate via EDI. In den Handelszentralen finden isoliert-geschlossene WWS Einsatz, die lediglich die Erfassung des Wareneingangs sowie des Warenausgangs auf zentraler Ebene vornehmen. Von dort erfolgt ohne weitere Prüfung die Weiterleitung der Bestellmengen an das jeweilige Regionallager, wo die filialspezifischen Bestellungen auf Paletten kommissioniert werden. Eine Verknüpfung mit Herstellersystemen ist nicht vorgesehen. Vielmehr sind sie durch langfristige Verträge sowie Zielvereinbarungen über ein bestimmtes Servicelevel gebunden. Als weiterer Aspekt hinsichtlich der Prozessstandards ist die Nutzung von Stammdaten zu nennen. Hinsichtlich der warenflussbezogenen Prozessstandards finden für den Transport Paletten und standardisierte Umverpackungen aus Karton je Sorte ihren Einsatz, die das Filialpersonal nach einem kompletten Abverkauf in der Filiale entsorgt. Für abgepackte Frischeartikel werden Mehrwegbehälter eingesetzt und gleichzeitig in den Filialen zur Warenpräsentation genutzt.

Koordinationsbezogene Integrationsansätze finden nur in geringem Umfang Anwendung. Es liegt eine zentrale Sortimentsgestaltung, Warenplatzierung und Aktionsplanung sowie die in Filialen stattfindende dezentrale Disposition vor. Zwischen den Filialen und der Zentrale erfolgt nur in geringem Umfang ein Datenaustausch. Lediglich Aktionsdaten über das temporäre Aktionssortiment sowie Preisänderungen und Neu- und Auslistungen werden von der Zentrale an die Filialen weitergeleitet. In den Filialen erfassen Scannerkassen die Abverkäufe, die Daten dienen jedoch nicht der Bestandsführung, sondern ausschließlich für Abrechnungszwecke. Als relevanter Datenaustausch sind vor allem die Übermittlung der Bestellaufträge sowie die Lieferavise zu sehen. Zwischen Handelsunternehmen und Herstellern bestehen ausschließlich vertragliche Verhältnisse. Ausnahmen stellen hier eigene Produktionsstätten dar, die in regelmäßigen Abständen mit Prognose- und Belieferungsdaten versorgt werden.

Zusammenfassend ist der Kontext des Managements der Filiallogistik bei Handelsunternehmen 3 durch eine bewusst einfach gehaltene Sortimentspolitik, eine strikt nach logistischen Gesichtspunkten vorgenommene Ladengestaltung sowie durch anhaltend niedrige Preise gekennzeichnet. Die Belieferungsstruktur ist bewusst einfach gehalten und verzichtet auf den Einsatz komplexer Informationssysteme und einen umfassenden Datenaustausch. Mit der Vermeidung von umfassenden Warenmanipulationen und Bestandsbewegungen sind die Filialen tendenziell mit hohen Warenbeständen gekennzeichnet, die sich jedoch aufgrund des schnelldrehenden Sortiments nicht als Überbestände auffassen lassen, sondern nach dem Ziel der kostenminimalen Bestandsmenge streben.

3.5 Zwischenfazit: Einordnung des Handelsunternehmens- und Supply Chain-Kontextes in den Bezugsrahmen des Managements der Filiallogistik

Bei der Einordnung der Gestaltungsgrößen und der Ausrichtung am Zielsystem des Managements der Filiallogistik wurde darauf hingewiesen, dass unbeeinflussbare Rahmenbedingungen zur Ableitung von Gestaltungsempfehlungen in den Erkenntnisprozess aufzunehmen sind. Der Kontext findet sich mit der Beantwortung der zweiten Forschungsfrage in diesem Kapitel im absatzpolitischen Instrumentarium von Handelsunternehmen und den Ansätzen für unternehmensübergreifende Belieferungskonzepte wieder. Die Sortiments-, Ladengestaltungssowie Preispolitik weisen einen direkten Zusammenhang mit den Waren- und Informationsflüssen der Filiallogistik auf und dienen zur Charakterisierung von wesentlichen Betriebstypen im stationären Lebensmitteleinzelhandel anhand verschiedener Merkmalsausprägungen. In Ergänzung mit relevanten und auf filialspezifische Kernprozesse ausgerichteten Merkmalen von Belieferungskonzepten, struktur- und prozessbezogenen Kontextgrößen sowie konfigurations-, koordinations- und kooperationsbezogenen Integrationsoptionen wird auf die Rahmenbedingungen des Warennachschubs an Handelsfilialen abgestellt. Der Abschluss der theoretisch-konzeptionell geleiteten Untersuchung und der begleitenden empirischen Veranschaulichung anhand von Fallbeispielen erlaubt die Vervollständigung des Bezugsrahmens des Managements der Filiallogistik.

Theoretische Bezugsrahmen dienen als Strukturierungshilfe zur Lösung eines Forschungsproblems. In diese Strukturierung fließen die bereits erarbeiteten Erkenntnisse ein.[715] Das verfolgte Ziel liegt in der Abgrenzung des Untersuchungsobjekts und der Perspektive, unter der es beleuchtet wird. Dabei erfolgt die Identifikation relevanter Elemente und Zusammenhänge. Die Funktion des Bezugsrahmens kann anhand der weiteren Kanalisierung des Forschungsprozesses beschrieben werden.[716] Es wird darauf abgestellt, das mit den einzelnen Elementen des Bezugsrahmens entwickelte Vorverständnis der Forschungsfragen soweit zu präzisieren, dass Wirkungsbeziehungen und Problemzusammenhänge auf einem hinreichenden Niveau erkannt werden.[717] Theoretisch-konzeptionelle Bezugsrahmen sind nicht zwingend als logische Aussagensysteme aufzufassen und dürfen nicht als fixierte Start- oder Endpunkte des Forschungsprozesses verstanden werden. Durch die Beschränkung auf die für das Untersuchungsobjekt relevanten Gestaltungs- und Kontextgrößen lässt sich die Komplexi-

---

[715] Vgl. Rößl (1990), S. 99f.; Stölzle (1999), S. 129.
[716] Vgl. Kubicek (1977), S. 23.
[717] Vgl. Stölzle (1999), S. 261.

3.5 Zwischenfazit

tät reduzieren, die für die Auseinandersetzung mit dem Management der Filiallogistik identifiziert wurde. Der vervollständigte Bezugsrahmen enthält alle die erörterten und als wesentlich erachteten Bestandteile für das Management der Filiallogistik.

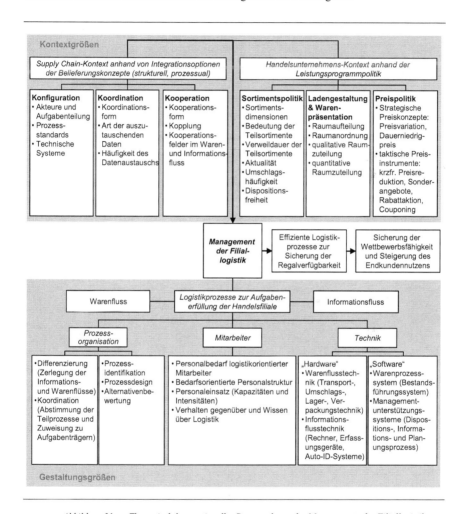

Abbildung 21: Theoretisch-konzeptioneller Bezugsrahmen des Managements der Filiallogistik

Die zu berücksichtigenden Elemente stellen die Gestaltungsgrößen des Managements der Filiallogistik (Kapitel 2.2), der ressourcenorientierte Ansatz als Erklärungsmuster zur Sicherung der Wettbewerbsfähigkeit durch prozessorientierte Ressourcenbündel der filialspezifischen Gestaltungsgrößen (Kapitel 2.4) sowie die ceteris paribus zu betrachtenden Kontextgrößen der Leistungsprogrammpolitik (Kapitel 3.2) und der Konzeptbestandteile des

Optimal Shelf Availability (Kapitel 3.3) dar. Abbildung 21 gibt die Beziehungen zwischen den Elementen zur Erreichung der Sach- und Formalziele des Bezugsrahmens graphisch wieder.

Auf dieser Basis erfolgt im nächsten Kapitel 4 die Integration der Elemente, die der Ableitung neuer Erkenntnisse dienen und situative Gestaltungsempfehlungen für das Management der Filiallogistik zur Sicherung der Regalverfügbarkeit hervorbringen. Da sich die vorzunehmende Typologisierung des Managements der Filiallogistik am situativen Kontext ausrichtet, ist dieser über die diskutierten Kontextgrößen zu konkretisieren.

4 Formen des Managements der Filiallogistik im stationären Lebensmitteleinzelhandel

Nach der deduktiven Untersuchung der Bestandteile des theoretisch-konzeptionellen Bezugsrahmens in den vorangegangenen Kapiteln stellen die nachfolgenden Ausführungen auf ein stärker induktiv ausgerichtetes Vorgehen ab. Bei der Suche nach Gestaltungsempfehlungen für das Untersuchungsobjekt in Abhängigkeit des situativen Kontextes fließen nunmehr Erfahrungen aus der Handelspraxis ein, welche die theoriegeleitete Deduktion sowie die fallstudienbegleitenden Ausführungen ergänzen.

Vor dem Hintergrund komplexer und dynamischer Entscheidungsfelder im Handel stellt die Effizienz des filiallogistischen Ressourcenbündels einen bedeutenden Aspekt dar, um die Wettbewerbsfähigkeit der Handelsunternehmen langfristig zu sichern. In der Praxis zeigen sich unterschiedliche marketingbezogene und logistische Ausprägungen bei Handelsunternehmen, die einen Einfluss auf die Gestaltung des Managements der Filiallogistik aufweisen. Die Merkmale sind nachfolgend zu kombinieren, um praxisrelevante Erscheinungsformen zu erarbeiten, die in Form spezifischer Gestalten als situativer Kontext für das prozessorientierte Ressourcenbündel des Managements der Filiallogistik aufzufassen sind.

Auf der Grundlage einer kurzen Einführung in den Entwicklungspfad der situativen Betrachtungsweise und nach der Vorstellung der Methoden zur kontextspezifischen Ausgestaltung in Kapitel 4.1 wird anschließend zur Ableitung von Gestaltungsempfehlungen des Managements der Filiallogistik Bezug auf eine bewährte Typologie von Handelsunternehmen genommen. Die dabei generierten Gestalten lassen sich durch die in Kapitel 3 vorgestellten Handelsunternehmens- und Supply Chain-Kontexte charakterisieren. Um dem Anspruch situativer Gestaltungsempfehlungen für das Management der Filiallogistik gerecht zu werden, gilt es, Gestaltungs- und Kontextgrößen zusammenzufassen, um prozessorientierte Ressourcenbündel unter Berücksichtigung des aufgestellten Zielsystems und der Zielgrößen abzuleiten (Kapitel 4.2 bis 4.4). Mit dieser Vorgehensweise können die offenen Fragen hinsichtlich dessen, was Ressourcenbündel des Managements der Filiallogistik in Abhängigkeit des situativen Kontextes wertvoll macht,[718] beantwortet und der geforderte Fit zwischen Kontext und dem Management der Filiallogistik hergestellt werden.

Wie in den vorangegangenen Kapiteln erfolgt eine Gegenüberstellung der Gestaltungsempfehlungen mit den empirisch ermittelten Gestaltungsformen (Kapitel 4.5), die abschließend in eine Zusammenfassung der Forschungsergebnisse einfließen.

---

[718] Vgl. Kapitel 2.4.6.

4.1 Vorgehensweise zur Ableitung von Gestalten des Managements der Filiallogistik

Ausgehend von den beschriebenen Aufgaben der Filiallogistik und den Rahmenbedingungen aus der Leistungsprogrammpolitik sowie den unterschiedlichen Merkmalsausprägungen der Belieferungskonzepte wird die Auffassung vertreten, dass Gestaltungsempfehlungen für das Management der Filiallogistik nach Maßgabe bestimmter Konstellationen von Kontextgrößen erfolgen müssen. Damit liegt eine situative Betrachtungsweise zu Grunde. Neben einer kurzen Einführung in deren Entwicklungspfade (Kapitel 4.1.1) wird anschließend auf Methoden zur kontextspezifischen Ausgestaltung eingegangen (Kapitel 4.1.2). Die daraus entwickelten Gestalten von Handelsunternehmen dienen als Ansatzpunkt für Gestaltungsempfehlungen für das Management der Filiallogistik (Kapitel 4.1.3).

4.1.1 Entwicklungspfad der situativen Betrachtungsweise

Im Rahmen der Betriebswirtschaftslehre im Allgemeinen und der Managementlehre[719] im Speziellen setzt sich zunehmend die Erkenntnis durch, dass allgemeingültige Prinzipien und Handlungsweisen keine präzise Hilfe für die Lösung von Gestaltungsproblemen der Praxis bieten können. Vielmehr ist eine effiziente Gestaltung von Organisationseinheiten von spezifischen situativen Gegebenheiten abhängig, die eine Kongruenz aus externem Kontext sowie internen Gestaltungsgrößen erfordert.[720] Während sich systemtheoretisch generierte Aussagen durch eine starke Generalisierung und einen relativ hohen Abstraktionsgrad auszeichnen,[721] nehmen kontingenz-[722] und konfigurationstheoretische[723] Ansätze diesen Kritik-

---

[719] Staehle (1999), S. 22 unterscheidet traditionelle sowie moderne Ansätze. Unter den modernen Ansätzen zeichnen sich systemtheoretische Ansätze durch ihre integrative Generalisierung und einen relativ hohen Abstraktionsgrad aus. Darauf aufbauend sieht Staehle in der historischen Entwicklung der Managementforschung das Aufkommen kontingenztheoretischer Ansätze (situative Relativierung) und als weitere Entwicklungsstufe konfigurationstheoretische Ansätze, die in Fortführung der integrativen Perspektive des Systemdenkens Unternehmen als komplexe, logische Gesamtheiten wahrnehmen.

[720] Vgl. Staehle (1999), S 45; Göttgens (1995), S. 110. Dies drückt sich in der so genannten Kongruenz-Effizienz-Hypothese aus.

[721] Vgl. Staehle (1999), S. 45; Rümenapp (2002), S. 147.

[722] Während in der deutschsprachigen Literatur die Bezeichnung „Situativer Ansatz" durch Staehle (1973) eingeführt wurde, hat sich im angelsächsischen Raum die Bezeichnung „contingency approach" durchgesetzt. In Anlehnung daran finden sich im Deutschen die Begriffe „Kontingenzansatz", „Kontingenztheorie" oder „kontingenztheoretischer Ansatz" wieder. Eine Diskussion über terminologische Feinheiten führt bspw. Freichel (1992), S. 103. Die Bezeichnungen „Situativer Ansatz" und „Kontingenztheorie" werden im Folgenden synonym verwendet, vgl. Kieser/Kubicek (1992), S. 46.

[723] Der Gestaltansatz wird in der Literatur auch als „Konfigurationsansatz" bezeichnet, vgl. Klaas (2002), S. 103; Rümenapp (2002), S. 147; Macharzina (1995), S. 69. Mit der terminologischen Annäherung an die Konzeptbestandteile von OSA im Rahmen des Supply Chain-Kontextes können Begriffskonflikte mit den konfigurationsbezogenen Integrationsoptionen auftreten. Aus diesem Grund findet nachfolgend der Begriff „Gestaltansatz" Verwendung.

4.1 Vorgehensweise zur Ableitung von Gestalten des Managements der Filiallogistik 177

punkt mit dem „Prinzip der situativen Bedingtheit"[724] auf.[725] Es gilt, eine Relativierung genereller „One best way"-Sichtweisen vorzunehmen sowie die formal- und verhaltenswissenschaftlicher Gestaltungsempfehlungen zu berücksichtigen, um zu differenzierten, für die jeweilige Situation konkreten Gestaltungsaussagen zu gelangen.[726] Nachfolgend werden die beiden Ansätze charakterisiert und auf die bestehende Kritik an ihren Aussagen Bezug genommen.

Die Basisannahme *kontingenztheoretischer* Ansätze geht davon aus, dass die Situation, in der sich ein Unternehmen oder eine Organisationseinheit befindet, deren Struktur und Verhalten maßgeblich beeinflusst.[727] Sie versuchen zu erforschen, ob bzw. welche Beziehungen zwischen der Struktur sowie der internen und externen Situation bestehen, um auf diese Weise Zusammenhänge zu prognostizieren.[728] Es werden auf theoretischem Wege „Wenn-dann-Aussagen" gebildet, die anhand empirischer Untersuchungen geprüft und bei einer Bestätigung verallgemeinert werden können.[729] Dabei beschreibt die "Wenn"-Komponente die Situation anhand der Kontextgrößen[730], die zur Erklärung von Unterschieden in den empirisch untersuchten Organisationsstrukturen dienen, während die "Dann"-Komponente Auskunft über die Gestaltungsalternativen gibt. Kontextgrößen sind dabei als gegeben anzusehen und können vom Untersuchungsobjekt nicht beeinflusst werden.[731] Kontingenztheoretische Ansätze gehen einerseits davon aus, dass das Zusammenspiel zwischen Struktur und Verhaltensweise je nach Situation ein abweichendes Maß an Effizienz hervorbringen kann, wobei die zu Grunde liegenden Wirkungsmechanismen i.d.R. ungeklärt bleiben.[732] Andererseits nehmen sie für sich in Anspruch, Gestaltungsempfehlungen für eine spezifische Situation bei vorgegebenen Effizienzwirkungen zu erklären.[733]

Bezogen auf das Untersuchungsobjekt ist im ersten Fall ein effektives Zusammenspiel von Supply Chain-Kontext und der Leistungsprogrammpolitik mit dem prozessorientierten Ressourcenbündel des Managements der Filiallogistik zur Gewährleistung der Regalverfügbarkeit anzustreben.[734] Der zweite Fall stellt darauf ab, dass lediglich wenige Konstellationen

---

[724] Raffée (1989), S. 38. Ebers (1992), Sp. 1818 spricht auch von Bedingtheitsaussagen.
[725] Vgl. Drazin/Van de Ven (1985), S. 518f.; Van de Ven/Drazin (1985), S. 364.
[726] Vgl. Schulte-Zurhausen (2005), S. 19; Scherer/Beyer (1998), S. 335; Schanz (1995), S. 49; Staehle (1973), S. 1ff.
[727] Vgl. Kieser (2002), S. 171.
[728] Vgl. Staehle (1999), S. 49ff. Zu unternehmensinternen Faktoren werden bspw. Unternehmensgröße, Leistungsprogramm oder Prozesse gezählt. Als unternehmensexterne Faktoren gelten häufig Komplexität und Dynamik der Umwelt.
[729] Vgl. Macharzina (1995), S. 65; Woodward (1965).
[730] Kontextgrößen bzw. Kontextfaktoren werden auch als "situative Faktoren", "Situationsvariablen", "Einflussgrößen" oder "Rahmenbedingungen" bezeichnet, vgl. Wollnik (1980), S. 594.
[731] Vgl. Schreyögg (1995), S. 229.
[732] Vgl. Rümenapp (2002), S. 149; Ebers (1992), Sp. 1818; Kieser/Kubicek (1992), S. 57.
[733] Vgl. Ulrich/Hill (1979), S. 185.
[734] Vgl. Müller (1994), S. 43.

von Kontextgrößen im Zusammenspiel mit dem prozessorientierten Ressourcenbündel zur effizienten Sicherung der Regalverfügbarkeit bestehen. Eine effiziente Filiallogistik ergibt sich jedoch bei beiden Überlegungen erst nach der Abstimmung der Gestaltungsgrößen mit dem situativen Kontext. Diese finden sich in der Auswahl und dem Einsatz relevanter Gestaltungsgrößen für die Filiallogistik und den Gestaltungsalternativen der filialspezifischen Logistikprozesse wieder.

Kontingenztheoretische Ansätze sehen sich in der Literatur mit endogener (methodischer), aber auch exogener (Fundamental-) Kritik konfrontiert.[735] Während die endogene Kritik auf eine unangemessene Auswahl der Variablen sowie deren ungenügende Operationalisierung, die geringe Repräsentativität von Stichproben und den geringen Informationsgehalt abzielt, werfen bspw. Gresov/Drazin (1997) im Rahmen der exogenen Kritik den Schlussfolgerungen eine limitierte Praxisrelevanz vor.[736] Es wird zudem kritisiert, dass externe Faktoren von Organisationseinheiten als deterministisch[737] angesehen werden und es keine Einflussmöglichkeiten auf diese Faktoren gibt.[738] Kreikebaum (1998) sagt der Kontingenztheorie eine beschränkte Erklärungsleistung nach, da die betrachteten Einflussfaktoren nicht nachweislich unabhängig voneinander sind.[739]

Eine konzeptionelle Weiterentwicklung erfährt die Kontingenztheorie im *Gestaltansatz*[740], bei dem verschiedene Lösungswege betrachtet werden, die gleichermaßen zum Erfolg führen können (Äquifinalitätsthese).[741] Die Basis des Gestaltansatzes stellt die Kongruenz-Hypothese dar, nach der eine effektive organisatorische Strukturierung eine hohe Übereinstimmung der situativen Kontextgrößen und der Gestaltungsgrößen voraussetzt.[742] Weiterhin unterstellt der Ansatz in der so genannten Konfigurationshypothese die interne Konsistenz im Sinne einer logischen Konfiguration der Gestaltungsgrößen als Voraussetzung für eine effektive Strukturierung.[743] Dieses Verständnis führt zu dem Begriff der Gestalt.[744] Sie ermöglicht die „[...] ganzheitliche [...] Charakterisierung eines logisch konsistenten Clusters vielfältiger Merkma-

---

[735] Zu den Kritikpunkten vgl. Kieser (2002), S. 183ff.
[736] Vgl. Gresov/Drazin (1997), S. 419.
[737] Vgl. Kieser/Kubicek (1992), S. 57ff. Staehle (1999), S. 51 kritisiert den einseitigen Determinismus, der zu einem Anpassungshandeln an die Randbedingungen führt.
[738] Insbesondere die Kritik am Determinismus des Ansatzes hat zu Weiterentwicklungen geführt. Diese werden als neokontingenztheoretische Ansätze bezeichnet, vgl. Klaas (2002), S. 101; Breilmann (1990), S. 95ff. Auf eine Darstellung der als Konsistenzansätze bezeichneten Ergänzungen soll an diese Stelle verzichtet werden.
[739] Vgl. Kreikebaum (1998), S. 65.
[740] Zum Gestaltansatz vgl. bspw. Wolf (2000), S. 15ff.; Mintzberg (1992), S. 169; Mintzberg (1979), S. 220.
[741] Vgl. Scherer/Beyer (1998), S. 336; Gresov/Drazin (1997), S. 403ff. Die Äquifinalitätsthese bricht mit der Ansicht, dass nur eine optimale Lösung ("one best way") vorherrscht, vgl. Mintzberg (2003), S. 209.
[742] Vgl. Van de Ven/Drazin (1985), S. 353.
[743] Mintzberg kombiniert die Kongruenz- und die Konfigurations-Hypothese zur erweiterten Konfigurationshypothese, die als zentrale Basisannahme des Gestaltansatzes aufgefasst werden kann, vgl. Mintzberg (1979), S. 220.
[744] Vgl. Wolf (2000), S. 18.

4.1 Vorgehensweise zur Ableitung von Gestalten des Managements der Filiallogistik 179

le eines Unternehmens und seines Umsystems"[745]. Mit anderen Worten sind Gestalten als multidimensionale Gebilde aufzufassen, deren Elemente in enger Beziehung stehen.[746] Die in der Literatur typischen Wesensmerkmale von Gestalten setzen an der Ganzheitlichkeit und Stimmigkeit der Merkmalsausprägungen an.[747] Damit wird auf eine Übereinstimmung bivariater Zusammenhänge abgestellt.[748] Sie betonen weiterhin die Integrationsleistung konzeptioneller Bestandteile. Die Auffassung von Gestalten als trennscharfe Gebilde trägt zu einem besseren Verständnis der zugrunde liegenden Konzeptbestandteile bei. Dabei geht der Gestaltansatz von der Annahme aus, dass trotz einer Vielzahl von Kombinationsmöglichkeiten der Kontextgrößen die Anzahl erfolgreicher Gestalten begrenzt ist, da diese einer natürlichen Selektion unterliegen.[749]

Übertragen auf die Arbeit bestehen wechselseitige Beziehungen zwischen Kontext- und Gestaltungsgrößen des Managements der Filiallogistik, die zur Generierung von wertvollen Ressourcenbündeln und im Sinne des Effizienzanspruchs aufeinander abzustimmen sind. Gestaltungsgrößen charakterisieren den Gestaltungsbereich hinsichtlich der filialspezifischen Logistikprozesse und den Einsatz von Mitarbeitern und Technik, während die Kontextgrößen die Rahmenbedingungen beschreiben, an die sich die Gestaltungsgrößen orientieren. Aufgrund der Vielzahl unterschiedlicher Merkmalsausprägungen differieren die Beziehungen zwischen Kontext- und Gestaltungsgrößen für jeweils unterschiedliche Gestalten, die sich durch ein harmonisches Muster auszeichnen.[750]

Die vielfältigen Ansätze des kontingenz- und konfigurationstheoretischen Vorgehens verdeutlichen, dass es *den* situativen Ansatz schlechthin nicht gibt, vielmehr ist er als Forschungsansatz aufzufassen, der inhaltlich unterschiedlich gefüllt werden kann.[751] Jüngere Forschungsarbeiten bedienen sich der Ansätze nicht nur um organisationstheoretische Fragestellungen zu erläutern, sondern auch um Untersuchungen in den Bereichen der Planung, der Logistik oder der empirischen Zielforschung zu bearbeiten.[752] Die Ansätze können damit als allgemeines Denkmuster aufgefasst werden, nach dem betriebswirtschaftliche Wirkungsbeziehungen einer situationsbedingten Analyse unterzogen werden. In der vorliegenden Arbeit kommt der

---

[745] Scherer/Beyer (1998), S. 335.
[746] Vgl. Miller/Friesen (1984), S. 1.
[747] Vgl. Wolf (2000), S. 20ff.
[748] Die Idee des "Fit-Konzepts" findet sich häufig in Arbeiten zum strategischen Management wieder und bestreitet die Grundannahme, dass der Erfolg einer Organisation als Konsequenz der Übereinstimmung von mindestens zwei Variablen eintritt, vgl. Van de Ven/Drazin (1985), S. 333f.; Venkatraman (1989), S. 423ff. sowie Venkatraman/Camillus (1984), S. 515.
[749] Vgl. Rümenapp (2002), S. 161f.
[750] Vgl. Miller (1986), S. 235. Auch Placzek (2007) spricht bei der Gestaltbildung durch die Verknüpfung von Kontextfaktoren und Gestaltungsvariablen von harmonischen Mustern, vgl. Placzek (2007), S. 173.
[751] Vgl. Staehle (1999), S. 51, Schreyögg (1995), S. 9ff.
[752] Vgl. Brast (2006), S. 23.

Gestaltansatz als ein bereichsübergreifender Erklärungsansatz zum Einsatz, wie er häufig in der Managementlehre oder für die Logistik Verwendung findet.[753] Da im Hinblick auf das Untersuchungsziel keine „situative Theorie" im Mittelpunkt steht, sondern nur die wesentlichen Annahmen des Konstrukts aufgegriffen werden, wird im Rahmen dieser Arbeit auf den unverfänglichen Begriff der „situativen Betrachtungsweise" zurückgegriffen.[754] Damit steht eine differenzierte und praxisnahe Betrachtungsweise bereit, die durch die Analyse konkreter Ausgangssituationen unter Berücksichtigung vorgegebener Ziele Aussagen über die Wahl von Gestaltungsalternativen erlaubt.[755] Aus Gründen der Komplexitätsreduzierung gilt es, unter Bezugnahme auf die vorgestellten Kontextgrößen trennscharfe Gestalten zu bestimmen, die hinsichtlich des Managements der Filiallogistik relevant erscheinen. Bei der nachfolgenden Erarbeitung von Gestaltungsempfehlungen des Managements der Filiallogistik erfolgt explizit der Rückgriff auf in der Literatur existierende Gestalten von Handelsunternehmen. Die methodische Vorgehensweise zur Ableitung von relevanten Gestalten für das vorliegende Forschungsproblem wird im folgenden Abschnitt offen gelegt.

4.1.2 Typologien und Taxonomien zur kontextspezifischen Ausgestaltung

Zu den Methoden kontextspezifischer Ausgestaltung lassen sich zwei verschiedene Varianten zählen, die Denksysteme für Unternehmensgestalten erzeugen, sich jedoch hinsichtlich ihrer Vorgehensweise sowie der „Natur" von Gestalten deutlich voneinander unterscheiden.[756] Angesprochen sind der taxonomische und der typologische Strang des Gestaltansatzes.

Einerseits werden bei *Taxonomien* mittels statistischer Selektionen Gestalten aus empirischem Datenmaterial im Rahmen eines explorativen Vorgehens gewonnen.[757] Die dabei entstehenden Realtypen weisen den Charakter von natürlich auftretenden Variablenanordnungen auf, die von der jeweiligen Situation determiniert sind.[758] Diese Realtypen bilden Klassifikationsraster, indem sie reale Phänomene in sich gegenseitig ausschließende Sets an Merkmalsausprägun-

---

[753] Wissenschaftliche Arbeiten zur Ausgestaltung der Einheit „Logistik" nehmen regelmäßig Bezug auf kontingenz- oder konfigurationstheoretische Ansätze. So gliedert Felsner (1980) bspw. seinen Ansatz zur Erklärung der Logistikorganisation in die vier Gestaltungsdimensionen Funktionsumfang und Organisationsform der Logistik, hierarchische Einordnung und Zentralisierungsgrad der Logistik. Auch Stölzle (1993), S. 253ff. greift den Ansatz für die situative Gestaltung entsorgungslogistischer Aufgabenbereiche in Industrieunternehmen auf.

[754] Diese Auffassung haben bereits verschiedene Autoren gewählt, vgl. bspw. Stölzle (1993), S. 253.

[755] Vgl. Stölzle (1993), S. 255.

[756] Vgl. Wolf (2000), S. 27; Dess/Newport/Rasheed (1993), S. 776.

[757] Vgl. Doty/Glick (1994), S. 230ff. Zu den Vertretern taxonomischer Ansätze zählen Miller/Friesen (1978), S. 921ff. und neuere Veröffentlichungen Mintzbergs. Eine Zusammenstellung von 40 taxonomischen Untersuchungen liefert Ketchen u.a. (1997), S. 223ff. Sie haben ermittelt, dass vor allem Gestalten mit einem breiten Variablenspektrum und einem klaren Branchenbezug einen hohen Erklärungsbeitrag liefern.

[758] Vgl. Meyer/Tsui/Hinings (1993), S. 1181f.; Venkatraman (1989), S. 433.

4.1 Vorgehensweise zur Ableitung von Gestalten des Managements der Filiallogistik 181

gen zur eindeutigen Zuordnung zu Unternehmen zerlegen.[759] Für die Ermittlung dieser Cluster steht die Ausschöpfung des zur Verfügung stehenden Datenmaterials im Vordergrund, um neuartige Bündelungen von Merkmalsausprägungen bzw. Variablenzusammenhängen zu identifizieren.[760] Dabei erfolgt der Rückgriff auf Methoden der empirischen Sozialforschung, bei der häufig mittels multivariater statistischer Verfahren ausgewählte Unternehmensmerkmale im Rahmen großzahliger Erhebungen untersucht werden.[761]

Andererseits beruhen bei *Typologien* die Gestalten auf konzeptionell-vernunftgeleiteten Überlegungen, die als Idealtypen aufzufassen sind.[762] Typologien nehmen mindestens zwei Merkmale zur Kennzeichnung des Untersuchungsobjekts auf und erlauben eine Differenzierung verschiedener Gestalten unter Berücksichtigung der Merkmalszusammenhänge.[763] Sie stellen ein gedankliches Konstrukt bereit, bei dem harmonische Beziehungsmuster zwischen den Elementen der erzeugten Gestalten im Vordergrund stehen.[764] Damit verfolgt die Typologie die Herleitung einer „gestochen scharfen"[765] Unterscheidung von Gestalten, die durch eine gedankliche Überhöhung der betrachteten Merkmale gekennzeichnet sind und durch eine besonders prägnante Stimmigkeit in einem besseren Verständnis der Wirkungszusammenhänge münden.[766] Damit sind sie in der Lage, Forschungsarbeiten zu inspirieren.[767]

Die Interpretation von Idealtypen und deren Beziehungen als widerspruchsfreie Gebilde von Konstrukten erfordert die Erfüllung verschiedener Qualitätskriterien. Nach Wolf (2000) muss die Auswahl und Spezifikation der Merkmale und Merkmalsausprägungen exakt definiert werden, so dass die Begründungszusammenhänge nachvollziehbar sind.[768] Merkmale und Zusammenhänge müssen so eindeutig formuliert werden, dass eine Falsifizierbarkeit der Typologie möglich ist.[769] Weiterhin sind Typologien aufgrund ihres konzeptionellen Anspruchs durch eine klare theoretische Prägung gekennzeichnet. Diese Bedingung wird am ehesten erfüllt, wenn bei der Bestimmung der Merkmale sowie der Beziehungen auf übergeordnete Erklärungssysteme zurückgegriffen wird. Dazu ist es notwendig, dass keine Elemente von hoher konzeptioneller Bedeutung vernachlässigt werden.[770]

---

[759] Vgl. Scherer/Beyer (1998), S. 338f.
[760] Vgl. Venkatraman (1989), S. 434.
[761] Vgl. Rümenapp (2002), S. 177.
[762] Vgl. Wolf (2000), S. 27; Scherer/Beyer (1998), S. 337.
[763] Vgl. Wolf (2000), S. 29. Miles/Snow (1986), S. 58ff. sowie frühere Veröffentlichungen von Mintzberg nehmen diese Position ein, vgl. exemplarisch Mintzberg (1979), S. 299ff.
[764] Vgl. Scherer/Beyer (1998), S. 338.
[765] Auer-Rizzi (1996), S. 128.
[766] Vgl. Wolf (2000), S. 31; Miller (1996), S. 506.
[767] Vgl. Doty/Glick (1994), S. 230.
[768] Vgl. Wolf (2000), S. 30. Die damit angesprochene Objektivität behandelt Knobloch (1972), S. 144.
[769] Vgl. Doty/Glick (1994), S. 234.
[770] Vgl. Wolf (2000), S. 31. Als weitere Qualitätskriterien fordert Wolf einen hohen Neuigkeitsgrad und kontrastreiche Gestalten für Typologien.

In einer zusammenfassenden Betrachtung des taxonomischen und typologischen Stranges gestaltorientierter Forschungsansätze ist festzuhalten, dass sowohl praxisorientierte als auch theoriegeleitete Herleitungsformen denkbare Alternativen der Gestaltforschung darstellen.[771] Während sich die aus statistischen Analysen empirisch abgeleiteten Taxonomien den Vorwurf der Theorielosigkeit ausgesetzt sehen, lassen sich die aus theoretischen Überlegungen gewonnenen Typologien durch Taxonomien empirisch erhärten.[772] Bei der vorliegenden Untersuchung des Managements der Filiallogistik als betriebswirtschaftliches Phänomen zur Vermeidung von OoS-Situationen wurden im Verlauf der bisherigen Ausführungen auf theoretisch-konzeptionellem Wege die Gestaltungs- und Kontextgrößen in einem bis dato nicht untersuchten Zusammenhang vorgestellt. Aus diesem Grund wird nachfolgend dem typologischen Strang zur Gestaltbildung mit theoretisch-konzeptioneller Forschungsprogramm gefolgt. Dabei liegt eine erste Befruchtung der Typologien zur Ableitung von Gestaltung durch die empirischen Cluster von Betriebstypen im stationären Einzelhandel zu Grunde.[773]

Zur weiteren Komplexitätsreduktion und Entwicklung von Idealtypen als Orientierungsrahmen für Realtypen wird Bezug auf den allgemeinen Prozess der Gestaltenbildung genommen, der in einem ersten Schritt die Auswahl und Zusammenstellung relevanter Merkmale erfordert.[774] Diese Selektion erfolgt anhand von Literaturrecherchen und Plausibilitätsüberlegungen. Dabei beschreiben Kontextgrößen im Rahmen der situativen Betrachtungsweise die verursachenden Bedingungen für die Wahl von Gestaltungsalternativen und ermöglichen die Strukturierung des Forschungsproblems. Es ist nicht von einer einzigen Kontextgröße, sondern von mehreren Kontextgrößen auszugehen, die in einer sachlogischen Struktur eingebettet sind und deren Zusammenwirken Gestaltungsempfehlungen vorteilhaft erscheinen lassen. Diese Vorarbeit wurde bereits in Bezug auf die Merkmalsausprägungen des absatzpolitischen Instrumentariums und der aus OSA abgeleiteten Kontextgrößen vorgenommen.[775] Sie weisen kontinuierliche, diskrete oder bipolare Merkmalsausprägungen auf, die relevant für das Management der Filiallogistik erscheinen und den Ausgangspunkt für differenzierte prozessorientierte Ressourcenbündel darstellen. Vor dem Hintergrund einer Vielzahl theoretisch denkbarer Gestaltungsalternativen ist für die handelsunternehmensspezifische Auslegung des Managements der Filiallogistik die Verdichtung einschlägiger Kontextgrößen zu Gestalten gefordert, deren Kombinationen sich zu Idealtypen zusammenfassen lassen und die Interdependenzen in stimmigen und trennscharfen Gestalten Eingang finden. Die Schwierigkeit in Bezug auf das Untersuchungsobjekt der Arbeit besteht in der gleichzeitigen Berücksichtigung der kontextspezifischen Merkmale und Ausprägungen, die sich einerseits auf die

---

[771] Vgl. Miller (1996), S. 506ff.
[772] Vgl. Auer-Rizzi (1996), S. 128.
[773] Vgl. Kapitel 3.2.5.
[774] Vgl. Knobloch (1972), S. 145.
[775] Vgl. Kapiteln 3.2 und 3.3.

4.1 Vorgehensweise zur Ableitung von Gestalten des Managements der Filiallogistik

dem taxonomischen Strang zuzuordnenden empirischen Betriebstypen als auch auf die Konzeptbestandteile von Optimal Shelf Availability beziehen. Aufgrund der Fokussierung auf den stationären Lebensmitteleinzelhandel erscheint zur Bildung von Gestalten eine Verdichtung der kontextspezifischen Merkmale und Anlehnung an eine existierende Typologie von Unternehmen im Lebensmitteleinzelhandel probat. Das damit verbundene Ziel liegt in der Erarbeitung von Auwirkungen relevanter Gestalten auf das Management der Filiallogistik. Damit wird der Versuch aufgenommen, neben der eher beschreibenden und erklärenden Forschungsperspektive zusätzliche praxistaugliche Gestaltungshinweise für das Management der Filiallogistik zu generieren.

4.1.3 Gestalten von Handelsunternehmen als Ansatzpunkt für das Management der Filiallogistik

Nachdem der Gestaltansatz in seinen Kernelementen beschrieben und die Methoden der kontextspezifischen Ausgestaltung vorgestellt wurden, erfolgt anschließend die Charakterisierung ausgewählter Gestalten zur situativen Betrachtung von Handelsunternehmen. Damit wird der Forderung Rechnung getragen, die in der Literatur existierenden Gestalten aufzugreifen und zu prüfen, ob und in wieweit sich neuartige Fragestellungen integrieren lassen.[776] Zur Darstellung der Gestalten erfolgt ein Rückgriff auf die Kontextgrößen des absatzpolitischen Instrumentariums und der struktur- und prozessbezogenen Merkmale von Belieferungskonzepten. Diese zu Grunde gelegten Beschreibungsparameter der Gestalten dienen der Ableitung von prozessorientierten Ressourcenbündeln des Managements der Filiallogistik zur Vermeidung von Out-of-Stocks. Aufgrund der Vielzahl der in der Literatur existierenden Differenzierungsversuche von Handelsunternehmen[777] ist eine Auswahl von Gestalten vorzunehmen, die sich mit den erarbeiteten Gestaltungs- und Kontextgrößen charakterisieren lassen und den Anforderungen des Gestaltansatzes gerecht werden. Insofern empfiehlt sich die Berücksichtigung solcher Typologien, die einen Bezug zu Teilaspekten des erarbeiteten Bezugsrahmens aufweisen. Hier bietet sich der Rückgriff auf Rudolphs (2000) entwickelte Typologie von Geschäftsmodellen im europäischen Lebensmitteleinzelhandel unter Berücksichtigung der in der Handelsliteratur gängigen Einordnung von Betriebstypen an, die als hinreichend spezifiziert gelten, jedoch Raum lassen, um sie durch Gestaltungsempfehlungen für das Management der Filiallogistik zu ergänzen.[778] Der Erkenntnisfortschritt der Arbeit ist dabei in der konzeptionellen Ergänzung der trennscharfen Gestalten von Handelsunternehmen zu verste-

---

[776] Vgl. Wolf (2000), S. 123.
[777] Vgl. bspw. Müller (2007), S. 41ff.; Arend-Fuchs (1995), S. 1ff.; Rudolph (1993), S. 1ff.; Esch (1992), S. 9ff. Zur Erfolgswirksamkeit der Betriebstypenprofilierung vgl. Tietz (1993), S. 1319.
[778] Vgl. Rudolph (2000), S. 17ff. Die Geschäftsmodelle finden jedoch auch für andere Forschungsbemühungen Anwendung. Bspw. leiten Rudolph/Kleinschrodt (2006), S. 505ff. auf Basis der Geschäftsmodelle Handlungsempfehlungen für Unternehmen im Lebensmitteleinzelhandel im Discountzeitalter ab.

hen, die durch die vorliegenden und für das Management der Filiallogistik als relevant erachteten Kontextgrößen reformuliert werden.

Im Rahmen einer qualitativen und quantitativen Analyse ermittelte Rudolph (2000) drei Geschäftsmodelle[779] und untersuchte deren Implikation für das Handelsmanagement.[780] Im Mittelpunkt der wissenschaftlichen Auseinandersetzung stehen Strategien und Prozesse zur Positionierung und Profilierung von Handelsunternehmen im europäischen Wettbewerb. Geschäftsmodelle sind somit als Umsetzungsrahmen für eine zuvor festgelegte Strategie zu verstehen.[781] Zu den Elementen zählen neben der Unternehmenskultur, der Nutzenstrategie, operativen Kernprozessen, der Geschäftsstruktur ebenso die Managementsysteme sowie der Markteintritt.[782] Die Gestaltungsvorschläge zum Aufbau von Geschäftsmodellen im Lebensmittelhandel verbinden die Ergebnisse einer umfassenden Clusteranalyse mit den Elementen des Geschäftsmodellansatzes.[783] Diese sind für das vorliegende Forschungsproblem durch die Kontextgrößen aus Kapitel 3 zu ersetzen und in die unterschiedlichen Strategiemuster einzuordnen.[784] Zu den drei Gestalten, deren Benennung aus der Kundenperspektive erfolgt, zählen der Global Discounter, der Content Retailer und der Channel Retailer, die in der Reihenfolge der Nutzenstrategie des Kostenführers, Produktführers und Kundenpartners folgen.[785] Damit weisen die Gestalten auf der normativen Ebene zum Teil Parallelen zu Porters (1985) generische Wettbewerbsstrategien der Kostenführerschaft und Differenzierung auf.[786] Diese werden auf den Lebensmitteleinzelhandel übertragen und die Konsequenzen für die operative Ebene konkretisiert. Aufgrund der zu vernachlässigenden Internationalisierungsbestrebungen von Handelsunternehmen wird der Global Discounter nachfolgend als Lean Discounter bezeichnet.

Die Gestalten lassen sich unterschiedlichen Grundmustern zuordnen. Die Beschreibung der Strategiemuster ist in Anlehnung an die Integrationsoptionen des Supply Chain-Kontextes sowie des absatzpolitischen Instrumentariums möglich. Mit der Beziehungsstruktur und der

---

[779] Unter einem Geschäftsmodell versteht man „[...] nothing else than a description of the value a company offers to one or several segments of customers[...]", Osterwalder/Pigneur (2002), S. 3. Für einen umfassenden Überblick von Definitionsansätzen für Geschäftsmodelle vgl. Scheer/Deelmann/Loos (2003), S. 1ff. Geschäftsmodelle verbinden die Outside-In-Perspektive des marktorientierten Ansatzes mit der Inside-Out-Perspektive des RBV, vgl. Hedmann/Kalling (2003), S. 50f.

[780] Die entwickelten Typologien nehmen Bezug auf die von Treacy/Wiersema (1995) erarbeiteten Elemente von Geschäftsmodellen. Dabei gehen die Autoren der Frage nach, wie ein Leistungsversprechen beim Verkauf von Waren realisiert werden soll, vgl. Treacy/Wiersema (1995), S. 40ff.

[781] Vgl. Schögel (2002), S. 393.

[782] Vgl. Rudolph (2000), S. 26f.

[783] Die Vorgehensweise umfasste eine schriftliche Befragung von 46 Entscheidungsträgern im europäischen Handel sowie eine anschließende Clusteranalyse, die die Ableitung von Geschäftsmodellen ermöglichte. Diese wurden anhand von Fallstudien vertiefend analysiert, vgl. Rudolph (2000), S. 3.

[784] Vgl. Rudolph (2000), S. 26.

[785] Die identifizierten Geschäftsmodelle im Handel korrespondieren mit der von Treacy/Wiersema (1995) entwickelten Geschäftsmodell-Typologie Kostenführer, Produkteführer und Problemlöser, vgl. Rudolph (2000), S. 17ff.; Treacy/Wiersema (1995), S. 41.

[786] Vgl. Porter (1985), S. 120.

4.1 Vorgehensweise zur Ableitung von Gestalten des Managements der Filiallogistik 185

Prozesssteuerung innerhalb der Belieferungskonzepte ist die Art der Zusammenarbeit zwischen Hersteller und Handelsunternehmen angesprochen. Entscheidungen bzgl. der Sortiments-, der Ladengestaltungs- sowie der Preispolitik finden ebenso Eingang in die Gestalten.

Lean Discounter verfolgen die Nutzenstrategie der Kostenführerschaft und weisen stark vereinfachte und standardisierte Strukturen auf. Sie streben mit einem flachen und schmalen Sortiment, geringen Serviceleistungen sowie einer hohen Standardisierung und Vereinfachung logistischer Prozesse nach der Realisierung von Effizienz- und Kostenvorteilen. Neben dem Einkauf und dem Verkaufsprozess stellen vor allem Logistikprozesse die operativen Kernprozesse dar. Ein relevanter Teilaspekt der Standardisierung ist im Angebot schnelldrehender Waren zu geringen Logistikkosten zu sehen. Damit verbunden besteht eine dezentrale Bestandsverantwortung, die durch die Dispositionshoheit in Handelsfilialen ihren Ausdruck findet. Aufgrund hoher Umschlagshäufigkeiten sehen Lean Discounter in einer starken Rückwärtsintegration, der Vertragspartnerschaft mit Herstellern sowie dem Angebot von Eigenmarken die Möglichkeit, die Waren kostengünstiger als Wettbewerber mit einem Markensortiment umzusetzen.

Demgegenüber setzen *Content Retailer* den Schwerpunkt auf die Leistungskomponente und verfolgen die Nutzenstrategie des Produktführers. Sie gehen strategische Partnerschaften ein, die in einer hohen Beziehungsintensität mit Herstellern zum Ausdruck kommen, ohne dabei die Kontrolle über Dispositions- oder Belieferungsprozesse abzugeben. Eine kundenorientierte Warenpräsentation unterstreicht das Sortimentsangebot sowie Serviceleistungen. Die eingesetzten Belieferungskonzepte sind im Gegensatz zum Lean Discounter durch eine höhere Flexibilität gekennzeichnet, die neben dem Einsatz von automatischen Dispositionsverfahren ebenso integrierte WWS erfordern, um einen regelmäßigen Datenaustausch zwischen Handelsfilialen und Handelszentrale sicher zu stellen.

Letztlich profilieren sich *Channel Retailer* als Kundenpartner aufgrund eines umfassenden Sortiments, das durch eine intensive Preisvariationspolitik in Form von kurzfristigen Preisreduktionen, Sonderangeboten und Rabattaktionen gekennzeichnet ist. Da die Mehrheit der angebotenen Artikel einen geringen durchschnittlichen Warenumschlag erzielt, kommen meist großflächige Handelsfilialen zum Einsatz. Zur nachfragegerechten Disposition des umfangreichen und durch Abverkaufsschwankungen geprägten Sortiments bestehen zahlreiche Kooperationsansätze mit der Industrie. Kooperationsfelder bestehen in der gemeinsamen Disposition und Bestandsführung, Aktionsverkäufe bis hin zur kooperativen Verräumung in Handelsfilialen. Zur Umsetzung des unternehmensübergreifenden Informationsaustauschs finden Prozessstandards bei der Bestellauslösung und der Datenformate ihren Einsatz.

Wie nachfolgend gezeigt wird, lassen sich die drei Gestalten zur Ableitung von Gestaltungsempfehlungen für das Management der Filiallogistik nutzen. Dabei werden zunächst die Gestalten von Handelsunternehmen anhand des identifizierten Kontextes charakterisiert, um anschließend auf Basis des vollumfänglichen, idealtypischen Prozessmodells der Filiallogistik eine situative Ausgestaltung der filialspezifischen Waren- und Informationsflüsse vorzunehmen, mit der unterschiedliche Anforderungen an den Mitarbeitereinsatz sowie die Technik einhergehen. Dieses prozessorientierte Ressourcenbündel bildet die Grundlage zur Gewährleistung der Regalverfügbarkeit in der jeweiligen Gestalt und ist durch einen Fit mit dem Kontext gekennzeichnet.

4.2 „Channel Retailer" – Verbrauchermärkte mit hoher Integration von Logistikprozessen

Channel Retailer verfolgen die Strategie des Kundenpartners, indem sie sich durch ein umfangreiches Sortiment vom Wettbewerb abheben. Mit der Differenzierung des eigenen Profils richten sie ihren Leistungsmix auf eine umfassende Auswahl zu niedrigen bis mittleren Preisen aus. Die Charakterisierung des Handelsunternehmens- und Supply Chain-Kontextes (Kapitel 4.2.1 und 4.2.2) sowie die Gestaltung filialspezifischer Logistikprozesse (Kapitel 4.2.3) werden nachfolgend vorgestellt. Unter Bezugnahme auf den Mitarbeiter- und Technikeinsatz (Kapitel 4.2.4) erfolgt anschließend die Darstellung des prozessorientierten Ressourcenbündels des Managements der Filiallogistik (Kapitel 4.2.5).

4.2.1 Handelsunternehmens-Kontext der Filiallogistik des Channel Retailers

Ausgangspunkt zur Charakterisierung des Channel Retailers ist der Warenkreis. Das Sortiment ist durch eine Ausweitung von Verbrauchsgütern über den täglichen Bedarf hinaus gekennzeichnet. Als Kundenpartner profilieren sich Channel Retailer über ein tiefes und breites Warenangebot mit der Bildung eines Vollsortiments, das Kunden ein One-Stop-Shopping ermöglicht.[787] Neben dem Angebot alternativer Waren bietet die Sortimentsbreite den Kunden additive Kaufmöglichkeiten, wobei die Sortimentsdimensionierung bis zu 100.000 disponierbare Artikelnummern umfassen kann.[788] Darüber hinaus nimmt durch häufig wechselnde Sortimentsbestandteile die Komplexität der nachfragegerechten Disposition zu. Zu den Warenbereichen zählen Food-, Nonfood-, Drogerie- und Textilartikel. Das Food-Sortiment beinhaltet sämtliche Warengattungen des Warenbereichs Lebensmittel. Konkret finden sich Trockensortiment, Molkereiprodukte, Obst und Gemüse, Frischfleisch und Fisch, Backwaren, Tiefkühlkost, Speiseeis, Frische Convenience-Produkte, OTC-Produkte, Tierfutter und Getränke durch Artikel verschiedener Hersteller- sowie Eigenmarken repräsentiert. Zur weiteren Diversifikation tragen verschiedene Packungsgrößen, Farben, Geschmacks- oder Duftrichtungen je Artikelgruppe bei, die zu einer zunehmen-

---

[787] Vgl. Liebmann/Zentes (2001), S. 381; Rudolph (2000), S. 17. Als Beispiele für Channel Retailer lassen sich Walmart oder Metro nennen.
[788] Vgl. Rudolph (2000), S. 4.

den Komplexität des artikelgenauen Warennachschubs führen. Das Nonfood Sortiment umfasst neben Drogerie und Haushaltswaren auch Textilien, Sportartikel und Elektroartikel. Darüber hinaus ist das umfangreiche Kernsortiment durch eine hohe Dynamik aufgrund regelmäßig neu- und ausgelisteter Artikel gekennzeichnet. Zur akquisitorischen Ergänzung werden Zusatz- und Randsortimente angeboten, die zur Absatzsteigerung für eine kurze Verweildauer im Sortiment verweilen. Häufig handelt es sich dabei um herstellergetriebene Aktionsgrößen oder saisonale Sonderartikel, die als Musssortiment nicht der Dispositionsfreiheit der Filialmitarbeiter unterliegen. Zusammengefasst stellen Channel Retailer im Rahmen eines hoch diversifiziert-differenzierten Sortiments eine Vielzahl von Warengattungen sowie eine hohe Variantenvielfalt mit dem Charakter eines Vollsortiments bereit. Neben schnelldrehenden Artikeln erfolgt auch das Angebot sortimentsergänzender Langsam- und profilierungsrelevante Ultralangsamdreher. Das Kernsortiment wird durch umfangreiche Zusatz- und Randsortimente erweitert, wodurch eine erschwerte Prognostizierbarkeit des Abverkaufs einhergeht.

Die Sortimentspolitik der Channel Retailer deutet darauf hin, dass es sich bei den Einkaufsstätten um großflächige Verbrauchermärkte bzw. SB-Warenhäuser handelt. Auf einer Verkaufsfläche von 1.500 bis weit über 5.000 m² werden die angebotenen Waren in weitläufigen Regalreihen im Rahmen von Individualabläufen oder nach dem Kojen- bzw. Diagonalprinzip positioniert. Channel Retailer sind durch eine großzügige, unbeengte Ladengestaltung gekennzeichnet.[789] Neben dauerhaft und fest installierten Regalreihen stehen in den einzelnen Warenabteilungen Freiflächen zur Mehrfachplatzierung von Standardaktionsartikeln bereit,[790] die durch ein wechselndes Sortiment gekennzeichnet sind. Weitere Verkaufsflächen stellen die Integration von Fachbereichen für Frischeprodukte dar, bei der eine Bedienung der Kunden erfolgt. Aufgrund des Angebots alternativer Kaufmöglichkeiten durch die umfassende Sortimentstiefe geht durchschnittlich eine geringere Umschlagshäufigkeit je Artikel einher. Damit verbunden werden Abverkaufsprognosen für einzelne Artikel ungenauer, so dass zur Sicherung der Regalverfügbarkeit meist Pufferbestände vorzuhalten sind. Diese Bestände sehen sich der Gefahr von Verderb und einer steigenden Kapitalbindung aufgrund von Überbeständen gegenübergestellt. Mit der hohen Sortimentsbreite werden demgegenüber umfassende Lieferungen bei geringeren Bestellmengen gefordert. Damit sind möglicherweise längere durchschnittliche Lagerdauern und höhere Lagerkosten verbunden, welche die Nutzung von Backstore-Flächen zur Zwischenlagerung und die Vorhaltung von Manipulationsflächen zur regalgerechten Kommissionierung für den Frontstore erfordern. Demnach setzt sich der Backstore meist aus der Lagerzone inkl. Kühlräumen und Tiefkühlkammern sowie dem Bereich zur Warenmanipulation und Kommissionierflächen für die Verräumung im

---

[789] Vgl. Hupp (2000), S. 40.
[790] Bei Standardaktionsartikeln handelt es sich um Artikel aus dem Kernsortiment, die temporär zu einem geringen Preis angeboten werden.

Frontstore zusammen. Durch die Zwischenlagerung im Backstore sind Channel Retailer in der Lage, Regallücken durch regelmäßige Nachverräumungen aus Lagerbeständen zu vermeiden oder kurzfristig zu beseitigen. Logistische Aspekte finden bei der Raumaufteilung und der Raumanordnung teilweise Berücksichtigung, bspw. werden kühlpflichtige Produktgruppen oder Getränke nahe zum Backstore platziert. Aufgrund der hohen Umschlagsmengen ist der Bereich der Kassierabwicklung großflächig angelegt und durch umfassende Kassenanlagen gekennzeichnet.

In qualitativer Hinsicht erfolgt eine Flächenzuteilung auf Warengruppen, die in sich geschlossene Abteilungen darstellen können. Ferner sind Verbundplatzierungen denkbar, die zu häufigen Mehrfachplatzierungen in unterschiedlichen Abteilungen führen. Bei der quantitativen Raumzuteilung erfolgt die Anpassung der Regalflächen an die Abmessungen von Umverpackungen, die mit geringem Aufwand verkaufsfertig in die Warenträger verräumt werden können.[791] Mit der Anzahl zu verräumender Umverpackungen ist die Gestaltung des Regalbildes determiniert. Die Flächenzuteilung erfolgt jedoch nicht auf Basis der Abmessungen von Umverpackungen, sondern meist nach Maßgabe der Umsatzhäufigkeit der Artikel.

Letztlich ist die Preispolitik bei Channel Retailern aufgrund des umfangreichen Artikelangebots von einer Mischkalkulation betroffen. Charakteristisch ist ein mittleres bis niedriges Preisniveau, verbunden mit ausgeprägten Werbe- und Verkaufsförderungsaktivitäten.[792] Mit einem kostenorientierten Preisimage verfolgen Channel Retailer eine Preisvariationsstrategie, die durch eine regelmäßige Preisveränderung im Zeitverlauf gekennzeichnet ist und damit zu einem unsteten Abverkaufsmuster der Artikel führen kann. Zusätzlich finden häufig mit Herstellern initiierte Absatzförderungsmaßnahmen statt,[793] die sich auf bestimmte Sortimentsbereiche beziehen. Mit wiederholten Sonderaktionen für bestimmte Hersteller oder Sortimentsbereiche gehen temporär steigende Abverkaufsmengen einher, die eine dynamische Anpassung der Bestellmengen und Backstore-Bestände bei gleich bleibendem Regalplatz im Frontstore erfordert. Weitere taktische Preisinstrumente stellen kurzfristige Preisreduktionen und Rabattaktionen dar.

Nachfolgend finden sich die kontextspezifischen Merkmale zur Charakterisierung des absatzpolitischen Instrumentariums von Channel Retailern in Tabelle 10 wieder.

---

[791] Zu den Einsatzmöglichkeiten des Shelf Ready Packaging vgl. Thonemann u.a. (2005), S.107.
[792] Vgl. Rock (2006), S. 253.
[793] Dabei handelt es sich um kooperative Initiativen, die durch einen von Herstellern und Handelsunternehmen gemeinsam umgesetzten Planungsprozess realisiert werden. Dies entspricht der Grundidee des CPFR, vgl. Seifert (2006a), S. 349ff.

4.2 „Channel Retailer" – Verbrauchermärkte mit hoher Integration von Logistikprozessen

Merkmale des absatzpolitischen Instrumentariums von Channel Retailern	Merkmalsausprägung
Sortimentspolitik	• Hoch diversifiziertes-differenziertes Sortiment mit bis zu 100.000 Artikeln • Umfassendes Zusatz- und Randsortiment • Hoher Anteil Aktionsartikel • Sortimentsdurchschnitt langsamdrehend • Geringe Dispositionsfreiheit in der Filiale
Ladengestaltungspolitik	• Mehrere Warenannahmemöglichkeiten • Großer Backstore-Bereich zur Warenannahme, -kontrolle, -lagerung und Kommissionierung • Frontstore nach Warengruppen gegliedert, umfassende Flächen für Zweitplatzierungen, meist Individualablauf oder Kojen- sowie Diagonalprinzip • Umfangreiche Kassenanlagen
Warenpräsentation	• Regalbestände, die durch Pufferbestände im Backstore ergänzt werden • Starke Ausrichtung an Herstellervorgaben • Hohe SKU-Dichte mit festgelegter Regalplatzbelegung • Präsentation der Waren in Umverpackungen zur vereinfachten Regalverräumung
Preispolitik	• Preisvariationsstrategie • Preisreduktion, Sonderangebote, Rabattaktionen

Tabelle 10: *Kontextspezifische Merkmale des absatzpolitischen Instrumentariums von Channel Retailern*

4.2.2 Supply Chain-Kontext der Filiallogistik bei Channel Retailern

Das umfangreiche Sortiment und der Einsatz abverkaufsfördernder Aktionspreise verursachen eine vergleichsweise hohe Bedarfsunsicherheit in den Filialen. Die durchschnittlich geringen Umschlagshäufigkeiten auf Artikelebene sind häufig eng mit dem Vorhalten von Sicherheitsbeständen in den Handelsfilialen verbunden. Der breite und tiefe Sortimentsausschnitt je Lieferant legt im Rahmen der räumlichen Anordnung dezentrale Belieferungsstrukturen nahe, die eine direkte Belieferung der Einkaufsstätten aufgrund von zeitlichen Bündelungseffekten mit großen Liefermengen an Handelsfilialen als vorteilhaft erkennen lassen. Dabei kann als dominantes Belieferungskonzept die Streckenbelieferung gesehen werden, mit der aufgrund der Vielzahl von Lieferanten eine hohe Rampenbelegung an den Filialen entsteht. Ergänzung findet das direkte Belieferungsverfahren oftmals durch das einstufige Cross Docking, bei dem die Warenlieferungen nach der Just-in-Time-Philosophie durch den Hersteller filialspezifisch kommissioniert und an die Umschlagspunkte des Handels geliefert werden. Dort erfolgen die Zusammenfassung von Versandeinheiten mehrerer Hersteller und die Weiterleitung an die Handelsfilialen.

Mit der direkten Filialbelieferung sind oftmals erhöhte Transportkosten verbunden, die sich jedoch unter den Rahmenbedingungen von Channel Retailern kompensieren lassen. Zu den Bedingungen zählen bspw. ein breites und tiefes Produktprogramm des Herstellers sowie hohe Bestell- und Warenvolumen je Lieferung, die zu einer Auslastung der Transporteinheiten führen können. Bei den für SB-Warenhäuser einhergehenden großen Bestellmengen lassen sich Economies of Scale realisieren.[794] Aufgrund der kooperativen Absatzplanung mit Herstellern ist die Durchführung von Sortiments- und Promotionaktionen in den Handelsfilialen durch Hersteller denkbar, die durch direkt oder via einstufigem Cross Docking gelieferte Sonderwarenträger oder Aktionsdisplays für die Verkaufsfläche im Frontstore umgesetzt werden. Das einstufige Cross Docking wird bei Channel Retailern meist dann eingesetzt, wenn das Abverkaufsvolumen am Cross Docking-Punkt mindestens eine Anlieferung je Woche rechtfertigt und die Absatzgeschwindigkeit der Artikel mittel bis niedrig bei relativ hohen Bestandskosten in den Handelsfilialen ist. Dabei besteht die Möglichkeit, kleinere filialgerecht kommissionierte Bestellmengen von mehreren Lieferanten konsolidiert an die Handelsfilialen auszuliefern.

Die Disposition erfolgt oftmals auf Basis von Abverkaufsdaten, die durch zukunftsgerichtete Absatzprognosen ergänzt werden können und die Grundlage für die Bestellmengenermittlung darstellen. Mit den direkten Belieferungskonzepten gehen i.d.R. feste Dispositionstage und Lieferzeitpunkte einher, die durch fixe Bestellrhythmen gekennzeichnet sind und je nach Bedarfsprognose variable Liefermengen umfassen. Filialspezifische Bestellungen werden bspw. einmal wöchentlich von der Zentrale generiert und an die Hersteller übermittelt, wobei herstellerseitig vorgegebene Mindestbestellmengen berücksichtigt werden. Damit handelt es sich um eine erwartungsorientierte Bestellauslösung, die größere Warenmengen für einen längeren Zeitraum umfassen und so dimensioniert sein sollten, dass sie außerplanmäßige Abverkaufsspitzen durch Backstore-Bestände bis zum nächsten Wareneingang abdecken können. Zur Nutzung von Synergieeffekten wird häufig eine Konsolidierung der Bestellmengen durch Bündelung vorgenommen, die zu einer effizienten Auslastung von Transportkapazitäten eines Lieferanten führen und in einer spekulativen Bestandsführung im Backstore münden. Die Belieferung erfolgt somit effizient bei größtmöglicher Flexibilität. Durch eine kurze Lieferzeit, also der Zeitspanne zwischen Bestellübermittlung und Wareneingang an der Filiale, kann die Bedarfsunsicherheit in begrenztem Rahmen bis zum Eintreffen der Ware reduziert werden. Tabelle 11 fasst die Ausprägungen der struktur- und prozessbezogenen Kontextgrößen von Channel Retailern zusammen.

Zur weiteren Charakterisierung des Supply Chain-Kontextes wird auf die Prozess- und technische Integration von Channel Retailern eingegangen, die sich auf die Schnittstellen der Informations- und Warenflüsse der Filiallogistik beziehen. Aufgrund der komplexen und dynamischen Sortimentsstruktur und der Vielzahl von Lieferanten werden Bedarfsprognosen und Bestellmengen vielfach durch die Handelszentrale vorgegeben. Dort können auf Basis der täglich übermittelten und artikelgenauen Abverkaufsdaten von Handelsfilialen die Datenerfassung sowie ein Listungsabgleich erfolgen. Zusätzlich stehen meist Daten der Hersteller hinsichtlich Lieferstatus oder Lieferfähigkeiten sowie Prognose-, Aktions- und aktuelle

---

[794] Vgl. Thonemann u.a. (2005), S. 76.

4.2 „Channel Retailer" – Verbrauchermärkte mit hoher Integration von Logistikprozessen

Stammdaten des angebotenen Sortimentausschnitts zur Verfügung. Mit einer Fortschreibung des systemseitigen Filialbestands werden unter Berücksichtigung aller Datensätze die zentrale Erstellung einer Bedarfsprognose vorgenommen, die an die Handelsfilialen weitergeleitet und bei Bedarf durch Dispositionsverantwortliche abgeändert werden können.

Merkmale der Belieferungskonzepte von Channel Retailern	Merkmalsausprägung
Belieferungsform	• Direkte Belieferungsform • Dezentrale räumliche Anordnung
Disposition (Bedarfsprognose und Bestellung)	• Erwartungsorientierte Bestellauslösung • Hohe Bestellmengen • Geringe Bestellhäufigkeit • Fixe Dispositionstage
Warenübernahme und Backstore (Belieferung)	• Spekulierende Auftragsspezifizierung • Hoher Konsolidierungsgrad (zeitliche Bündelung) • Starre Lieferrhythmen • Kurze Belieferungszeit
Backstore und Frontstore (Bestandsführung)	• Pufferbestand in Handelsfiliale • Dezentrale Lokalisierung im Backstore • Mittlerer Regalbestand im Frontstore

Tabelle 11: Kontextspezifische Merkmale der Belieferungskonzepte bei Channel Retailern

Die zentrale Koordination und Steuerung der Bestellungen entlastet die Filialverantwortlichen von der Ermittlung von Bestellvorschlägen und erfordert i.d.R. neben einheitlichen Prozess- und Datenstandards eine umfassende und vollständig integrierte Systemarchitektur. Um entscheidungsrelevante Daten verfügbar zu machen, ist eine Anbindung der Hersteller an das Data Warehouse der Handelszentrale gegeben. Zur Reduzierung von Schnittstellen im Datenaustausch und zur Gewährleistung eines permanenten Zugriffs auf relevante Daten setzen Channel Retailer meist zentral gesteuerte vollintegrierte WWS mit standardisierten Nachrichtenformaten ein.[795] Während die Handelszentrale die Koordination der Bedarfsprognose und Bestellungen übernimmt, sind Hersteller für die Umsetzung der Warenflüsse bis zur Handelsfiliale verantwortlich. Auch hier finden sich häufig Prozessstandards wieder, die zur Steigerung der Belieferungsqualität beitragen. Bspw. ermöglichen standardisierte Transportbehälter eine verbesserte Auslastung der Lager- und Transportkapazitäten und erlauben die Lagerung nicht vollständig verräumter Artikelmengen bis zum Eintreffen einer neuen Lieferung im Backstore. Neben dem umfangreichen Datenaustausch zwischen Herstellern und der Handelszentral kann der Einsatz von Barcodes zur automatischen Identifikation von Transporteinheiten und Bestelleinheiten die Umsetzung der Belieferungskonzepte unterstützen. Insbesondere die Nutzung von RFID-Transpondern verspricht einen weitergehenden Ausbau des einstufigen Cross Dockings, da so die filialspezifischen Transporteinheiten oder Paletten effizienter und mit geringem Handlingaufwand für die Anlieferung an Handelsfilia-

---

[795] Vgl. Salfeld (1998), S. 248ff.

len durch den Umschlagspunkt geschleust werden können. Aufgrund der umfangreichen Warenlieferungen an die Warenannahme der Handelsfilialen kann der Einsatz von Auto-ID-Systemen zur schnellen und vereinfachten Identifikation von Liefereinheiten und Lieferumfang beitragen. Darüber hinaus lassen sich mit der systemseitigen Erfassung von Lieferungen in den Filialen Warenbestände in der Handelsfiliale leichter lokalisieren und damit die regelmäßige Nachverräumung vom Backstore in die Warenträger des Frontstores erleichtern.

Zusammengefasst kann konstatiert werden, dass Channel Retailer durch die enge informationstechnische Anbindung an Hersteller und den direkten Zugriff auf die Bestands- und Bewegungsdaten in den Handelfilialen mit geringen Schnittstellen gekennzeichnet sind. Diese lassen sich durch den Einsatz umfassender Prozessstandards im Rahmen der Informations- und Warenflüsse realisieren. Durch die zentrale Steuerung und den umfassenden Austausch von Bestands- und Bewegungsdaten der Handelsfilialen, Aktions- und Promotiondaten der Handelszentrale, Stamm- und Artikeldaten der Hersteller werden Bestellungen generiert und die Warenflüsse initiiert. Mit dem Einsatz von speziellen Transportbehältern und Standardpaletten, die in den Handelsfilialen zur Zwischenlagerung der Warenlieferungen genutzt werden können, bestehen auch beim Warenfluss oftmals harmonisierte Schnittstellen. Die enge kooperative Zusammenarbeit bei der Bestellung und Prognose, der Belieferung sowie bei der Bestandsführung bis hin zur Verräumung wirkt sich meist positiv auf die Beziehungsintensität und die Arbeitsteilung aus. Die daran anknüpfenden filialspezifischen Logistikprozesse werden nachfolgend in Anlehnung an das idealtypische Prozessmodell der Filiallogistik zusammengefasst.

4.2.3 Filialspezifische Logistikprozesse von Channel Retailern

Anhand der Merkmalsausprägungen des absatzpolitischen Instrumentariums und des Supply Chain-Kontextes lässt sich die Gestaltung der filialspezifischen Logistikprozesse ableiten. Dabei werden die zur Aufgabenerfüllung eingesetzten Prozesse als Abfolge von Aktivitäten und in Anlehnung an das idealtypische Prozessmodell der Filiallogistik vorgestellt. Die Waren- und Informationsflüsse der Filiallogistik bei Channel Retailern richten sich somit an den drei Kernprozessen Disposition, Warenübernahme und Backstore sowie Frontstore und Check Out aus. Zur weiteren Charakterisierung wird anschließend auf die verbleibenden Gestaltungsgrößen des Bezugsrahmens eingegangen, die als Bestandteile des prozessorientierten Ressourcenbündels aufzufassen sind.

Die den Warenflüssen vorauseilende *Disposition* erfolgt bei Channel Retailern zentralisiert durch die Handelszentrale. Dabei werden die täglichen artikelgenauen Abverkäufe, die durch die Scannerkassen erfasst und konsolidiert nach Ladenschluss an das zentrale Data Warehouse übermittelt werden, als Grundlage für an festgelegten Dispositionstagen vorgenommene Bestellvorschläge verwendet und mit Herstellerdaten abgeglichen. Dieses Vorgehen erfordert

4.2 „Channel Retailer" – Verbrauchermärkte mit hoher Integration von Logistikprozessen

die eindeutige Identifikation jedes einzelnen Artikels, um Abverkaufsdaten für jede Artikelnummer generieren zu können. Trotz der starken Zentralisierung der Bestellungen tragen die informationsflussbezogenen Teilprozesse in den Filialen einen wesentlichen Anteil zur verbesserten Bedarfsprognose unter Berücksichtigung filialseitiger Warenbestände bei. So erfolgt im Rahmen der Datenerfassung auf Filialebene der in definierten Zeitabständen vorgenommene Abgleich der Waren- mit den Systembeständen, um Abweichungen zu identifizieren und den Systembestand an die physischen Warenbestände anzupassen. Die Bestandskorrekturen, die neben Schwund auch Verderb und Bruch berücksichtigen, können durch Verkaufs- oder Verräummitarbeiter der einzelnen Warenabteilungen vorgenommen und in das Informationssystem übertragen werden. Aufgrund der umfassenden Artikelauswahl bei Channel Retailern gilt es, die Erfassung von Frontstore- und Backstore-Beständen mit Hilfe von MDE-Geräten oder RFID-Gates vorzunehmen. Im Rahmen der Datenanalyse erfolgen Listungsabgleiche, die sich auf neue und auszulistende Artikelnummern beziehen. Die dabei generierten Informationen können zur Erstellung von Preisetiketten für die Regalkennzeichnung sowie der Berücksichtigung bei Planogrammen dienen. Darüber hinaus liefert die Datenanalyse häufig Hinweise über Anlieferungszeiten der Hersteller sowie der Liefermengen und ermöglicht die Integration der Personalplanung sowie der Rampenbelegungspläne der folgenden Tage. Die stochastische Disposition, die auf dem Einsatz automatischer Dispositionssysteme basiert, vereint vergangenheitsbasierte Abverkaufszahlen der Handelsfiliale mit zu erwartenden Abverkaufsschwankungen aus Sondereinflüssen sowie möglichen Prognosen der Hersteller. Diese werden meist zentral ermittelt und als Bestellvorschlag an Disponenten der Handelsfiliale übertragen, die im WWS die Bestellvorschläge einsehen und bei Bedarf im Rahmen vorgegebener Mindest- und Maximalmengen die vorgeschlagenen Bestellmengen anpassen können. Die bestätigten Bestellvorschläge werden dann an die Zentrale übermittelt und zur Weiterleitung an die Lieferanten freigegeben.

Der Disposition folgen die warenflussbezogenen Teilprozesse der Warenannahme im Rahmen des Kernprozesses *Warenübernahme und Backstore*. Aufgrund des hohen Anteils von Streckenbelieferungen ist mit einem erhöhten Warenaufkommen an der Warenannahme zu rechnen, da insbesondere Hersteller mit einem umfangreichen Sortimentsausschnitt an festgelegten Belieferungstagen die Handelsfiliale beliefern. Damit ist eine entsprechend hohe Anzahl von Wareneingängen sowie Ein- und Auslagerungen verbunden, die über den gesamten Tag verteilt durch eine Vielzahl an Lieferanten unterschiedlicher Warengattungen und Warengruppen gekennzeichnet sein kann. Die direkten Warenlieferungen werden anhand der begleiteten Lieferpapiere und der Nummer der Versandeinheit (NVE) auf ihre Vollständigkeit sowie Verkaufseigenschaften (Mindesthaltbarkeit) im Rahmen der Warenkontrolle geprüft. Bei Mengenabweichungen, Transportschäden oder mangelhaften Mindesthaltbarkeitsdaten wird eine Rückkopplung an den Hersteller vorgenommen. Dabei kommen erneut Barcodes oder RFID-Transponder auf der Warenladung zum Einsatz, da sie einen systemunterstützten Abgleich mit der Bestellung ermöglichen und mit Hilfe von MDE-Geräten bzw.

RFID-Gates gelesen werden können. Erst durch die Wareneingangserfassung erfolgt die Zurechnung der Warenlieferungen auf den Filialbestand. In einem integrierten Teilprozess kann durch ein Lagerverwaltungssystem ein sortimentsspezifischer Lagerplatz unter Berücksichtigung der jeweiligen Lageranforderungen zugewiesen werden. An die Warenvereinnahmung schließt sich die Auflösung der Versandeinheiten nach Warenbereichen des Frontstores sowie der Transport zu den vorgegebenen Lagerplätzen des Backstores an. Die Lagerung erfolgt dabei überwiegend in den Original- oder Umverpackungen. Aufgrund der verhältnismäßig langen Bestellrhythmen nehmen das disponierte Warenvolumen und damit die Reichweite des Warenbestandes in der Filiale zu. Als Konsequenz ergeben sich zusätzliche zeit- und personalintensive Ein- und Auslagerungen sowie eine Warenkommissionierung zur Verräumung von Regallücken.

Die Teilprozesse des Kernprozesses *Frontstore und Check Out* werden entweder aufgrund bestehender Regallücken oder geringer Frontstore-Bestände initiiert. Warenabteilungsspezifische Mitarbeiter nehmen in regelmäßigen Abständen, meist zu Beginn ihrer Schicht, eine Gap Check-Analyse in ihrer Abteilung vor, um das aktuelle Regalbild zu erfassen. Die Regalanordnung nach dem Kojenprinzip für hochwertige Artikel wie bspw. Kosmetik oder Spirituosen erfordert dabei die genaue Kontrolle der einzelnen Regalflächen, da diese nicht weitläufig einzusehen sind. Mit dem Diagonalprinzip oder dem Individualablauf können dagegen einerseits die Regalflächen weitläufig eingesehen und andererseits leicht und durch kurze Laufwege mit den nachzuverräumenden Waren erreicht werden. Mit dem Einsatz von MDE-Geräten sind die Mitarbeiter in der Lage, das mit der EAN-Nummern gekennzeichnete Label an den Regalen zu scannen, um neben dem aktuellen Frontstore-Bestand auch Lagerplatzinformationen und Mengen im Backstore zu erhalten. Diese Information dient der Festlegung der Verräumtouren, die der Mitarbeiter zur Kommissionierungsreihenfolge der Waren im Backstore nutzen kann. Bei getrennter systemseitiger Fortschreibung der Backstore- und Frontstore-Bestände ist alternativ die automatische Erstellung von Nachschublisten möglich, die eine Auflistung nachzuverräumender Waren auf der Grundlage von Abverkaufsdaten darstellt und damit den Arbeitsauftrag des verräumenden Personals umfasst. Auf Basis der Informationen nehmen die Mitarbeiter die Kommissionierung der zu verräumenden Backstore-Bestände vor. Dabei werden die Original- bzw. Umverpackungen auf Rollwagen, in Gitterboxen oder Paletten auf Hubwagen umgelagert. Mit dem Einsatz von RFID-Transpondern erfolgen beim Verlassen des Backstores die Lagerbestandsentlastung sowie die Zuschreibung des Bestands in den Frontstore. Die getrennte Bestandsführung erleichtert die Identifikation von Warenbeständen im Frontstore. Dieses Vorgehen ist in Filialen von Channel Retailern deshalb von Bedeutung, da Artikel häufig mehrfachplatziert sind und auf diese Weise das Warenangebot im Frontstore sichergestellt werden kann. Auf der Verkaufsfläche nehmen die Mitarbeiter eine den kommissionierten Waren entsprechende Route auf. Um eine effiziente Verräumung sicherzustellen sowie um durch häufig wechselnde Abverkaufspreise mehrere Preisauszeichnungen je Artikel zu vermeiden, wird auf eine

4.2 „Channel Retailer" – Verbrauchermärkte mit hoher Integration von Logistikprozessen

Bepreisung auf Artikelebene verzichtet. Vielmehr werden die Preis- und Produktinformationen durch Regallabel sichergestellt. Bei abweichenden Abverkaufspreisen sind die Produktinformationen durch aktuelle Informationsträger an den Regalen zu ersetzen. Beim Verräumvorgang der Waren werden mögliche Restbestände aus dem Regal genommen, die verkaufsfähigen Umverpackungen zur erleichterten Kundenentnahme geöffnet und nach dem FIFO-Prinzip in die Regale verräumt. Dabei besteht in engen Grenzen die Möglichkeit, die Anzahl der Facings variabel an zu erwartende Abverkäufe oder aufgrund von komplett zu verräumenden Restbeständen auszuweiten oder zu verkleinern. Sollte die Prüfung der Preis- und Produktinformationen bislang noch nicht erfolgt sein, können diese durch Scannen der Regallabel in diesem Teilschritt vorgenommen werden. Nach der Verräumung aller kommissionierten Waren aus dem Backstore werden Restbestände wieder in den Backstore geliefert und erneut an den vorgegebenen Lagerplätzen eingelagert. Auch hier erfolgt beim RFID-Einsatz auf Umverpackungsebene die Rückbuchung vom Frontstore in den Backstore. Leere Umverpackungen werden entsorgt oder bei Mehrfachverwendung wieder dem Transportkreislauf bereitgestellt. Diese Behälter werden bei der nächsten Streckenbelieferung dem LKW übergeben.

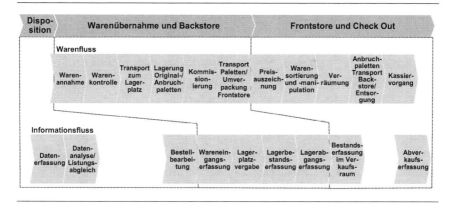

Abbildung 22: Prozessmodell der Filiallogistik bei Channel Retailern

Die Waren- und Informationsflüsse der filialspezifischen Logistikprozesse bei Channel Retailern sind nachfolgend in Abbildung 22 grafisch dargestellt.

4.2.4 Mitarbeiter und Technikeinsatz in der Filiallogistik bei Channel Retailern

Trotz der starken Zentralisation hinsichtlich der Dispositionsvorgaben und der Sortimentsentscheidungen sind Handelsfilialen von Channel Retailern aufgrund der großen Verkaufsfläche und des hohen Warenumsatzes durch eine hohe Personalintensität gekennzeichnet. In den großen Verbrauchermärkten bzw. SB-Warenhäusern arbeiten bis zu 100 Mitarbeiter in der

Disposition, der Warenannahme und im Lager, im Verkauf sowie auf der Fläche zur Regalpflege und an den Kassenanlagen. Zwar erfordert die hohe Automatisierung der Informationssysteme nur verhältnismäßig wenige dispositive Mitarbeiter, allerdings ist für Warenbewegungen, insbesondere aufgrund der mehrfachen Verräumung je Artikellieferung, ein hoher Personalbedarf für die Lagerbestands- sowie die Regalpflege und Verräumung erforderlich. Dabei sind unterschiedliche Qualifikationsanforderungen und Personalintensitäten bei der Festlegung des Personalbedarfs zu berücksichtigen. Einerseits sind aufgrund der untertägig mehrfachen Direktlieferungen verschiedener Lieferanten Mitarbeiter während den Anlieferungszeiten an der Warenannahme einzusetzen, wobei Anlieferungen häufig vor Öffnung der Handelsfiliale erfolgen und bis spät abends andauern können. Auch samstags sind Lieferungen denkbar, die eine Aufrechterhaltung der Warenannahme erfordern. Mitarbeiter der Warenannahme vereinnahmen die Lieferungen nicht nur, sondern sind vielfach auch für die abteilungsgerechte Lagerung der Lieferungen im Backstore und für die Einbuchung in den Filialbestand verantwortlich. Andererseits zeichnen sich abteilungsbezogene Teamleiter sowie ihre Verräummitarbeiter für die Aufrechterhaltung von akkuraten Regalbildern und die Nachverräumung von Backstore-Beständen in die Warenträger verantwortlich.

Darüber hinaus haben sie dafür zu sorgen, dass die Preisauszeichnungen den aktuellen Listungspreisen entsprechen. Mit dem Einsatz regelmäßiger Sonderaktionen oder Promotions gehen häufigere Nachverräumungen einher, da mit einem höheren Warenumsatz zu rechnen ist. Aufgrund der durchgängigen Regalpflege und Nachverräumung sind diese Mitarbeiter ausschließlich mit dem Warennachschub zu den Warenträgern beschäftigt. Dabei erscheint es zielführend, einen flexiblen Mitarbeitereinsatz schwerpunktmäßig morgens und in den frühen Nachmittagsstunden für die Verräumungsaktivitäten umzusetzen, so dass antizyklisch zu den Kundenströmen die Mitarbeiter die Regalpflege vornehmen. Dieses Vorgehen ermöglicht den Einsatz von Teilzeitkräften, die in den verschiedenen Warenabteilungen für die Nachverräumung zu festgelegten Zeiten verantwortlich sind. Die Intervalle zwischen zwei Verräumzeitpunkten sind so zu gestalten, dass der Regalbestand mindestens den erwarteten Abverkaufsmengen entspricht, um das Entstehen von OoS-Situationen zu vermeiden. Umgekehrt sind bei erklärungsintensiven Warenabteilungen mit einem höheren Anteil an Verkaufsgesprächen die Mitarbeiter an die tatsächliche Nachfrage anzupassen, um die Kundenbetreuung durchgängig sicherstellen zu können.[796] Die Personaleinsatzplanung erfolgt durch dispositive Mitarbeiter, die neben der Mitarbeiterführung ebenso für die Überwachung der Dispositionen und die Planung von Sonderverkaufsflächen verantwortlich sind. Neben eigenen Mitarbeitern kann die Nachverräumung von Sortimenten eines Herstellers oder die Gestaltung von Promotionflächen auch durch externe Mitarbeiter der Hersteller oder von Dienstleistungsunternehmen vorgenommen werden, die mit der Einsatzplanung der eigenen Mitarbeiter abgestimmt sein sollten. Weiterhin ist die Anzahl von Kassiermitarbeitern an die

---

[796] Vgl. Thonemann u.a. (2005), S. 56.

4.2 „Channel Retailer" – Verbrauchermärkte mit hoher Integration von Logistikprozessen

untertägige Kundenfrequenz anzupassen, um unerwünschte Wartezeiten zu vermeiden. Aufgrund der Tatsache, dass die Abverkaufsdaten der Kassensysteme die Grundlage aller relevanten Daten des integrierten WWS darstellen,[797] sind tendenziell gut ausgebildete Mitarbeiter einzusetzen, die ein ausreichendes Verständnis für die Bestelllogik und die Generierung der Abverkaufsdaten mitbringen.

Die Komplexität der Disposition und Bestandsführung des umfassenden Sortiments von Channel Retailern lässt einen Verzicht auf eine umfängliche technische Unterstützung der Informationsflüsse nicht mehr zu.[798] Dabei verstehen sich Channel Retailer als innovationstreibende Handelsunternehmen, die als Technologieführer nicht selten Branchenstandards initiieren. Dieser technologische Fortschritt unterstützt die Planung, Steuerung und Kontrolle der innerbetrieblichen Warenflüsse durch die Verknüpfung mit Informationsflüssen. Dies gilt vor allem unter Berücksichtigung zentraler Anforderungen an die nachfragegerechte Regalverfügbarkeit, die durch die Gestaltung der Warenwirtschaft maßgeblich beeinflusst ist. Als relevante Ausprägungen gelten die Geschlossenheit und Mehrstufigkeit des WWS.[799] Während Geschlossenheit auf die ständige artikelgenaue, systemweite Bestandsführung abzielt, nimmt die Mehrstufigkeit auf die Abwicklung von Prozessen über die Ebenen der Lagerung, des Umschlags, der Steuerungseinheiten und der Filialen sowie deren Wechselwirkungen Bezug.[800] Dabei ist aufgrund der filialspezifischen Pufferbestände in den Backstores die Trennung von Frontstore- und Backstore-Beständen in die Prozessgestaltung aufzunehmen. Informationstechnologische Hardware unterstützt deshalb alle Bereiche der filialspezifischen Logistikprozesse. So ermöglicht der Einsatz von MDE-Geräten nicht nur die Lokalisierung von Artikeln und Lieferungen innerhalb der Handelsfiliale, sondern liefert darüber hinaus Informationen über Bestandsmengen, Bestell- und Liefertermine sowie Preisangaben. Mit dem Einsatz von RFID-Transpondern ist eine beschleunigte Datenerfassung aufgrund einer einfacheren Handhabung möglich, da kein Sichtkontakt zwischen RFID-Transponder und Lesegerät erforderlich ist. Mit mobilen Etikettendruckern können Warenauszeichnungen aufgrund von Preisänderungen direkt an den Warenträgern vorgenommen werden. Zur Erfassung, Übermittlung, Speicherung, Verarbeitung und Verwertung der Datenströme zwischen den Filialbereichen sowie der Handelszentrale und den Herstellern setzen Channel Retailer vollintegrierte WWS ein, die neben einem Warenprozessmodell ebenfalls ein integriertes Dispositions- und Abrechnungsmodell bereitstellen.[801]

Weiterhin ist der Einsatz von leistungsfähiger Warenflusstechnik für die Warenbewegungen in Filialen von Channel Retailern deshalb von Bedeutung, weil mit den regelmäßigen Ein- und

---

[797] Vgl. Hertel/Zentes/Schramm-Klein (2005), S. 34.
[798] Vgl. Hertel (1999), S. 4.
[799] Vgl. Remmert (2001), S. 102.
[800] Vgl. Hertel (1999), S. 9.
[801] Vgl. Becker/Uhr/Vering (2000), S. 6; Hertel (1998), S. 490; Hertel (1992), S. 1.

Auslagerungen der Warenbestände umfassende Warenmanipulationen einhergehen. So finden bei der Warenannahme und der anschließenden Einlagerung sowie bei großvolumigen Artikeln die Warenbewegungen mit Hilfe von Hubwagen zum Palettentransport statt. Darüber hinaus sind Rollcontainer im Einsatz, die von den Mitarbeitern „tourenindividuell" und mit kleineren Einheiten kommissioniert werden können und für den Transport vom Backstore in den Frontstore Einsatz finden. Häufig erfolgt auch die Nutzung standardisierter Boxen, die einerseits der Lagerung, andererseits zur vereinfachten Nachverräumung dienen. Diese werden nach erfolgter Verräumung wieder dem Hersteller übergeben.

4.2.5 Prozessorientierte Ressourcenbündel im Management der Filiallogistik von Channel Retailern

Channel Retailer nehmen für sich in Anspruch, Kunden ein umfassendes Sortiment auf einem niedrigen bis mittleren Preisniveau bieten zu können. Ergänzend finden häufige Promotions und Sonderaktionen statt, die zur weiteren Differenzierung gegenüber dem Wettbewerb beitragen. Damit ist das Management der Filiallogistik mit dem Warenhandling eines hoch diversifiziert-differenzierten Sortiments bei vergleichsweise starken Abverkaufsschwankungen aufgrund der Preisvariationspolitik gekennzeichnet. Mit der prozessorientierten Betrachtung soll auf den Beitrag der filiallogistischen Ressourcenausstattung abgestellt werden, die zur Sicherung der Wettbewerbsfähigkeit von Channel Retailern beiträgt. Zur Begründung wird nachfolgend Bezug auf die Ursachen des Wettbewerbsvorteils genommen, die sich im Ressourcen-, dem Prozess- sowie dem Potenzialunterschied ausdrücken.[802] Eine hohe Regalverfügbarkeit in Handelsfilialen von Channel Retailern ist demnach eng mit dem Aufbau eines durch Isolationselemente gekennzeichneten, prozessorientierten Ressourcenbündels verbunden.[803] Dieses nachhaltige Ressourcenbündel besteht aus den Filialmitarbeitern als Humanressourcen, der eingesetzten Technik zur Unterstützung der Waren- und Informationsflüsse sowie aus den durch die Aufgabenverteilung zwischen Handelszentrale, Handelsfiliale sowie Hersteller gekennzeichneten Informationen und Daten als immaterielle Ressourcen, die in die Kernprozesse der Filiallogistik einfließen.[804]

Hinsichtlich des Mitarbeitereinsatzes sind Handelsfilialen von Channel Retailern durch mehrere dispositive und einer Vielzahl von ausführenden Mitarbeitern gekennzeichnet. Für die Warenannahme und die Lagerung, die Kommissionierung und Verräumung oder Kassiervorgänge werden Mitarbeiter mit unterschiedlicher Qualifikation eingesetzt. Die Spezialisierung erfolgt dabei im Rahmen prozessorientierter Tätigkeitsprofile und ist durch einen hohen Anteil von Routinetätigkeiten gekennzeichnet, so dass die effiziente Umsetzung der filiallo-

---

[802] Vgl. Freiling (2001), S. 5.
[803] Vgl. Kapitel 2.4.4.
[804] Vgl. Abbildung 11. Die aufgezeigte Argumentationslinie findet nachfolgend auch für Content Retailer und Lean Discounter Anwendung.

4.2 „Channel Retailer" – Verbrauchermärkte mit hoher Integration von Logistikprozessen

gistischen Prozesse nur in geringem Ausmaß von implizitem Wissen der ausführenden Mitarbeiter abhängt. Bspw. ist die Warenannahme und Lagerung durch das Lagerbestandssystem determiniert. Für ausführende Mitarbeiter der Regalverräumung besteht nur in geringem Umfang die Möglichkeit zum Aufbau und der Umsetzung von informellem Wissen. Beispiele bestehen hinsichtlich des Umfangs nachzuverräumender Waren und einer Verräumpriorisierung, aber auch bzgl. der Gestaltung von Mehrfachplatzierungen sowie Aktionsflächen. Allerdings sind diese nach Maßgabe der dispositiven Mitarbeiter umzusetzen. Sie sind mit Führungsaufgaben sowie der Bewertung von Bestellvorschlägen und der Steuerung der nachfragegerechten Verräumung für bestimmte Warenabteilungen betraut. Für die Bearbeitung von zentralseitigen Bestellvorgaben benötigen dispositive Mitarbeiter IT-Kenntnisse zur Bedienung des vollintegrierten WWS, ein umfassendes Verständnis für die eingesetzte Bestelllogik sowie Erfahrungswissen über zu disponierende Bestellmengen.

Besonders relevante materielle Ressourcen stellen die durchgängige Nutzung von modernen Auto-ID-Systemen dar, die die eindeutige Identifikation von Waren ermöglichen sowie die getrennte Fortschreibung von Backstore- und Frontstore-Beständen unterstützen. Wesentlich für die effiziente Umsetzung der innerbetrieblichen Logistikprozesse bei Channel Retailern ist demnach die Nutzung von filialspezifischen Bestands- und Bewegungsdaten im WWS. Deren Verfügbarkeit, Aktualität und Qualität bilden die Grundlage zur Planung filialspezifischer Warenflüsse. Mit dem Einsatz eines vollintegrierten WWS erfolgt die zentrale Steuerung der Disposition auf Basis der bestehenden Datenbasis, die nicht nur den Datenaustausch von Handelsfilialen und der Handelszentrale ermöglicht, sondern durch die Anbindung an Herstellersysteme zur Aktualisierung von Stammdaten und zur verbesserten Absatzplanung beiträgt. Damit kann eine vollumfängliche Warenbestands- und Abverkaufserfassung mit Liefer- und Prognosedaten zur automatischen Entscheidungsvorbereitung umgesetzt werden.

Zu den wettbewerbsrelevanten immateriellen Ressourcen von Channel Retailern zählen die Kenntnis über Nachfragemuster des Sortiments, die aus einer weitreichenden Abverkaufshistorie in Verbindung mit den Absatzprognosen von Herstellern als Grundlage für die Ermittlung von Liefermengen zu nennen und als strategischer Wettbewerbsvorteil gegenüber Konkurrenten zu sehen sind. Als entscheidendes Differenzierungskriterium ergibt sich im Rahmen der Prozessorganisation die Verknüpfung von zentral vorgehaltenen und dezentral erfassten Daten, da die zentralseitige Generierung von Bestellvorschlägen in hohem Maße von der Datenerfassung in Handelsfilialen abhängt. Diese Datenerfassung erfolgt im Rahmen automatisierter, integrierter bzw. parallelisierter Teilprozesse der Filiallogistik und ermöglicht eine permanente Registrierung von Filialbeständen im Frontstore und Backstore. Als wettbewerbsrelevanter Prozessunterschied ist die genaue Bestandslokalisierung innerhalb der Handelsfiliale zu nennen, welche die Nachverräumung maßgeblich vereinfacht und beim Einsatz von RFID-Transpondern ohne zusätzlichen Erfassungsaufwand effizient erfolgen kann. Damit können die zusätzlichen Kosten der Warenbewegungen in den Filialen kompensiert werden. Gelingt es Channel Retailern, anhand der Bewegungsdaten genauere Abverkaufsprognosen zu erstellen und mit Hilfe der Bestandsdaten in den Filialen die Lokalisation von Warenbeständen in der Handelsfiliale zu präzisieren, können sie sich dadurch wertvolle und dauerhafte Wettbewerbsvorteile aneignen. Da sich diese Abverkaufsmuster aufgrund der durch unterschiedliche absatzpolitische Instrumentarium gekennzeichneten Spezifität nur in geringem Umfang auf andere Handelsunternehmen übertragen lassen, sind sie im hohen Umfang vor einer Imitation oder Transferierbarkeit geschützt und tragen maßgeblich zur Vermeidung von Regallücken bei.[805]

Das prozessorientierte Ressourcenbündel des Managements der Filiallogistik von Channel Retailern ist in der Abbildung 23 zusammenfassend skizziert.

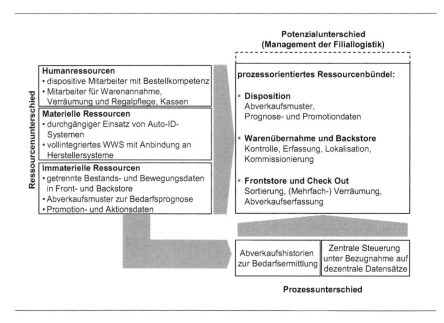

Abbildung 23: *Prozessorientiertes Ressourcenbündel des Managements der Filiallogistik bei Channel Retailern*

4.3 „Content Retailer" – Supermärkte mit hoher Integration von Logistikprozessen

Content Retailer positionieren sich als Produktführer und bieten damit ihren Kunden ein ausgewähltes, hochwertiges Sortiment und weisen mit zusätzlichen Serviceleistungen eine stärkere Qualitätsorientierung als Channel Retailer auf.[806] Die Ausgestaltung des absatzpoliti-

---

[805] Vgl. Peteraf (1993), S. 183f.
[806] Vgl. Rudolph/Kleinschrodt (2005), S. 518. Beispiele für Content Retailer stellen Tesco oder Ahold dar.

schen Instrumentariums sowie des Supply Chain-Kontextes bei Content Retailern werden nachfolgend wiedergegeben (Kapitel 4.3.1 und 4.3.2). Daran schließen sich erneut die Vorstellung der filialspezifischen Logistikprozesses (Kapitel 4.3.3) sowie die Auseinandersetzung des Mitarbeiter- und Technikeinsatzes (Kapitel 4.3.4) an, die in das prozessorientierte Ressourcenbündel des Managements der Filiallogistik bei Content Retailern einfließen (Kapitel 4.3.5).

4.3.1 Handelsunternehmens-Kontext der Filiallogistik des Content Retailers

Content Retailer sind meist dadurch gekennzeichnet, dass sie einen hohen Anteil verschiedener Warengattungen in ihrem Sortiment aufnehmen und sich als Produktführer auf qualitativ hochwertige und ausgewählte Artikel fokussieren. Sie streben nach dem Angebot eines für Kunden unverwechselbaren Sortiments, das aufgrund innovativer und qualitativ hochwertiger Produkte eine langfristige Kundenbeziehung ermöglicht. Der Schwerpunkt des Warenangebots liegt im Bereich Nahrungs- und Genussmittel mit einem hohen Anteil an Frischwaren. Als geläufige Beispiele lassen sich die Warengattungen Trockensortiment, Molkereiprodukte, Obst und Gemüse, Frischfleisch- und Fisch, Backwaren, Tiefkühlkost, Speiseeis, Frische Convenience-Produkte, OTC-Produkte, Tierfutter, Getränke, Hygiene und Beauty Self Care nennen. Der Anteil von Nonfood-Artikeln wie Haushaltswaren, Kurzwaren, Elektronik- sowie Freizeitartikel ist eingeschränkt.

Gegenüber Channel Retailern sind sie vielfach durch eine geringere Variantenvielfalt gekennzeichnet, die sich in einem flacheren Sortiment widerspiegelt.[807] Dennoch finden sich in profilierungsrelevanten Sortimentsausschnitten verschiedene Artikelvarianten und -gruppen, die zu einer komplexen Disposition und erschwerten artikelgenauen Warenbereitstellung führen. Das Sortiment umfasst zwischen 3.000 bis 10.000 disponierbare Artikelnummern. Es besteht aus einem breiten Kern- sowie Standardsortiment und ist durch einen hohen Anteil saisonaler und regionaler Artikel gekennzeichnet, die regelmäßig wiederkehrend in die Listung aufgenommen werden. Damit ist die filialspezifische Sortimentsplanung durch eine hohe Dynamik und Individualität geprägt, die durch das Angebot von Aktionsartikeln weitere Ergänzung findet. Mit dem Anspruch der Produktführerschaft bieten Content Retailer zusätzlich ein aktuelles und frisches Sortiment an. Während die Disposition des Kern- und Standardsortiments durch die Handelszentrale vorgenommen wird, unterliegt das Zusatz- und Saisonsortiment der filialseitigen Dispositionshoheit, die durch die Kundennähe fehlende Kenntnisse über historische Abverkaufsverläufe kompensieren. Zusammengefasst profilieren sich Content Retailer mit einem ausgewählten Sortiment, das als diversifiziert-differenziert aufgefasst werden kann. Eine Vielzahl von Warengattungen mit mittlerer Variantenvielfalt sowie die Bereitstellung regionaler und saisonaler Artikel unterstreichen den Charakter einer

---

[807] Vgl. Theis (1999), S. 495.

selektierten Sortimentsauswahl. Neben einem beträchtlichen Anteil an schnelldrehenden Artikeln erfolgt die Profilierung durch sortimentsergänzende Langsamdreher. Der Sortimentsdurchschnitt weist tendenziell eine mittlere Umschlagshäufigkeit auf. Zusätzlich zum Kernsortiment besteht die Möglichkeit, durch eine dezentrale Dispositionsverantwortung den individuellen Kundenwünschen durch ein regionales Angebot gerecht zu werden.

Aufgrund des Sortimentsumfangs von Content Retailern und der Positionierung als Produktführer werden überwiegend Supermärkte sowie kleine Verbrauchermärkte mit guter Kundenanbindung eingesetzt. Um dem Aspekt der Kundenorientierung Rechnung zu tragen, ist die Standortwahl auf die Nähe zu Haushalten ausgerichtet. Die Verkaufsflächen sind wegen der höheren Mietpreislagen mit 400 m^2 in unmittelbarer Kundennähe bis 1.500 m^2 in Stadtrandlagen deutlich geringer als bei Channel Retailern. Zur verbesserten Raumausnutzung wird deshalb weitgehend auf die Vorhaltung von Backstore-Flächen verzichtet. Es stehen meist nur in begrenztem Umfang Flächen für die Warenannahme sowie Lagerung bereit, so dass auf einen weitläufigen Bereich zur Warenmanipulation sowie Zwischenlagerung verzichtet wird. Lediglich Lagerflächen für kühlpflichtige Frischeprodukte und Tiefkühlwaren werden im Backstore vorgehalten, um einen Verderb bis zur Verräumung zu vermeiden. Damit lässt sich eine hohe Flächenproduktivität erzielen, die jedoch eine möglichst zeitnahe und vollständige Regalverräumung der Filialbestände erfordert. Die Kundenflächen sowie die Kassenbereiche sind so dimensioniert, dass auch bei hohen Kundenfrequenzen die Kaufabwicklung ohne große zeitliche Verzögerung erfolgen kann. Um die Nutzenstrategie des Produktführers sowie den Qualitätsanspruch zu unterstreichen, wird das auf den individuellen Kundenkreis ausgerichtete Sortiment in ansprechend gestalteten Warenträgern in einer umfassende Sortimentshöhe angeboten.[808] Die fest installierten Regale ermöglichen die warengattungsorientierte Sortimentsgruppierung, bei der die Warenpräsentation in Abhängigkeit der Verkaufszonenwertigkeit von Sortimentsbereichen in langen Regalreihen für Grundnahrungsmittel, nach dem Kojen- oder Diagonalprinzip für höherwertige Waren oder in Individualabläufen für profilierungsrelevante Frischeprodukte vorgenommen wird. Insbesondere im Frischebereich für Obst und Gemüse sowie für das regionale Sortiment finden Freiflächen zur individuellen Warenpräsentation ihren Einsatz.

Qualitative Entscheidungen über Flächenzuteilungen und Regalzonen erfolgen durch die Handelszentralen. Freiflächen werden für variable Mehrfachplatzierungen, bspw. für Aktions- oder saisonale Artikel, vorgehalten. Das Ladenlayout wird nach Maßgabe der Verkaufszonenwertigkeit nach marketingpolitischen Gesichtspunkten und weniger unter logistischen Aspekten vorgenommen. Um ein geordnetes Regalbild zu gewährleisten, erfolgt eine enge Anpassung und strikte Einhaltung der Facings an Planogramme. Bei der Ermittlung der Facings finden meist Umschlagshäufigkeiten und Mindestbestellmengen sowie eine umsatz-

---

[808] Vgl. Arend-Fuchs (1995), S. 42; Ellram/La Londe/Weber (1989), S. 29.

4.3 „Content Retailer" – Supermärkte mit hoher Integration von Logistikprozessen

orientierte Artikeldichte Berücksichtigung. Durch diese quantitative Flächenzuteilung ist oftmals der maximale Regalbestand determiniert. Da die Planogramme im Vergleich zwischen den Filialen unterschiedlich ausgestaltet sind und dadurch die Regalbestände gleicher Artikel vielfach variieren, lassen sich die Waren häufig nicht in den standardisierten Umverpackungen verräumen, sondern sind aus sekundären oder tertiären Verpackungen zu entnehmen und einzeln in den Warenträger zu platzieren. Mögliche Überbestände können in Handlägern in der Nähe der Regale zwischengelagert und vor der nächsten Anlieferung verräumt werden.

Merkmale des absatzpolitischen Instrumentariums von Content Retailern	Merkmalsausprägung
Sortimentspolitik	• Diversifiziert-differenziertes Sortiment mit 3.000 bis 10.000 Artikelnummern • Vielfältige Warengattungen und hohe Anzahl von Artikelgruppen • Hoher Anteil Kern- und Standardsortiment, ergänzt um hochaktuelle Saisonsortimente und regionales Zusatzsortiment • Hoher Anteil Aktionssortiment • Sortimentsdurchschnitt mittelschnell drehend • Dispositionsfreiheit für regionale Artikel in der Filiale, bei Kernsortiment erfolgt Disposition durch Zentrale ohne Entscheidungsbefugnis der Handelsfiliale.
Ladengestaltungspolitik	• Eine Warenannahmemöglichkeit • Kleiner Backstore-Bereich zur Warenannahme und Vorbereitung zur zeitnahen Kommissionierung im Frontstore • Frontstore nach Warengruppen gegliedert, umfassende Flächen für Zweitplatzierungen, überwiegend Individualablauf oder Kojen- sowie Diagonalprinzip • Kassenanlagen mit Anbindung an Handelszentrale
Warenpräsentation	• Regalbestände nach marketingpolitischen Gesichtspunkten (Regalbild) ausgerichtet, Anzahl Facings und Mindestbestand auf geordnetes Regalbild ausgerichtet. • Strikte Ausrichtung an vorgegebenen Planogrammen, um Filialbestand mit Bestellrhythmen zu harmonisieren • Einzelne Verräumung der Artikel
Preispolitik	• Preisvariationsstrategie • Preisreduktion, Sonderangebote, Rabattaktionen

Tabelle 12: Kontextspezifische Merkmale des absatzpolitischen Instrumentariums von Content Retailern

Aufgrund des qualitätsorientierten Marktauftritts ist die Preispolitik von Content Retailern durch ein mittleres bis gehobenes Preisniveau gekennzeichnet, das durch eine umfangreiche Preisvariationspolitik Ergänzung findet. Die Werbe- und Verkaufsförderungsmaßnahmen sollen Kunden zum Einkauf in Filialen des Content Retailers ermutigen und dadurch zur Generierung von weiteren Umsätzen beitragen. Dabei ist es von Bedeutung, dass die Aktionsartikel auch tatsächlich vorrätig sind, um die Kundenbindung zu stärken. Das Kern- bzw. Standardsortiment wird nur selten zu Aktionspreisen angeboten, so dass insbesondere Rabattaktionen oder Einführungspreise für neugelistete Artikel sowie temporär angebotene Artikel der Preisvariationspolitik unterliegen. Damit verbunden sind Anpassungen der

Bestellmengen und Filialbestände. Um der Bedarfsunsicherheit dieser Artikel entgegen zu wirken, werden Sicherheitsbestände von Aktionsartikel in den Backstores vorgehalten. Tabelle 12 gibt die Merkmalsausprägungen des Handelsunternehmens-Kontextes von Content Retailern wieder.

4.3.2 Supply Chain-Kontext der Filiallogistik bei Content Retailern

Der Supply Chain-Kontext von Content Retailern weist deutliche Abweichungen gegenüber dem der Channel Retailer auf. Die signifikant kleineren Artikelumsätze der eingesetzten Betriebstypen gegenüber einem großen Verbrauchermarkt oder SB-Warenhaus ziehen unmittelbare Konsequenzen für die Bestandsführung, Lieferquellen sowie die Lieferfrequenz nach sich. Aufgrund der Tatsache, dass die Filialen von Content Retailern nur geringe Lagermöglichkeiten im Backstore aufweisen, kann eine zentralisierte Distributionsstruktur mit indirekter Belieferung und zentralen Sicherheitsbeständen zur kurzfristigen und flexiblen Reaktion auf Nachfrageschwankungen Effizienzvorteile bieten.[809] Als dominante Belieferungskonzepte stehen in diesem Fall die Zentrallagerbelieferung sowie das zweistufige Cross Docking bereit. Beide Belieferungskonzepte ermöglichen eine hohe Versorgungssicherheit aufgrund kurzfristiger Bestellmöglichkeiten, variabler Bestellhäufigkeiten und Belieferungsrhythmen bei vergleichsweise kleinen und fixen Bestellmengen. So finden bei Content Retailern komplexe Optimierungsansätze Anwendung, welche die Zielsetzung einer täglichen Filialbelieferung aus Zentrallägern mit dem gegensätzlichen Anspruch der Transportmittelauslastung und der Handlingsminimierung auf vorgelagerten Stufen zu verbinden suchen. Mit der Bündelung von mehreren kleinen Liefereinheiten zu einer Versandeinheit lassen sich vielfach Economies of Scope realisieren.[810] Dabei erfolgt in den Zentrallägern täglich die Kommissionierung filialspezifischer Bestellungen in standardisierte Transportbehälter, die nach Warengruppen sortiert zur beschleunigten und vereinfachten Verräumung in den Filialen beitragen. Durch die hohe Flexibilisierung von Warenlieferungen sind Content Retailer in der Lage, kurzfristig auf Bedarfsschwankungen zu reagieren und OoS-Situationen in Handelsfilialen zu vermeiden. Aufgrund der knappen Lagerflächen in den Filialen können sich durch zentral angelegte Sicherheitsbestände die Kapitalbindungskosten verringern. Mit der Bestandsreduzierung bzw. -vermeidung im Backstore gehen neben den Kostenvorteilen weiterhin geringere Warenmanipulationen und die Reduzierung filialinterner Kommissionieraufgaben zur Vorbereitung von Verräumtätigkeiten einher. Gleichzeitig ermöglichen niedrigere Filialbestände die effiziente Nutzung der Flächen in Handelsfilialen. Zur Vermeidung von

---

[809] Vgl. Hertel/Zentes/Schramm-Klein (2005), S. 106.
[810] Vgl. Thonemann u.a. (2005), S. 77.

4.3 „Content Retailer" – Supermärkte mit hoher Integration von Logistikprozessen

Out-of-Stocks erscheint jedoch die Vorhaltung höherer Regalbestände notwendig.[811] Diese spiegeln sich in der oftmals als Qualitätsmerkmal aufzufassenden Sortimentshöhe wieder.

Die Voraussetzung für diese Form der abverkaufssynchronen Warenbereitstellung in Handelsfilialen erfordert einen täglichen Austausch von Bestands- und Bewegungsdaten zwischen Filialen und der Handelszentral bzw. dem vorgeschalteten Zentrallager. Unterschreitet der Filialbestand einen systemseitig hinterlegten Mindestbestand, kann eine Bestellung über eine fixe Bestellmenge initiiert werden. Der Mindestbestand entspricht der Menge, die unter Berücksichtigung eines Sicherheitszuschlags ausreicht, um während der Lieferzeit die Befriedigung der durchschnittlichen Nachfrage sicherzustellen, ohne eine OoS-Situation entstehen zu lassen. Bei der Ermittlung der Bestellmengen finden Abverkaufsmuster, zur Verfügung stehende Regalflächen sowie die Abverkaufsmenge während der Wiederbeschaffungszeit Berücksichtigung. Dabei ist von Bedeutung, dass die Bewegungsdaten regelmäßig um Bestandskorrekturen durch Schwund, Verderb oder Bruch bereinigt werden, um verfrühte oder verspätete Lieferungen und dadurch Über- oder Fehlbestände in den Filialen zu vermeiden. Die zentral gesteuerte auftragsorientierte Bestellauslösung gewährleistet, dass Liefermengen mit den Facings und der verfügbaren Regalfläche übereinstimmen. Auf diese Weise lassen sich geringe Bestellmengen umsetzen, die durch eine flexible Bestellhäufigkeit und der Möglichkeit der täglichen Disposition gekennzeichnet sind.

Die Belieferung der Handelsfilialen über Zentrallager ermöglicht eine aufschiebende Auftragsspezifizierung sowie einen vereinzelnden Konsolidierungsgrad, wobei sich durch flexible Lieferrhythmen kurzfristige Warenlieferungen realisieren lassen. Aufgrund der zentralen Bestandshaltung und der täglichen Belieferungen eignet sich die Zentrallagerbelieferung bei geringen Bestellmengen je Artikel sowie für ein mittel- bis schnelldrehendes Sortiment.[812] Mit der hohen Belieferungsfrequenz und der Bündelung geringer Bestellmengen ermöglicht die Zentrallagerbelieferung niedrige Sicherheitsbestände in Handelsfilialen bei gleichzeitig flexibler Anpassung an Nachfrageschwankungen. Somit sind die Belieferungskonzepte flexibel bei vergleichsweise hoher Effizienz ausgerichtet. Tabelle 13 stellt die Merkmalsausprägungen der struktur- und prozessbezogenen Kontextgrößen bei Content Retailern zusammen.

Da die Koordination der Informations- und Warenflüsse durch den Handelszentrale erfolgt, erscheint für Content Retailer eine zwischen Handelsfiliale und Handelszentrale vollständig integrierte Systemarchitektur zielführend, die einen schnellen und störungsfreien Datenaustausch gewährleistet. Der Flexibilitätsanspruch der Warenbereitstellung erfordert einen kontinuierlichen Datenfluss, um kurzfristig auf drohende oder bestehende OoS-Situationen zu reagieren. Zu den relevanten Daten zählen der Warenabgang vom Zentrallager, der aufgrund der unternehmensinternen Warenlieferung dem Wareneingang in den Filialen gleichzusetzen

---

[811] Vgl. Placzek (2007), S. 244.
[812] Vgl. Thonemann u.a. (2005), S. 77.

ist, der Filialbestand sowie die Abverkaufsdaten der Filiale. Wie bei Channel Retailern werden täglich artikelgenaue Abverkaufsdaten von den Handelsfilialen an die Zentrale übermittelt. Die Warenabgänge dienen unter Bezugnahme der systemseitigen Bestandsdaten zur Bestellauslösung. Die fixierten Bestellmengen werden auf der Grundlage der durchschnittlichen vergangenheitsbezogenen Abverkäufe jeder Artikelnummer in der jeweiligen Filiale unter Berücksichtigung des für den Artikel zur Verfügung stehenden Regalplatzes ermittelt. In regelmäßigen Abständen erfolgen die Anpassung der filialspezifischen Bestellmengen an sich ändernde Abverkaufsmuster und die Aktualisierung der sich dadurch ändernden Planogramme in den Filialen. Somit greift die vollständig integrierte Prozessarchitektur eng in die technische Gestaltung der Warenflüsse ein, da die ermittelten wiederkehrenden Bestellmengen einen Einfluss auf die Regalgestaltung, die Auslastung der standardisierten Transportbehälter sowie die filialspezifischen Logistikprozesse in der Handelsfiliale aufweisen. Aufgrund der zentral gelagerten Sicherheitsbestände ist ein direkter Informationsaustausch zwischen Filialen und Herstellern nicht notwendig. Vielmehr konsolidiert die Handelszentrale meist die Bedarfsmengen aller angeschlossenen Filialen und übermittelt die Bestellung an Hersteller. Dabei erfolgt in regelmäßigen Abständen ein Austausch von Bestell- und geplanten Aktionsdaten durch die Handelszentrale sowie aktualisierter Stammdaten der Hersteller. Aufgrund der zentralisierten Verantwortung durch die Handelszentrale kann von einer strategischen Allianz als Kooperationsform ausgegangen werden, die in der gemeinsamen Entwicklung von innovativen und hochwertigen Artikeln mündet. Die lose, jedoch langfristig angelegte Kooperationsform mit Herstellern konzentriert sich auf die Verfügbarkeit der Produkte bei Dominanz des Handelsunternehmens. Kooperationsfelder bestehen in der Gestaltung des Sortiments, wobei aufgrund der zentralisierten Steuerung der Warenflüsse die Prognose, Bestandsführung und Belieferung keine Kooperationsfelder darstellen.

Merkmale der Belieferungskonzepte von Content Retailern	Merkmalsausprägung
Belieferungsform	• Indirekte Belieferungsform • Zentrale räumliche Anordnung
Disposition (Bedarfsprognose und Bestellung)	• Auftragsorientierte Bestellauslösung • Geringe Bestellmengen • Mittlere bis hohe Bestellhäufigkeit • Variable Dispositionstage
Warenübernahme und Backstore (Belieferung)	• Aufschiebende Auftragsspezifizierung • Hoher Konsolidierungsgrad (zeitliche Bündelung) • Variable Lieferrhythmen • Kurze Belieferungszeit
Backstore und Frontstore (Bestandsführung)	• Geringe Pufferbestand in Handelsfiliale • Zentrale Lokalisierung in Verteilzentren und Zentrallägern • Mittlerer Regalbestand

Tabelle 13: Kontextspezifische Merkmale der Belieferungskonzepte bei Content Retailern

4.3.3 Filialspezifische Logistikprozesse von Content Retailern

Durch die Merkmalsausprägungen des vorgestellten Handelsunternehmens- und Supply Chain-Kontext sind die Waren- und Informationsflüsse der Filiallogistik weitgehend determiniert. Wie bei Channel Retailern erfolgt die Disposition des Standard- bzw- Kernsortiments zentralisiert durch die Handelszentrale, wobei der Warennachschub durch den Zahlungsvorgang an der Kasse ausgelöst wird. Die durch den Scannvorgang der Kassensysteme erfassten Abverkaufsdaten werden täglich konsolidiert an das zentrale Data Warehouse der Handelszentrale übermittelt. Dort erfolgt ein Abgleich mit dem ebenfalls zentral fortgeschriebenen Filialbestand. Bewegt sich der filialspezifische Artikelbestand oberhalb eines individuellen und auf Basis von durchschnittlichen Abverkäufen generierten Meldebestands, wird keine Bestellung des Artikels ausgelöst. Ist der artikelspezifische Filialbestand jedoch während eines Tages unter den Meldebestand gesunken, wird automatisch ein Bestellauftrag über eine fixe Liefermenge für die Filiale an das Zentrallager übermittelt. Dieses Vorgehen erfordert neben der artikelgenauen Abgangserfassung an den Scannerkassen einen präzise fortgeschriebenen Artikelbestand in der Filiale, um verspätete Bestellungen und damit die Gefahr von Out-of-Stocks bzw. verfrühte Bestellungen mit den damit einhergehenden Überbeständen zu vermeiden. So erfolgt die filialseitige Datenerfassung durch regelmäßigen Abgleich des Filialbestands mit dem systemseitig hinterlegten Bestand im Rahmen von Teilinventuren.

Durch den Einsatz von MDE-Geräten ist es Mitarbeitern möglich, das Regallabel zu scannen und damit den Systembestand mit dem Regalbestand inkl. möglicher Pufferbestände in Handlägern abzugleichen sowie ausstehende Belieferungen abzurufen. Neben den Bestandsdaten können auch Anpassungen veränderter Stammdaten vorgenommen werden. Dieser Vorgang greift eng in die Datenanalyse und den Listungsabgleich ein, der sich nicht nur auf Artikel des Kernsortiments, sondern auch auf regionale und saisonale Artikel bezieht. Während das Kernsortiment mit der Systemunterstützung durch die Handelszentrale disponiert wird, erfolgt die Bestellung von filialspezifischen Artikeln dezentral durch dispositionsverantwortliche Mitarbeiter in der Filiale. Unter Berücksichtigung vorgegebener Bestellmengen nehmen sie nicht nur die Bestellung des individuellen Sortimentsbereichs vor, sondern sind auch in der Lage, Bestellbearbeitungen und Liefertermine einzusehen. Darüber hinaus besteht die Möglichkeit, die Bestellmengen des Kernsortiments an veränderte Abverkaufsmuster anzupassen und diese mit den zentral gespeicherten Bestellmengen je Artikel abzugleichen. Sowohl automatisch generierte Bestellungen des Kernsortiments als auch die durch disposi-tionsverantwortliche Mitarbeiter generierten Bestellungen des Zusatzsortiments werden nach Freigabe durch die Handelszentrale in den Zentrallägern für die filialspezifische Auslieferung in standardisierten Transportbehältern kommissioniert. Dabei wird bereits bei der Bestellbearbeitung in den Zentrallägern die Verräumreihenfolge entsprechend des Filiallayouts beachtet, so dass in einem Transportbehälter möglichst Artikel eines Regals oder einer Warenabteilung zusammengefasst werden.

Mit der Entlastung der Zentrallagerbestände erfolgt automatisch eine zeitlich versetzte Belastung des Filialbestands unter Berücksichtigung der Belieferungsdauer. Da die Lieferung vom Zentrallager an die Handelsfiliale innerhalb des Verantwortungsbereichs des Handelsunternehmens vorgenommen und die generierte Bestellung durch die Zentrale bereits dem Filialbestand zugebucht wurde, sind keine Wareneingangskontrolle und Wareneingangserfassung in den Filialen vorzunehmen. Zur effizienten Transportmittelauslastung werden Lieferungen mehrerer Filialen zusammengefasst und in engen Zeitfenstern täglich an die Filialen geliefert. Da die Lieferungen häufig aus verschiedenen Regional- oder Zentrallägern erfolgen können, sind für die Warenanlieferung an die Warenannahme feste untertägige Lieferzeiten vorgegeben. An diesen Lieferzeiten orientiert sich die Personaleinsatzplanung, um Mitarbeiter bedarfsorientiert abzustellen, die die Warenlieferungen direkt in den Frontstore der Filiale transportieren und verräumen. Bei der Warenannahme werden neben der Annahme der Versandpapieren lediglich Transportschäden aufgenommen sowie die Frische der Waren überprüft. Die standardisierten, stapelbaren Transportbehälter mit den gelieferten Waren werden abteilungsgerecht auf Rolluntersetzern durch den Backstore in den Fronstore transportiert. Leere Transportbehälter werden an die LKW übergeben und so dem Zentrallager zugeführt. Warenabteilungsspezifische Mitarbeiter nehmen die Behältertürme entgegen und beginnen mit der Verräumung der Waren entsprechend kürzester Routen innerhalb der Warenabteilungen. Wie auch bei Content Retailern wird auf eine Preisauszeichnung auf Artikelebene verzichtet, sondern vielmehr die Preis- und Produktinformation durch Regallabel sichergestellt. Veränderte Preise oder abweichende Produkteigenschaften werden durch neue, vom Zentrallager gelieferte Regallabel gekennzeichnet. Da im Normalfall der Regalbestand aufgrund zwischenzeitlicher Abverkäufe unter den Meldebestand gesunken ist, sind die bestehenden Restbestände aus dem Regal zu nehmen, um den etwaigen Handlagerbestand in der Nähe der Warenträger zu ergänzen und mit den angelieferten Ware nach dem FIFO-Prinzip einzuräumen. Bei verschmutzten Regalflächen besteht während des Verräumvorgangs die Möglichkeit, diese zu reinigen. Aufgrund der vorgegebenen Facings ist die Regalfläche für die Mengen der einzelnen Artikel exakt vorgegeben, so dass die Warenlieferung i.d.R. vollständig in das Regal verräumt werden kann. Überschüssige Restmengen sind erneut in Handlagern in der Nähe des Regalplatzes zwischenzulagern. Die Verräumung von Frischeartikeln wie Obst und Gemüse, die durch eine lose Warenpräsentation gekennzeichnet sind, ist mit einem höheren Verräumaufwand sowie einer intensiven Bestandspflege gekennzeichnet. Insbesondere aufgrund Verderb oder mangelnden Frische sind die Bestandsdaten häufig ungenau. Dies erfordert eine regelmäßige manuelle Bestandskontrolle durch das Personal, um die Bestandsdaten zu aktualisieren und die Belieferung sicherzustellen. Nachfolgende Abbildung 24 stellt die Waren- und Informationsflüsse der filialspezifischen Logistikprozesse bei Content Retailern dar.

4.3 „Content Retailer" – Supermärkte mit hoher Integration von Logistikprozessen

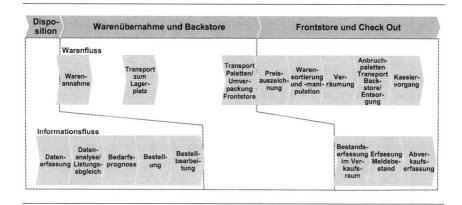

Abbildung 24: *Prozessmodell der Filiallogistik bei Content Retailern*

4.3.4 Mitarbeiter und Technikeinsatz in der Filiallogistik bei Content Retailern

Hinsichtlich des Einsatzes dispositiver und ausführender Mitarbeiter weisen Content Retailer nicht nur aufgrund der kleineren Verkaufsflächen sowie des geringeren Sortimentsumfangs von Supermärkten und kleinen Verbrauchermärkten abweichende Anforderungen als Channel Retailer auf. Durch die zentrale Steuerung des Kern- und Standardsortiments liegt eine Entlastung filialverantwortlicher Mitarbeiter von Bestellmengenermittlungen und Bestellabgleichen in den Filialen vor. Die eingesetzten EDV-unterstützten und vollautomatischen Dispositionssysteme stellen eine geringe Schwankungsbreite der Regalbestände durch eine dynamische Anpassung der Bestellrhythmen bei konstanten Bestellmengen sicher. Dies bedingt die technische Unterstützung und eine hohe Übereinstimmung der im Warenwirtschaftssystem hinterlegten Bestandsmengen mit den Filialbeständen. Damit wird deutlich, dass die physischen Bestände permanent geprüft und Abweichungen durch Filialmitarbeiter im System aktualisiert werden sollten, um die automatische Disposition umsetzen zu können. Da der Bestellzeitpunkt durch die gespeicherten Abverkäufe der Kassensysteme, den aktuellen Filialbestand sowie unter Berücksichtigung der Wiederbeschaffungszeit determiniert ist, sind filialspezifische Mitarbeiter von der Bestandsverantwortung des Kernsortiments weitgehend entlastet. Die Dispositionshoheit des individuellen saisonalen Sortiments erfordert dagegen ein engagiertes und verantwortungsvolles Verhalten der dispositiven Mitarbeiter.[813] Von besonderer Bedeutung ist dabei ein tiefgreifendes Verständnis über die Logistikprozesse und Bestands- sowie Bestelllogik. Dadurch kann sichergestellt werden, dass die fixen Bestellmengen nicht nur auf Basis der Abverkaufshistorie der Kassensysteme bestimmt werden, sondern auch die Regalbilder einer nachfragegerechten Warenpräsentation entsprechen. Zur Entscheidungsunterstützung für den dezentral verantworteten Sortimentsausschnitt

---

[813] Vgl. DeHoratius/Raman (2007), S. 519ff.

können systemseitig Mindestbestellmengen und Abverkaufsmustern der Vergangenheit bereitstehen. Darüber hinaus sind dispositive Mitarbeiter für die Gestaltung der Warenpräsentation temporärer Sortimentsausschnitte auf Freiflächen verantwortlich und mit der Personaleinsatzplanung der ausführenden Mitarbeiter betraut. Die Aufgaben des Personals umfassen die Warenannahme, die zeitnahe Verräumung der angelieferten Warensendungen in die Warenträger, die kundenorientierte Präsentation der Waren und Gestaltung von Zweitplatzierungen sowie die Bedienung an den Frischtheken. Weiterhin wird der Kassiervorgang durch die ausführenden Mitarbeiter realisiert. Aufgrund der Zentrallagerbelieferung erfolgt die Warenannahme der filialspezifisch kommissionierten Warenlieferungen zu wenigen festgelegten Lieferfenstern, die sowohl vor als auch während der Öffnungszeiten der Handelsfiliale erfolgen können. Demnach sollte gewährleistet sein, dass Mitarbeiter zur Annahme der Lieferungen vor Ort sind.

Alternativ besteht die Möglichkeit, dass die Fahrer Zugang zur Warenannahme haben und die Lieferungen außerhalb der Öffnungszeiten im Backstore abladen können. Eine zeitaufwändige Verbuchung der Lieferungen zum Filialbestand ist nicht zwingend erforderlich, da dieser Vorgang bereits mit der Kommissionierung im Zentrallager vorgenommen wird. Somit ist der Einsatz von Lagerpersonal in den Filialen der Content Retailer nicht notwendig. Filialmitarbeiter, meist die Filialverantwortlichen, vereinnahmen die Lieferung, die zeitnah im Frontstore verräumt wird. Damit ist meist ein temporär erhöhter Mitarbeitereinsatz verbunden, der durch Teilzeit- oder Aushilfskräfte abgefangen werden kann. Um die kommissionierten Standardbehälter direkt im Frontstore zu verräumen, stapeln Mitarbeiter vielfach die Waren abteilungsspezifisch auf rollbaren Untergestellen. Neben der Verräumung der Ware in die vorgegebenen Regalflächen haben die Mitarbeiter die Aufgabe, Regallabels und Preisauszeichnungen auf ihre Aktualität zu prüfen und bei Bedarf durch mitgelieferte neue Artikelauszeichnungen zu ersetzen. Parallel zu den Kundenströmen erfolgt die Verräumung der aus dem Zentrallager gelieferten Artikel. Neben den temporär eingesetzten Verräummitarbeitern wird durchgängig Filialpersonal vorgehalten, das neben der Kundenbetreuung auch die Bestandskontrolle sowie Regalpflege durchführt. Mit dem Vorhalten individueller Verkaufsflächen für saisonale und temporäre Sortimentsbereiche sind sie darüber hinaus mit der Gestaltung der Warenpräsentation auf Freiflächen betraut. Als weitere Aufgabe ist die unabhängig von Lieferungen vorzunehmende Nachverräumung aus Handlägern für Aktionsartikel zu nennen. Es scheint zielführend, nicht nur einen an Belieferungszeiten gekoppelten, zeitlich begrenzten Mitarbeitereinsatz zur Verräumung der Waren sicherzustellen, sondern auch die Aufgabenumfänge der Mitarbeiter weitgehend flexibel zu halten. Um dies sicherzustellen, sind Arbeitsanweisungen vorzuhalten, welche die Aufgabenbereiche für Teilzeit- und Vollzeitmitarbeiter umfassen. In erklärungsintensiven Warenabteilungen mit hohem Bedienanteil sowie Verkaufsgesprächen sind die Mitarbeiter an die untertägige Kundenfrequenz anzupassen. Aufgrund der überwiegend durch das Zentrallager belieferten Artikel und der durch die Handelszentrale determinierten Regalplatzbelegungen ist der Einsatz von herstellerseitigen

Mitarbeitern zur Regalpflege nicht zu erwarten. Neben den Verräum- und Regalpflegemitarbeitern ist weiterhin Kassenpersonal einzusetzen. Um die Mitarbeiteranzahl im Check Out an die Kundenfrequenz anzupassen, sind hier wenige ausschließlich für den Kassiervorgang eingesetzte Mitarbeiter vorzuhalten, die durch den flexiblen Einsatz des geschulten Vollzeitpersonals bei Bedarfsspitzen ergänzt wird. Wie auch bei Channel Retailern sind in diesem Bereich zuverlässige und ausgebildete Mitarbeiter einzusetzen, um die Bestandsgenauigkeit durch artikelgenaues Scannen sicherstellen zu können.

Die komplexe Abstimmung von Regalfläche, Abverkaufsmustern und Bestellmengen zur Steuerung der Disposition erfordert den Einsatz eines integrierten WWS, dass durch die bereits erwähnte Geschlossenheit gekennzeichnet ist und warenorientierte, dispositive sowie abrechnungsbezogene Informationen in der Handelszentrale und der Filiale bereitstellt.[814] In Verbindung mit dem Einsatz von Barcodes auf Artikelebene lassen sich die filialspezifischen Logistikprozesse unterstützen. Insbesondere zur Bestandsinventur mit Hilfe von MDE-Geräten und zur Identifikation von Abverkäufen finden die Barcodes Verwendung. Darüber sind mit dem Auslesen von Barcodes Informationen über ausstehende Bestellungen, Liefertermine sowie Preisangaben abrufbar. Ferner besteht in den Filialen die Möglichkeit, Etiketten zur Warenauszeichnung zu erstellen, um bei Bedarf Preisänderungen kurzfristig vorzunehmen, die von aktualisierten Stammdaten durch die Handelszentrale begleitet werden. Neben dem technischen Einsatz zur Unterstützung des Informationsflusses sind in warenflussbezogener Hinsicht die standardisierten Transportbehälter zu erwähnen. Sie ermöglichen nicht nur die effiziente Auslastung von Transportkapazitäten, sondern dienen der effizienten Nachverräumung in den Filialen. Aufgrund der Stapelfähigkeit und in Verbindung mit Rollgestellen erlauben sie die effiziente Warenverräumung innerhalb des Frontstores. Darüber hinaus ist der Einsatz der wiederverwertbaren Transportbehälter durch einen geringen Anteil zu entsorgender Umverpackungen in den Filialen gekennzeichnet. Nach erfolgter Verräumung werden die Transportbehälter durch die beliefernden LKW entgegengenommen und den Zentrallägern zur Verfügung gestellt.

4.3.5 Prozessorientierte Ressourcenbündel im Management der Filiallogistik von Content Retailern

Mit der Nutzenstrategie des Produktführers positionieren sich Content Retailer als Anbieter eines selektierten und hochwertigen Sortiments auf einem mittleren bis gehobenen Preisniveau. Darüber hinaus bieten sie umfassende Zusatz- und Saisonartikel zur weitergehenden Profilierung an, die in ansprechenden Warenträgern und Regalen einzeln platziert werden und durch eine umfassende Sortimentshöhe den Qualitätsanspruch in der Warenpräsentation untermauern. Damit ist das Management der Filiallogistik mit der Bereitstellung eines

---

[814] Vgl. Hertel (1992), S. 1.

diversifiziert-differenzierten Sortiments und einem umfangreichen Frischesortiment gekennzeichnet, das aufgrund ausgewählter Sonderaktionen in allen Warenbereichen mit Absatzschwankungen konfrontiert ist. Gegenüber Channel Retailern sind Content Retailer durch abweichende filialspezifische Logistikprozesse gekennzeichnet, die in Verbindung mit den Human-, den materiellen und immateriellen Ressourcen in einem differenzierten prozessorientierten Ressourcenbündel münden und zur Sicherung der Regalverfügbarkeit beitragen. Diese heterogene Ausstattung des Managements der Filiallogistik ist durch Effizienz- und/oder Effektivitätsunterschiede gekennzeichnet, welche die Ursachen des Wettbewerbsvorteils von Content Retailern darstellen.[815]

Der hohe Zentralisationsgrad der Disposition des Kern- und Standardsortiments weist spezifische Anforderungen an die Humanressourcen auf. So sind einerseits dispositive Mitarbeiter von Bestellmengenentscheidungen des Sortimentsausschnitts entbunden und können sich auf die der Nutzenstrategie entsprechenden Warenpräsentation fokussieren. Durch die stringente Abstimmung von Regalflächen und Bestellmengen ist es nicht nur möglich, auf Pufferbestände zu verzichten und somit die Flächenrentabilität der kleineren Einkaufsstätten zu steigern, sondern auch das Regalbild durch Warenbestände zwischen definierten Soll- sowie Meldebestandsmengen zu prägen. Darüber hinaus reduziert die Vermeidung von Backstore-Beständen die Komplexität der Warenmanipulationen und Warenbewegungen durch Mitarbeiter. Mit dem überwiegenden Vorhalten von Filialbeständen in den Warenträgern lässt sich die Gefahr einer verspäteten Nachverräumung aus dem Backstore durch das ausführende Personal vermeiden. Grundvoraussetzung stellt jedoch die Gewährleistung einer hohen Übereinstimmung von System- und physischen Filialbestand dar, die durch eine permanente Bestandsaktualisierung sichergestellt werden sollte. Dies erfordert von den Filialverantwortlichen die laufende Aktualisierung der Bestandsdaten durch Ausbuchungen von Verderb, Bruch und Schwund. Die Bestandsaktualisierungen müssen zeitnah an die Handelszentrale übermittelt werden, um bedarfsgerecht Bestellungen sicherstellen zu können. Während sich das Aufgabenfeld der Filialverantwortlichen hinsichtlich des Kern- und Standardsortiments auf die Bestandsverwaltung begrenzt, sind sie andererseits für die Bestandsplanung und Disposition des regionalen und Frischesortiments verantwortlich. Deshalb sollten Filialverantwortliche nicht nur die Bestelllogik sowie die Vorgaben der Bestandshaltung nachvollziehen und somit ein tiefgreifendes Logistikverständnis aufweisen können, sondern ebenso unter Berücksichtigung der angebotenen Abverkaufshistorien die Bestellmengen eigenverantwortlich bestimmen. Zusätzlich zur Dispositionsverantwortung übernehmen die Filialleiter die Personalführung und -einsatzplanung in den Filialen. Neben ganztägig vorzuhaltenden und an die Kundenfrequenz angepassten Servicemitarbeitern für bedienungsintensive Frischtheken sowie Kassiertätigkeiten im Check Out ist der flexible Einsatz von Teilzeit- und Aushilfskräften zur zeitnahen Nachverräumung nach Wareneingang

---

[815] Vgl. Plinke (1995), S. 68.

4.3 „Content Retailer" – Supermärkte mit hoher Integration von Logistikprozessen 213

zu planen. Beim Content Retailer ist davon auszugehen, dass die Verräumung gelieferter Waren in Abstimmung mit den Belieferungszeiten zu fest definierten Zeitpunkten erfolgt. Damit ist das permanente Vorhalten von Personal zur Warenannahme und Lagerüberwachung nicht zwingend notwendig. Allerdings ist die an Belieferungsfrequenzen ausgerichtete, filialspezifische Personalplanung für die verräumenden Mitarbeiter von hoher Bedeutung. Diese sollten warenabteilungsspezifisch die Verräumung der zentralseitig gelieferten Waren vornehmen. Somit ist das Tätigkeitsprofil ausführender Mitarbeiter mit umfangreicheren Aufgaben als bei Channel Retailern gekennzeichnet, jedoch ebenfalls durch einen hohen Anteil von Routinetätigkeiten geprägt. Bspw. werden von den ausführenden Mitarbeitern weder Entscheidungen bzgl. der zu verräumenden Artikelmenge oder Preisauszeichnungen gefordert. Die an Belieferungsfrequenzen ausgerichtete, filialspezifische Personalplanung für verräumende Mitarbeiter verdeutlicht den flexiblen Zuschnitt auf bestehende Anforderungen des Managements der Filiallogistik („cospecialized asset").[816]

Zu den relevanten materiellen Ressourcen zählt der Einsatz von standardisierten Auto-ID-Technologien zur Erfassung der Barcodes. Zum einen ermöglicht der Einsatz von MDE-Geräten die Prüfung und Aktualisierung der Filialbestände, zum anderen erfolgt die artikelgenaue Erfassung der Warenbewegungen an den Kassen. Wesentlich für die effiziente Umsetzung der filialspezifischen Logistikprozesse ist die Erfassung der Bewegungsdaten, die mit den Bestandsdaten im integrierten WWS gegenübergestellt werden. Auch hier stellen wie bei Channel Retailern die Verfügbarkeit, Aktualität und Qualität der Bestandsdaten die Grundlage der filialspezifischen Bestellvorgänge. Darüber hinaus bilden aktuelle Planogramme die Grundlage zur Warenpräsentation. Damit kann das Ziel verfolgt werden, Pufferbestände in Lagerflächen zu vermeiden. Planogramme sind dynamisch an veränderte Abverkaufsmuster anzupassen, um die Regalflächen umsatzsteigernd auszulasten. Als wettbewerbsrelevante immaterielle Ressourcen der Content Retailer sind Kenntnisse und Erfahrungen über die Anzahl von Facings und die Anpassung an Abverkaufsschwankungen zu nennen. Der Abstimmung unterliegen nicht nur weitreichende Abverkaufshistorien zur Flächen- und Mengenermittlung, sondern auch genaue Informationen über Regalflächen und Wertigkeitszonen im Verkaufsraum.

Das prozessorientierte Ressourcenbündel der Filiallogistik bei Content Retailern determiniert damit die filiallogistischen Kernprozesse, die durch eine weitestgehende Vermeidung der Teilprozesse zur Warenlagerung im Backstore und Mehrfachverräumung gekennzeichnet sind. Es zeichnet sich vor allem durch die Fähigkeit aus, dass die Anzahl der Facings in den Verkaufsregalen an die Umschlagshäufigkeit der Artikel sowie die Belieferungsmengen angepasst ist. Auf diese Weise kann der Sollbestand eines Artikels in den Verkaufsregalen determiniert werden. Die Ermittlung von Soll- und Meldebeständen basiert auf den langfristig

---

[816] Vgl. Knyphausen (1993), S. 783.

generierter Abverkaufsdaten sowie unter Berücksichtigung von Sicherheitsbeständen und stellt einen Potenzialunterschied dar, der durch die zeitnahe Verräumung von Warenlieferungen in einem Prozessunterschied mündet. Darüber hinaus erfordert dieses Vorgehen exakte und permanent zu aktualisierende Planogramme, um Bestellmengen mit den zur Verfügung stehenden Regalflächen abzustimmen. Die Kompetenz, Belieferungsmengen an Regalflächen und Abverkaufshäufigkeiten anzugleichen unterliegt einer permanenten, zeitpfadabhängigen Weiterentwicklung, bei der eine dynamische Anpassung an Abverkaufsmuster erfolgt. Dabei sind nicht nur zwischen den Filialen unterschiedlich Planogramme vorzuhalten, sondern diese an die Abverkaufsmuster der jeweiligen Filialen anzupassen. Gleichzeitig ist darauf zu achten, dass das Erscheinungsbild im Vergleich zwischen den Filialen nicht zu heterogen ausfällt, um Kunden filialübergreifend ein einheitliches Kauferlebnis anbieten zu können. In Verbindung mit der zentralen Belieferungsstruktur, des integrierten WWS sowie der Disposition durch die Handelszentrale ist diese Vorgehen zur Warenbereitstellung von Wettbewerbern nur schwer imitierbar. Neben Kenntnissen über Facings, der artikelgenauen Kommissionierung in den Zentrallägern sowie der täglichen Belieferungsmöglichkeit eines umfassenden Sortimentsausschnitts erfordert die Warenbereitstellung bei Content Retailern die möglichst artikelgenaue Abverkaufshistorie, um bedarfssynchrone Warenbelieferungen vorzunehmen.

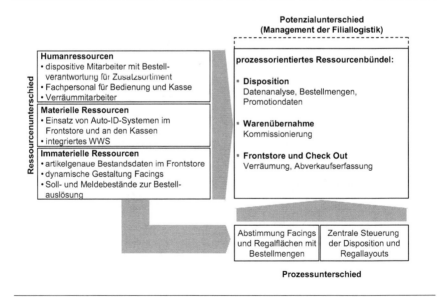

Abbildung 25: *Prozessorientiertes Ressourcenbündel des Managements der Filiallogistik bei Content Retailern*

Das zur effizienten Warenbereitstellung eingesetzte prozessorientierte Ressourcenbündel des Managements der Filiallogistik bei Content Retailern fasst Abbildung 25 zusammen.

4.4 „Lean Discounter" – Discounter mit geringer Integration von Logistikprozessen

Die Nutzenstrategie des Kostenführers fordert von Lean Discountern eine stringente Ausrichtung auf effiziente, standardisierte Belieferungskonzepte und filialspezifische Logistikprozesse. Mit der Kostenorientierung positionieren gegenüber sie sich Wettbewerbern durch ein schmales, durchgängig flaches Sortiment zu niedrigen Preisen. Eine detaillierte Übersicht des absatzpolitischen Instrumentariums mit Auswirkungen auf die Filiallogistik wird in Kapitel 4.4.1 vorgestellt. Daran schließt sich Charakterisierung der Belieferungskonzepte im Rahmen des Supply Chain-Kontextes an (Kapitel 4.4.2). In Anlehnung an das idealtypische Prozessmodell der Filiallogistik werden die Waren- und Informationsflüsse der Filiallogistik bei Lean Discountern in Kapitel 4.4.3 skizziert, zu deren Umsetzung im darauf folgenden Kapitel auf den Mitarbeiter und Technikeinsatz eingegangen wird (Kap. 4.4.4). Abschließend findet sich unter Bezugnahme der Argumentationslinie des RBV die Ableitung des prozessorientierten Ressourcenbündels in Kapitel 4.4.5 wieder.

4.4.1 Handelsunternehmens-Kontext der Filiallogistik des Lean Discounters

Lean Discounter setzen auf die Marketing-Philosophie der Preis-Mengen-Führerschaft.[817] Mit einem hochstandardisierten Leistungsprogramm realisieren sie Skaleneffekte hinsichtlich der Warenbeschaffung, Filialbelieferung und Sortimentsgestaltung. Sie folgen dem Grundsatz des kleinen Warensortiments zu geringen Preisen. Das relativ schmale und flache Sortiment kann bei Harddiscountern weniger als 800 Artikel, bei Softdiscountern hingegen bis zu 2.000 Einzelpositionen umfassen und bietet den Kunden nur im geringen Umfang additive Kaufmöglichkeiten. Der Schwerpunkt des Warenangebots liegt auf einfachen Grundnahrungsmitteln sowie Lebensmitteln des täglichen Bedarfs, ohne oder nur in ausgewählten Artikelgruppen Parallelartikel zu führen. Verkaufsgespräche oder eine Kundenberatung ist meist nicht vorgesehen. Die Warenbereiche umfassen ausschließlich Food- und Near-Food-Artikel in den Warengattungen Trockensortiment, homogenisierte Molkereiprodukte, Obst und Gemüse in verpackten Verkaufseinheiten, Tierfutter, Getränke sowie grundlegende Haushalts- und Hygieneartikel. Als weitere Warengattung finden sich in geringem Umfang Backwaren, Tiefkühlartikel sowie Fisch und Fleisch in gefrorenem Zustand wieder. Auf das Angebot eines profilierungsrelevanten Rand- oder Zusatzsortiments wird weitgehend verzichtet. Ebenso werden saisonale Artikel nur in geringem Ausmaß angeboten. Waren mit komplexen Anforderungen an die filialinterne Manipulation oder mit speziellen Anforderun-

---

[817] Vgl. Rudolph (2000), S. 25.

gen hinsichtlich der Lagerung werden ebenso wenig wie regional differenzierte Artikelgruppen in das Sortiment aufgenommen. Die Sortimentsauswahl orientiert sich strikt an den logistischen Artikeleigenschaften und ist in allen Filialen durch eine hohe Standardisierung gekennzeichnet.

Der geringe Sortimentsumfang zwingt Lean Discounter zum Angebot von umsatzstarken Artikeln mit einer hohen Umschlagshäufigkeit. Langsamdrehende Sortimentsbestandteile müssen schnelldrehenden Artikeln aufgrund des restriktiven maximalen Sortimentsumfang sowie aus Rentabilitätsgründen weichen. Dennoch ist das Sortiment vielfach durch eine geringe Dynamik gekennzeichnet. Eine Sortimentsausweitung, wie sie häufig bei Channel sowie Content Retailern vorliegt, wird aus Gründen der Komplexitätsreduzierung vermieden oder nur selektiert vorgenommen. Daraus lässt sich ableiten, dass es sich ausschließlich um ein Pflichtsortiment handelt, für das der Filialleiter die Dispositionsfreiheit hinsichtlich Mengen und Bestellzeitpunkten übernimmt. Ergänzend werden wöchentlich Nonfood-Artikel zu bestimmten Themenbereichen wie Trekking, Grillen, Multimedia oder für bestimmte Sportarten angeboten. Weiterhin sind Filialen von Lean Discountern durch wenig Verkaufspersonal und fehlende Beratung gekennzeichnet. Die Ware ist meist in Kartons auf Lieferpaletten im Frontstore gelagert, die Warenpräsentation durchgängig auf einen schnellen Umsatz gerichtet.[818]

Lean Discounter weisen eine hohe Flächenproduktivität auf und setzen aufgrund des charakterisierten Sortiments Einkaufsstätten mit bis zu 1.000 m^2 Verkaufsfläche ein. Um der Kostenorientierung gerecht zu werden und mehrfache Verräumtätigkeiten zu vermeiden, werden die Filialbestände komplett in den Regalen, Warenträgern oder Palettenstellplätzen in Transportverpackungen platziert. Dadurch entfällt die Vorhaltung eines Backstore-Bereichs zur Zwischenlagerung. Neben einer Warenannahmestelle wird lediglich eine kleine Fläche für die Warenkontrolle und -manipulation zur Vorbereitung der Verräumung in den Verkaufsraum vorgehalten. Die Verkaufsfläche des Frontstores ist ausschließlich nach logistischen Gesichtspunkten gestaltet und bietet ausreichend Platz, um neben Kundenströmen die Warenverräumung während der Öffnungszeiten vorzunehmen. Die Regalanordnung erfolgt überwiegend nach dem Zwangsablauf mit langen Regalfronten, um kurzfristig die physischen Regalbestände prüfen zu können. Standardisierte Regalflächen bieten die Möglichkeit, Flächenzuteilungen auf den Platzbedarf der Artikel in Umverpackungen anzupassen, wodurch die Verräumung und Bestandspflege erleichtert werden können. Neben den fest installierten Regalreihen finden sich meist zentral platzierte, flexibel einsetzbare Schütten, die das Aktionssortiment enthalten. Dabei ist es auch denkbar, großvolumige Aktionsware von Paletten abzuverkaufen. Aufgrund der hohen Warenumschläge ist der Check Out Bereich großflächig angelegt, um eine schnelle Kundenabwicklung umsetzen zu können. In quantita-

---

[818] Vgl. Miehr/Oess (2006), S. 37.

4.4 „Lean Discounter" – Discounter mit geringer Integration von Logistikprozessen

tiver und qualitativer Hinsicht erfolgt die Warenpositionierung im Verkaufsraum unter Berücksichtigung logistischer Anforderungen. Sortimentsbereiche mit hohem Volumen-Gewicht-Verhältnis wie Getränkepaletten werden zur Vermeidung von langen Transportwegen in der Filiale nahe der Warenannahme platziert. Auch Kühltheken und Tiefkühltruhen für kühlpflichtige Sortimentsbereiche sind nah am Warenannahmebereich positioniert, um die Lieferung ohne große zeitliche Verzögerung verräumen zu können. Verkaufszonenwertigkeiten finden nur in geringem Ausmaß Eingang beim Ladenlayout. Vielmehr werden Regalmaße und Gangbreiten ausschließlich nach logistischen Überlegungen bestimmt. Aufgrund der Anpassung von Regalflächen an die Umverpackungsabmessungen sind damit auch das Regalvolumen und der Regalplatz determiniert.

Merkmale des absatzpolitischen Instrumentariums von Lean Discountern	Merkmalsausprägung
Sortimentspolitik	• Tendenziell schmales und flaches Sortiment, zwischen 600 bis 1.000 Artikelnummern, max. 2.000 Artikelnummern möglich • Schnelldrehende Warengattungen im Sortiment, keine Waren mit komplexen logistischen Anforderungen (bspw. keine Ultrafrische) • Musssortiment, ergänzt um wöchentliche Angebote aus dem Nonfood-Bereich • Sortimentsdurchschnitt schnelldrehend • Dispositionshoheit hinsichtlich Bestellmenge für Mussortiment in der Filiale, Nonfood-Aktionssortiment wird durch Handelszentrale vorgegeben
Ladengestaltungspolitik	• Eine Warenannahmemöglichkeit • Kleiner Backstore-Bereich zur Warenannahme und Warenkontrolle, sofortige Verräumung im Frontstore • Frontstore nach logistischen Anforderungen gegliedert, Freifläche für Schütten zur Präsentation des Nonfood-Aktionssortiments, überwiegend Zwangsablauf • Kassenanlagen ohne Anbindung an Handelszentrale, nur zum internen Abgleich mit Bestellmengen und zur Abrechnung
Warenpräsentation	• Regalbestände nach logistischen Gesichtspunkten ausgerichtet, Regalbreite je Artikel an Format Umverpackung ausgelegt, hohe Regaltiefe zur Sicherung von Pufferbeständen ohne Nachverräumung aus Backstore gegeben. • Strikte Ausrichtung an vorgegebenen Regalflächen. • Verräumung von Artikeln nur auf Ebene der Umverpackungen.
Preispolitik	• Dauerniedrigpreisstrategie • Rabattaktionen nur für Überbestände des Nonfood-Aktionssortiments

Tabelle 14: Kontextspezifische Merkmale des absatzpolitischen Instrumentariums von Lean Discountern

Die Preispolitik bei Lean Discountern ist durch ein niedriges Preisniveau und i.d.R. durch eine Dauerniedrigpreisstrategie gekennzeichnet. Es liegt meist ein bewusster Verzicht auf Sonderpreisaktionen vor, wobei längerfristige Preisreduktionen möglich sind. Mit der Vermeidung von Preisvariationen im Zeitverlauf wird eine Verstetigung der Nachfrage verfolgt, die sich in deren erhöhter Prognostizierbarkeit ausdrücken kann. Neben den positiven Auswirkungen auf Bestellvorgänge lassen sich dadurch regelmäßige Neuauszeichnungen von Regalplätzen vermeiden. Taktische Preisinstrumente wie kurzfristige Preisreduktionen, Sonderangebote oder Kundenkarten sowie Coupons werden nicht eingesetzt.

Die vorgestellten Merkmalsausprägungen des Handelsunternehmens-Kontextes von Lean Discountern sind in Tabelle 14 zusammengestellt.

4.4.2 Supply Chain-Kontext der Filiallogistik bei Lean Discountern

Das schmale Sortiment von Lean Discountern ist durch eine vergleichsweise hohe Umschlagshäufigkeit gekennzeichnet. Mit der geringen Alternativenauswahl je Warengruppe sowie dem konstanten Preisniveau sind die Abverkaufsverläufe der Artikel durch tendenziell geringere Nachfrageschwankungen gekennzeichnet. Daraus lässt sich schließen, dass die durchschnittlich hohen Abverkaufszahlen auf Artikelebene einen umfassenden Warenbestand in den Filialen erfordern, um der hohen Nachfrage gerecht zu werden. Der schmale und flache Sortimentsausschnitt je Hersteller lässt eine Streckenbelieferung nur in seltenen Fällen als effizient erscheinen, weshalb sich im Rahmen der räumlichen Anordnung eine zentrale Belieferungsstruktur, die mit einer indirekte Belieferung der Handelsfilialen verbunden ist, anbietet. Als dominante Belieferungskonzepte können daher neben der Zentrallagerbelieferung ebenso das zweistufige Cross Docking aufgefasst werden. Die Zentrallagerbelieferung ermöglicht eine hohe Versorgungssicherheit durch kurzfristige Bestellmöglichkeiten und kurze Lieferzeiten bei täglicher Belieferung von großen Warenmengen mit vergleichsweise geringen Bestellkosten. Darüber hinaus ist sie durch einen geringen Personaleinsatz an der Warenrampe der Filiale gekennzeichnet, da nur wenige Anlieferungen pro Tag an die Filiale erfolgen. Aufgrund der Lagerung umfangreicher Sortimentsbestandteile in einem oder wenigen Regional- bzw. Zentrallägern kann eine hohe Transportmittelauslastung erzielt werden. Dadurch lassen sich Economies of Scope realisieren. Zusätzlich ermöglicht der größere Warenbedarf aufgrund des hohen Warenumschlags des gesamten Sortiments Economies of Scale. Neben der Zentrallagerbelieferung kann das zweistufige Cross Docking eingesetzt werden. Dieses Belieferungskonzept erfordert die Bereitstellung filialspezifischer Bedarfs- und Bestelldaten an Hersteller. Dabei ist zu berücksichtigen, dass zwar ein Datenaustausch zwischen Filiale und Zentrale vorherrscht, jedoch bei Lean Discountern keine filialspezifischen Bestandsdaten an Hersteller übermittelt werden. Beide Belieferungskonzepte stellen die Grundlage für flexible Warenanlieferungen und variable Belieferungsmengen dar, welche zum kurzfristigen Ausgleich von unerwarteten Bedarfsschwankungen in den Filialen Einsatz finden und dadurch zur Vermeidung von OoS-Situationen in den Filialen beitragen können. Zusätzlich werden für wenige Warenbereiche, bspw. für täglich frische Backwaren, Streckenbelieferungen von regionalen Lieferanten als effizient erachtet.

Die den Belieferungen vorausgehende Disposition erfolgt bei Lean Discountern i.d.R. durch den Filialleiter. Im Gegensatz zu Channel und Content Retailern findet die Disposition auf der Grundlage einer subjektiven Bedarfseinschätzung des dispositionsverantwortlichen Mitarbei-

4.4 „Lean Discounter" – Discounter mit geringer Integration von Logistikprozessen

ters statt. Diese haben die Möglichkeit, täglich Bestellungen in unterschiedlicher Höhe an das Zentrallager zu übermitteln, die weitreichende Warenbestände für mehrere Filialen bereitstellen. Dabei sind Lean Discounter durch einen geringen informationstechnologischen Einsatz gekennzeichnet. Bspw. sind die Kassensysteme nicht mit dem WWS der Handelszentrale verbunden, so dass die filialspezifischen Abverkaufsmuster systemseitig nicht hinterlegt werden. Die Ermittlung der Bestellmengen orientiert sich vielmehr an den freien Flächen in den Regalen. Die auf Tagesbasis identifizierten Bedarfe werden in Form von Tagesbestellungen an die Handelszentrale übermittelt. Somit handelt es sich um eine erwartungsorientierte Bestellauslösung, die i.d.R. einen großen Anteil des angebotenen Sortiments umfasst und so dimensioniert ist, dass die bestehenden Regalflächen voll ausgelastet werden. Durch die hohen Abverkaufsmengen lässt sich trotz täglicher Belieferungen aus wenigen vorgeschalteten Lägern eine effiziente Auslastung der Transportkapazitäten realisieren. Der an Regalflächen ausgerichtete, maximale Artikelbestand ermöglicht die Abdeckung unerwarteter Abverkaufsspitzen, so dass von einer spekulativen Bestandsführung im Frontstore gesprochen werden kann. Aufgrund der räumlichen Bündelung verschiedener Artikel sowie der ausstehenden Vereinzelung der Bestellmengen erfolgt die Belieferung effizient sowie durch die mögliche tägliche Bestellung mit hoher Flexibilität.

Vor dem Hintergrund der vergleichsweise hohen Warenumschläge finden sich umfassende Bestände in den Handelsfilialen wieder, die zentral im Frontstore gelagert werden. Die struktur- und prozessbezogenen Kontextgrößen von Lean Discountern sind in Tabelle 15 zusammengefasst.

Merkmale der Belieferungskonzepte von Channel Retailern	Merkmalsausprägung
Belieferungsform	• Indirekte Belieferungsform • Zentrale räumliche Anordnung
Disposition (Bedarfsprognose und Bestellung)	• Erwartungsorientierte Bestellauslösung • Hohe Bestellmengen • Flexible Bestellhäufigkeit • Variable Dispositionstage
Warenübernahme und Backstore (Belieferung)	• Spekulierende Auftragsspezifizierung • Hoher Konsolidierungsgrad (zeitliche Bündelung) • Variable Lieferrhythmen • Kurze Belieferungszeit
Backstore und Frontstore (Bestandsführung)	• Hoher Bestand in Handelsfiliale • Zentrale Lokalisierung im Frontstore

Tabelle 15: Kontextspezifische Merkmale der Belieferungskonzepte bei Lean Discountern

Die Steuerung der Bestellvorgänge sowie die Bestandsführung und Verräumung erfolgen unter dezentraler Verantwortung in den Handelsfilialen. Da die Bestellmengenermittlung ohne systemseitige Unterstützung vorgenommen wird, ist ein kontinuierlicher Datenaustausch zwischen den Kassensystemen und dem zentralen WWS der Handelszentrale nicht erforderlich. Vielmehr zählt zu den auszutauschenden Daten einerseits die tägliche Bestellübermittlung durch den Filialverantwortlichen an die Zentrale bzw. an das Lager. Andererseits erfolgt eine Lieferavis an die Filiale, um den Warenversand zu bestätigen. Artikelgenaue Abverkaufsdaten sowie aktuelle Bestandsdaten werden dagegen nicht an die Zentrale weitergeleitet. Bedarfsprognosen finden auf der Filialebene ebenfalls nicht statt, da die artikelspezifischen Regalplätze regelmäßig vollständig aufzufüllen sind. Durch die Standardisierung der Regalplatzbelegung und die Übereinstimmung von Regalflächen mit Abmessungen von Umverpackungen im Rahmen von Planogrammen sind die Maximalbestände in den Filialen determiniert, wodurch außerplanmäßige Überbestände vermieden werden können. Somit erfolgt die Ermittlung der Bestellmenge durch Selbstabstimmung nach Maßgabe vorgegebener Richtlinien. Mit der Bestellübermittlung an die Handelszentrale ist ein direkter Datenaustausch zwischen Filiale und Hersteller nicht notwendig. Vielmehr konsolidiert die Handelszentrale den Bedarf der Handelsfilialen und übermittelt diesen mittels Datenfernübertragung an die Hersteller. Aufgrund der zentralisierten Verantwortung hinsichtlich der Sortimentsgestaltung, der Vermeidung von Promotions und der gemeinsamen artikelspezifischen Abverkaufsfördermaßnahmen mit Herstellern ist von einer Marktbeziehung mit vertraglichem Verhältnis zwischen Lean Discountern und Herstellern auszugehen.

4.4.3 Filialspezifische Logistikprozesse von Lean Discountern

Die Zielsetzung von Lean Discountern fordert einen kostenminimalen Leistungserstellungsprozess, der sich neben einem effizienten Einkaufs- und Verkaufsprozess vor allem auf Logistikprozesse und die Warenbereitstellung in Handelsfilialen bezieht. Die Disposition des Standardsortiments wird dezentral durch Filialverantwortliche unter weitgehendem Verzicht auf den Einsatz von technischen Bestandsführungssystemen vorgenommen. Zunächst erfolgt im Rahmen einer täglichen Kontrolle der Sichtbestände die Bestandserfassung im Verkaufsraum. Finden sich geringe Regalbestände, die bis zur übernächsten Warenlieferung erfahrungsgemäß nicht ausreichen, kann eine Datenerfassung der betreffenden Artikel mit Hilfe von MDE-Geräten vorgenommen werden. Anhand der gescannten Artikelnummern können von der Handelszentrale bereitgestellte Informationen hinsichtlich ausstehender Bestellungen oder avisierter Lieferungen abgerufen werden. In Verbindung mit den freien Regalflächen stellen diese Belieferungsinformationen die Grundlage zur Bestellmengenermittlung dar. Die manuelle Disposition erweist sich mit geringer systemseitiger Unterstützung als vergleichsweise zeitintensiv. Jedoch lässt sie sich aufgrund des geringen Sortimentsumfangs bei Lean Discountern mit der Kontrolle des Regalbildes kombinieren und ist somit mit einem verhältnismäßig geringen Zusatzaufwand verbunden. In diesem Teilprozess besteht weiterhin die Möglichkeit, beschädigte oder verdorbene Artikel aus den Regalen zu nehmen und aus dem Filialbestand zu buchen. Der geringe Sortimentsumfang in Verbindung mit der Vermeidung von Backstore-Beständen ermöglicht es Dispositionsverantwortlichen, Warenbestellungen immer dann vorzunehmen, wenn die Warenmenge einer logistischen Einheit abverkauft oder der Regalplatz nicht vollständig befüllt ist. Bestellungen werden weiterhin dann aufgegeben,

4.4 „Lean Discounter" – Discounter mit geringer Integration von Logistikprozessen

wenn der Regalplatz eine weitere Umverpackung aufnehmen kann, ohne sie an anderer Stelle zwischenlagern zu müssen. Daraus lässt sich schließen, dass die kleinste Bestelleinheit der Artikelmenge einer Umverpackung entspricht.

Die an das Kanban-System angelehnte Nachschubsteuerung folgt somit der einfachen Regel, immer dann eine Bestellung vorzunehmen, wenn die Menge der kleinsten Bestelleinheit abverkauft wurde oder der Abverkauf vor der nächsten Belieferung zu erwarten ist.[819] Nach erfolgter Bedarfsermittlung bestimmt der Dispositionsverantwortliche die Bestellmenge und legt mit Hilfe des MDE-Gerätes einen Bestellauftrag an. Erst nach der Kontrolle des gesamten Filialbestands werden alle angelegten Bestellaufträge gegen Abend konsolidiert per DFÜ an die Handelszentrale übermittelt. Diese leitet über Nacht die filialspezifischen Bestellungen an die jeweiligen Zentralläger weiter, wo die Aufträge auf Paletten kommissioniert werden, um am nächsten Morgen die filialspezifischen Bestellungen ausliefern zu können. Zur Transportmittelauslastung werden Lieferungen mehrerer Filialen zusammengefasst und ausgeliefert. Da die täglichen Lieferungen aus einem oder wenigen Zentrallägern in einem engen Zeitfenster an der einzigen Warenannahme der Filialen abgeladen werden, bestehen für die Warenanlieferung feste Lieferzeiten. Liegt dieses Zeitfenster außerhalb der Öffnungszeiten, können die Fahrer der liefernden LKW mit einer Zugangsberechtigung zu den Warenannahmenflächen ausgestattet werden und die Lieferung in der Annahmezone abladen, so dass kein Filialpersonal vorgehalten werden muss. Dabei werden kühlpflichtige Produkte in Kühlräumen zwischengelagert.

In geringen Zeitabständen, bspw. ein Mal wöchentlich, erfolgt die Belieferung des Aktionssortiments, über dessen Art und Umfang der Filialverantwortliche vorab informiert wird, um Schütten und temporäre Platzierungen vorbereiten zu können. Eine systemseitige Wareneingangserfassung muss nicht vorgenommen werden, da das WWS lediglich die Warenabgänge in den Zentrallägern speichert und somit aus dem System aus- und der Filiale zubucht. Dieses Vorgehen erfordert eine exakte Wareneingangskontrolle und Prüfung von Transportschäden durch den Filialverantwortlichen. Weiterhin erfolgt ein Abgleich der Warenlieferungen mit den Versandpapieren, um bei Differenzen nachträglich eine Ausbuchung aus dem Filialbestand vornehmen zu können. Die angelieferten Paletten werden anschließend vom Filialpersonal mit Hubwagen innerhalb der Filiale zu den einzelnen Regalplätzen transportiert. Aufgrund der langen, nach dem Zwangsablauf angeordneten Regalreihen, ist eine filialinterne Vorkommissionierung nicht erforderlich. Dort werden leere Umverpackungen aus den Regalen genommen, die angelieferten Umverpackungen geöffnet und in die Warenträgern verräumt. Sind die Regalbestände komplett abverkauft, kann eine Reinigung der Regalflächen vorgenommen werden. Befinden sich noch Restbestände im Regal, erfolgt die Verräumung

---

[819] Vgl. Brandes (1998), S. 234. Eine manuelle Disposition nach dieser Regel lässt sich im Lebensmitteleinzelhandel dann umsetzen, wenn der Sortimentsumfang gering ist und die Bestellmengen nicht auf einzelne Artikelzahlen reduziert ist, sondern auf der Ebene von Umverpackungen mit größerer Artikelanzahl vorliegt.

neu angelieferten Waren zu den bestehenden Regalbeständen. Aufgrund der hohen Umschlagshäufigkeit kann eine Warenpräsentation nach dem FIFO-Prinzip vernachlässigt werden. Wie auch beim Channel und Content Retailer wird auf eine Preisauszeichnung auf Artikelebene verzichtet und die Produkt- und Preisinformationen durch Regallabel vorgenommen. In Zusammenhang mit der Dauerniedrigpreisstrategie ist eine häufige Preisvariation und somit ein Austausch der Regallabels nicht zu erwarten. Nach erfolgter Verräumung einer kompletten Palette werden die aus den Regalen entnommenen leeren Umverpackungen entsorgt und die Leerpaletten zur Abholung im Bereich der Warenannahme platziert. Der abschließende Teilprozess des Kassiervorgangs erfolgt mit Unterstützung von Scannerkassen, deren Abverkaufsdaten für die Abrechnung verwendet werden. Die Bewegungsdaten werden dagegen nicht zur Disposition und zur Bestellauslösung genutzt. Abbildung 26 gibt die Waren- und Informationsflüsse der filialspezifischen Logistikprozesse bei Lean Discountern wieder.

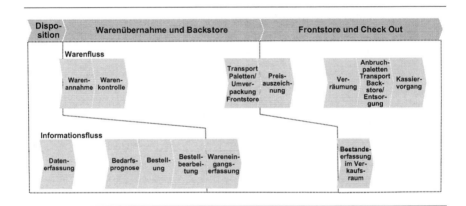

Abbildung 26: Prozessmodell der Filiallogistik bei Lean Discountern

4.4.4 Mitarbeiter und Technikeinsatz in der Filiallogistik bei Lean Discountern

Trotz der hohen Dezentralisation von Entscheidungsbefugnissen hinsichtlich Bestandshöhen und Bestellmengen sowie -zeitpunkten lassen sich bei Lean Discountern die filiallogistischen Prozesse mit einem geringen Personaleinsatz umsetzen. So arbeiten in Discountern meist weniger als zehn Personen, die flexibel in allen Bereichen wie der Warenannahme, der Warenverräumung und Regalpflege sowie im Kassenbereich eingesetzt werden können. Die Übernahme der Bestands- und Dispositionsverantwortung erfordert ein engagiertes und verantwortungsvolles Handeln der dispositiven Mitarbeiter.[820] Aufgrund der subjektiven Bedarfsabschätzung durch Filialverantwortliche ist ein umfassendes Erfahrungswissen

---

[820] Vgl. DeHoratius/Raman (2007), S. 519ff.

4.4 „Lean Discounter" – Discounter mit geringer Integration von Logistikprozessen

hinsichtlich der Kundenstruktur und der zu erwartenden Abverkaufsmengen unumgänglich. Damit stellen die Dispositionsverantwortlichen die relevanten Wissensträger des filialspezifischen Warennachschubs dar. Mit der zeitlich und mengenbezogenen flexiblen Gestaltung des Warennachschubs in Handelsfilialen nehmen die Entscheidungsbereiche der Filialverantwortlichen zu, wobei die aufgrund der standardisierten und durch eine geringe Komplexität gekennzeichneten Prozesse mit dem geringen Personaleinsatz zu bewältigen sind. Dies ist nicht nur auf den verhältnismäßig kleinen Sortimentsumfang, sondern auch auf die Vermeidung von Warenbewegungen und die Vernachlässigung von marketingbezogenen Aktivitäten wie Mehrfachplatzierungen zurück zu führen. Dabei sind Filialleiter neben der Bestandsverantwortung ebenfalls mit der Mitarbeitereinplanung sowie Personalentscheidungen betraut.[821] Die unterschiedlichen Aufgabenbereiche erfordern dabei einen flexiblen Personaleinsatz. Zum einen werden Mitarbeiter für die Warenannahme benötigt, um die gelieferten Mengen auf ihre Verkaufseigenschaften zu prüfen und einen Abgleich mit den Versandpapieren vorzunehmen. Aufgrund der Zentrallagerbelieferungen handelt es sich jedoch lediglich um eine oder wenige tägliche Anlieferungen, so dass eine permanente Vorhaltung von Mitarbeitern in der Warenannahme nicht erforderlich ist. Zum anderen werden die Mitarbeiter eingesetzt, um die gelieferten Waren in die Warenträger im Verkaufsraum zu verräumen. Diese Aufgabe erfordert die genaue Kenntnis des vorgehaltenen Gesamtsortiments, um die Verräumung effizient umsetzen zu können und das gewünschte Regalbild aufrecht zu erhalten. Darüber hinaus sind die Mitarbeiter für die Auszeichnung bei Preisänderungen sowie die Entsorgung leerer Umverpackungen in den Warenträgern verantwortlich. Da die Warenlieferungen im Rahmen enger Zeitfenster in den Filialen eintreffen, kann der Personaleinsatz für die Verräumung auf die Lieferzeiten abgestimmt werden. Um den Personalbedarf neben den Warenanlieferungen auch an die Kundenströme anpassen zu können, müssen Mitarbeiter weiterhin mit dem Kassierprozess vertraut sein.

Durch die flexible Zuordnung der Mitarbeiter zu den einzelnen Logistikprozessen ist eine kurzfristige Kapazitätsanpassung für die Warenannahme, für die Verräumung und für die Regalpflege oder an den Kassen möglich. Der breit angelegte Mitarbeitereinsatz in den unterschiedlichen Teilprozessen der Filiallogistik ist nicht zuletzt auch deshalb möglich, da bei Lean Discountern weitestgehend auf den Einsatz komplexer Technik verzichtet wird. Bspw. kommen Auto-ID-Systeme lediglich zur Erstellung von Bestellaufträgen durch den Filialverantwortlichen zum Einsatz. Mit Hilfe von MDE-Geräten können ausschließlich durch die Handelszentrale vorgehaltene Informationen zu ausstehenden Lieferungen sowie Lieferavisen abgerufen werden. Ein systemseitiger Rückgriff auf Bestands- und Bewegungsdaten auf Filialebene ist dagegen nicht möglich, da weder Abverkaufs- noch Wareneingangsdaten im WWS festgehalten werden. Damit dient der Einsatz der MDE-Geräte überwiegend der Erstellung von Bestellaufträgen, die an die Handelszentrale übermittelt werden. Vor diesem

---

[821] Vgl. Shim/Lusch/Goldsberry (2002), S. 199.

Hintergrund kann davon ausgegangen werden, dass bei Lean Discountern isoliert-offene WWS zum Einsatz kommen, die durch Scannerkassen für das Abrechnungssystem Ergänzung finden. Auch hinsichtlich der eingesetzten Hardware zur Unterstützung des innerbetrieblichen Transports vom Wareneingang zum Warenträger wird standardisierte Warenflusstechnik eingesetzt. So erfolgt die Anlieferung der durch das Zentrallager kommissionierten Ware ausschließlich in Umverpackungen auf Paletten, die mit Hilfe von Hubwagen in der Filiale transportiert werden. Da die kleinsten Bestelleinheiten dem Inhalt einer Umverpackung entsprechen, lässt sich nicht nur die Kommissionierung auf Zentrallagerebene vereinfachen, sondern auch die Warenkontrolle im Annahmebereich sowie die Verräumung beschleunigen. Nach erfolgter Verräumung der Warenlieferungen einer Palette werden diese wieder an das Zentrallager übergeben.

4.4.5 Prozessorientierte Ressourcenbündel im Management der Filiallogistik von Lean Discountern

Aufgrund der Fokussierung auf ein flaches Sortiment zu einem niedrigen Preisniveau sind Lean Discounter in der Lage, überwiegend einfache Artikel des täglichen Bedarfs anzubieten und auf Zusatzleistungen sowie Kundenberatungen zu verzichten. Das gering diversifiziert-differenzierte Sortiment ist durch hohe Abverkaufsmengen sowie einer relativ stabilen Nachfrage gekennzeichnet und wird im Rahmen einfacher Prozessabläufe mit geringem Technikeinsatz bereitgestellt. Im Vergleich zu Channel oder Content Retailer ist das Management der Filiallogistik aufgrund der manuellen Disposition und einer vereinfachten Verräumung auf Umverpackungsebene durch ein abweichendes prozessorientiertes Ressourcenbündel charakterisiert, dessen Ausstattung hinsichtlich der Human-, materiellen und immateriellen Ressourcen einer differenzierten Ausgestaltung unterliegt.

Mit der Dezentralisation von Entscheidungsbefugnissen hinsichtlich Bestellmengen und -zeitpunkten liegt bei Lean Discountern die Verantwortung über Filialbestände und die damit verbundene Kapitalbindung bei den dispositiven Filialmitarbeitern. Die Vermeidung von Überbeständen und Verderb erfordert demnach eine bedarfsgerechte Einschätzung des angebotenen Sortiments durch den Filialleiter. Dispositionsentscheidungen sind dabei maßgeblich von der Auslastung der den Artikeln zugewiesenen Regalflächen abhängig. Die Flächen sind je Artikel durch die zentral vorgegebenen Regallayouts determiniert und auf Basis von Erfahrungswerten aus allen Filialen so dimensioniert, dass sie unter Berücksichtigung der durchschnittlichen Umschlagshäufigkeit die Belieferungskosten vom Zentrallager und die Bestandsführungskosten in den Filialen möglichst gering halten. Filialleiter haben im Rahmen der Disposition dafür zu sorgen, den Maximalbestand der jeweiligen Artikel in den vorgesehenen Regalflächen aufrecht zu halten. Damit stellen für den Filialleiter die Regalbestände und vorgesehenen Regalflächen die zentralen Indikatoren für Bestellzeitpunkte und Bestellmengen dar. Die geringe Sortimentstiefe von Lean Discountern ermöglicht weiterhin

4.4 „Lean Discounter" – Discounter mit geringer Integration von Logistikprozessen

die Bestellung großer Artikelmengen auf Umverpackungsebene und reduziert damit die Komplexität der Bestellmengenentscheidung. Zur weiteren Erleichterung der Disposition und der Bedarfsprognose erfolgt eine Konsolidierung verschiedener Sorten zu Artikelgruppen, die in regaltauglichen Umverpackungen angeliefert und verräumt werden. Somit weist die manuelle Disposition bei Lean Discountern eine hohe Standardisierung auf, die bei einem komplexen und durchschnittlich langsamdrehenden Sortiment im Aufbau von Überbeständen resultieren könnte. Mit der direkten Verräumung von Lieferungen im Frontstore und der geringen Warenmanipulation aufgrund der Platzierung in Umverpackungen lassen sich die filiallogistischen Prozesse mit wenigen Mitarbeitern umsetzen. Weiterhin sind die Tätigkeiten durch eine hohe Standardisierung gekennzeichnet, die es erlaubt, die Mitarbeiter flexibel und kurzfristig den einzelnen Filialprozessen zuzuordnen.

Hinsichtlich materieller Ressourcen ist der geringe Einsatz investitionsreicher und komplexer Software und Auto-ID-Systeme zu betonen, die durch die für Lean Discounter charakteristische Leistungsprogrammpolitik ermöglicht wird. So stellt die manuelle Disposition durch den filialverantwortlichen Mitarbeiter ein Alleinstellungsmerkmal gegenüber Handelsunternehmen mit einem komplexen Sortiment sowie einer Preisvariationspolitik mit Aktionsangeboten dar. Vor dem Hintergrund der an hohe Umschlagshäufigkeiten angepassten Filialbestände und in Verbindung mit den täglichen Bestellmöglichkeiten sowie der kurzen Lieferzeiten lassen sich einerseits drohende OoS-Situationen frühzeitig erkennen, andererseits bestehende Regallücken kurzfristig schließen. Die ausschließliche Bestandsführung auf Basis von Sichtbeständen reduziert den Umfang des Datenaustauschs zwischen Handelszentrale und Filiale. Dadurch lassen sich zeit- und personalintensive Bestandskontrollen für den Abgleich des physischen mit dem systemseitig hinterlegten Bestand sowie administrative Tätigkeiten der Filialleiter reduzieren und die Nutzung eines einfachen, lediglich auf den Wareneingang des Zentrallager gerichteten WWS umsetzten. Mit der manuellen Disposition werden darüber hinaus mehrere Teilprozesse der Filiallogistik parallelisiert. So stellt die Prüfung der Sichtbestände zum einen die Grundlage für Bestellungen dar, zum anderen kann dadurch das Regalbild kontrolliert werden. Durch die Vermeidung von Backstore-Beständen kann nicht nur die manuelle Disposition anhand der Regalbestände vorgenommen werden, sondern auch Warenbewegungen in der Filiale reduziert werden. Die Abstimmung der verfügbaren Regalflächen mit den Umverpackungsabmessungen lässt sich bei Lean Discountern deshalb realisieren, weil das Sortiment durch einen verhältnismäßig geringen Anteil an aus- und neugelisteten Artikeln besteht und somit langfristig angeboten wird, ohne regelmäßig Anpassungen des Regallayouts vornehmen zu müssen. Während bei Anbietern eines komplexen Sortiments Abverkaufsmuster zur Bestimmung von Bestellmengen und Bestellzeitpunkten dienen, stellen bei Lean Discountern ausschließlich Umschlagshäufigkeiten relevante immateriellen Ressourcen dar. Die durchschnittliche Abverkaufshäufigkeit von Artikeln ermöglicht nicht nur die Bestimmung von Umverpackungsgrößen, sondern auch die Identifikation von Regalflächen und des vorzuhaltenden Maximalbestands, um einerseits

Out-of-Stocks, andererseits Überbestände zu vermeiden. Gelingt es Lean Discountern, anhand des Warenausgangs auf Zentrallagerebene und der durchschnittlichen Abverkaufshäufigkeit in den belieferten Filialen die Regalfläche so zu dimensionieren, dass sie die Bestandskosten je Artikel minimieren, sind sie im hohen Maße vor einer Imitation des reduzierten Datenaustauschs geschützt.

Das für Lean Discounter charakterisierte prozessorientierte Ressourcenbündel des Managements der Filiallogistik zur Sicherung der Regalverfügbarkeit wird in Abbildung 27 zusammengefasst.

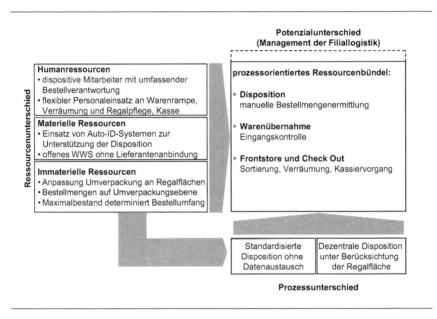

Abbildung 27: Prozessorientiertes Ressourcenbündel des Managements der Filiallogistik bei Lean Discountern

4.5 Handlungsempfehlungen für das Management der Filiallogistik in den beschriebenen Fallbeispielen

Die abgeleiteten prozessorientierten Ressourcenbündel des Managements der Filiallogistik von Channel Retailern, Content Retailern und Lean Discountern geben Aufschluss über die gestaltspezifische Umsetzung der filiallogistischen Prozesse und dem damit verbundenen Mitarbeiter- und Technikeinsatz zur Vermeidung von Out-of-Stocks. Die in den Kapiteln 2.3 vorgestellten Waren- und Informationsflüsse, die Gestaltungsgrößen Mitarbeiter und Technik sowie die in Kapitel 3.4 jeweils korrespondierenden Rahmenbedingungen der Handelsunternehmen 1 bis 3 werden nachfolgend in die als Idealtypen aufzufassenden Gestalten eingeord-

4.5 Handlungsempfehlungen für das Management der Filiallogistik 227

net. Die Gegenüberstellung der in der Praxis identifizierten Ausgestaltung mit den auf theoretischem Wege hergeleiteten Gestaltungsempfehlungen für das Management der Filiallogistik erfolgt unter Berücksichtigung von zwei Aspekten. Einerseits soll dieses Vorgehen dazu dienen, Übereinstimmungen der Gestaltungsgrößen und der Waren- und Informationsflüsse aufzuzeigen, andererseits die Ableitung von Handlungsempfehlungen ermöglichen, die in einer Steigerung der Regalverfügbarkeit unter Berücksichtigung der Zielgrößen des Managements der Filiallogistik in den Filialen der Handelsunternehmen 1 bis 3 münden. Dabei wird im Rahmen der prozessorientierten Sichtweise auf die drei Kernprozesse der Filiallogistik Bezug genommen.

4.5.1 Handelsunternehmen 1

Anhand des Handelsunternehmens- und Supply Chain-Kontextes des Handelsunternehmens 1 gilt es, eine Einordnung in eine der abgeleiteten Gestalten vorzunehmen. Im Hinblick auf den Handelsunternehmens-Kontext kann aufgrund des hoch diversifizierten-differenzierten Sortiments, des Sortimentsumfangs von etwa 80.000 Artikelnummern und dem daraus resultierenden Angebot von Verbrauchs- und Gebrauchsgütern sowie der durchschnittlichen Filialgröße von etwa 7.000 m² von SB-Warenhäusern gesprochen werden. Die Warenpräsentation in den Filialen ist vielfach durch Mehrfach- und Verbundplatzierungen geprägt. Die Preisvariationspolitik spiegelt sich in einem hohen Anteil von wiederkehrenden Aktionspreisen für das Standardsortiment sowie für häufig angebotene Promotionartikel zu Sonderpreisen wieder. In Bezug auf die Ausprägungen des Supply Chain-Kontextes kann eine überwiegend dezentrale Distributionsstruktur identifiziert werden, die durch einen hohen Anteil von Streckenbelieferungen durch Hersteller gekennzeichnet ist. Ergänzend lässt sich eine stark zentralisierte Koordination der filialspezifischen Informations- und Warenflüsse aufgrund des vollintegrierten WWS nennen.

Die genannten Merkmalsausprägungen weisen eine hohe Übereinstimmung mit den Kontextgrößen von Channel Retailern auf.[822] Es gilt, im Rahmen einer Gegenüberstellung des prozessorientierten Ressourcenbündels des Managements der Filiallogistik mit den filialspezifischen Logistikprozessen und dem Mitarbeiter und Technikeinsatz in Handelsunternehmen 1 Handlungsfelder zur Steigerung der Regalverfügbarkeit abzuleiten.

In Bezug auf die *Disposition* zeigt sich ein hoher Deckungsgrad des empirisch untersuchten mit dem idealtypischen Vorgehen. Stamm-, Abverkaufs- und Bestandsdaten finden bei der Bestellmengenermittlung Berücksichtigung. So erfolgt die Steuerung der Bedarfsprognosen zentral an festgelegten Dispositionstagen auf Basis von Filialbeständen und Abverkaufshistorien, wobei Bestellvorschläge an dispositionsverantwortliche Mitarbeiter in den Filialen zur Freigabe übermittelt werden. Im Rahmen der freigebenden Bestellbearbeitung sind die

---

[822] Vgl. Kapitel 4.2.1 und 4.2.2.

Filialmitarbeiter für die begleitende Datenerfassung in den Filialen, eine Datenanalyse sowie einem Listungsabgleich verantwortlich. Als problematisch sind Bestandsabweichungen zu sehen, die aus Bruch, Verderb, Schwung sowie nicht auffindbaren Waren resultieren und in Fehlprognosen münden können. Denkbar ist darüber hinaus eine nicht artikelgenaue Erfassung an den Kassen, die als unzureichende Datenbasis für die Abverkaufshistorien aufzufassen sind. Dies deutet darauf hin, dass eine exaktere Bestandsführung, die bspw. durch häufigere Inventuren in den Warenabteilungen des Frontstores unter Berücksichtigung der Backstore-Bestände realisiert werden können, zu verbesserten Bestandsdaten führen.

Filialen des Handelsunternehmens 1 setzen ausschließlich Lagermitarbeiter in der *Warenannahme* ein. Diese sind für die Prüfung der Lieferscheine sowie die Warenkontrolle der mehrfach untertägig eingehenden Lieferungen verantwortlich. Die Warenkontrolle findet mit Hilfe von Barcode-Scannern statt, die eine eindeutige Identifikation und Verbuchung im Filialbestand ermöglichen. Die mit manuellem Aufwand verbundene Erfassung der Waren führt oftmals zu Verzögerungen bei der Warenannahme. Darüber hinaus kommt es häufig vor, dass einzelne Artikel der Lieferungen nicht erfasst werden und in Bestandsfehler münden. Die in einer Pilotphase eingesetzten RFID-Transponder auf Umverpackungsebene von Lieferungen ausgewählter Lieferanten ermöglichen dagegen eine beschleunigte und durch geringe Fehler gekennzeichnete Bestandserfassung. Darüber hinaus unterstützt die Technologie die eindeutige Lokalisation von Backstore- und Frontstore-Beständen im Rahmen des Split Inventory-Verfahrens. Es empfiehlt sich, den RFID-Einsatz weiter auszubauen, um die Bestandsgenauigkeit zu erhöhen. Weiterhin erfolgt die Lagerung der gelieferten Waren im *Backstore* ohne Unterstützung von Bestandsführungssystemen. Eine Lagerplatzvergabe findet ohne Systemunterstützung statt, so dass die Lieferungen nur grob nach Warengruppen getrennt eingelagert werden, die dann von Verräummitarbeitern z.T. nicht auffindbar sind. Ein Ansatzpunkt zur Steigerung der Regalverfügbarkeit besteht im Einsatz eines Lagerverwaltungssystems, das die artikelgenaue Platzierung im Backstore unterstützt. In Kombination mit einem erweiterten Einsatz RFID-getaggter Waren ist eine permanente mengenbezogene Identifikation von Backstore-Beständen möglich.

Die Verräumung im *Frontstore* zeigt hinsichtlich des Mitarbeitereinsatzes, der Verräumrhythmen und der Regalpflege ebenfalls einen hohen Deckungsgrad zum idealtypischen Vorgehen bei Channel Retailern auf. Im Rahmen einer Gap Check-Analyse nehmen Verräummitarbeiter mit Hilfe von MDE-Geräten die aktuellen Regalbestände auf, um anschließend die nachzuverräumenden Artikel im Backstore zu kommissionieren. Allerdings waren in den empirischen Untersuchungen in Handelsunternehmen 1 OoS-Situationen häufig auf nicht erkannte Regallücken zurückzuführen. Ursachen sind einerseits in dem komplexen Sortiment und der damit einhergehenden Unübersichtlichkeit, andererseits in ausgedehnten Facings anderer Artikel und zugeschobenen Regallücken zu sehen. Mit dem Einsatz von RFID-Transpondern können diese Ursachen reduziert werden, da durch das Split Inventory-Verfahren eine getrennte Bestandsführung im Frontstore und Backstore möglich ist. Durch den permanenten

4.5 Handlungsempfehlungen für das Management der Filiallogistik 229

Abgleich von Frontstore-Beständen mit Abverkaufsmengen ist es möglich, mehrfach täglich Nachschublisten zu erstellen, die nicht nur die manuelle Gap Check-Analyse ergänzen, sondern auch zu einer effizienten Nachverräumung beitragen.

Zusammengefasst lässt sich konstatieren, dass die Sortimentskomplexität und die daraus resultierenden Warenbewegungen zwischen Backstore und Frontstore eine hohe Bestandsgenauigkeit erfordern, die sich hinsichtlich der Bestellmengenermittlung sowie der Bestandslokalisation positiv auswirken kann. Der derzeit auf einen geringen Sortimentsausschnitt ausgerichtete RFID-Einsatz greift in alle Kernprozesse der Filiallogistik ein und führt zur Steigerung der Bestandsgenauigkeit, die in einer erhöhten Regalverfügbarkeit resultieren kann.

4.5.2 Handelsunternehmen 2

Die Sortimentsstruktur, die durch qualitativ hochwertige Verbrauchsgüter im Rahmen eines verhältnismäßig tiefen und breiten Sortiments mit etwa 11.000 verschiedenen Artikelnummern gekennzeichnet ist sowie Filialen mit einer Größe von 600 bis 2.500 m² deuten auf den Einsatz von Supermärkten und Verbrauchermärkten hin. Mit dem Angebot von saisonalen und aktuellen Artikeln unterstreicht Handelsunternehmen 2 seinen Anspruch, den Kunden einen Mehrwert durch ein einzigartiges Sortiment zu bieten. Kundenkarten mit Rabattgewährung und regelmäßig wiederkehrende Aktionsangebote zur Stärkung der Kundenbindung weisen auf eine Preisvariationspolitik und damit verbunden auf Absatzschwankungen hin. Hinsichtlich des Supply Chain-Kontextes lässt sich die Belieferungsstruktur als zentralisiert bezeichnen, bei der überwiegend indirekte Belieferungskonzepte wie die Streckenbelieferung sowie das ein- und zweistufige Cross Docking eingesetzt werden. Die Informationsflüsse der Filiallogistik sind durch eine starke Zentralisation gekennzeichnet.

Trotz Abweichungen der Filialgrößen zeigt sich ein hohes Maß an Übereinstimmungen mit den Merkmalsausprägungen des Content Retailers.[823] Anhand der Gegenüberstellung des prozessorientierten Ressourcenbündels aus Kapitel 4.3.5 werden nachfolgend Handlungsfelder für das Management der Filiallogistik in Handelsunternehmen 2 vorgestellt.

Die *Disposition* findet in Handelsunternehmen 2 mit Unterstützung von automatischen Bestellsystemen statt. Die Bestellauslösung erfolgt zentral unter Berücksichtigung von Soll- und Meldebeständen auf Filialebene und der Abverkaufserfassung durch Scannerkassen nach dem Bestellmengenverfahren. Die Festlegung der artikelspezifischen Bestellmengen unterliegt den zur Verfügung stehenden Regalflächen, die in filialspezifischen Planogrammen ausgewiesen sind. Die täglich zentral generierten Dispositionslisten werden Filialverantwortlichen zur Einsicht zur Verfügung gestellt und können bei Bedarf geändert werden. Dieses Vorgehen erfordert eine hohe Bestandsgenauigkeit, um Bestellungen auch bedarfsgerecht

---

[823] Vgl. Kapitel 4.3.1 und 4.3.2.

umsetzen zu können. Soweit zeigen sich Übereinstimmungen mit dem prozessorientierten Ressourcenbündel des Managements der Filiallogistik des Content Retailers. Als Ursachen für OoS-Situationen wurden jedoch im Rahmen der empirischen Untersuchungen häufige manuelle Eingriffe in Bestellvorschläge festgestellt. Dieser Sachverhalt deutet darauf hin, dass Filialverantwortliche manuell in die Dispositionslisten eingreifen und basierend auf ihren subjektiven Erfahrungswerten Bestellungen verzögern oder frühzeitig auslösen, die oftmals das Entstehen von Regallücken verursachen. Es gilt, den Mitarbeitern im Rahmen von Schulungen die Bestelllogik des eingesetzten automatischen Dispositionssystems zu vermitteln, um zukünftig manuelle Eingriffe und Anpassungen zu reduzieren. Weiterhin empfiehlt es sich, die Möglichkeit einer dezentralen Bestellmengenänderung einzuschränken, um die Übereinstimmung von Liefermengen, Regalflächen und Facings mit den zentral vorgegebenen Planogrammen gewährleisten zu können.

In Übereinstimmung mit der *Warenannahme* des idealtypischen Content Retailers wird in den Filialen keine Wareneingangserfassung vorgenommen, sondern die Lieferungen ausschließlich auf Transportschäden kontrolliert. Die empirische Analyse der Ursachen von Out-of-Stocks zeigten Systembestandfehler auf, die auf Abweichungen hinsichtlich der tatsächlich gelieferten Waren mit den im System avisierten oder verbuchten Waren zurück zu führen sind. Es empfiehlt sich deshalb, eine Ausweitung der Teilinventuren zur Verbesserung der Bestandsdaten auf Filialebene vorzunehmen sowie die dem filialspezifischen Systembestand zugerechneten avisierten Warenlieferungen erst nach Wareneingang zuzuweisen. Die Waren werden abteilungsgerecht vorkommissioniert und zur zeitnahen Verräumung durch Mitarbeiter des Frontstores bereitgestellt. Eine Einlagerung in den *Backstore* erfolgt deshalb nur in Ausnahmefällen.

Die filialspezifische Vorgabe der Facings und Regalflächen für jeden Artikel ermöglicht die komplette Verräumung der Warenlieferung in die Regale des *Frontstores*, ohne umfangreiche Zwischenbestände im Backstore vorhalten zu müssen. Durch den Einsatz von standardisierten, stapelbaren Transportboxen ist eine Umladung nicht erforderlich. Trotz der exakt vorgegebenen Facings und artikelspezifischen Regalflächen übersehen die Verräummitarbeiter oftmals Regallücken. Die fehlerhaften Bestandsdaten wirken sich auch auf die Verräumung aus, da Waren im Verkaufsraum zur Verräumung (bspw. in Handlägern) nicht auffindbar sind, obwohl sie sich laut Systembestand in der Filiale befinden müssten. Wie auch bei Handelsunternehmen 1 ist eine artikelgenaue Abverkaufserfassung für die Erstellung der täglichen Dispositionen von hoher Bedeutung, um bedarfsgerechte Bestellungen zu generieren.

Die Ursachen von Out-of-Stocks in Filialen des Handelsunternehmens 2 resultieren überwiegend aus Bestandsabweichungen, die sich auf die ausstehende Wareneingangserfassung bei der Warenannahme, möglicherweise einer nicht artikelgenauen Abverkaufserfassung sowie auf manuelle Eingriffe der Filialverantwortlichen in das Dispositionssystem zurückführen

4.5 Handlungsempfehlungen für das Management der Filiallogistik 231

lassen. Dabei stellen exakte Bestandsdaten vor dem Hintergrund eines eingeschränkten Backstore-Bestands und einer überwiegend an Liefermengen abgestimmten Regalfläche die Voraussetzung zur Vermeidung von OoS-Situationen dar. Der Schwerpunkt sollte deshalb auf eine permanente Bestandskontrolle in der Filiale, verbunden mit einer Reduzierung manueller Eingriffe in Dispositionsvorgänge, liegen. Damit einher geht ein verändertes Aufgabenprofil von Filialverantwortlichen, die ihren Fokus auf die Bestandsverwaltung legen sollten.

4.5.3 Handelsunternehmen 3

Die Sortiments-, die Ladengestaltungs- und die Preispolitik von Handelsunternehmen 3 entsprechen in hohem Maße den Merkmalsausprägungen von Lean Discountern.[824] Hinsichtlich des Supply Chain-Kontextes, der im Rahmen der räumlichen Anordnung durch eine zentrale Belieferungsstruktur gekennzeichnet ist sowie in Bezug auf Bestellmengen und Bestellzeitpunkte durch dezentrale Entscheidungen geprägt ist, kann ebenfalls eine hohe Übereinstimmung konstatiert werden.

Der Vergleich des prozessorientierten Ressourcenbündels mit den filialspezifischen Logistikprozessen und dem Mitarbeiter- und Technikeinsatz zeigt nur geringe Ansatzpunkte für Handlungsempfehlungen, die in einer Steigerung der Regalverfügbarkeit auf Artikelebene resultieren können.

Durch den Einsatz von isoliert-geschlossenen WWS findet nur in geringem Umfang ein Datenaustausch zwischen der Handelszentrale mit den Filialen statt, so dass tagesgenaue Bestands- und Bewegungsdaten in der Handelszentrale nicht als Grundlage für die filialspezifische *Disposition* genutzt werden können. Die damit einhergehende dezentrale Disposition erfolgt durch Filialverantwortliche, die sich für die manuelle Bestellmengenermittlung auf Umverpackungsebene verantwortlich zeichnen. Zur Unterstützung von Bestellmengenentscheidungen wird der Vorgabe gefolgt, den durch Planogramme festgelegten Regalplatz vollständig mit Waren zu belegen. Dabei ist es möglich, dass umfassende Warenbestände einer Artikelgruppe verfügbar sind, allerdings einzelne Sorten eine OoS-Situation aufweisen. Dieses Problem ist auf die Zusammenstellung von Umverpackungen zurückzuführen, die aus einem ungeeigneten Verhältnis unterschiedlicher Sorten in den Mindestbestelleinheiten resultieren. Eine Handlungsempfehlung besteht in der Auflösung der gemischten Umverpackungen und der Bestellmöglichkeit von sortenreinen Mindestmengen. Damit wäre jedoch eine steigende Anzahl von Artikelnummern verbunden, die zu einer steigenden Komplexität der manuellen Disposition führen könnte.

Aufgrund der ausschließlichen Zentrallagerbelieferung erfolgt einmal täglich eine Anlieferung aus den Regionallägern für das Trocken- und kühlpflichtige Sortiment, so dass nur kurzzeitig

---

[824] Vgl. Kapitel 4.4.1 und 4.4.2.

Filialmitarbeiter an der *Warenannahme* für die Warenkontrolle und Überprüfung der Lieferscheine vorgehalten werden müssen. Die zeitnahe Verräumung der Waren in die Regale des Frontstores ermöglicht es, auf eine Einlagerung im *Backstore* zu verzichten. Da bei der Bestandsführung auf Filialebene keine Systemunterstützung erfolgt, können aufwändige Erfassungen der Warenbestände vermieden werden.

Die Warenbewegungen im *Frontstore* weisen ebenfalls eine hohe Übereinstimmung zwischen dem Idealtypen und den untersuchten Teilprozessen in den Filialen von Handelsunternehmen 3 auf. Insbesondere die Vermeidung von Backstore-Beständen, die zu einer vereinfachten Bestandsführung beiträgt, die Warenpräsentation in Transportverpackungen, mit der eine vereinfachte Verräumung verbunden ist, sowie der Verzicht auf systemunterstützte Bestandsdaten vermeiden Fehlerquellen im Bereitstellungsprozess, die oftmals in OoS-Situationen münden. Eine erweiterte Nutzung der durch die Scannerkassen im *Check Out* erfassten Abverkaufsdaten, bspw. um sie zur Unterstützung von Bestellentscheidungen der Filialverantwortlichen einzusetzen, könnte ein mögliches Handlungsfeld darstellen.

Zusammengefasst lassen sich für die filialspezifischen Informations- und Warenflüsse sowie der Mitarbeiter- und Technikeinsatz in den Filialen von Handelsunternehmen 3 nur in geringem Umfang Handlungsempfehlungen aussprechen, die zu einer weiteren Steigerung der Regalverfügbarkeit beitragen.

5 Zusammenfassung und Ausblick auf weitere Forschungsfelder

Zusammenfassung

Zusammengefasst lassen sich die gewonnenen Erkenntnisse zur Beantwortung der Forschungsfragen zum Management der Filiallogistik wie folgt darstellen:

- Entscheidungen über das Sortimentsangebot reichen zur Sicherung der Wettbewerbsfähigkeit von Handelsunternehmen nicht aus. Vielmehr setzt die Erzielung von Umsätzen das Vorhalten der Waren in den Verkaufsregalen der Handelsfilialen voraus. Die Ursachen für Out-of-Stocks liegen nach verschiedenen empirischen Untersuchungen überwiegend in den filialspezifischen Logistikprozessen begründet. Somit gewinnt die Effizienzsteigerung des Managements der Filiallogistik zur Verbesserung der Regalverfügbarkeit unter Berücksichtigung der damit verbundenen Kosten zunehmend an Bedeutung.

- Das Management der Filiallogistik trägt einen maßgeblichen Anteil zur Sicherung der Regalverfügbarkeit bei. Mit dem Sachziel effizienter Logistikprozesse zur Vermeidung von Out-of-Stocks der von Kunden nachgefragten Waren leistet es einen Beitrag zur Wettbewerbsfähigkeit des Handelsunternehmens durch die Steigerung des Endkundennutzens.

- Durch die dem Logistikdenken adäquate Prozessorientierung und in Anlehnung an bestehende Modelle des Logistikmanagements lassen sich für das Management der Filiallogistik die Gestaltungsgrößen der Filiallogistik identifizieren. Dazu zählen Mitarbeiter und Technik als Elementarfaktoren, deren Steuerung durch die Prozessorganisation als dispositiver Faktor determiniert ist. Diese Gestaltungsgrößen stellen den Input eines prozessorientierten Ressourcenbündels dar, das zur Sicherung der Wettbewerbsfähigkeit von Handelsunternehmen zum Einsatz kommt.

- Im Rahmen des qualitativen Forschungsdesigns wurde gezeigt, dass sich die Planung und Steuerung des prozessorientierten Ressourcenbündels als äußerst heterogen erweist. Unterschiede bestehen im Wesentlichen in den Verantwortungsbereichen der Filialmitarbeiter, der technischen Ausstattung sowie den Verräumtätigkeiten und der Prozessgestaltung der Informations- und Warenflüsse. Dabei wird deutlich, dass zur wettbewerbsrelevanten Gestaltung des Managements der Filiallogistik einfache Lösungen wirkungsvollere Ansätze bieten können als der Einsatz aufwändiger und investitionsreicher Informationstechnologie. Dies lässt sich allerdings nur dann realisieren, wenn das Management der Filiallogistik auf die im Handelsunternehmen vorliegenden Rahmenbedingungen ausgerichtet ist.

- Aufgrund des absatzpolitischen Instrumentariums und der Integrationsoptionen von Belieferungskonzepten hinsichtlich struktureller und prozessbezogener Kontextgrößen unterscheidet sich das prozessorientierte Ressourcenbündel der Filiallogistik in Handelsunternehmen erheblich voneinander und ist einer situativen Betrachtungsweise zu unterziehen. Daher bietet sich die Verwendung von theoretisch-konzeptionellen Gestalten mit praxistauglichen Gestaltungshinweisen an. Es gilt zu berücksichtigen, dass es sich bei der verwendeten Typologie meist um überhöhte Ausprägungen verschiedener Idealtypen handelt. In der Realität entspricht das Management der Filiallogistik bei verschiedenen Handelsunternehmen in den wenigsten Fällen vollständig diesen Idealtypen. Sie sind vielmehr als Orientierungshilfe zur Ableitung von wettbewerbsrelevanten Ressourcenbündeln des Managements der Filiallogistik in einer situativen Betrachtungsweise aufzufassen.

- Die Anlehnung an eine bestehende Typologie von Handelsunternehmen erscheint zielführend zu sein, um einen Fit zwischen Kontext- und Gestaltungsgrößen herstellen zu können. So erweisen sich die von Rudolph (2000) empirisch entwickelten und konzeptionell fundierten Geschäftsmodelle Channel Retailer, Content Retailer und Lean Discounter einerseits als trennscharfe Konstrukte, andererseits stellen sie als Idealtypen eine große Nähe an bestehende Realtypen sicher. Dieser Zielsetzung folgt auch die vorliegende Arbeit. Die Ausgangsposition ermöglicht eine Übertragung der ursprünglich als Geschäftsmodellen bezeichneten Typen unter Bezugnahme auf die für das Management der Filiallogistik erarbeiteten Kontextgrößen.

- Das prozessorientierte Ressourcenbündel des Managements der Filiallogistik bei Channel Retailern in der beschriebenen Form zeichnet sich aufgrund der umfassenden Anbindung der Informationssysteme als schwer imitierbar und nicht substituierbar aus. Durch die dezentrale Lagerhaltung und aufgrund des umfassenden Sortiments nimmt die Bedeutung der Bestandsführung in den Filialen zu. Trotz der direkten, dezentralen Belieferung durch Hersteller lässt sich mit der Lagerung im Backstore ein mehrstufiges Belieferungssystem der Warenträger erkennen, bei dem der Backstore als eigenständige Lagerstufe aufzufassen ist. Damit ist die Trennung von Backstore- und Frontstore-Beständen ein wichtiger Ansatz, um die Bestände in den Filialen lokalisieren und die nachfragegerechte Nachverräumung der Warenträger sicherstellen zu können. Durch die technologische Anbindung an vorgelagerte Stellen, den regelmäßigen Datenaustausch zwischen Filiale und Handelszentrale sowie Herstellern lassen sich Bestellmengen auf der Grundlage exakter Abverkaufsdaten in Verbindung mit Prognoseinstrumenten bedarfsgerecht ermitteln. Mit dem konsequenten Einsatz von Barcodes auf Artikeln sowie möglicherweise RFID-Transpondern auf der Ebene von Paletten oder Umverpackungen lassen sich die umfassenden Warenanlieferungen und -bewegungen in Handelsfilialen effizient verfolgen. Als schwer imitierbares, nicht-substituierbares Merkmal der Filiallogistik bei Channel Retailern ist die Nutzung von Abverkaufsprognosen unter Berücksichtigung von Sondereffekten zu nennen. Die erlaubt die Anpassung der Bestellmengen an zu erwartende Abverkäufe bei konstanten Belieferungsrhythmen und unterstützt die regelmäßige Verräumung der Waren in die Regale. Hinsichtlich der Mitarbeiter erlauben die eingesetzten Betriebstypen der großen Verbrauchermärkte oder SB-Warenhäuser den Einsatz von Fachpersonal in den Kernprozessen der Filiallogistik.

5 Zusammenfassung und Ausblick auf weitere Forschungsfelder

- Das prozessorientierte Ressourcenbündel des Managements der Filiallogistik bei Content Retailern ist durch den engen Informations- und Warenaustausch zwischen Handelszentrale und den Filialen gekennzeichnet. Aufgrund der gegenüber dem Channel Retailer kleineren Filialen und der Vermeidung von Backstore-Beständen erfolgen die Belieferungsfrequenz und Belieferungsmenge in Abhängigkeit vorgegebener Regalflächen und der Abverkaufsdaten durch die Kassensysteme. Die Warenverräumung ist durch einen erhöhten Mitarbeitereinsatz gekennzeichnet, der gleichzeitig zur regelmäßigen Regalpflege beiträgt. Dabei werden Backstore-Flächen und -Bestände vermieden. Aufgrund der engen Abstimmung von Verräumzeiten an Anlieferungszeiten liegt der Warenbestand in den Warenträgern insgesamt auf einem annähernd gleich bleibenden Niveau. Damit wird das Ziel verfolgt, die Artikelanzahl permanent zwischen Mindest- und Sollbeständen in den Regalen aufrechtzuerhalten. Als schwer imitierbar sind die auf Vergangenheitswerten basierenden bereitgestellten Regalflächen in Übereinstimmung mit den Belieferungsmengen in Abhängigkeit der Umschlagshäufigkeit zu sehen, die einerseits zur Vermeidung von Überbeständen beitragen, andererseits die Gefahr von Out-of-Stocks reduzieren. Filialverantwortliche sind beim Standard- und Kernsortiment auf ihre Funktion des Warenbewirtschafters beschränkt, wodurch eine Fokussierung auf die Disposition und Überwachung der Filialbestände individueller und regionaler Rand- und Zusatzsortimente möglich ist.

- Der Lean Discounter richtet alle Aktivitäten an effizienten Logistikprozessen aus. Aufgrund der durchgängigen Kostenorientierung wird bei der Sicherstellung der Regalverfügbarkeit strikt auf logistische Aspekte Bezug genommen. Eine erschwerte Imitierbarkeit folgt aus dem schmalen und flachen Sortiment, das den Verzicht auf eine kostenintensive sowie komplexe IT-Infrastruktur auf Filialebene erlaubt und eine manuelle Disposition durch erfahrene und geschulte Filialverantwortliche ermöglicht. Aufgrund der durchgängig hohen Umschlagshäufigkeit erfolgt die Disposition nicht auf Artikelebene, sondern ausschließlich auf Umverpackungsebene. Dabei werden verschiedene Sorten zu einer Bestellnummer zusammengefasst. Durch den Verzicht auf Backstore-Bestände werden alle Warenlieferungen direkt in großdimensionierten Regalflächen verräumt. Da die Abverkaufsdaten der Kassen nicht zur automatischen Disposition oder Bestandsermittlung auf Artikelebene verwendet werden, sondern ausschließlich der Warenabrechnung dient, können Kunden an den Kassen schnell abgefertigt werden, indem Artikel mit gleichen Preisen nur einmal über die Kasse gezogen werden. Dies resultiert in einem geringeren Personalbedarf. Als schwer imitierbar stellen sich die manuelle Disposition sowie der verhältnismäßig hohe Regalbestand heraus, die aufgrund des schnelldrehenden Charakters der Artikel und des schmalen Sortimentsausschnitts als wettbewerbsrelevant einzustufen ist. Die vereinfachten filialspezifischen Logistikprozesse erlauben einen flexiblen Mitarbeitereinsatz in den Bereichen der Warenannahme, Warenmanipulation sowie der Regalverräumung bis hin zum Check Out.

- Die Ergebnisse der empirischen Fallstudienuntersuchung deuten darauf hin, dass die deduktiv abgeleiteten Gestalten des Managements der Filiallogistik sowie die berücksichtigten Kontextgrößen plausibel erscheinen. Die Fallbeispiele unterstreichen die wesentlichen Ansätze zur Gestaltung des Managements der Filiallogistik in den spezifischen Situationen und weisen eine hohe Kongruenz mit den theoretisch-konzeptionellen Gestaltungsempfehlungen auf. Die Ableitung der Gestalten aus in der wissenschaftlichen Diskussion und in der Realität vorherrschenden Geschäftsmodellen von Handelsunternehmen hat sich als probat erwiesen. Ebenso unterstreichen die empirisch untersuchten Filialprozesse eine hohe Übereinstimmung mit den jeweiligen filialspezifischen Prozessen der Channel Retailer, Content Retailer und Lean Discounter.

Ausblick auf weitere Forschungsfelder

Die erarbeiteten Aussagen zum Management der Filiallogistik bauen auf dem absatzpolitischen Instrumentarium sowie dem Optimal Shelf Availability auf und bieten Anknüpfungspunkte für weitere Forschungsvorhaben:

- Zukünftigen Forschungsbemühungen gilt die vorliegende Arbeit als Grundlage, um weitergehende Differenzierungen hinsichtlich des Mitarbeiter- und Technikeinsatzes vornehmen zu können. In diesem Zusammenhang ist eine vertiefte Untersuchung der Auswirkungen von Qualifikation und Motivation dispositiver und ausführender Mitarbeiter sowie ihres Aufgabenspektrums auf die Umsetzung filiallogistischer (Teil-)Prozesse denkbar. Möglicherweise bieten verschiedene Anreizsysteme Ansätze zur Steigerung der Regalverfügbarkeit auf Filialebene.

- Hinsichtlich des umfassend thematisierten Einsatzes neuer Auto-ID-Technologien können weitreichende Prozessänderungen und Steuerungsmöglichkeiten des Warennachschubs in Handelsfilialen erwartet werden. Ökonomische Einsatz- und Ausweitungsmöglichkeiten sind einer tiefergehenden Analyse zu unterziehen. Von besonderem Interesse wird bei einer Untersuchung sein, ob sich Investitionen für die Infrastruktur und die Entwicklungskosten für preisgünstige RFID-Transponder zur Verwendung auf allen SKUs oder alternativ auf der Verpackungseinheit als ökonomisch zielführend erweisen und den Fehlmengenkosten gegenübergestellt werden können.

- Neben dem Einsatz von Auto-ID-Systemen streben Handelsunternehmen nach softwarebasierten Technologien, die zur automatischen Detektion von Out-of-Stocks auf Basis statistischer Verfahren eingesetzt werden können, um kurzfristig Regallücken zu melden oder präventiv unter Berücksichtigung der Wiederbeschaffungszeit eine Fehlbestandsmeldung zu erzeugen. Entwickelte Verfahren, die OoS-Situationen bei schnelldrehenden Artikeln melden, werden bereits in der Praxis getestet. Derzeit liegen solche Verfahren für langsamdrehende Artikel, die zuverlässig sowie proaktiv Fehlbestände in Regalen melden und geeignete Bestellungen auslösen, noch nicht vor. Hier könnten weitere Forschungsarbeiten ansetzen, die sich mit direkten und indirekten statistischen Methoden auseinandersetzen.[825]

- Handelsunternehmen setzen i.d.R. mehrere verschiedene Betriebstypen im Rahmen des Betriebstypenmix ein. Hier wäre von Interesse, Ressourcenbündel des Managements der Filiallogistik unterschiedlicher Betriebstypen innerhalb eines Handelsunternehmens gegenüberzustellen und deren effiziente Umsetzung zu analysieren. Möglicherweise lassen sich im Hinblick auf den Mitarbeiter- und Technikeinsatz Abweichungen im Hinblick auf die Regalverfügbarkeit identifizieren.

- Als kontextspezifische Größe könnten Kundenreaktionen in OoS-Situationen aufgefasst und eine differenzierte Ausgestaltung des Managements der Filiallogistik untersucht werden. Unter Umständen bietet sich hier eine stärkere Integration des vorliegenden Bezugsrahmens in das Konzept von Optimal Shelf Availability an, das Gestaltungsempfehlungen in Abhängigkeit unterschiedlicher Produktgruppen ausspricht.

- In Bezug auf die zu Grunde liegenden Geschäftsmodelle der Channel Retailer, Content Retailer und Lean Discounter könnte eine Untersuchung vorgenommen werden, ob die mit OoS-Situationen verbundenen Fehlmengenkosten Unterschiede aufweisen und welchen direkten Einfluss sie auf den Erfolg der jeweiligen Geschäftsmodelle haben.

- Denkbar sind differenzierte Untersuchungen von Gestaltungsmöglichkeiten hinsichtlich unterschiedlicher Artikelgruppen. Mit der vorliegenden Arbeit wurde der Schwerpunkt auf Verbrauchsgüter gesetzt, ohne spezifische Warengruppen in den Vordergrund zu stellen. Eine detaillierte Analyse von filialspezifischen Waren- und Informationsflüssen für Top-Seller oder strategische Sortimentsbereiche steht aus. Ebenso könnte eine Erweiterung auf Gebrauchsgüter wie Textilien, Elektronikartikel oder Möbel sowie für Industriegüter vorgenommen werden.

---

[825] Vgl. Hofer/Schütz (2007), S. 59.

Literaturverzeichnis

A.C. Nielsen (2007): A.C. Nielsen Universen 2007 – Handel und Verbraucher in Deutschland. Frankfurt/Main 2007.

Ackermann, C. (1997): Konzepte der Ladengestaltung. Beitrag zur Profilierung und Rationalisierung im Einzelhandel. Lohmar 1997.

Ahlert, D. (1994): Flexibilitätsorientiertes Positionierungsmanagement im Einzelhandel: Herausforderungen an freie, kooperierende und integrierte Handelssysteme. In: Bruhn, M., Meffert, H., Wehrle, F. (Hrsg.): Marktorientierte Unternehmensführung im Umbruch: Effizienz und Flexibilität als Herausforderung des Marketing. Stuttgart 1994, S. 279-300.

Ahlert, D. (1997): Warenwirtschaftsmanagement und Controlling in der Konsumgüterdistribution. Betriebswirtschaftliche Grundlegung und praktische Herausforderungen aus der Perspektive von Handel und Industrie. In: Ahlert, D., Olbrich, R. (Hrsg.): Integrierte Warenwirtschaftssysteme und Handelscontrolling. 3. Aufl., Stuttgart 1997, S. 3-112.

Ahlert, D. (2003): Marktstrategische Veränderungen in der Hersteller-Handels-Dyade. Frankfurt/Main 2003.

Ahlert, D., Alves, R. (1997): Neue Führungskonzepte für das Handelsmanagement. Eine kritische Auseinandersetzung am Beispiel von Filialsystemen. In: Thexis 14(1997)4, S. 32-37.

Ahlert, D., Kollenbach, S., Korte, Chr. (1996): Strategisches Handelsmanagement. Erfolgskonzepte und Profilierungsstrategien am Beispiel des Automobilhandels. Stuttgart 1996.

Ahlert, D., Schlüter, H., Vogel, S. (1999): Vertikalisierung der Distribution. In: Tomczak, T., Belz, Chr., Schlögel, M. u.a. (Hrsg.): Alternative Vertriebswege. St.Gallen 1999, S. 136-150.

Alemann, H. v. (1979): Der Forschungsprozess. Eine Einführung in die Praxis der empirischen Sozialforschung. Stuttgart 1979.

Alves, R. (1996): Integrierte Führung und Imitationsmanagement in Filialsystemen des Handels: Ein Beitrag zur Anwendung der Ergebnisse empirischer Erfolgsforschung. Frankfurt/Main u.a. 1996.

Amit, R., Schoemaker, P.J.H. (1993): Strategic assets and organizational rent. In: Strategic Management Journal 14(1993)1, S. 33-46.

Andel, T. (1994): Define cross-docking before you do it. In: Transportation & Distribution 35(1994)11, S. 93-98.

Anderson, E., Fitzsimons, G.J., Simester, D.I. (2002): Do stockouts adversely affect future customer demand? Working paper. University of Chicago 2002.

Anderson, E.T., Fitzsimons, G.J., Simester, D.I. (2006): Measuring and mitigating the cost of stockouts. In: Management Science 52(2006)11, S. 1751-1763.

Angerer, A. (2004): Out-of-Stocks im Handel. Ausmaß, Ursachen, Lösungen. Online-Beitrag Logistik Inside Fachwissen, 6/2004. Online: http://www.logistik-inside.de/fm/2248/angerer.pdf. Abgerufen am 20.05.2006.

Angerer, A. (2006): The impact of automatic store replenishment on retail. Technologies and concepts for the out-of-stocks problem. Wiesbaden 2006.

Appel, D. (1972): The Supermarket: Early development of an institutional innovation. In: Journal of Retailing 48(1972)1, S. 39-53.

Arend-Fuchs, C. (1995): Die Einkaufsstättenwahl der Konsumenten bei Lebensmitteln. Frankfurt/Main 1995.

Arminger, G. (2002): Absatz- und Bestellprognosen für den Handel. In: Seifert, D. (Hrsg.): Collaborative Planning Forecasting and Replenishment. Supply Chain Management der nächsten Generation. Bonn 2002, S. 89-102.

Arminger, G. (2004): Sales and order forecasts in CPFR. In: ECR Journal. International Commerce Review 4(2004)1, S. 55-67.

Arminger, G. (2005): Absatz- und Bestellprognosen im CPFR-Prozess für den Handel. In: Supply Chain Management 4(2005)3, S. 45-52.

Arnold, U., Warzog, F. (2001): Supply Chain Management – Konzeptabgrenzung und branchenspezifische Differenzierung. In: Arnold, U., Meyer, R., Urban, G. (Hrsg.): Supply Chain Management. Unternehmensübergreifende Prozesse, Kollaboration, IT-Standards. Bonn 2001, S. 13-47.

Atteslander, P. (2006): Methoden der empirischen Sozialforschung. 11., neu bearb. u. erw. Aufl. Berlin 2006.

Auer-Rizzi, W. (1996): Organisationale Gestalt. In: DBW – Die Betriebswirtschaft 56(1996)1, S. 127-130.

Ausschuss für Begriffsdefinitionen aus der Handels- und Absatzwirtschaft (1995): Katalog E. Begriffsdefinitionen aus der Handels- und Absatzwirtschaft. 4. Ausg. Köln 1995.

Bähring, K., Hauff, S., Sossdorf, M., Thommes, K. (2008): Methodologische Grundlagen und Besonderheiten der qualitativen Befragung von Experten in Unternehmen: Ein Leitfaden. In: Die Unternehmung 62(2008)1, S. 89-111.

Ballou, R.H. (1998): Business Logistics Management. Planning, organizing, and controlling the supply chain. 4. Aufl. Upper Saddle River 1998.

Bamberger, I., Wrona, Th. (1996a): Der Ressourcenansatz im Rahmen des Strategischen Management. In: WiSt – Wirtschaftswissenschaftliches Studium 25(1996)8, S. 386-391.

Bamberger, I., Wrona, Th. (1996b): Der Ressourcenansatz und seine Bedeutung für die Strategische Unternehmensführung. In: ZfbF – Zeitschrift für betriebswirtschaftliche Forschung 48(1996)2, S. 130-153.

Barney, J. (1991): Firm resources and sustained competitive advantage. In: Journal of Management 17(1991)1, S. 99-120.

Barth, K. (1995): Handelsforschung. In: Tietz, B., Köhler, R., Zentes, J. (Hrsg.): Handwörterbuch des Marketing. Enzyklopädie der Betriebswirtschaftslehre. Bd. 4. 2. Aufl. Stuttgart 1995, Sp. 864-875.

Barth, K. (1999): Betriebswirtschaftslehre des Handels. 4., überarb. u. erw. Aufl. Wiesbaden 1999.

Barth, K., Hartmann, M., Schröder, H. (2002): Betriebswirtschaftslehre des Handels. 5. Aufl. Wiesbaden 2002.

Barth, K., Schmekel, V. (2002): The changing role of german hard discount store formats. In: European Retail Digest o.Jg.(2002)36, S. 41-45.

Battenfeld, D. (1997): Kostenmanagement und prozessorientierte Kostenrechnung im Handel: Konzeptionelle Grundlagen einer internen Marktorientierung durch Verrechnungspreise. Frankfurt/Main u.a. 1997.

Baumgarten, H., Thoms, J. (2002): Trends und Strategien in der Logistik – Supply Chains im Wandel. Berlin 2002.

Baumgarten, H., Benz, M. (1997): Logistik des Handels – Trends und Strategien in der Logistik 2000. Berlin 1997.

Baumgartner, R. (1981): Ladenerneuerung: Store Modernization. St.Gallen 1981.

Bayle-Tourtoulou, A.-S., Laurent, G., Macé, S. (2006): Assessing the frequency and causes of out-of-stock events through store scanner data. Online: http://www.hec.fr/hec/fr/professeurs_recherche/upload/cahiers/CR830.pdf. Abgerufen am 15.05.2006.

Bechtel, C., Jayaram, J. (1997): Supply Chain Management. A strategic perspective. In: The International Journal of Logistics Management 8(1997)1, S. 15-34.

Becker, F.C. (1994a): Grundlagen betrieblicher Leistungsbeurteilungen. Leistungsverständnis und -prinzip, Beurteilungsproblematik und Verfahrensprobleme. 2., durchges. Aufl. Stuttgart 1994.

Becker, J. (1994b): Unternehmensweite Datenmodelle im Handel und die informationsttechnische Unterstützung der Distributionskette im Konsumgüterbereich. In: Ahlert, D., Olbrich, R. (Hrsg.): Integrierte Warenwirtschaftssysteme und Handelscontrolling. Konzeptionelle Grundlagen und Umsetzung in der Handelspraxis. Stuttgart 1994, S. 157-179.

Becker, J. (1998): Die Architektur von Handelsinformationssystemen. In: Ahlert, D., Becker, J., Olbrich, R., Schütte, R. (Hrsg.): Informationssysteme für das Handelsmanagement. Konzepte und Nutzung in der Unternehmenspraxis. Berlin u.a. 1998, S. 65-108.

Becker, J., Schütte, R. (2004): Handelsinformationssysteme. Domänenorientierte Einführung in die Wirtschaftsinformatik. 2., vollst. überarb. u. aktual. Aufl. Frankfurt/Main 2004.

Becker, J., Uhr, W., Vering, O. (2000): Integrierte Informationssysteme in Handelsunternehmen auf der Basis von SAP-Systemen. Berlin u.a. 2000.

Behrens, K.C. (1972): Kurze Einführung in die Handelsbetriebslehre. 2. Aufl. Stuttgart 1972.

Bell, D.R., Fitzsimons, G.J. (1999): An experimental and empirical analysis of consumer response to stockouts. Working Paper #00-001, Wharton Marketing Working Papers Series. Wharton School, University of Pennsylvania 1999.

Bellmann, K., Hippe, A. (1996): Kernthesen zur Konfiguration von Produktionsnetzwerken. In: Bellmann, K., Hippe, A. (Hrsg.): Management von Unternehmensnetzwerken. Interorganisationale Konzepte und praktische Umsetzung. Wiesbaden 1996, S. 55-85.

Berekoven, L. (1995): Erfolgreiches Einzelhandelsmarketing. 2., überarb. Aufl. 1995.

Berg, C.C. (1981): Organisationsgestaltung. Stuttgart u.a. 1981.

Bleicher, K. (2004): Das Konzept Integriertes Management. Visionen, Missionen, Programme. 7., überarb. u. erw. Aufl. Frankfurt/Main, New York 2004.

Block, B. (2001): Gestaltung und Steuerung einer Hersteller-Händler-Kooperation in der Lebensmittelbranche. Lohmar, Köln 2001.

Bloech, J. (1997): Logistikgeschichte. In: Bloech, J., Ihde, G.B. (Hrsg.): Vahlens Großes Logistiklexikon. München 1997, S. 577-579.

Boos, M. (1993): Fallstudienmethodik. In: Becker, F.G., Martin, A. (Hrsg.): Empirische Personalforschung: Methoden und Beispiele. München 1993, S. 209-226.

Borin, N., Farris, P. (1995): A Sensitivity Analysis of Retailer Shelf Management Models. In: Journal of Retailing 71(1995)2, S. 153-172.

Bortz, J., Döring, N. (2002): Forschungsmethoden und Evaluation für Human- und Sozialwissenschaftler. 3., überarb. Aufl. Berlin u.a. 2002.

Botta, V. (1978): Der Einfluss von Fehlmengen und Fehlmengenkosten auf die Bestimmung der optimalen Bestellmenge. In: ZfB – Zeitschrift für Betriebswirtschaft 48(1978)9, S. 764-791.

Böttcher, K. (1993): Logistik-Controlling. In: Schmidt, K.-J. (Hrsg.): Logistik: Grundlagen, Konzepte, Realisierung. Braunschweig, Wiesbaden 1993, S. 225-291.

Bowersox, D.J., Closs, D.J., Helferich, O.K. (1986): Logistical management: A systems integration of physical distribution, manufacturing support, and materials procurement. 3. Aufl. New York, London 1986.

Brandes, D. (1998): Konsequent einfach. Die Aldi-Erfolgsstory. 2. Aufl. Frankfurt/Main, New York 1998.

Brast, S. (2006): Post Merger Integration betrieblicher Forschung und Entwicklung (F&E). Wiesbaden 2006.

Breilmann, U. (1990): Die Berücksichigung der strategischen Wahl im Rahmen eines neokontingenztheoretischen Ansatzes. Frankfurt/Main u.a. 1990.

Bretzke, W.-R. (1994): Systemdenken in der Logistik. In: Zeitschrift für Logistik o.Jg.(1994)4/5, S. 3-11.

Bretzke, W.-R. (1999): Industrie versus Handelslogistik: Der Kampf um die Systemführerschaft. In: Logistik Management 1(1999)2, S. 81-95.

Bretzke, W.-R. (2004): Logistikdienstleistungen. In: Klaus, P., Krieger, W. (Hrsg.): Gabler Lexikon Logistik: Management logistischer Netzwerke und Flüsse. 3., vollst. überarb. u. aktual. Aufl. Wiesbaden 2004, S. 337-343.

Bretzke, W.-R. (2005): Supply Chain Integration: Chancen und Grenzen einer logistischen Leitidee. In: Lasch, R., Janker, C.G. (Hrsg.): Logistik Management. Innovative Logistikkonzepte. Wiesbaden 2005, S. 65-80.

Broekmeulen, R., van Donselaar, K.H., Fransoo, J.C., van Woensel, T. (2004): Excess shelf space in retail stores: An analytical model and empirical assessment. BETA Working paper, series 109, Eindhoven. Online: http://fp.tm.tue.nl/beta/publications/working%20papers/Beta_wp109.pdf. Abgerufen am 15.11.2007.

Brown, S.L., Eisenhardt, S.M. (1997): The art of continous change: Linking complexity theory and time-paced evolution in relentlessly shifting organizations. In: Administrative Science Quarterly 42(1997)1, S. 1-34.

Buddeberg, H. (1959): Betriebslehre des Binnenhandels. Wiesbaden 1959.

Bühner, R. (1999): Betriebswirtschaftliche Organisationslehre. 9., bearb. u. erg. Aufl. München, Wien 1999.

Bullinger, H.-J., Seidel, U. (1994): Einführung in das Technologiemanagement. Modelle, Methoden, Prxisbeispiele. Stuttgart 1994.

Bürki, D.M. (1996): Der "resource-based view" Ansatz als neues Denkmodell des strategischen Managements. Bamberg 1996.

Burmann, C. (1995): Fläche und Personalintensität als Erfolgsfaktor im Einzelhandel. Wiesbaden 1995.

Büschges, G., Lütke-Bornefeld, P. (1977): Praktische Organisationsforschung. Reinbek 1977.

Busse von Colbe, W. (1990): Bereitstellungsplanung: Einkaufs- und Lagerpolitik. In: Jacob, H. (Hrsg.): Industriebetriebslehre. 4. Aufl. Wiesbaden 1990, S. 591-671.

Büttner, H. (1976): Die segmentorientierte Marketingplanung im Einzelhandelsbetrieb. Göttingen 1976.

Buzzel, R.D., Ortmeyer, G. (1995): Channel partnerships streamline distribution. In: Sloan Management Review 36(1995)3, S. 85-97.

Cachon, G. (2001): Managing a retailer's space, inventory, and transportation. In: Manufacturing & Service Operations Management 3(2001)3, S. 211-229.

Campo, K., Gijsbrechts, E., Nisol, P. (2000): Towards understanding consumer response to stock-outs. In: Journal of Retailing 76(2000)2, S. 219-242.

Campo, K., Gijsbrechts, E., Nisol, P. (2003): The impact of retailer stockouts on whether, how much, and what to buy. In: International Journal of Research in Marketing 20(2003)3, S. 273-287.

Campo, K., Gijsbrechts, E., Nisol, P. (2004): Dynamics in consumer response to product unavailability: Do stock-outs reactions signal response to permanent assortment reductions? In: Journal of Business Research 57(2004)8, S. 834-844.

Chen, P.P. (1976): The Entity-Relationship-Model. Towards a unified view of data. In: ACM Transactions on Database Systems 1(1976)1, S. 9-36.

Christopher, M. (1992): Logistics and Supply Chain Management. Strategies for reducing costs and improving services. London 1992.

Christopher, M. (1998): Logistics and Supply Chain Management. 2. Aufl. London u.a. 1998.

Coates, T.T., McDermott, C.M. (2002): An exploratory analysis of new competencies: a resource based view perspective. In: Journal of Operations Management 20(2002)5, S. 435-450.

Coca-Cola Research Council, Andersen Consulting (1996): Where to look for incremental sales gains: The retail problem of out-of-stock merchandise. The Coca-Cola Research Council 1996.

Conner, K.R. (1991): A historical comparison of resource-based theory and five schools of thought within industrial organizational economics: Do we have a new theory of the firm? In: Journal of Management 17(1991)1, S. 121-154.

Cooke, J.A. (1994): Cross-docking rediscovered. In: Traffic Management 33(1994)11, S. 51-55.

Corsten, H. (2007): Produktionswirtschaft. Einführung in das industrielle Produktionsmanagement. 11., vollst. überarb. Aufl. München 2007.

Corstjens, J., Corstjens, M. (1995): Store Wars: The battle for mindspace and shelfspace. New York 1995.

Curseu, A., van Woensel, T., Fransoo, J., van Donselaar, K., Broekmeulen, R. (2006): Modeling handling operations in retail stores: An empirical analysis. BETA Working paper, series 190, Eindhoven 2006.

Dadzie, K., Winston, E. (2006): Consumer response to stock-out in the online supply chain. In: International Journal of Physical Distribution & Logistics Management 37(2006)1, S. 19-42.

Dahrenmöller, A. (1986): Konzentration im Einzelhandel: Eine Fehlinterpretation. In: ZfB – Zeitschrift für Betriebswirtschaft 56(1986), S. 661-673.

Darr, W. (1992): Integrierte Marketing-Logistik. Auftragsabwicklung als Element der marketinglogistischen Strukturplanung. Wiesbaden 1992.

Davenport, T (1993): Process Innovation. Reengineering work through information technology. Boston 1993.

Davidson, W.R., Sweeney, D.J., Stampfl, R.W. (1988): Retailing Management. New York 1988.

Dehler, M. (2001): Entwicklungsstand der Logistik. Messungen, Determinanten, Erfolgswirkungen. Wiesbaden 2001.

Dehler, M., Weber, J. (2001): Der Einfluss der Logistik auf den Unternehmenserfolg. Forschungspapier Nr. 79 des Lehrstuhls für Betriebswirtschaftslehre, insb. Controlling und Telekommunikation an der WHU Koblenz. Koblenz 2001.

DeHoratius, N., Raman, A. (2003): Building on foundations of sand? In: ECR Journal 1(2003)3, S. 62-63.

DeHoratius, N., Raman, A. (2007): Store manager incentive design and retail performance: An exploratory investigation. In: Manufacturing & Service Operations Management 9(2007)4, S. 518-534.

DeHoratius, N., Raman, A. (2008): Inventory record inaccuracy: An empirical analysis. In: Management Science 54(2008)4, S. 627-641.

DeHoratius, N; Ton, Z. (2005): The role of execution in managing product availability. Forthcoming in Retail Supply Chain Management. Working Paper. Harvard Business School. Boston 2005.

Delfmann, W. (1990): Marketing und Logistik integrieren. In: Bonny, C. (Hrsg.): Jahrbuch der Logistik 1990. Düsseldorf, Frankfurt/Main 1990, S. 10-15.

Delfmann, W. (1995a): Logistik. In: Corsten, H., Reiß, M. (Hrsg.): Handbuch Unternehmensführung. Konzepte, Instrumente, Schnittstellen. Wiesbaden 1995, S. 506-517.

Delfmann, W. (1995b): Logistik als strategische Ressource. In: ZfB – Zeitschrift für Betriebswirtschaft, Ergänzungsheft (1995)3, S. 141-171.

Delfmann, W. (1999a): Kernelemente der Logistik-Konzeption. In: Pfohl, H.-Chr. (Hrsg.): Logistikforschung. Entwicklungszüge und Gestaltungsansätze. Berlin 1999, S. 37-59.

Delfmann, W. (1999b): ECR – Efficient Consumer Response. In: DBW – Die Betriebswirtschaft 59(1999)4, S. 565-568.

Delfmann, W. (1999c): Industrielle Distributionslogistik. In: Weber, J., Baumgarten, H., (Hrsg.): Handbuch Logistik. Management von Material- und Warenflussprozessen. Stuttgart 1999, S. 181-201.

Dess, G.G., Newport, S., Rasheed, A.M.A. (1993): Configuration research in strategic management – key issues and suggestions. In: Journal of Management 19(1993)4, S. 776-795.

Dierickx, I., Cool, K. (1989): Asset stock accumulation and sustainability of competitive advantage. In: Management Science 35(1989)12, S. 1504-1511.

Diller, H. (1999): Discounting: Erfolgsgeschichte oder Irrweg? In: Beisheim, O. (Hrsg.): Distribution im Aufbruch: Bestandsaufnahme und Perspektiven. München 1999, S. 351-372.

Diller, H. (2007): Preispolitik. 4., vollst. neu bearb. Aufl. Stuttgart 2007.

Diller, H., Anselstetter, S. (2006): Preis- und Sonderangebotspolitik. Formen und Erfolgsfaktoren. In: Zentes, J. (Hrsg.): Handbuch Handel. Strategien, Perspektiven, internationaler Wettbewerb. Wiesbaden 2006, S. 597-630.

Donselaar, K. v., Gaur, T., Woensel, R.C. v., Broekmeulen, R., Fransoo, J.C. (2006a): An empirical study of ordering behaviour of retail stores. Working Paper. Eindhoven University of Technology 2006.

Donselaar, K. v., Woensel, T. v., Broekmeulen, R., Fransoo, J. (2006b): Inventory control of perishables in supermarkets. In: International Journal of Production Economics 104(2006)2, S. 462-472.

Doty, D.H., Glick, W.H. (1994): Typologies as a unique form of theory building – towards improved understanding and modeling. In: Academy of Management Review 19(1994)2, S. 230-251.

Drazin, R., Van de Ven, A.H. (1985). Alternative forms of fit in contingency theory. In: Administrative Science Quarterly 30(1985)4, S. 514-539.

Drechsler, W. (1988): Markteffekte logistischer Systeme – Auswirkungen von logistik- und unternehmensübergreifenden Informationssystemen im Logistikmarkt. In: Beiträge aus dem Institut für Verkehrswissenschaften an der Universität Münster. Heft 116. Göttingen 1988.

Dresdner Bank (2004): Branchen-Report. Lebensmittel-Einzelhandel (Discounter, SB-Warenhäser, Verbrauchermärkte, Supermärkte). Mehr Qualität statt Preiskampf. Frankfurt/Main 2004.

Drexel, G. (1981): Strategische Unternehmensführung im Handel. Berlin, New York 1981.

Drèze, X., Hoch, S.J., Purk, M.E. (1994): Shelf Management and Space Elasticity. In: Journal of Retailing 70(1994)4, S. 301-326.

Dyckerhoff, S. (1993): Sortimentsgestaltung mit Deckungsbeiträgen im Einzelhandel. Hallstadt 1993.

Ebers, M. (1992): Organisationstheorie, situative. In: Frese, E. (Hrsg.): Handwörterbuch der Organisation. 3., völlig neu gest. Aufl. Stuttgart 1992, Sp. 1817-1838.

Ebert, K. (1986): Warenwirtschaftssysteme und Warenwirtschaftscontrolling. In: Ahlert, D. (Hrsg.): Schriften zur Distribution und Handel. Bd. 1. Frankfurt/Main, Bern, New York 1986.

Eccles, H.E. (1954): Logistics – What is it? In: Naval Research Logistics Quarterly 1(1954)1, S. 5-15.

ECR Europe (1996): Efficient Replenishment Trials. Brüssel 1996.

ECR Europe (2006): Shelf Ready Packaging (Retail Ready Packaging). Addressing the challenge: A comprehensive guide for a collaborative approach. London 2006.

ECR Italia (2004): Optimal Shelf Availability – the road map from OOS measurement to OSA management. Special summary for ECR Europe Conference 2004.

ECR UK (2007): Retail Ready Packaging. Functional Guidelines. Institute of Grocery Distribution. Watford 2007.

ECRE (1997): Category Management Best Practices Report 1997.

EHI (2007): Handel Aktuell 2007/2008. Strukturen, Kennzahlen und Profile des deutschen und internationalen Handels. Köln 2007.

EHI Retail Institute (2006): Aktuelle Trend in der Handelslogistik. Daten, Fakten, Hintergründe aus der empirischen Forschung. Köln 2006.

Eisenhardt, K.M. (1989): Building theories from case study research. In: Academy of Management Review 16(1989)3, S. 532-550.

Ellram, L.N., La Londe, B., Weber, M.M. (1989): Retail logistics. In: International Journal of Physical Distribution and Materials Management 19(1989)12, S. 29-39.

Ellram, L.N., Siferd, S.P. (1993): Purchasing: The cornerstone of the total cost of ownership concept. In: Journal of Business Logistics 14(1993)1, S. 163-184.

Emberson, C., Storey, J., Godsell, J., Harrison, A. (2006): Managing the supply chain using in-store supplier employed merchandisers. In: International Journal of Retail & Distribution Management 34(2006)6, S. 467-481.

Emmelhainz, L.W., Emmelhainz, M.A., Stock, J.R. (1991): Logistics implications of retail stockouts. In: Journal of Business Logistics 12(1991)2, S. 129-142.

Emmelhainz, M.A., Stock, J.R., Emmelhainz, L.W. (1991): Consumer responses to retail stockouts. In: Journal of Retailing 67(1991)2, S. 138-147.

Esch, F.-R. (1992): Positionierungsstrategien – konstituierender Erfolgsfaktor für Handelsunternehmen. In: Thexis 9(1992)4, S. 9-15.

Ester, B., Mostberger, P. (2003): Supply Chain Planning bei dm-drogerie-markt. In: Baumgarten, H., Wiendahl, H.-P., Zentes, J. (Hrsg.): Logistik Management. Strategien, Konzepte, Praxisbeispiele. Band 3. Heidelberg 2003, Kapitel 8-03-02, S. 1-22.

Falk, B., Wolf, J. (1991): Handelsbetriebslehre. 10. Aufl. Landsberg/Lech 1991.

Fawcett, S.E., Stanley, L.L., Smith, S.R. (1997): Developing a logistics capability to improve the performance of international operations. In: Journal of Business Logistics 18(1997)2, S. 101-127.

Felsner, J. (1980): Kriterien zur Planung und Realisierung von Logistik-Konzeptionen in Industrieunternehmen. Bremen 1980.

Fernie, J. (1998): Quick Response in retail distribution: An international perspective. In: Hadjiconstantinou, E. (Hrsg.): Quick Response in the Supply Chain. Berlin u.a. 1998.

Fey, P. (1989): Logistik-Management und integrierte Unternehmensplanung. München 1989.

Finkenzeller, K. (2002): RFID-Handbuch. Grundlagen und praktische Anwendungen induktiver Funkanlagen, Transponder und kontaktloser Chipanlagen. 3. Aufl. München, Wien 2002.

Fisher, M.L., Krishnan, J., Netessine, S. (2006): Retail store execution. An empirical study. Working paper. Operations and Information Management Department. The Wharton School, University of Pennsylvania 2006.

Fitzsimons, G.J. (2000): Consumer response to stockouts. In: Journal of Consumer Research 27(2000)2, S. 249-266.

Fleisch, E., Tellkamp, C. (2005): Inventory inaccuracy and supply chain performance: A simulation study of a retail supply chain. In: International Journal of Production Economics 95(2005)3, S. 373-385.

Fraser, C., Zarkada-Fraser, A. (2000): Measuring the performance of retail managers in Australia and Singapore. In: International Journal of Retail & Distribution Management 28(2000)6, S. 228-242.

Frechen, J. (1998): Positionierung von Warenhäusern. Frankfurt/Main 1998.

Freichel, S.L.K. (1992): Organisation von Logistikservice-Netzwerken. Theoretische Konzeption und empirische Fallstudien. Berlin 1992.

Freiling, J. (2001): Resource-based View und ökonomische Theorie. Grundlagen und Positionierung des Ressourcenansatzes. Wiesbaden 2001.

Freiling, J. (2002): Terminologische Grundlagen des Resource-based View. In: Bellmann, K., Freiling, J., Hammann, P., Mildenberger, U. (Hrsg.): Aktionsfelder des Kompetenz-Managements. Wiesbaden 2002, S. 3-28.

Frese, E. (1998): Grundlagen der Organisation. Konzepte, Prinzipien, Strukturen. 7. Aufl. Wiesbaden 1998.

Fried, A. (2003): Was erklärt die Resource-based view of the Firm? Anforderungen an einen ressourcentheoretischen Ansatz aus Sicht des Strategischen Managements. Beitrag zur Tagung "Nachhaltigkeit von Arbeit und Rationalisierung. Technische Universität Chemnitz, 23./24. Januar 2003.

Friedrich, S.A., Hinterhuber, H.H. (1999): Wettbewerbsvorteile durch Wertschöpfungspartnerschaft. Paradigmenwechsel in der Hersteller-/Handels-Beziehung. In: WiSt – Wirtschaftswissenschaftliches Studium 28(1999)1, S. 2-8.

Fuhrmann, B. (1998): Prozessmanagement in kleinen und mittleren Unternehmen. Ein Konzept zur integrativen Führung von Geschäftsprozessen. Wiesbaden 1998.

Gaitanides, M. (1996): Prozessorganisation. In: Kern, W., Schröder, H.H., Weber, J. (Hrsg.): Handwörterbuch der Produktionswirtschaft. 2. Aufl. Stuttgart 1996, Sp. 1682-1696.

Gaitanides, M. (2007): Prozessorganisation. Entwicklung, Ansätze und Programme des Managements von Geschäftsprozessen. 2., vollst. überarb. Aufl. München 2007.

Gaitanides, M., Scholz, R., Vrohlings, A. (1994): Prozessmanagement. Grundlagen und Zielsetzungen. In: Gaitanides, M., Scholz, R., Vrohlings, A. (Hrsg.): Prozessmanagement. Konzepte, Umsetzung und Erfahrungen des Reeingineering. München u.a. 1994, S. 1-19.

Gedenk, K. (2001): Coupons. In: Diller, H. (Hrsg.): Vahlens Großes Marketinglexikon. 2. Aufl. München 2001, Sp. 244-245.

Gillham, B. (2000): Case Study Research Methods. Cornwall 2000.

Gimenez, C. (2005): Case studies and surveys in Supply Chain Management research – two complementary methodologies. In: Kotzab, H., Seuring, S., Müller, M., Reiner, G. (Hrsg.): Research Methodologies in Supply Chain Management. Heidelberg, New York 2005, S. 315-330.

Girtler, R. (2001): Methoden der Feldforschung. 4., völlig neu bearb. Aufl. Wien 2001.

Gläser, J., Laudel, G. (2004): Experteninterviews und qualitative Inhaltsanalyse als Instrumente rekonstruierender Untersuchungen. Wiesbaden 2004.

Gleich, R. (2002): Prozessorientiertes Performance Measurement. In: Franz, K.-P., Kajüter, P. (Hrsg.): Kostenmanagement – Wertsteigerung durch systematische Kostenrechnung. 2. Aufl. Stuttgart 2002, S. 311-325.

Gleißner, H.(2000): Logistikkooperationen zwischen Industrie und Handel. Göttingen 2002.

Golicic, S.L., Davis, D.F., McCarthy, T.M. (2005): A balanced approach to research in Supply Chain Management. In: Kotzab, H., Seuring, S., Müller, M., Reiner, G. (Hrsg.): Research Methodologies in Supply Chain Management. Heidelberg, New York 2005, S. 15-29.

Gomez, P., Zimmermann, T. (1999): Unternehmensorganisation. Profile, Dynamik, Methodik. Frankfurt/Main 1999.

Goode, W.J., Hatt, K.H. (1972): Die Einzelfallstudie. In: König, R. (Hrsg.): Beobachtung und Experiment in der Sozialforschung. 8. Aufl. Köln 1972, S. 299-313.

Göpfert, I. (1999): Stand und Entwicklung der Logistik. Herausbildung einer betriebswirtschaftlichen Teildisziplin. In: Logistik Management 1(1999)1, S. 19-33.

Göpfert, I. (2000): Logistik: Führungskonzeption. Gegenstand, Aufgaben und Instrumente des Logistikmanagements und -controllings. München 2000.

Göpfert, I. (2002): Einführung, Abgrenzung und Weiterentwicklung des Supply Chain Managements. In: Busch, A., Dangelmaier, W. (Hrsg.): Integriertes Supply Chain Management. Theorie und Praxis effektiver unternehmensübergreifender Geschäftsprozesse. Wiesbaden 2002, S. 25-44.

Göpfert, I. (2005): Logistik-Führungskonzeption. Gegenstand, Aufgaben und Instrumente des Logistikmanagements und -controllings. 2., aktual. u. erw. Aufl. München 2005.

Göttgens, O. (1995): Erfolgsfaktoren in stagnierenden und schrumpfenden Märkten. Saarbrücken 1995.

Grant, R.M. (1991): The resource-based theory of competitive advantage: Implications for strategy formulation. In: California Management Review 33(1991)3, S. 114-135.

Green, P.E., Tull, D.S. (1982): Methoden und Techniken der Marktforschung. 4. Aufl. Stuttgart 1982.

Gresov, C., Drazin, R. (1997): Equifinality: Functional equivalence in organization design. In: Academy of Management Review 22(1997)2, S. 403-428.

Griepentrog, W. (2005): Metro-Handelslexikon 2005/2006. Daten, Fakten und Adressen zum Handel in Deutschland, Europa und weltweit. Essen 2005.

Grochla, E. (1972): Unternehmensorganisation. Neue Ansätze und Konzeptionen. Reinbek 1972.

Grochla, E. (1982): Grundlagen der organisatorischen Gestaltung. Stuttgart 1982.

Grochla, E. (1992): Grundlagen der Materialwirtschaft. Das materialwirtschaftliche Optimum im Betrieb. Nachdruck der 3. Aufl. Wiesbaden 1992.

Groner, B. (1999): Marktanteil der Discounter wächst stetig. EHI Research. In: Dynamik im Handel 43(1999)10, S. 48-50.

Gröppel-Klein, A. (1998): Wettbewerbsstrategien im Einzelhandel: Chancen und Risiken von Preisführerschaft und Differenzierung. Wiesbaden 1998.

Gröppel-Klein, A. (2006): Point-of-Sale-Marketing. In: Zentes, J. (Hrsg.): Handbuch Handel. Strategien, Perspektiven, internationaler Wettbewerb. Wiesbaden 2006, S. 671-692.

Gruen, T., Corsten, D., Bharadwaj, S. (2002): Retail out-of-stock: A worldwide examination of extent, causes, and consumer response. Grocery Manufacturer of America. The Food Marketing Institute and CIES. The Food Business Forum 2002.

Grünblatt, M. (2004): Warengruppenanalyse mit POS-Scanningdaten. Köln 2004.

Grünblatt, M. (2006): Bestandscontrolling im Lebensmitteleinzelhandel. Status Quo und Entwicklungsperspektiven bei der Erkennung von Out-of-Stocks. In: Controlling 18(2006)10, S. 525-533.

Gudehus, T. (2005): Logistik. Grundlagen, Strategien, Anwendungen. 3., neu bearb. Aufl. Berlin, Heidelberg 2005.

Gümbel, R. (1963): Die Sortimentspolitik in den Betrieben des Wareneinzelhandels. Köln, Opladen 1963.

Gümbel, R. (1974): Sortimentspolitik. In: Tietz, B. (Hrsg.): Handwörterbuch der Absatzwirtschaft. Stuttgart 1974, Sp. 1884-1897.

Günther, H.-O., Tempelmeier, H. (2005): Produktion und Logistik. 6., verb. Aufl. Berlin u.a. 2005.

Haard, B.M. (1993): Ganzheitliche Sicht tut Not: Logistik in der Filiale vernachlässigbar? In: Hossner, R. (Hrsg.): Jahrbuch der Logistik 1993, S. 81-83.

Haas, A. (2000): Discounting. Konzeption und Anwendbarkeit des Discounts als Marketingstrategie. Nürnberg 2000.

Hadamitzky, M.C. (1995): Analyse und Erfolgsbeurteilung logistischer Reorganisationen. Wiesbaden 1995.

Hagel, E., Treeck, S. (2003): Informations- und Kommunikationstechnologie. Weltweite Standards für eine effiziente Warenversorgung. In: Baumgarten, H., Wiendahl, H.-P., Zentes, J. (Hrsg.): Logistik Management. Strategien, Konzepte, Praxisbeispiele. Band 3. Heidelberg 2003, Kapitel 8-04-01, S. 1-23.

Haist, F., Fromm, H. (1989): Qualität im Unternehmen. Prinzipien, Methoden, Techniken. München, Wien 1989.

Haller, S. (2001): Handels-Marketing. 2., überarb. u. aktual. Aufl. Ludwigshafen 2001.

Hammer, M., Champy, J. (2003): Business Reengineering. Die Radikalkur für das Unternehmen. 7. Aufl. Frankfurt/Main 2003.

Hansen, G.S., Wernerfelt, B. (1989): Determinants of firm performance: The relative importance of economic and organizational factors. In: Strategic Management Journal 10(1989)5, S. 399-411.

Hansen, U. (1990): Absatz und Beschaffungsmarketing des Einzelhandels: Eine Aktionsanalyse. 2. Aufl. Göttingen 1990.

Hardgrave, B.C., Waller, M., Miller, R. (2005): Does RFID reduce out of stocks? A preliminary analysis. Walton College. White Paper. Fayetteville 2005.

Hartfiel, G. (1982): Wörterbuch der Soziologie. Stuttgart 1982.

Hartmann, H. (1986): Materialwirtschaft. 3. Aufl. Stuttgart 1986.

Hasitschka, W. (1984): Paradigmatische Basis der marketingwissenschaftlichen Handelsforschung. In: Hasitschka, W., Hruschka, H. (Hrsg.): Handels-Marketing. Berlin, New York 1984, S. 11-29.

Hauser, C. (1996): Marktorientierte Bewertung von Unternehmensprozessen. Bergisch Gladbach, Köln 1996.

Häusler, P. (2002a): Integration der Logistik in Unternehmensnetzwerken. Entwicklung eines konzeptionellen Rahmens zur Analyse und Bewertung der Integrationwirkungen. Frankfurt/Main u.a. 2001.

Häusler, P. (2002b): Auswirkungen der Integration der Logistik auf Unternehmensnetzwerke. In: Stölzle, W., Gareis, K. (Hrsg.): Integrative Management- und Logistikkonzepte. München 2002, S. 329-357.

Hawes, J.M., Crittenden, W.F. (1984): A taxonomy of competitive retailing strategies. In: Strategic Management Journal 5(1984)3, S. 275-287.

Hedman, J., Kalling, T. (2003): The business model concept: Theoretical underpinnings and empirical illustrations. In: European Journal of Information Systems 12(2003)1, S. 49-59.

Heinemann, G. (1989): Betriebstypenprofilierung und Erlebnishandel. Wiesbaden 1989.

Heinen, E. (1976): Das Zielsystem der Unternehmung. Grundlagen der betriebswirtschaftlichen Entscheidungen. 3. Aufl. Wiesbaden 1976.

Helbig, R. (2003): Prozessorientierte Unternehmensführung. Eine Konzeption mit Konsequenzen für Unternehmen und Branchen dargestellt an Beispielen aus Dienstleistung und Handel. Heidelberg 2003.

Helm, R., Hegenbart, Th., Stölzle, W., Hofer, F. (2007): Die schwierigen letzten 50 Meter. In: Science Factory 9(2007)2, S. 1-5.

Helm, R., Stölzle, W. (2005): Out-of-Stocks im Handel: Einflussfaktoren und Kundenreaktionensmuster. Jenaer Schriften zur Wirtschaftswissenschaft 2005.

Helm, R., Stölzle, W. (2006): Out-of-Stocks im Handel: Einflussfaktoren und Kundenreaktionsmuster. In: Jahrbuch der Absatz- und Verbrauchsforschung 52(2006)3, S. 306-325.

Helm, S., Günter, B. (2003): Kundenwert – Eine Einführung in die theoretischen und praktischen Herausforderungen der Bewertung von Kundenbeziehungen. In: Günter, B., Helm S. (Hrsg.): Kundenwert. Grundlagen – Innovative Konzepte – Praktische Umsetzung. 2., überarb. u. erw. Aufl. Wiesbaden 2003, S. 3-38.

Helnerus, K. (2007): Die Lücke im Regal. Out-of-Stock-Situationen aus Sicht der Kunden und des Handelsmanagements. Stuttgart 2006.

Helpup, A. (1998): Business Reengineering im Einzelhandel. Aachen 1998.

Henning, D.P. (1981): Spezifische Aspekte der Logistik im Handel. In: Baumgarten, H. u.a. (Hrsg.): RKW-Handbuch Logistik. 3. Band. Kennzahl 8050. Berlin 1981, S. 1-31.

Henning, K.W. (1934): Einführung in die betriebswirtschaftliche Organisationslehre. Berlin (5., neu bearb. Aufl. u.d. Titel: Betriebswirtschaftliche Organisationslehre. Wiesbaden 1975).

Hentze, J., Kammel, A., Lindert, K. (1997): Personalführungslehre. Grundlagen, Funktionen und Modelle der Führung. 3., vollst. überarb. Aufl. Bern, Stuttgart, Wien 1997.

Herrmann, A., Johnson, M.D. (1999): Die Kundenzufriedenheit als Bestimmungsfaktor der Kundenbindung. In: ZfbF – Zeitschrift für betriebswirtschaftliche Forschung 51(1999)6, S. 579-598.

Hertel J. (1992): Design mehrstufiger Warenwirtschaftssysteme. Heidelberg 1992.

Hertel, J. (1998): Warenwirtschafts- und Logistiksysteme international tätiger Handelsunternehmen. In: Zentes, J., Swoboda, B. (Hrsg.): Globales Handelsmanagement. Frankfurt/Main 1998, S. 487-521.

Hertel, J. (1999): Warenwirtschaftssysteme. Grundlagen und Konzept. 3. Aufl. Heidelberg 1999.

Hertel, J., Zentes, J., Schramm-Klein, H. (2005): Supply-Chain-Management und Warenwirtschaftssysteme im Handel. Berlin, Heidelberg 2005.

Heusler, K.-F. (2004): Implementierung von Supply Chain Management. Kompetenzorientierte Analyse aus der Perspektive eines Netzwerkakteurs. Wiesbaden 2004.

Hill, W., Ulrich, P. (1979): Wissenschaftliche Aspekte ausgewählter betriebswirtschaftlicher Konzeptionen. In: Raffée, H., Abel, B. (Hrsg.): Wissenschaftstheoretische Grundlagen der Wirtschaftswissenschaften. München 1979, S. 161-190.

Hofer, F., Schütz, W. (2007): Frühwarnsystem für die Filiale. In: Lebensmittelzeitung 59(2007)8, S. 59.

Hoffmann, F. (1980): Organisation, Begriff der. In: Grochla, E. (Hrsg.): Enzyklopädie der Betriebswirtschaftslehre. Handwörterbuch der Organisation. Bd. 2. 2., völlig neu gest. Aufl. Stuttgart 1980, Sp. 1425-1431.

Hoffmann, F. (1989): Erfassung, Bewertung und Gestaltung der Mitarbeiterqualität. Ein anwendungsorientierter Ansatz. In: ZfO – Zeitschrift für Organisation 58(1989)6, S. 410-414.

Hoffmann, R. (1990): Fehlmengenkosten im Einzelhandel. Analyse und Bewertung von Folgen mangelnder Lieferbereitschaft in Betrieben des stationären Einzelhandels. Hamburg 1990.

Hofmann, E., Hofer, F. (2006): Advanced Optimal Shelf Availability – Kunden wollen alles, und das sofort. In: Dispo Who is Who in der Logistik 2006, S. 58-61.

Holland, H. (2001): Efficient Consumer Response. Praxisbeispiele zur Effizienzsteigerung für Handel und Industrie. Frankfurt/Main 2001.

Hosken, D., Matsa, D., Reiffen, D. (2000): How do retailers adjust prices? Evidence from store-level data. Working Paper. Federal Trade Commission Bureau of Economics Working Paper. Washington 2000.

Hupp, O. (2000): Markenpositionierung: Ansatzpunkte zu einer Verbesserung der Wettbewerbsfähigkeit des Lebensmitteleinzelhandels in Deutschland. In: Planung und Analyse 28(2000)2, S. 38-44.

Ihde, G.B. (2001): Transport, Verkehr, Logistik. Gesamtwirtschaftliche Aspekte und einzelwirtschaftliche Handhabung. 3., völlig überarb. u. erw. Aufl. München 2001.

Inderfurth, K., Jensen, T. (2008): Lagerbestandsmanagement. In: Arnold, D., Isermann, H., Kuhn, A., Tempelmeier, H., Furmans, K. (Hrsg.): Handbuch Logistik. 3., neu bearb. Aufl. Berlin, Heidelberg 2008, S. 153-167.

Isermann, H. (1994): Logistik im Unternehmen. Eine Einführung. In: Isermann, H. (Hrsg.): Logistik: Beschaffung, Produktion, Distribution. Landberg/Lech 1994, S. 21-43.

Isermann, H. (1998): Grundlagen eines systemorientierten Logistikmanagements. In: Isermann, H. (Hrsg.): Logistik. Gestaltung von Logistiksystemen. 2., überarb. u. erw. Aufl. Landsberg/Lech 1998, S. 21-60.

Jap, S. D. (2001): Perspectives on joint competitive advantages in buyer-supplier relationships. In: International Journal of Research in Marketing 18(2001)6, S. 19-35.

Jauschowetz, D. (1995): Marketing im Lebensmitteleinzelhandel: Industrie und Handel zwischen Kooperation und Konfrontation. Wien 1995.

Literaturverzeichnis 253

Jünemann, R., Beyer, A. (1998): Steuerung von Materialfluss- und Logistiksystemen. Informations- und Steuerungssysteme, Automatisierungstechnik. 2. Aufl. Berlin u.a. 1998.

Kaletta, B., Gerhard, T. (1998): Innovation in Distribution und Handel: Die Wertbildungsrechnung bei dm drogerie markt. In: Controller Magazin 23(1998)6, S. 403-406.

Karp, P. (1998): Logistik in der Konsumgüterindustrie. In: Klaus, P., Krieger, W. (Hrsg.): Gabler Lexikon Logistik. Management logistischer Netzwerke und Flüsse. Wiesbaden 1998, S. 279-283.

Kepper, G. (1996): Qualitative Marktforschung: Methoden, Einsatzmöglichkeiten und Beurteilungskriterien. 2. Aufl. Wiesbaden 1996.

Kerkom, K. v. (1998): Logistisches Handelscontrolling. Unternehmensspezifische Controllingsysteme im Einzelhandel. Wiesbaden 1998.

Ketchen, D.J., Jr. u.a. (1997): Organizational configurations and performance: A meta-analysis. In: Academy of Management Journal 40(1997)1, S. 223-240.

Keuper, F. (2001): Strategisches Management. München, Wien 2001.

Kieser, A. (2002): Organisationstheorien. 5., unveränd. Auflage. Stuttgart u.a. 2002.

Kieser, A., Kubicek, H. (1992): Organisation. 3. Aufl. Berlin, New York 1992.

Kirchner, J.D. (1994): Warum Reengineering im Handel? In: Absatzwirtschaft 37(1994)10, S. 193-197.

Kirsch, W., Bamberger, I., Gabele, E., Klein, H.K. (1973): Betriebswirtschaftliche Logistik: Systeme, Entscheidungen, Methoden. Wiesbaden 1973.

Klaas, T. (2002): Logistik-Organisation. Ein konfigurationstheoretischer Ansatz zur logistikorientierten Organisationsgestaltung. Wiesbaden 2002.

Klaus, P. (1998): Jenseits einer Funktionenlogistik: Der Prozessansatz. In: Isermann, H. (Hrsg.): Logistik – Beschaffung, Produktion, Distribution. 2. Aufl. Landsberg/Lech 1998, S. 61-78.

Klaus, P. (1999): Logistik als "Weltsicht". In: Weber, J., Baumgarten, H. (Hrsg.): Handbuch Logistik: Management von Material- und Warenflussprozessen. Stuttgart 1999, S. 15-32.

Klee, P.H. (1999): Prozessorientiertes Distributionscontrolling. Wiesbaden 1999.

Kloth, R. (1999): Waren- und Informationslogistik im Handel. Wiesbaden 1999.

Knobloch, H. (1972): Die typologische Methode in der Betriebswirtschaftslehre. In: WiSt – Wirtschaftswissenschaftliches Studium 1(1972)4, S. 141-147.

Knyphausen, D. z. (1993): Why are firms different? In: DBW – Die Betriebswirtschaft 53(1993)6, S. 771-792.

Kollenbach, S. (1995): Positionierungsmanagement in Vertragshändlersystemen: Konzeptionelle Grundlagen und empirische Befunde am Beispiel der Automobilbranche. Frankfurt/Main 1995.

Koppelmann, U. (1997): Marketing. Einführung in Entscheidungsprobleme des Absatzes und der Beschaffung. 5. Aufl. Düsseldorf 1997.

Köpper, F. (1993): Logistisches Kernsystem – "Generalbebauungsplan" als Instrument zur Entwicklung von Informationssystemen. In: Dynamik im Handel 37(1993)1, S. 57-61.

Kopsidis, R.M. (1997): Materialwirtschaft. Grundlagen, Methoden, Techniken, Politik. 3., überarb. Aufl. Leipzig 1997.

Kotler, P., Bliemel, F. (1999): Marketing-Management: Analysen, Planung, Umsetzung und Steuerung. 9. Aufl. Stuttgart 1999.

Kotzab, H. (1997): Neue Konzepte der Distributionslogistik von Handelsunternehmen. Wiesbaden 1997.

Kotzab, H. (1998): Handelslogistik. In: Klaus, P., Krieger, W. (Hrsg.): Gabler-Lexikon Logistik: Management logistischer Netzwerke und Flüsse. Wiesbaden 1998, S. 169-174.

Kotzab, H. (1999): Improving supply chain performance by efficient consumer response? A critical comparison of existing ECR approaches. In: Journal of Business & Industrial Marketing 14(1999)5/6, S. 364-377.

Kotzab, H. (2001): Der Beitrag integrativer Logistikkonzepte zum Unternehmenserfolg – kritische Bestandsaufnahme theoretischer und empirischer Befunde. In: Logistikmanagement 3(2001)1, S. 17-33.

Kotzab, H. (2004): Handelslogistik. In: Klaus, P., Krieger, W. (Hrsg.): Gabler-Lexikon Logistik: Management logistischer Netzwerke und Flüsse. Wiesbaden 2004, S. 180-185.

Kotzab, H., Reiner, G., Teller, Chr. (2005): Instore-Logistik als neuralgischer Brückenkopf einer Supply Chain. Modellbildung. Empirische Bestandsaufnahme und Simulation. In: Lasch, R., Janker, Chr. (Hrsg.): Logistik Management. Innovative Logistikkonzepte. Wiesbaden 2005, S. 281-294.

Kotzab, H., Reiner, G., Teller, Chr. (2007): Beschreibung, Analyse und Bewertung von Instore-Logistikprozessen. In: ZfB – Zeitschrift für Betriebswirtschaft 77(2007)11, S. 1135-1158.

Kotzab, H., Schnedlitz, P. (1999): The integration of retailing to the general concept of supply chain management. In: Journal für Betriebswirtschaft 49(1999)4, S. 140-153.

Kotzab, H., Teller, Ch. (2004): Instore-Logistics – the missing link in retail operations? In: Van Wasserhove, L.N., De Mayer, A., Yücesan, E., Günes, D.E., Muyldermans, L. (Hrsg.): Operations Management as a Change Agent. Proceedings of the 11th International Annual EurOMA Conference. Volume 1. Fontainebleau 2004, S. 353-362.

Kotzab, H., Teller, Ch. (2005): Development and empirical rest of a grocery retail instore logistics model. In: British Food Journal 107(2005)8, S. 594-605.

Krämer, P. (1981): Logistische Aspekte im Handel am Beispiel ausgewählter Sortimentsbereiche. In: Baumgarten, H. u.a. (Hrsg.): RKW – Handbuch Logistik. Bd. 3. Berlin 1981, 13. Lfg. II/88, Kennziffer 8020, S. 5.

Krampe, H., Lucke, H.-J. (1993): Einführung in die Logistik. In: Krampe, H., Lucke, H.-J. (Hrsg.): Grundlagen der Logistik. Einführung in Theorie und Praxis logistischer Systeme. München 1993, S. 12-27.

Krcmar, H. (2005): Informationsmanagement. 4., überarb. u. erw. Aufl. Berlin u.a. 2005.

Literaturverzeichnis 255

Kreft, W. (1993): Ladenplanung. Leinfelden-Echterdingen 1993.

Kreikebaum, H. (1998): Organisationsmanagement internationaler Unternehmen: Grundlagen und neue Strukturen. Wiesbaden 1998.

Kreutzer, R.T. (2003): Konzeption und Positionierung des Couponing im Marketing. In: Hartmann, W., Kreutzer, R.T., Kuhfuß, H. (Hrsg.): Handbuch Couponing. Wiesbaden 2003, S. 3-25.

Kröber-Riel, W., Weinberg, P. (2003): Konsumentenverhalten. 8., aktual. u. erg. Aufl. München 2003.

Krönfeld, B. (1995): Erfolgsforschung in kooperierenden Handelssystemen: eine empirische Analyse des organisationalen Lernens von erfolgreichen Vorbildern. In: Ahlert, D. (Hrsg.): Schriften zur Distribution und Handel, Bd. 13, Frankfurt/Main u.a. 1995.

Krulis-Randa, J.S. (1977): Marketing-Logistik. Eine systemtheoretische Konzeption der betrieblichen Warenverteilung und Warenbeschaffung. Bern, Stuttgart 1977.

Krulis-Randa, J.S. (1993): Zur Führung der Handelsunternehmung. In: Krulis-Randa, J.S., Staffelbach, B., Wehrlie, H.P. (Hrsg.): Führen von Organisationen: Konzepte und praktische Beispiele aus privaten und öffentlichen Unternehmen. Bern 1993, S. 155-177.

Kubicek, H. (1975): Empirische Organisationsforschung. Konzeption und Methodik. Stuttgart 1975.

Kubicek, H. (1977): Heuristische Bezugsrahmen und heuristisch angelegte Forschungsdesigns als Elemente einer Konstruktionsstrategie empirischer Forschung. In: Köhler, R. (Hrsg.): Empirische und handlungstheoretische Forschungskonzeptionen in der Betriebswirtschaftslehre. Stuttgart 1977, S. 5-36.

Kubik, C. (2003): Von der Logistik zum Supply Chain Management. In: Thexis 20(2003)3, S. 27-29.

Kuhn, A. (1995): Prozessketten in der Logistik: Entwicklungstrends und Umsetzungsstrategien. Dortmund 1995.

Küntzle, F. (1999): Performance Management im Lebensmitteleinzelhandel. Bamberg 1999.

Lambert, D.M., Sharma, A. (1990): A customer-based competitive analysis for logistics decisions. In: International Journal of Physical Distribution and Logistics Management 20(1990)1, S. 17-24.

Lambert, D.M., Stock, J.R. (1993): Strategic Logistics Management. Irwin, Boston 1993.

Lambert, D.M., Stock, J.R., Ellram, L.M. (1998): Fundamentals of Logistics Management. Boston u.a. 1998.

Lamla, J. (1995): Prozessbenchmarking. München 1995.

Lamnek, S. (2005): Qualitative Sozialforschung. 4., vollst. überarb. Aufl. Weinheim, Basel 2005.

Lang, K. (1997): Gestaltung von Geschäftsprozessen mit Referenzprozessbausteinen. Wiesbaden 1997.

Large, R., Stölzle, W. (1999): Logistikforschung im Spiegel wissenschaftlicher Publikationen. Eine empirische Untersuchung auf der Basis betriebswirtschaftlicher und ingenieurwissenschaftlicher Dissertationen. In: Pfohl, H.-Chr. (Hrsg.): Logistikforschung. Entwicklungszüge und Gestaltungsansätze. Berlin 1999, S. 3-35.

Lasch, R. (1998): Marktorientierte Gestaltung von Logistikprozessen. Wiesbaden 1998.

Laurent, M. (1996): Vertikale Kooperationen zwischen Industrie und Handel. Neue Typen und Strategien zur Effizienzsteigerung im Absatzkanal. Frankfurt/Main 1996.

Leavitt, H.J. (1965): Applied organizational change in industry. structural, technological and humanistic approaches. In: March, J.G. (Hrsg.): Handbook of Organizations. Chicago 1965, S. 1144-1170.

Lerchenmüller, M. (2003): Handelsbetriebslehre. 4., überarb. u. aktual. Aufl. Ludwigshafen 2003.

Levy, M., Weitz, B. (2004): Retailing Management. 5. Aufl. New York u.a. 2004.

Liebmann, H.-P., Foscht, T. (2003): Grundlagen und Aufgaben der Handelslogistik. In: Baumgarten, H., Wiendahl, H.-P., Zentes, J. (Hrsg.): Logistik Management. Strategien, Konzepte, Praxisbeispiele. Band 3. Heidelberg 2003, Kapitel 8-01-01, S. 1-22.

Liebmann, H.-P., Jungwirth, G., Klug, S. (2000): HandelsMonitor 2000 – Wie wird Handel im Jahre 2005 „gemacht"? Frankfurt/Main 2000.

Liebmann, H.-P., Zentes, J. (2001): Handelsmanagement. München 2001.

Lippman, S., Rumelt, R. (1982): Uncertain imitability: An analysis of interfirm differences in efficiency under competition. In: Bell Journal of Economics 13(1982)2, S. 418-438.

Lüders, C. (2001): Teilnehmende Beobachtung. In: Bohnsack, R., Marotzki, W., Meuser M. (Hrsg.): Hauptbegriffe qualitativer Sozialforschung. Opladen 2001, S. 151-153.

Lynch, D.F., Keller, S.B., Ozment, J. (2000): The effects of logistics capabilities and strategy on firm performance. In: Journal of Business Logistics 21(2000)2, S. 47-67.

Macharzina, K. (1995): Unternehmensführung: Das internationale Managementwissen. 2., akt. u. erw. Aufl. Wiesbaden 1995.

Magee, J., Copacino, W., Rosenfield, D. (1985): Modern Logistics Management. New York 1985.

Mahoney, J.T., Pandian, R. (1992): The resource-based view within the conversation of strategic management. In: Strategic Management Journal 13(1992)5, S. 363-380.

Marbacher, A. (2001): Demand & Supply Chain Management. Bern, Stuttgart, Wien 2001.

Marien, E.J. (2000): The four supply chain enablers. In: Supply Chain Management Review 4(2000)1, S. 60-68.

Mau, M. (2000): Supply Chain Management. Realisierung von Wertschöpfungspotentialen durch ECR-Kooperation zwischen mittelständischer Industrie und Handel im Lebensmittelsektor. Frankfurt/Main 2000.

Mayring, P. (2002): Einführung in die qualitative Sozialforschung – eine Anleitung zu qualitativem Denken. 5., überarb. u. neu ausgest. Aufl. Weinheim, Basel 2002.

McKinnon, A.C., Mendes, D., Nababteh, M. (2007): In-store logistics: An analysis of on-shelf availability and stockout responses for three product groups. In: International Journal of Logistics: Research & Applications. 10(2007)3, S. 251-268.

Mentzer, J.T., DeWitt, W., Keebler, J.S., Min, S., Nix, N.W., Smith, C.D., Zacharia, Z.G. (2001): Defining Supply Chain Management. In: Journal of Business Logistics 22(2001)2, S. 1-25.

Mentzer, J.T., Konrad, B. (1991): An efficiency/effectivity approach to logistics performance analysis. In: Journal of Business Logistics 12(1991)1, S. 33-62.

Mercer Management Consulting (2000): Retail-Studie: Preis- und Sortimentsmanagement als Erfolgshebel im Einzelhandel. München 2000.

Meyer, A.D., Tsui, A.S., Hinings, C.R. (1993): Configurational approaches to organizational analysis. In: Academy of Management Journal 36(1993)6, S. 1175-1195.

Meyer, C.W. (1963): Der Zusammenhang von Funktionen und Betriebsformen des Warenhandels und seine Bedeutung für die Handelsbetriebsführung. In: Der Österreichische Betriebswirt 13(1963)3, S. 118-136.

Meyer, J.A., Kittel-Wegner, E. (2002): Die Fallstudie in der betriebswirtschaftlichen Forschung und Lehre. In: Stiftungslehrstuhl für ABWL, insbesondere kleine und mittlere Unternehmen (Hrsg.): Schriften zu Management und KMU 3/2002, Universität Flensburg. Flensburg 2002.

Meyer, M. (2000): Efficient Consumer Response – eine kritische Betrachtung. In: Trommsdorff, V. (Hrsg.): Verhalten im Handel und gegenüber dem Handel. Wiesbaden 2000, S. 297-314.

Meyer, R. (2007): Der neue Warenhandelsprozess der Migros. In: Rudolph, Th., Drenth, R., Meise, J.N. (Hrsg.): Kompetenzen für Supply Chain Manager. Berlin, Heidelberg 2007, S. 43-48.

Meyr, H., Stadtler, H. (2005): Types of Supply Chains. In: Stadtler, H., Kilger, C. (Hrsg.): Supply Chain Management and Advanced Planning. 3. Aufl. Berlin u.a. 2005, S. 65-80.

Miebach Logistik Gruppe (2006): Marktbefragung „In-Store-Logistik". Frankfurt/Main 2006.

Mihr, R., Oess, M. (2006): Aldi. Verkaufmaschine Aldi – der Triumph des Schlichten. Hamburg 2006.

Mikus, B. (2003): Strategisches Logistikmanagement. Ein markt-, prozess- und ressourcenorientiertes Konzept. Wiesbaden 2003.

Miles, R.E., Snow, C.C. (1986): Unternehmensstrategien. Hamburg 1986.

Miller, D. (1986): Configurations of strategy and structure – towards a synthesis. In: Strategic Management Journal 7(1986)3, S. 233-249.

Miller, D. (1996): Configurations revisted. In: Strategic Management Journal 17(1996)7, S. 505-512.

Miller, D., Friesen, P. (1978): Archetypes of strategy formulation. In: Management Science 24(1978)9, S. 921-933.

Miller, D., Friesen, P. (1984): Organizations. A Quantum View. Englewood Cliffs 1984.

Mintzberg, H. (1979): The structuring of organizations. A synthesis of research. Englewood Cliffs 1979.

Mintzberg, H. (1992): Die Mintzberg-Struktur: Organisation effektiver gestalten. Landsberg/Lech 1992.

Mintzberg, H. (2003): The structuring of organizations. In: Mintzberg, H., Lampel, J., Quinn, J.B., Ghoshal, S. (Hrsg.): The Strategy Process. Essex 2003, S. 209-226.

Mitchell, A. (1997): Efficient Consumer Response. A new paradigm für the european FMCG sector. London 1997.

Möhlenbruch, D. (1994): Sortimentspolitik im Einzelhandel: Planung und Steuerung. Wiesbaden 1994.

Möhlenbruch, D., Meier, C. (1996): Stand und Entwicklungsperspektiven eines integrierten Controllingsystems für den Einzelhandel. Betriebswirtschaftliche Diskussionsbeiträge, Nr. 96/09. Martin-Luther-Universität Halle-Wittenberg 1996.

Moll, C. (2000): Efficient Consumer Response. Neue Wege einer erfolgreichen Kooperation zwischen Industrie und Handel. Frankfurt/Main 2000.

Morschett, D. (2002): Retail Branding und Integriertes Handelsmarketing. Wiesbaden 2002.

Müller, C. (2007): Differenzierung von Handelsunternehmen. Frankfurt/Main 2006.

Müller, F. (1994): Organisationstheoretische Ansätze. In: Verlag Franz Vahlen (Hrsg.): Kompaktstudium Wirtschaftswissenschaften. Band 9, Organisationstheorie. München 1994, S. 5-52.

Müller-Hagedorn, L. (1994): Die Wahl von Vergleichsbetrieben, Teil 1. In: Mitteilungen des Instituts für Handelsforschung an der Universität zu Köln 46(1994), S. 125-134.

Müller-Hagedorn, L. (1998): Der Handel. 2., vollst. überarb. Aufl. Stuttgart u.a. 1998.

Müller-Hagedorn, L. (2005): Handelsmarketing. 4., überarb. Aufl. Stuttgart 2005.

Müller-Hagedorn, L., Heidel, B. (1996): Optimale Verkaufsflächennutzung in Handelbetrieben. Arbeitspapier Nr. 10. Universität Trier 1996.

Müller-Hagedorn, L., Toporowski, W. (2006): Handelsbetriebe. Schriftenreihe des Seminars für Allgemeine Betriebswirtschaftslehre, Handel und Distribution der Universität zu Köln. Arbeitspapier Nr. 19. Köln 2006.

Müller-Stewens, G., Lechner, C. (2005): Strategisches Management. Wie strategische Initiativen zum Wandel führen. Der St. Galler General Management Navigator. 3., aktual. Aufl. Stuttgart 2005.

Nippa, M., Picot, A. (1996): Prozessmanagement und Reengineering: Die Praxis im deutschsprachigen Raum. Konzepte und Praxisbeispiele. 2. Aufl. Frankfurt/Main 1996.

Nonaka, I., Takeuchi, H. (1995): The knowledge-creating company: How japanese companies create the dynamics of innovation. New York 1995.

Nordsieck, F. (1931): Grundprobleme und Grundprinzipien der Organisation des Betriebsaufbaus. In: DBW – Die Betriebswirtschaft 24(1931)6, S. 158-162.

Oberparleitner, K. (1955): Funktionen und Risiken des Warenhandels. 2. Aufl. Wien 1955.

Oehme, W. (1993): Handelsmanagement. Eine Konzeption für die Führung des Operatingbereichs von Handelsunternehmen. München 1993.

Oehme, W. (2001): Handels-Marketing. Die Handelsunternehmen auf dem Weg vom namenlosen Absatzmittler zur Retail Brand. 3., neuberarb.u.erw. Aufl. München 2001.

Ogbonna, E., Wilkinson, B. (1996): Inter-organisational power relations in the UK grocery industry: Contradictions and developments. In: International Review of Retail Distribution & Consumer Research 6(1996)4, S. 395-414.

Olavarrieta, S., Ellinger, A.E. (1997): Resource-based theory and strategic logistics research. In: International Journal of Physical Distribution & Logistics 27(1997)9/10, S. 559-587.

Olbrich, R. (1992a): Informationsmanagement in mehrstufigen Handelssystemen: Grundzüge organisatorischer Gestaltungsmaßnahmen unter Berücksichtigung einer repräsentativen Umfrage zur Einführung dezentraler computergestützter Warenwirtschaftssysteme im Lebensmitteleinzelhandel, Frankfurt/Main 1992.

Olbrich, R. (1992b): Erfolgspositionen im Lebensmittelhandel: Merkmale erfolgreicher Handelssysteme, Schlussfolgerungen und Handlungskonsequenzen aus betriebswirtschaftlicher und wettbewerbspolitischer Perspektive – dargestellt auf der Grundlage einer repräsentativen Befragung. In: Ahlert, D. (Hrsg.): Forschungsberichte des Instituts für Handelsmanagement Münster, Westfalen 1992.

Olbrich, R., Battenfeld, D., Grünblatt, M. (2000): Methodische Grundlagen und praktische Probleme der Scanningdaten-Forschung. In: Trommsdorff, V. (Hrsg.): Handelsforschung 2000/2001. Köln 2000, S. 263-281.

Olbrich, R., Grünblatt, M. (2001): Nutzenpotenziale von Scanningdaten im Rahmen des Category Management. Ein Fallbeispiel aus dem Bereich der Markenführung im filialisierten Lebensmittel-Einzelhandel. In: Ahlert, D., Olbrich, R., Schröder, H. (Hrsg.): Jahrbuch Handelsmanagement 2001. Frankfurt/Main 2001, S. 167-202.

Olsen, R.F., Ellram, L.M. (1997): Buyer-supplier relationships: Alternative research approaches. In: European Journal of Purchasing & Supply Management 3(1997)4, S. 221-231.

Osterloh, M., Frost, J. (1996): Prozessmanagement als Kernkompetenz. Wie Sie Business Reengineering strategisch nutzen können. Wiesbaden 1996.

Osterloh, M., Grand, S. (1994): Modelling oder Mapping? Von Rede- und Schweigeinstrumenten der betriebswirtschaftlichen Theoriebildung. In: Die Unternehmung 48(1994)4, S. 277-29.

Osterwalder, A., Pigneur, Y. (2002): An e-business model ontology for modeling e-business. In: Proceedings of 15th bled electronic commerce conference. Bled 2002.

Otto, A. (2002): Management und Controlling von Supply Chains. Ein Modell auf Basis der Netzwerktheorie. Wiesbaden 2002.

Otto, A., Kotzab, H. (2002): Ziel erreicht? Sechs Perspektiven zur Ermittlung des Erfolgsbeitrags des Supply Chain Management. In: Hahn, D., Kaufmann, L. (Hrsg.): Handbuch industrielles Bestandsmanagement. 2., überarb. u. erw. Aufl. Wiesbaden 2002, S. 125-150.

Otto, F. (2006): Supermärkte, Verbrauchermärkte, SB-Warenhäuser. Erscheinungsformen und künftige Entwicklungen. In: Zentes, J. (Hrsg.): Handbuch Handel. Strategien, Perspektiven, internationaler Wettbewerb. Wiesbaden 2006, S. 441-451.

Pal, J.W., Byrom, J.W. (2003): The five Ss of retail operations: A model and tool for improvement. In: International Journal of Retail & Distribution Management 31(2003)10, S. 518-528.

Patt, P.-J. (1988): Strategische Erfolgsfaktoren im Einzelhandel: Eine empirische Analyse am Beispiel des Bekleidungsfachhandels. 2. Aufl. Frankfurt/Main 1988.

Penrose, E.T. (1959): The theory of the growth of the firm. Oxford 1959.

Pepels, W. (2004): Marketing. 4., völlig überarb. u. erw. Aufl. München 2004.

Peteraf, M.A. (1993): The cornerstones of competitive advantage. A resource-based view. In: Strategic Management Journal 14(1993)3, S. 179-191.

Pfeiffer, W., Weiß, E. (1992): Lean Management. Grundlagen der Führung und Organisation industrieller Unternehmen. Berlin 1992.

Pflaum, A. (2001): Transpondertechnologie und Supply Chain Management. Elektronische Etiketten, bessere Identifikationstechnologien in logistischen Systemen? Hamburg 2001.

Pfohl, H.-Chr. (2004a): Logistiksysteme. Betriebswirtschaftliche Grundlagen. 7., korrig.u. aktual. Aufl. Berlin u.a. 2004.

Pfohl, H.-Chr. (2004b): Logistikmanagement. Konzeption und Funktion. 2., vollst. überarb. u. erw. Aufl. Berlin u.a. 2004.

Pfohl, H.-Chr., Stölzle, W. (1997): Planung und Kontrolle. Konzeption, Gestaltung, Implementierung. 2., neu bearb. Aufl. München 1997.

Pfohl, H.-Chr., Stölzle, W., Schneider, H. (1993): Entwicklungstrends im Bestandsmanagement. In: Betriebswirtschaftliche Forschung und Praxis 45(1993)5, S. 529-551.

Picot, A. (1993): Organisation. In: Bitz, M. (Hrsg.): Vahlens Kompendium der Betriebswirtschaftslehre. 3. Aufl. Bd. 2. München 1993, S. 101-174.

Picot, A., Dietl, H., Franck, E. (1999): Organisation. Eine ökonomische Perspektive. 2., überarb. u. erw. Aufl. Stuttgart 1999.

Picot, A., Franck, E. (1995): Prozessorganisation. Eine Bewertung der neuen Ansätze aus Sicht der Organisationslehre. In: Nippa, M., Picot, A. (Hrsg.): Prozessmanagement und Reengineering. Die Praxis im deutschsprachigen Raum. Frankfurt/Main, New York 1995, S. 13-38.

Pietsch, W., Steinbauer, D. (1994): Business Process Reengineering. In: Wirtschaftsinformatik 36(1994)5, S. 502-505.

Placzek, T.S. (2007): Optimal Shelf Availability. Analyse und Gestaltung integrativer Logistikkonzepte in Konsumgüter-Supply Chains. Wiesbaden 2007.

Plinke, W. (1995): Grundlagen des Marktprozesses. In: Kleinaltenkamp, M., Plinke, W. (Hrsg.): Technischer Vertrieb – Grundlagen. Berlin u.a. 1995, S. 3-95.

Porter, M.E. (1985): Competitive Advantage: Creating and sustaining superior performance. New York 1985.

Porter, M.E. (1990): Wettbewerbsstrategie: Methode zur Analyse von Branchen und Konkurrenten. 6. Aufl., Frankfurt/Main, New York 1990.

Porter, M.E. (1999): Wettbewerbsstrategie: Methode zur Analyse von Branchen und Konkurrenten. 10., durchges. u. erw. Aufl., Frankfurt/Main, New York 1999.

Pramatari, K., Miliotis, P. (2008): The impact of collaborative store ordering on shelf availability. In: Supply Chain Management. An International Journal 13(2008)1, S. 49-61.

Punch, K. F. (1998): Introduction to social research. Quantitative and qualitative approaches. London 1998.

Purper, G. (2007): Die Betriebsformen des Einzelhandels aus Konsumentenperspektive. Wiesbaden 2007.

Raffée, H. (1989): Gegenstand, Methoden und Konzepte der Betriebswirtschaftslehre. In: Bitz, M., Delfmann, K., Baetge, J. (Hrsg.): Vahlens Kompendium der Betriebswirtschaftslehre. München 1989, S. 3-46.

Raffée, H. (1995): Grundprobleme der Betriebswirtschaftslehre. Betriebswirtschaftslehre im Grundstudium der Wirtschaftswissenschaften, Band 1. 9., unveränd. Aufl. Göttingen 1995.

Raman, A., DeHoratius, N., Ton, Z. (2001a): Execution: The missing link in retail operations. In: California Management Review 43(2001)3, S. 136-152.

Raman, A., DeHoratius, N., Ton, Z. (2001b): The achilles' heel of supply chain management. In: Harvard Business Review 79(2001)5, S. 25-28.

Reed, R., DeFillippi, R.J. (1990): Causal ambiguity, barriers to imitation, and sustainable competitive advantage. In: Academy of Management Review 15(1990)1, S. 88-102.

Rekik, Y., Jemai, Z., Sahin, E., Dallery, Y. (2007): Improving the performance of retail stores subject to execution errors: Coordination versus RFID technology. In: OR Spectrum 29(2007)4, S. 597-626.

Remmert, J. (2001): Referenzmodellierung für die Handelslogistik. Wiesbaden 2001.

Ripperger, A., Zwirner, A. (1995): Prozessoptimierung. In: Controlling 7(1995)2, S. 72-80.

Rock, S. (2004): Logistikansätze zur Sicherung des Unternehmenserfolgs in Handelsunternehmen. In: Die Unternehmung 58(2004)6, S. 457-475.

Rock, S. (2006): Effizienzsteigerung der innerbetrieblichen Logistikleistung im großflächigen Einzelhandel. Methoden, Konzepte und Instrumente. München 2006.

Roell, J.S. (1985): Das Informations- und Entscheidungssystem der Logistik. Frankfurt/Main u.a. 1985.

Rohweder, D. (1996): Informationstechnologie und Auftragsabwicklung. Potentiale zur Gestaltung und flexiblen kundenorientierten Steuerung des Auftragsflusses in und zwischen Unternehmen. Berlin 1996.

Roland Berger & Partner (2003): ECR – Optimal Shelf Availability. Increasing shopper satisfaction at the moment of truth. Research Study. Amsterdam u.a. 2003.

Rosenstiel, L. v. (2007): Grundlagen der Organisationspsychologie. 6., überarb. Aufl. Stuttgart 2007.

Rosenstiel, L. v., Molt, W., Rüttinger, B. (1995): Organisationspsychologie. 8., überarb. u. erw. Aufl. Stuttgart, Berlin, Köln 1995.

Rößl, D. (1990): Die Entwicklung eines Bezugrahmens und seine Stellung im Forschungsprozess. In: Journal für Betriebswirtschaft 40(1990)2, S. 99-110.

Rudolph, T. (1993): Profilierung und Rationalisierung im Europäischen Einzelhandel. St.Gallen 1993.

Rudolph, T. (2000): Erfolgreiche Geschäftsmodelle im europäischen Handel: Ausmaß, Formen und Konsequenzen der Internationalisierung für das Handelsmanagement. Fachbericht für Marketing. St.Gallen 2000.

Rudolph, T. (2005): Modernes Handelsmanagement. Eine Einführung in die Handelslehre. München 2005.

Rudolph, T., Becker, K. (2003): Efficient Differentiation: A systematic approach für retailers to appear unique. In: The European Retail Digest 38(2003), S. 80-85.

Rudolph, T., Brandstetter, J. (1995): Mehr Erfolg mit neuen Produkten. Modell zur vertikalen Profilierung. Dargestellt am Beispiel Brot. In: Dynamik im Handel 39(1995)9, S. 101-108.

Rudolph, T., Kleinschrodt, A. (2006): Geschäftsmodelle im Discountzeitalter. In: Burmann, Chr., Freiling, J., Hülsmann, M. (Hrsg.): Neue Perspektiven des Strategischen Kompetenz-Managements. Wiesbaden 2006, S. 505-528.

Rudolph, T., Kotouc, A. (2006): Das Sortiment aus Verbrauchersicht. Oder warum die Formel „Großes Sortiment = Zufriedene Kunden = Mehr Umsatz" nicht stimmt. In: Thexis 23(2006)2, S. 2-7.

Rudolph, T., Loos, J. (2003): Multichannel Sourcing als neuer Denkansatz im strategischen Beschaffungsmanagement des Handels. In: Thexis 20(2003)3, S. 12-16.

Rühl, A., Steinicke, S. (2003): Filialspezifisches Warengruppenmanagement. Ein neues Konzept effizienter Sortimentssteuerung im Handel. Wiesbaden 2003.

Rühli, E. (1995): Ressourcenmanagement. Strategischer Erfolg dank Kernkompetenzen. In: Die Unternehmung 49(1995)2, S. 91-105.

Rumelt, R.P. (1984): Towards a strategic theory of the firm. In: Lamb, R.B. (Hrsg.): Competitive Strategic Management. Englewood Cliffs 1984, S. 556-570.

Rumelt, R.P. (1994): Foreword. In: Hamel, G., Heene, A. (Hrsg.): Competence-based competition. Chichester u.a. 1994, S. XV-XIX.

Rümenapp, Th. (2002): Strategische Konfigurationen von Logistikunternehmen. Ansätze zur konsistenten Ausrichtung in den Dimensionen Strategie, Struktur und Umwelt. Wiesbaden 2002.

Saghir, M., Jönson, G. (2001): Packaging handling evaluation methods in the grocery retail industry. In: Packaging Technology and Science 14(2001)1, S. 21-29.

Salfeld, A. (1998): Integrierte Führungs-Informations-Systeme im Handel. In: Ahlert, D., Becker, J., Olbrich, R., Schütte, R. (Hrsg.): Informationssysteme für das Handelsmanagement. Konzepte und Nutzung in der Unternehmenspraxis. Berlin u.a. 1998, S. 239-280.

Salmon, W.J. (1989): Retailing in the age of execution. In: Journal of Retailing 65(1989)3, S. 368-378.

Sanchez, R., Heene, A., Thomas, H. (1996): Introduction: Towards the theory and practice of competence-based competition. In: Sanchez, R., Heene, A., Thomas, H. (Hrsg.): Dynamics of Competence-based Competition: Theory and practice in the new strategic management. Oxford u.a. 1996, S. 1-35.

Schäfer, C. (2001): Prozessorientiertes Zeitmanagement. Konzeption und Anwendung am Beispiel industrieller Beschaffungsprozesse. Lohmar, Köln 2001.

Schanz, G. (1977): Jenseits von Empirismus. In: Köhler, R. (Hrsg.): Empirische und handlungstheoretische Forschungskonzeptionen in der Betriebswirtschaftslehre. Bericht über die Tagung in Aachen. Stuttgart 1977, S. 65-84.

Schanz, G. (1995): Organisationsgestaltung. Management von Arbeitsteilung und Koordination. 2., neubearb. Aufl. München 1995.

Schaper, K.-M. (2006): Der integrierte Handel. Eine konzeptionelle Beziehungsgestalt zwischen Hersteller, Handel und Letztnachfrager. Frankfurt/Main 2006.

Schary, P.B., Christopher, M. (1979): The anatomy of a stock-out. In: Journal of Retailing 55(1979)2, S. 59-70.

Scheer, C., Deelmann, T., Loos, P. (2003): Geschäftsmodelle und internetbasierte Geschäftsmodelle – Begriffsbestimmung und Teilnehmermodell. ISYM – Information Systems & Management. Paper 12. Johannes Gutenberg Universität Mainz 2003.

Scherer, A., Beyer, R. (1998): Der Konfigurationsansatz im Strategischen Management. Rekonstruktion und Kritik. In: DBW – Die Betriebswirtschaft 58(1998), S. 332-347.

Schmid, G. (2000): Grundlagen des Indirektabsatzes. In: Ammann, P., Daduna, J., Schmid, G., Winkelmann, P. (Hrsg.): Distributions- und Verkaufspolitik. Köln 2000, S. 107-124.

Schnedlitz, P., Teller, Chr. (1999): Aktuelle Perspektiven der Handelslogistik. In: Pfohl, H.-Chr. (Hrsg.): Logistikforschung. Entwicklungszüge und Gestaltungsansätze. Berlin 1999, S. 233-250.

Schoenherr, R.A., Fritz, J. (1967): Some new techniques in organisation research. In: Public Personell Review 28(1967)7, S. 156-161.

Schögel, M. (2002): Bezugsrahmen der Geschäftsmodellierung. In: Schögel, K., Tomczak, T., Belz, C. (Hrsg.): Roadm@p to E-Business. St.Gallen 2002, S. 374-399.

Scholz, C. (1992): Effektivität und Effizienz, organisatorische. In: Frese, W. (Hrsg.): Handwörterbuch Organisation. Bd. II. 3. Aufl. Stuttgart 1992, Sp. 534-552.

Schönsleben, P. (2004): Integrales Logistikmanagement. Planung und Steuerung der umfassenden Supply Chain. 4., überarb. u. erw. Aufl. Berlin u.a. 2004.

Schramm-Klein, H. (2003): Multi-Channel-Retailing. Wiesbaden 2003.

Schreyögg, G. (1995): Umwelt, Technologie und Organisationsstruktur. Eine Analyse des kontingenztheoretischen Ansatzes. 3. nachgeführte Aufl. Bern, Stuttgart 1995.

Schreyögg, G. (2000): Kommentar: Theorien organisatorischer Ressourcen. In: Ortmann, G., Sydow, J., Türk, K. (Hrsg.): Theorien der Organisation: Die Rückkehr der Gesellschaft. Opladen 2000, S. 481-486.

Schreyögg, G. (2003): Organisation. Grundlagen moderner Organisationsgestaltung. 4., vollst. überarb. u. erw. Aufl. Wiesbaden 2003.

Schröder, H. (2002): Handelsmarketing. Methoden und Instrumente im Einzelhandel. München 2002.

Schröder, H. (2005): Multichannel-Retailing – Marketing in Mehrkanalsystemen des Einzelhandels. Berlin u.a. 2005

Schröder, H., Geister, S. (2001): Internationales Category Management im europäischen Einzelhandel. Anforderungen und Gestaltung. In: Schröder, H. (Hrsg.): Category Management: Aus der Praxis für die Praxis. Konzepte, Kooperationen, Erfahrungen. Frankfurt/Main 2001, S. 75-90.

Schröder, H., Rödl, A. (2006): Category Management. Kooperative Sortimentspolitik. In: Zentes, J. (Hrsg.): Handbuch Handel. Strategien, Perspektiven, Internationaler Wettbewerb. Wiesbaden 2006, S. 567-595.

Schuderer, P. (1996): Prozessorientierte Analyse und Rekonstruktion logistischer Systeme. Konzeption, Methoden, Werkzeuge. Wiesbaden 1996.

Schulte, C. (1999): Logistik. Wege zur Optimierung des Material- und des Informationsflusses. 3. Aufl. München 1999.

Schulte-Zurhausen, M. (2005): Organisation. 4., überarb. Aufl. München 2005.

Schütte, R., Vering, O. (2004): Erfolgreiche Geschäftsprozesse durch standardisierte Warenwirtschaftssysteme. Marktanalyse, Produktübersicht, Auswahlprozess. 2. Aufl. Berlin, Heidelberg 2004.

Schwarzer, B., Krcmar, H. (1995): Grundlagen der Prozessorientierung. Eine vergleichende Untersuchung der Elektronik- und Pharmaindustrie. Wiesbaden 1995.

Seifert, D. (1999): Gestaltung von Logistikzentren im stationären Handel unter Berücksichtigung aktueller ECR-Logistikstrategien und verändertem Kundenverhalten. In: Von der Heydt, A. (Hrsg.): Efficient Consumer Response. Konzepte, Erfahrungen, Herausforderungen. München 1999, S. 88-96.

Seifert, D. (2006a): Efficient Consumer Response, Supply Chain Management (SCM), Category Management (CM) und Radiofrequenz-Identifikation (RFID) als neue Strategieansätze. 4. erw. Aufl. München 2006.

Seifert, D. (2006b): Konzepte des Suppy Chain Managements – CPFR als unternehmensübergreifende Lösung. In: Zentes, J. (Hrsg.): Handbuch Handel. Stategien, Perspektiven, internationaler Wettbewerb. Wiesbaden 2006, S. 781-794.

Seyffert, R. (1972): Wirtschaftslehre des Handels. 5., neubearb. Aufl. Opladen 1972.

Shapiro, R.D., Heskett, J.L. (1985): Logistics Strategy. Cases and Concepts. St.Paul u.a. 1985.

Shim, S., Lusch, R., Goldsberry, E. (2002): The employee-customer profit chain. In: International Journal of Retail & Distribution Management 30(2002)4, S. 186-201.

Simchi-Levi, D., Kaminski, P., Simchi-Levi, E. (2000): Designing and managing the supply chain. Boston u.a. 2000.

Simon, H., Dolan, R.J. (1997): Profit durch Power Pricing. Frankfurt, New York 1997.

Skjott-Larsen, T. (1999): Interorganisational relations form a supply chain management point of view. In: Logistik Management1(1999)2, S. 96-108.

Slomka, M. (1990): Methoden der Schwachstellen- und Ursachenanalyse in logistischen Systemen. Eine empirische Untersuchung. Köln 1990.

Sparks, L. (1992): Restructuring retail employment. In: International Journal of Retail & Distribution Management 20(1992)3, S. 12-19.

Specht, G. (1998): Distributionsmanagement. 3., überarb. u. erw. Aufl. Stuttgart, Berlin, Köln 1998.

Staehle, W.H. (1973): Organisation und Führung sozio-technischer Systeme. Grundlagen einer Situationstheorie. Stuttgart 1973.

Staehle, W.H. (1999): Management: Eine verhaltenswissenschatliche Perspektive. 8. Aufl., überarb. v. Conrad, P., Sydow, J. München 1999.

Stegmann, S. (2003): Organisation und Strategie. Logistikstrategien im Handel – Basisoptionen. In: Baumgarten, H., Wiendahl, H.-P., Zentes, J. (Hrsg.): Logistik Management. Strategien, Konzepte, Praxisbeispiele. Band 3. Heidelberg 2003, Kapitel 8-02-01, S. 1-14.

Steiner, S. (2007): Category Management. Zur Konfliktregelung in Hersteller-Handels-Beziehungen. Wiesbaden 2007.

Sternberg, H. (1990): Warenwirtschaftssysteme. In: Kurbel, K., Strunz, H. (Hrsg.): Handbuch Wirtschaftsinformatik. Stuttgart 1990, S. 99-118.

Stieglitz, A. (1999): Die Reorganisation handelslogistischer Versorgungsketten. München 1999.

Stock, J.R., Lambert, D.M. (2001): Strategic Logistics Management. 4. Aufl. Boston u.a. 2001.

Stölzle, W. (1993): Umweltschutz und Entsorgungslogistik. Theoretische Grundlagen mit ersten empirischen Ergebnissen zur innerbetrieblichen Entsorgungslogistik. Berlin 1993.

Stölzle, W. (1999): Industrial Relationships. München u.a. 1999.

Stölzle, W. (2001): Logistikforschung – Entwicklungszüge und Integrationsperspektiven. In: Stölzle, W., Gareis, K. (Hrsg.): Integrative Management- und Logistikkonzepte. Wiesbaden 2001, S. 511-527.

Stölzle, W., Halsband, E. (2005): Das Supply-Chain Operations Reference (SCOR)-Modell. In: Controlling 17(2005)8/9, S. 541-543.

Stölzle, W., Heusler, K.F., Karrer, M. (2004): Erfolgsfaktor Bestandsmanagement – Konzept, Anwendung, Perspektiven. Zürich 2004.

Stölzle, W., Hofmann, E., Hofer, F. (2005): Kostenmanagement in Supply Chains. In: Lasch, R., Janker, Chr. (Hrsg.): Logistik Management. Innovative Logistikkonzepte. Wiesbaden 2005, S. 227-237.

Stölzle, W., Placzek, T.S. (2004): Gähnende Leere statt der Ware. In: Lebensmittelzeitung 56(2004)36, S. 68.

Stölzle, W., Placzek, T.S. (2005): Integrative Logistikkonzepte in Konsumgüter-Supply Chains. In: VDI Gesellschaft Kunststofftechnik (Hrsg.): Extrusionstechnik 2005. Düsseldorf 2005, S. 51-79.

Stölzle, W., Placzek, T.S. (2006): Optimal Shelf Availability – Gestaltung integrativer Logistikkonzepte in Konsumgüter-Supply Chains. In: Thexis 23(2006)2, S. 26-32.

Stölzle, W., Placzek, T.S. (2008): Optimal Shelf Availability – Impulse für integrative Logistikkonzepte in Konsumgüter-Supply Chains. In: Jahrbuch der Absatz- und Verbrauchsforschung. 54(2008)1, S. 60-80.

Straughn, K. (1991): The relationship between stock-outs and brand share. Florida State University 1991.

Striening, H.-D. (1988): Prozess-Management. Versuch eines integrierten Konzeptes situationsadäquater Gestaltung von Verwaltungsprozessen. Dargestellt am Beispiel in einem multinationalen Unternehmen. IBM Deutschland GmbH. Frankfurt/Main u.a. 1988.

Strüker, J. (2005): Individualisierung im stationären Einzelhandel. Ökonomische Analyse elektronischer Formen der Kundenkommunikation. Wiesbaden 2005.

Sundhoff, E. (1965): Handel. In: Handwörterbuch der Sozialwissenschaften. Bd. 4, Stuttgart 1965, S. 762-769.

Swoboda, B., Morschett, D. (2000): Cross Docking in der Konsumgüterdistribution. In: WiSt – Wirtschaftswissenschaftliches Studium 29(2000)6, S. 331-334.

Taylor, J., Fawcett, S. (2001): Retail on-shelf performance of advertised items. An assessment of supply chain effectiveness on the point of purchase. In: Journal of Business Logistics 22(2001)1, S. 73-94.

Teller, C. u.a. (2004): Instore-Logistik im Lebensmittelhandel. Logistikleistungsmessung am Ende der Supply Chain von Molkereiprodukten. In: Schnedlitz, P. (Hrsg.): Schriftenreihe Handel und Marketing. Institut für Absatzwirtschaft. Band 51. Wien 2004.

Tellkamp, C., Angerer, A., Fleisch, E., Corsten, D. (2004): From pallet to shelf: Improving data quality in retail supply chains using RFID. In: Cutter Journal 17(2004)9, S. 19-24.

Tempelmeier, H. (2003): Materiallogistik. Modelle und Algorhitmen für die Produktionsplanung und -steuerung und das Supply Chain Management. 5., neubearb. Aufl. Berlin u.a. 2003.

Tempelmeier, H. (2005): Bestandsmanagement in Supply Chains. Norderstedt 2005.

Theis, H.-J. (1999): Handels-Marketing. Frankfurt/Main 1999.

Thiele, M. (1997): Kernkompetenzorientierte Unternehmensstrukturen. Ansätze zur Neugestaltung von Geschäftsbereichsorganisationen. Wiesbaden 1997.

Thiesse, F., Fleisch, E. (2007): Zum Einsatz von RFID in der Filiallogistik eines Einzelhändlers: Ergebnisse einer Simulationsstudie. In: 8. Int. Tagung Wirtschaftsinformatik. Karlsruhe 2007.

Thomae, H., Petermann, F. (1983): Biographische Methode und Einzelfallanalyse. In: Graumann, C.F. u.a. (Hrsg.): Enzyklopädie der Psychologie. Bd. I, 2: Datenerhebung. Göttingen 1983, S. 362-400.

Thonemann, U., Behrenbeck, K., Küpper, J., Magnus, K.-H. (2005): Supply Chain Excellence im Handel. Trends, Erfolgsfaktoren und Best-Practice-Beispiele. Wiesbaden 2005.

Thunig, C. (2003): Bündnis für Effizienz. CPFR – gut geplant ist halb gewonnen. In: Absatzwirtschaft 46(2003)2, S. 26-35.

Tietz, B. (1993): Der Handelsbetrieb. 2. Aufl. München 1993.

Tietz, B. (1995): Efficient Consumer Response (ECR). In: WiSt – Wirtschaftswissenschaftliches Studium 24(1995)10, S. 529-530.

Tomczak, T. (1992): Forschungsmethoden in der Marketingwissenschaft. Ein Plädoyer für den qualitativen Forschungsansatz. In: Marketing Zeitschrift für Forschung und Praxis 14(1992)2, S. 77-87.

Tomczak, T., Schögel, M., Sauer, A. (2003): Kooperationen in der Konsumgüterindustrie. In: Zentes, J., Swoboda, B., Morschett, D. (Hrsg.): Allianzen und Netzwerke in der realen und der virtuellen Ökonomie. Wiesbaden 2003, S. 1160-1180.

Ton, Z., Raman, A. (2004a): An empirical analysis of misplaced SKUs in retail stores. Technical report. Harvard Business School. Boston 2004.

Ton, Z., Raman, A. (2004b): The effect of product variety and inventory levels on retail store operations: A longitudinal study. Working Paper. Harvard Business School. Boston 2004.

Toporowski, W. (1996): Logistik im Handel. Optimale Lagerstruktur und Bestellpolitik einer Filialunternehmung. Heidelberg 1996.

Toporowski, W., Herrmann, B. (2003): Neue Entwicklungen in der Logistik – Konzepte der Praxis und Beiträge der Wissenschaft. In: Handel im Fokus 55(2003)2, S. 118-128.

Toporowski, W., Zielke S. (2006): Supplier-Relationship-Management. In: Zentes, J. (Hrsg.): Handbuch Handel. Stategien, Perspektiven, internationaler Wettbewerb. Wiesbaden 2006, S. 759-779.

Treacy, M., Wiersema, F. (1995): Marktführerschaft: Wege zur Spitze. Frankfurt/Main, New York 1995.

Trienekens, J.H., Hvolby, H.-H. (2001): Models for supply chain reengineering. In: Production Planning & Control 12(2001)3, S. 254-264.

Trommsdorff, V. (2004): Konsumentenverhalten. 6., vollst. überarb. u. erw. Aufl. Stuttgart 2004.

Trumpfheller, M. (2004): Die Fallstudienmethode in der Logistikforschung. In: Pfohl, H.-Chr. (Hrsg.): Netzkompetenz in Supply Chains. Grundlagen und Umsetzung. Wiesbaden 2004, S. 175-188.

Ulrich, H. (1984): Die Betriebswirtschaftslehre als anwendungsorientierte Sozialwissenschaft. In: Dyllick, T., Probst, G. (Hrsg.): Management. Bern 1984, S. 169-199.

Ulrich, P., Fluri, E. (1995): Management. Eine konzentrierte Einführung. 7., verb. Aufl. Bern, Stuttgart, Wien 1995.

Ulrich, P., Hill, W. (1979): Wissenschaftstheoretische Grundlagen der Betriebswirtschaftslehre. In: Raffée, H., Abel, B. (Hrsg.): Wissenschaftstheoretische Grundfragen der Wirtschaftswissenschaften. München 1979, S. 161-190.

Van de Ven, A.H., Drazin, R. (1985): The concept of fit in contingency theory. In: Research in Organizational Behaviour 7(1985)1, S. 333-365.

Van Heerde, H.J., Leeflang, P.S.H., Wittink, D.R. (2001): Semiparametric analysis to estimate the deal effect curve. In: Journal of Marketing 38(2001)2, S. 197-215.

Venkatraman, N. (1989): The concept of fit in strategy research – toward a verbal and statistical correspondence. In: Academy of Management Journal 14(1989)3, S. 423-444.

Venkatraman, N., Camillus, J.C. (1984): Exploring the concept of "fit" in strategic management. In: Academy of Management Review 9(1984)3, S. 513-525.

Verbeke, W., Farris, P., Thurik, R. (1998): Consumer reponse to the preferred brand out-of-stock situation. In: European Journal of Marketing 32(1998)11/12, S. 1008-1028.

Vogler, T. (2006): Transaktionskostentheoretisch fundierte Untersuchung zum Spacemanagement in Supermärkten. Freiburg 2006.

von der Heydt, A. (1999): Efficient Consumer Response - So einfach und doch so schwer. In: von der Heydt, A. (Hrsg.): Handbuch Efficient Consumer Response: Konzepte, Erfahrungen, Herausforderungen. München 1999, S. 3-23.

Vossen, M. (1995): Tengelmann im vollen Umbruch: Spartengliederung bewirkt umfangreiche organisatorische und personelle Veränderungen. In: Lebensmittelzeitung 53(1995)46, S. 4.

Vuilleumier, P.-A. (1998): Prozessorientierung – der Schlüssel zu höherer Produktivität und Wettbewerbsfähigkeit. In: Schierbaum, W. (Hrsg.): Jahrbuch für Bekleidungsindustrie 1998. Berlin 1998, S. 100-108.

Vuyk, C. (2003): Out-of-stocks: A nightmare for retailer and supplier. In: Beverage World 122(2003)2, S. 55.

Weber, J. (1986): Zum Begriff Logistikleistung. In: ZfB – Zeitschrift für Betriebswirtschaft 56(1986)12, S. 1197-1213.

Weber, J. (1995): Logistik-Controlling. Leistungen, Prozesskosten, Kennzahlen. 4. Aufl. Stuttgart 1995.

Weber, J. (1999a): Ursprünge, praktische Entwicklung und theoretische Einordnung der Logistik. In: Weber, J., Baumgarten, H. (Hrsg.): Handbuch Logistik: Management von Material- und Warenflussprozessen. Stuttgart 1999, S. 3-14.

Weber, J. (1999b): Logistik als individueller und organisationaler Lernprozess. In: Weber, J., Baumgarten, H. (Hrsg.): Handbuch Logistik. Management von Material- und Warenflussprozessen. Stuttgart 1999, S. 957-971.

Weber, J. (2002a): Logistikkostenrechnung. Kosten-, Leistungs- und Erlösinformationen zur erfolgsorientierten Steuerung der Logistik. 2., gänzlich überarb. u. erw. Aufl. Berlin u.a. 2002.

Weber, J. (2002b): Logistik- und Supply Chain Controlling. 5., aktual. u. völlig überarb. Aufl. Stuttgart 2002.

Weber, J., Kummer, S. (1998): Logistikmanagement. 2., aktual. Aufl. Stuttgart 1998.

Weidner, W. (1992): Organisation in der Unternehmung. Aufbau und Ablauforganisation. Methoden und Techniken praktischer Organisationsarbeit. 4. Aufl. München 1992.

Weinberg, P. (1986): Erlebnisorientierte Einkaufsstättengestaltung im Einzelhandel. In: Marketing-ZFP 8(1986)2, S. 97-102.

Weinberg, P., Purper, G. (2006): Ladengestaltung – Grundlagen und Konzepte. In: Zentes, J. (Hrsg.): Handbuch Handel. Strategien, Perspektiven, internationaler Wettbewerb. Wiesbaden 2006, S. 657-670.

Weinert, A.B. (2004): Organisations- und Personalpsychologie. 5., vollst. überarb. Aufl. Weinheim 2004.

Weißenfels, S. (2005): Ressourcenorientierte Aufteilung von Aktivitäten in industriellen Dienstleistungsnetzwerken. Frankfurt/Main 2005.

Welge, M.K., Al-Laham, A. (2001): Strategisches Management. Grundlagen, Prozess, Implementierung. 3., aktual. Aufl. Wiesbaden 2001.

Wernerfelt, B. (1984): A resource-based view of the firm. In: Strategic Management Journal 5(1984)2, S. 171-180.

Wildemann, H. (1995): Das Just-in-Time-Konzept. Produktion und Zulieferung auf Abruf. 4. Aufl. München 1995.

Wildemann, H. (1997a): Trends in der Distributions- und Entsorgungslogistik. München 1997.

Wildemann, H. (1997b): Logistik Prozessmanagement. München 1997.

Wildemann, H. (2001): Logistik-Prozessmanagement. 2. Aufl. München 2001.

Wildemann, H. (2003): Supply Chain Management. Leitfaden für unternehmensübergreifendes Wertschöpfungsmanagement. 4. Aufl. München 2003.

Wildemann, H. (2004): Bestände-Halbe. Leifaden zur Senkung und Optimierung des Umlaufvermögens. 8. Aufl. München 2004.

Wittenberg, R. (2001): Einführung in die sozialwissenschaftlichen Methoden und ihre Anwendung in empirischen Untersuchungen I: Arbeits- und Diskussionspapiere 2001-1, Universität Erlangen-Nürnberg. 2., überarb., erg. u. aktual. Aufl. Nürnberg 2001.

Wolf, J. (2000): Der Gestaltansatz in der Management- und Organisationslehre. Wiesbaden 2000.

Wölker, M. (1999): Intelligente Datenerfassung für das Logistik-Controlling. In: Krämer, K., Wölker, M., Jünemann, R. (Hrsg.): Basis der Unternehmensprozesse. Identifikationstechnik. Fachbuch zu Auto-ID Techniken und deren Anwendung. Frankfurt/Main 1999.

Wollnik, M. (1980): Einflussgrößen der Organisation. In: Grochla, E. (Hrsg.): Handwörterbuch der Organisation. 2., völlig neu gestalt. Aufl. Stuttgart 1980, Sp. 592-614.

Woodward, J. (1965): Industrial organization. Theory and practice. New York 1965.

Yin, R. K. (2003): Applications of Case Study Research: 2. Aufl. Newbury Park 2003.

Yin, R. K. (2004): Case study research: Design and methods. 2. Aufl. Thousand Oaks u.a. 2004.

Zadek, H. (1999): Kundenorientierung in logistischen Prozessketten. Ein Instrumentarium zur Entscheidungsunterstützung und zum Controlling für die strategische Logistikgestaltung in Industrieunternehmen. Berlin 1999.

Zelst, S. v., Donselaar, K. v., Woensel, T. v., Broekmeulen, R., Fransoo, J. (2006): Logistics drivers for shelf stacking in grocery retail stores: Potential for efficiency improvement. In: International Journal of Production Economics (in press).

Zelst, S. v., Donselaar, K. v., Woensel, T. v., Broekmeulen, R., Fransoo, J. (2005): A model for store handling: Potential for efficiency improvement. BETA Working paper, series 137, Eindhoven. Online: http://fp.tm.tue.nl/bcta/publications/working%20papers/Beta_wp137.pdf. Abgerufen am 15.11.2007.

Zentes, J. (1991): Computer Integrated Merchandising – Neuorientierung der Distributionskonzepte im Handel und der Konsumgüterindustrie. In: Zentes, J. (Hrsg.): Moderne Distributionskonzepte in der Konsumgüterwirtschaft. Stuttgart 1991, S. 1-15.

Zentes, J. (1996): Grundbegriffe des Marketing. 4. Aufl. Stuttgart 1996.

Zentes, J., Janz, M., Morschett, D. (1999): Neue Dimensionen des Handelsmarketing. Saarbrücken, Walldorf 1999.

Zentes, J., Swoboda, B. (1999): Standort und Ladengestaltung. In: Dichtl, E., Lingenfelder, M. (Hrsg.): Meilensteine im deutschen Handel: Erfolgsstrategien – gestern, heute und morgen. Frankfurt/Main 1999, S. 89-121.

Zillig, U. (2001): Integratives Logistikmanagement in Unternehmensnetzwerken. Gestaltung interorganisationaler Logistiksysteme für die Zulieferindustrie. Wiesbaden 2001.